門閥士族時代下的司馬氏家族

胡 志 佳 著

文 史 哲 學 集 成
文 史 哲 出 版 社 印 行

國家圖書館出版品預行編目資料

門閥士族時代下的司馬氏家族 / 胡志佳著. --
初版. -- 臺北市：文史哲, 民 94
　　面 ：　公分. (文史哲學集成；505)
　　ISBN 978-957-549-615-9 (平裝)

　1.司馬氏 – 傳記　2.中國 – 歷史 – 晉（265
-420）

623.1　　　　　　　　　　　94014989

文 史 哲 學 集 成　505

門閥士族時代下的司馬氏家族

著　　　者：胡　　　　志　　　　佳
出 版 者：文　史　哲　出　版　社
http://www.lapen.com.tw
登記證字號：行政院新聞局版臺業字五三三七號
發 行 人：彭　　　正　　　雄
發 行 所：文　史　哲　出　版　社
印 刷 者：文　史　哲　出　版　社
臺北市羅斯福路一段七十二巷四號
郵 政 劃 撥 帳 號：一六一八○一七五
電話886-2-23511028・傳真886-2-23965656

實價新臺幣五○○元

民國九十四年（2005）八 月 初 版
民國一○四年（2015）六月 BOD 再刷

門閥士族時代下的司馬氏家族

目　　次

表目次

附表目次

前　言

　　從歷史的橫面來看，兩晉在漢至唐文化的轉折中，扮演著承先啟後的角色。在政治制度上，三省制的過渡、地方州鎮權力的轉化、政府用人制度的改革，兩晉在魏晉南北朝中站在啟程的地位。在社會方面，透過九品官人法，為漢末以來的世家大族打開了政治發展道途，這一群擁有知識涵養與家族勢力者，透過政治特權，穩定地發展，成為社會中的主流人物，引導兩晉社會文化的前進。[1]在經濟發展上，因戰亂多，人民四處流移尋求依靠，加

1　士族門閥社會的形成與發展，一直是中古史最重要的課題之一。在台灣早期何啟民與毛漢光兩位前輩著力最深；而日本學界對此問題關注者也多，如矢野主稅、宮崎市定、越智重明、川勝義雄、中村圭爾等人（以上學者相關著作參見參考書目）。1995 年以前相關研究評析請參見宋德熹，〈中國中古門第社會史研究在台灣 —— 以研究課題取向為例（1949-1995）〉，《興大歷史學報》第六期（1996 年 6 月），頁 515-544 以及王德權〈兩岸中古社會史研究的回顧（1949-1996）〉，收入《中華民國史專題論文集》第四屆討論會第一冊（台北：國史館，1998 年），頁近年還有幾篇相關的文章如蔡瑞霞，〈論門閥世族社會地位的演變〉，《溫州師範學院學報（哲學社會科學版）》二十二卷四期（2001 年 8 月），頁 40-42；其對門閥世族之討論並未能有新的突破觀點；王永平從文化觀點切入討論中古江東世族的家風與家學的一系列文章，收入氏著《六朝江東世族之家風家學研究》（南京：江蘇古籍出版社，2003 年）；王大良，〈六朝世族社會特徵的微觀考察 —— 以琅邪王氏為例〉，《北京化工大學學報（社會科學版）》總三十期（2000 年一期）（2000 年 6 月），頁 27-31；2005 年有關於家族、宗族研究的兩本新書為閻愛民，《漢晉家族研究》，上海：人民出版社，2005 年 2 月以及李卿，《秦漢魏晉南北朝時期家族、宗族關係研究》，上海：人民出版社，2005 年 2 月。此外西方學者對從東漢以來世族逐漸成為領導階層之研究議題有相當研究，如

上兩晉政權給予門閥士族階級經濟上的特權，使得莊園、塢堡大量出現南北方；商業的衰退，以物易物，區域性的商業行為成為主體。[2]綜兩晉最精彩的發展當屬文化層面，在亂世中，順應人們對生命的不確定，宗教在兩晉時蓬勃的發展，加上政治控制力的減少，使各種宗教頓時而興，如佛教、道教的發展快速。另外起自對漢末儒家的反省而興的玄學，也在兩晉之際發展到達高峰。[3]伴隨著宗教發展與玄學的勃興，兩晉尤其在東晉以後，在文學、藝術上充分展現以人為主體的面貌。許多器物的製作與使用，兩晉也是一個時代的分水嶺。[4]

　　Eberhard, Wolfram、Twitchett, D.C.、Wang, Gungwu 等人，早期西方學者相關研究評析，可參見毛漢光先生，〈中古統治階層之社會基礎〉,（收入氏著《中國中古社會史論》（台北：聯經出版公司，1988 年），頁 3-12。

2 有關於兩晉社會經濟發展的相關研究，早期包括唐長孺，《三至六世紀江南大地主所有制的發展》，上海：人民出版社，1957 年；賀昌群，《漢唐間封建土地所有制形式研究》，上海，人民出版社，1964 年；金發根，《永嘉亂後北方的豪族》，台北：中國學術著作獎助出版委員會，1964 年；朱紹侯，《魏晉南北朝土地制度與階級關係》，河南，中州古籍出版社，1988 年；許輝、蔣福亞主編，《六朝經濟史》，江蘇：古籍出版社，1993 年；中國大陸的研究尚有柳春藩、程應鏐等人，另 1996 年以前相關研究論著介紹，亦請參見王德權，前引文。其他相關研究著作，請參閱本書最後所羅列的參考書目。

3 兩晉時期玄學與宗教發展，不論歷史學，文學與哲的相關研究論著學相當多，從經注思想、宗教的融合與派流、至反映在文學繪畫等藝術上的體現、宗教對兩晉政權的影響等課題，相關研究，請參閱本書最後所羅列的參考書目。

4 如墓葬制度與隨葬品、原始瓷器至青瓷的過渡、漢陶製的五聯罐至東晉時期以後魂瓶的使用等。從文物來研究當時代人社會生活及思想面向，是近年來史學界的拓展研究方法的一大課題，台灣盧建榮、劉淑芬等人都有一系列研究發表；中國大陸方面，近年來的六朝文化研究相當有成果，尤其從整理出土文物所做延伸研究的量與質都很高如李蔚然，《南京六朝墓葬的發現與研究》，成都：四川大學出版社，1998 年；許輝等人所編《六朝文化》南京：江蘇古籍出版社，2001 年；另一套由南京編輯委員會所編之《六朝文化叢書》包括《六朝都城》、《六朝文化概述》、《六朝民俗》、《六朝科技》、《六朝文物》、《六朝經學與玄學》、《六朝宗教》、《六朝史學》、《六朝藝術》與《六朝文學》等（南京：南京出版社，2004 年 2 刷，陸續出版中），有系統完整地呈現六朝文化面貌。其他相關著作亦請參看本書之參考書目。

在這樣一個政治混亂但文化發展卻呈現多樣及精彩的時期，主政者為河內溫縣司馬氏。司馬氏自一地方豪族，成為一個帝國的領導者，但在兩百年後，卻在政治與社會上幾近消失無蹤。是什麼樣的原因，讓一個這樣的家族大起大落而後不留痕跡於歷史。對於兩晉政治，吾人最常聽到的莫過於以「宗王政治」作為西晉政治發展的代稱，而東晉則以「門閥政治」或言「王與馬共天下」，來說明世族與司馬氏共享政權的現實狀況。吾人想問的是，司馬氏皇帝的主體何在？對於此問題，本書嘗試從以下幾個面向來加以探討。

兩晉司馬氏的發展歷經幾個轉折，從歷史的縱面來看，可分為幾個階段：第一階段，司馬懿到晉武帝司馬炎即位前，為司馬氏家族進入仕途以及做好奪取曹魏政權準備的時期；第二階段為晉武帝在位期間，這段期間為司馬政權最高峰期，尤其在太康元年（280）平孫吳前後；惠帝至愍帝被殺西晉亡為第三階段，為司馬政權兄弟相殘，政局最紊亂的時期；第四階段為司馬睿重新建立司馬帝國於江東；繼而明帝至簡文帝的第五階段，為士族政治發展的高峰時期；第六階段為孝武帝時期，此時期孝武帝欲藉宗室力量重整政權，但功虧一簣；最後一階段為安帝至義帝，東晉最後亡於劉裕之手。這七個階段，將近兩百年間，司馬氏自司馬懿進入政壇繼而奪得曹魏執政權，繼而司馬炎建立西晉。

首先本書將探索在西晉建立前司馬氏發展的情形，從司馬懿到司馬昭，以驍勇的手段攫取曹魏政權，過程中，對其原所受到儒家文化的影響是否有所改變？由於政治的無情，在發展過程中，司馬氏人的心態也在改變，包括說服自己取代曹魏政權的合理性。這種心態改變，終將影響司馬炎建國後，司馬宗室對自己的定位 —— 以帝國的建立家族自居。

　　其次，本書將進一步討論司馬氏所建立的帝國，由於強奪自曹氏之手，為避免反對勢力對王朝發展造成困擾，於是透過功臣、宗室與外戚這些最親近的人出任重要官職，以收穩固政權之效。但當功臣集團凋零，外戚與宗室的能力不足以處理朝政，以及過多的資源集中在少數人身上時，終將引發其他勢力的攻擊。換言之，本書企圖由出任重要中央官職與出鎮地方重要州鎮長官，來分析兩晉司馬氏以及其相關之利益集團在政治上的發展情況，此利益集團中的人才是否足以支撐帝國？在屏藩政權的同時，這些利益團體中的小利益團體，如何分配政權整體資源？對政局的發展有何影響？

　　本書也企圖從帝位繼承過程，來觀察權臣、外戚與宗室之間的權力角力，並進一步分析其對政局所造成的影響。兩晉在帝位繼承中，參與權力爭奪的權臣或是外戚，其較特殊的地方是這些人的身份往往相互重疊，權臣本身往往也具有外戚以及當世社會中重要的世家大族身份，其取得社會聲望並非來自皇權，甚至有時皇權還要仰賴他們的力量。這些人由原為皇帝身邊的寵信之臣，一朝成為掌握朝政的權臣之後，與皇帝的關係就此漸行漸遠，終使皇權必須再援引其他勢力與之對抗，兩晉政權的不安與紛擾即植因於此。

　　在中國，朝代的興替，其實也即是一種家族的更迭，因此如何讓皇室家族能永續延祚，最重要的是家族人丁要旺，並且各支脈都要能長久繼嗣，在其中，皇帝扮演的就是傳統中國家族長的角色，為每一支脈安排繼嗣之事宜，從兩晉的歷史發展，可清楚看到此種事實，總體而言，繁複與密集的繼承，可說是司馬家族發展的另一特點。自司馬防以下，司馬家族人口增加迅速，但至西晉以後，司馬家族人口出生率雖相當高，但死亡率亦高。有死

亡,則代表有繼承立嗣問題出現。如果單純嫡長子繼承,還不至出問題,但當嫡長子先亡,又有諸子死亡時,再加上司馬氏帝王之家身份的特殊性,使得繼承問題經常變得多變與複雜,因為覬覦繼承大位之人除了宗室成員本身之外,還有外戚與權臣。

兩晉司馬政權由於早夭與宗室相互爭權殺戮,因此雖然其處心積慮欲透過繼承方式來延續家族世系,但終究還是造成司馬氏人口越來越少的結局。其世系繼替頻繁,也是至東晉末,司馬政權快速衰微的因素之一。司馬氏在奪得曹魏政權後,為能有效控制與運作政局,除了採取大封宗室與功臣的作法外,也透過婚姻,強化統治政權的結構。但當越多的家族與司馬氏結成親屬後,由於政治資源的誘惑,往往造成這些聯姻家族,逐漸坐大於當時的政治勢力中。西晉初期,在晉武帝有能力控制政治局面時,外戚的問題尚不致嚴重,但隨武帝不問政事後,外戚干政的情形日漸惡化,而使政爭進入日趨激烈的情境。武帝末期楊駿亂政、惠帝時期賈氏干政,更是直接導致八王之亂的原因之一。進入東晉後,隨士族門閥政治的發展,司馬皇室亦走向非高門不婚。但與高門聯姻,最後的結果是司馬政權落入這些士族手中。

一個國家能否長治久安,必須有許多條件配合才有可能,不但帝王本身的條件重要,有良臣輔佐也是不可或缺的條件。中國不論是漢代以鄉舉里選或是隋唐以後經過科舉制度,大量的通才型知識分子進入官場,這些人其實就是皇帝制度得以穩定持續存在的基礎。但當國家重責越是依托於功臣、外戚與宗室時,王朝的危機即將浮現,似乎是中國政治歷史,不斷週而復始出現的現象。功臣、外戚與宗室對一個皇權統治者而言是重要的,也是統治者在治理天下時最信任的人。但這三種人與一般群臣最大的不同,在於其所擁有來自於帝王所授予的政治利益與特權較一般群

臣為大,如此也常導致政治權力的衝突。三者中宗室又與功臣、外戚不同;功臣與外戚會隨著時間或皇帝的替換而改變,但宗室透過血緣的連結,成為皇權中永遠的特權者,因此也常會成為政權不穩定的來源,在兩晉時期即經常處於如此情境中。

透過本書,希望能從司馬宗室本身的人才在兩晉的分佈與發展的面向,來分析兩晉政權何以如此發展,也試圖凸顯在一個時代中人才的培養對國家政權永續發展的重要,皇帝制度與民主政治最大的不同,在於前者以一家天子一家姓,宗室永遠都是此制度下的特權,宗室中人才的培育成為一個王朝能否維繫的關鍵之一。

從兩晉司馬氏的歷史,我們可以看到兩晉政權的發展與衰頹,雖然和主其事者的英明與否有關,但從其奪取權力的過程及其手段,以及後來為鞏固政權所作的各種安排,我們會發現原先以為是好的方式,可能隨情境不同而有不同的成效,兩晉雖政治權力結構經常動盪不穩,但從中我們可清楚見到對於人才的培育,不管是對一家一氏,或一個國家之興衰皆有不可或缺的重要性,儒學家風原雖不足憑以取得權力,但從本書的討論,將可發現它對於權力的延續與政治的穩定,亦有其不可忽視的重要性。

第一章　西晉建國前司馬氏的發展

　　過去歷史學家談到魏晉南北朝時，對兩晉司馬政權的發展，總是一筆帶過。以為這段時間為士族門閥主政，中國皇權最低微的時期。何以如此？其實西晉以後司馬氏的發展之所以導致門閥士族的快速成長及皇權衰微之結果，其造成的原因在西晉政權建立前的司馬懿至司馬昭時代大致已佈下了。司馬防、司馬懿至司馬昭，正是司馬氏由地方儒學家族，走到統治者的過程。司馬懿對於其個人發展、家族延續與政治突破的思考，都隨著其在曹魏政權中權勢的沈浮，而不斷的改變。司馬懿在進入仕途後的第四十九年，遭受曹爽等一幫曹魏政權掌權人士的壓迫，後出手一擊，用極嚴峻的殺戮，消滅了這些威脅勢力。從其在世後期的作為，司馬懿的注意力已明顯地集中在權力的攫得。其未入仕之前，對天下大局抱持的儒學與自持態度，隨著政治權力的鬥爭，已逐漸有所轉化。

　　本章主要探討在西晉政權建立以前，司馬氏整個家族家風以及個人對入仕的態度，在漢末至曹魏之間產生改變，以及這個改變對往後西晉政權建立後，整個司馬氏在家風家學以及政治上發展產生何種程度的影響。

　　由司馬氏家族最早的記載來看，從秦朝末年的司馬卬，經過八世，傳到司馬鈞，再傳司馬量、司馬儁、司馬防。司馬防為司馬懿的父親。由司馬懿以前司馬家族歷任的官職來看，司馬鈞為

征西將軍，司馬量為豫章太守，司馬儁為潁川太守，司馬防為京兆尹。[1]司馬鈞出任征西將軍的時間，大約在東漢安帝元初年間（114-115），司馬鈞在率軍出擊西羌別種滇零時，將領違鈞節度，結果為羌人埋伏擊破，司馬鈞不救，結果造成將兵死傷三千餘人，最後司馬鈞畏罪而自殺。[2]司馬鈞之後，司馬家族子弟開始轉任地方文官。由史書所載資料來看，一直到司馬防之前，司馬氏家族與兩漢漸興的地方世族相類似，但尚無法與汝南袁氏、弘農楊氏在東漢發展出的四世三公相較。[3]所以要號稱司馬氏家族在東漢為「儒學世家」，事實上可能還有一段距離。[4]

　　司馬氏家族走向崇尚禮法與儒學，應該在司馬儁到司馬防時期，尤其在司馬防時代。史載：

> 父防，字建公，性質直公方，雖閒居宴處，威儀不忒。雅好漢書名臣列傳，所諷誦者數十萬言。少仕州郡，歷官洛陽令、京兆尹，以年老轉拜騎都尉。養志閭巷，闔門自守。諸子雖冠成人，不命曰進不敢進，不命曰坐不敢坐，不指有所問不敢言，父子之間肅如也。年七十一，建安二十四年終。[5]

1　《晉書》（台北：鼎文書局新校標點本，1980 年）卷一〈宣帝紀〉，頁 1。

2　《後漢書》（台北：鼎文書局新校標點本，1980 年）卷八十七〈西羌傳〉，頁 2889。

3　有關於東漢以來大姓家族的發展參見唐長孺，〈東漢末期的大姓名士〉，收入氏著《魏晉南北朝史論拾遺》（北京：中華書局，1993 年），頁 25-40；楊耀坤、伍野春，《陳壽、裴松之評傳》（南京：南京大學出版社，1998 年），頁 35-37。

4　司馬氏家族在兩漢的發展還是由政治權力而促進發展宗族勢力。參見趙沛，《兩漢宗族研究》（濟南：山東大學出版社，2002 年），頁 231-232；王曉毅，〈司馬懿與曹魏政治〉，《文史哲》一九九八年六期（1998 年），頁 88、95。

5　《三國志》卷十五〈司馬朗傳〉，頁 466，裴松之註引司馬彪《序傳》。由此推算，司馬防出生在桓帝建和三年（149）左右。由史書記載，最晚在司馬防

而早在司馬防於漢末出任尚書右丞時，曾舉薦了曹操為洛陽北部尉。[6]曹操出任司空後，也回報了司馬防的拔擢之恩，提攜司馬防長子司馬朗為司空掾屬。司馬朗之後相繼出任成皋令、堂陽長、元城令，再入曹操丞相府為主簿。在此中司馬朗向曹操建議州郡置兵與屯田等建議，無論是否執行，都受到曹操的重視。[7]司馬朗與曹操之間有著相當的信任與情誼，所以當鍾繇與王粲以「非聖人不能致太平」，以詆毀曹操日漸顯現的野心時，司馬朗則以「伊、顏之徒雖非聖人，使得數世相承，太平可致」，[8]為曹操緩頰。

　　在司馬朗從縣令一路慢慢升遷的同時，曹操對司馬防的二子司馬懿的仕途發展也有相當的注意，主動地辟司馬懿為上計掾，但沒想到這樣的好意竟招致司馬懿的拒絕：

> 漢建安六年，郡舉上計掾。魏武帝為司空，聞而辟之。帝（司馬懿）知漢運方微，不欲屈節曹氏，辭以風痹，不能起居。魏武使人夜往密刺之，帝堅臥不動。

第二次，曹操以「敕行者曰：『若復盤桓，便收之』」強硬的態度要司馬懿出任文學掾時，司馬懿才在恐懼之下，接受了曹操的

時，已將家人由河內溫縣遷至洛陽。但與家鄉之間的聯繫未斷（未完全中央化），當曹操與呂布相持於濮陽時，「（司馬）朗乃將家還溫」，「收恤宗族，教訓諸弟，不為衰世解業」。《三國志》卷十五〈司馬朗傳〉載：「時董卓遷天子都長安，卓因留洛陽。朗父防為治書御史，當徙西，以四方雲擾，乃遣朗將家屬還本縣。」頁466。

6　《三國志》卷一〈武帝紀〉，頁49，裴松之註引《曹瞞傳》。司馬防為什麼會舉薦曹操，史料並未書寫，或也可以說司馬防一家，並未捲入東漢的清流與宦官之間的衝突中，是以對宦人之後的曹操，並無偏見。

7　同上註，頁467-468。

8　同上註，頁468。

官職。[9]

　　漢魏之間的司馬氏與那些和曹操結合的漢末儒生如荀彧等人最大的差別在於,當這些人在曹操漸露奪權之象時,相繼離操而去,但司馬氏一家反而與曹氏的關係日漸拉近,變成一體,即使如一直不願意加入的司馬懿,也開始轉變態度。這種態度的轉變,值得吾人進一步探究。

　　有關於司馬氏家族在漢末曹魏的發展,著墨最多的部分是在司馬懿的崛起與奪權。早期學者延續陳寅恪先生的說法,研究討論多集中在說明司馬懿的崛起以及代魏,代表了儒學與法家二大黨派對壘的結果,或從意識型態,或從既得利益者等不同角度切入,但仍多是從政治集團的對壘來談司馬氏取得政權的過程。[10]

9　《晉書》卷一〈宣帝紀〉,頁 2。有關於司馬懿拒絕曹操辟任的原因,陳寅恪先生嘗以在官渡戰後,曹操勢力大盛,「士大夫階級不得不隱忍屈辱,暫與曹氏合作,但乘機恢復之念,未始或忘也。」這種說法,很值得商榷。曹操在官渡之戰後,聲勢最盛,投效曹氏者,此時應多為自願。曹操對司馬懿等世族子弟採強迫加入其陣營,應出現在赤壁之戰後,此役曹操以多擊少竟致大敗,在挫折之餘,心生疑慮,對不願投靠者採取強迫手段,是比較可能的。如司馬懿即在此時被迫加入曹氏陣營。參見陳氏〈書《世說新語》文學類鍾會撰四本論始畢條後〉,收入氏著《金明館叢稿初編》(北京:三聯書店,2001 年第一刷),頁 48-49。

10　陳寅恪在〈書《世說新語》文學類鍾會撰四本論始畢條後〉一文中指出:「魏晉統治者的社會階級是不同的。不同處是:河內司馬氏為地方上的豪族,儒家的信徒;魏皇室譙縣曹氏則出身於非儒家的寒族。魏、晉的興亡替嬗,不是司馬、曹兩姓的勝敗問題,而是儒家豪族與非儒家的寒族的勝敗問題。」頁 47-54。早期相關研究尚有唐長孺〈魏晉才性論的政治意義〉,收入氏著《魏晉南北朝史論叢》(北京:1955 年),頁 298-310;徐高阮,〈山濤論〉,《中研院史語所集刊》四十一本一分(1969 年 3 月),頁 87-125。近年在此基礎上有更多的學者投入此議題的研究,如熊德基,〈曹操政權的階級性質及其魏後之變質與滅亡〉,收入氏著《六朝史考實》(北京:中華書局,2000 年),頁 77-113;王曉毅,〈正始改制與高平陵政變〉,《中國史研究》一九九○年四期(1990 年),頁 74-83、〈論曹魏太和「浮華案」〉,《史學月刊》一九九六年二期(1996 年),頁 17-25、〈司馬懿與曹魏政治〉,

本章在過去的研究基礎上，嘗試從司馬氏家族隨其在儒學與政治地位上發展的浮沈，使司馬懿等人在此發展過程中，對曹魏政權、司馬家族及自身的定位如何不斷地調整，由此進一步解釋何以司馬懿、司馬師與司馬昭，在掌權後都先有努力作為，但最後卻都走上大殺戮的結果。

第一節　司馬懿前期

如前所述，建安六年，司馬懿假借風痺不能起居，委婉的回絕曹操的辟任。司馬懿之所以拒絕加入曹氏陣營，應與當時代大環境孕育的士大夫羣體自覺意識有關。東漢末年的士大夫，在與宦官、外戚勢力激烈的鬥爭過程中所逐漸發展出的羣體之自覺，瀰漫當時代，李膺、陳蕃等人的風操，成為人人所欲效法的對象。[11]司馬懿生長在這個時代，不免受到這種環境的影響。司馬懿與

頁 87-95。王永平，〈世族勢力之復興與曹睿顧命大臣之變易〉，《揚州大學學報（人文社會科學版）》一九九八年二期，（1998 年），頁 58-62；〈曹爽、司馬懿之爭真相考論〉，《揚州大學學報（人文社會科學版）》一九九九年三期（1999 年），頁 52-58。此外還有吳慧蓮《曹魏的考課法與魏晉革命〉，《台大歷史學報》二十一期（1997 年 12 月），頁 59-78；郭熹微，〈論魏晉禪代〉，《新史學》八卷四期（1997 年 12 月），頁 35-78；有關於司馬懿在高平陵之役前後能得到當朝士族的支持原因，過去研究成果多，有從儒家與法家、儒士與名士的對立、或從人事選舉等來討論，參見劉顯叔，〈東漢魏晉的清流士大夫與儒學大族〉，《簡牘學報》五期（1977 年 1 月），頁 213-244、〈論魏末政爭中的黨派分際〉，《史學彙刊》九期（1978 年 10 月），頁 17-46；吳慧蓮，〈曹魏的考課法與魏晉革命〉，《臺大歷史學報》二十一期（1997 年 12 月），頁 59-78。

11 參見余英時，〈漢晉之際士之新自覺與新思潮〉，收入氏著《中國知識階層史論》（台北：聯經出版公司，1980 年），頁 206-207；馬良懷，《士人・皇帝・宦官》（長沙：岳麓書社，2003 年），頁 3-58。

東漢末年的士人一樣，在羣雄並起的時代中，欲投效一位明君以求發展，以宦者養子之後的曹操，當然不會是司馬懿心目中理想的明君。

建安十三年（208）司馬懿為曹操所逼，進入丞相府。至建安十八年（213）曹操建立魏國，改司馬懿出任太子中庶子，成為輔佐太子的重要人物之一。在這期間，曹操並非完全信任司馬懿。眼見曹丕與司馬懿的接近，曾告誡曹丕：「司馬懿非人臣也，必預汝家事。」[12]曹操在臨死之前，並未將司馬懿列入輔佐大臣中。

曹操對司馬懿的猜疑其來有自。自始司馬懿三番兩次不願應曹氏之請出仕，已讓曹操有所疑慮。繼而在建安十三年至二十四年（208-219）曹操過世前的十餘年間，曹操將司馬懿放置於丞相府，司馬懿常有些建議，顯示司馬懿對政治的視野，雖然曹操未必採納，在過程中已可看出司馬懿的個性與企圖。

---

12 司馬懿在三國時期處事態度的改變應是漸進的，而《晉書》〈宣帝紀〉中所載：「帝內忌而外寬，猜忌多權變。魏武察帝有雄豪志，聞有狼顧相，欲驗之。乃召使前行，令反顧，面正向後而身不動。又嘗夢三馬同食一槽，甚惡焉。因謂太子丕曰：『司馬懿非人臣也，必預汝家事。』太子素與帝善，每相全佑，故免。帝於是勤於吏職，夜以忘寢，至於芻牧之間，悉皆臨履，由是魏武意遂安。及平公孫文懿，大行殺戮。誅曹爽之際，支黨皆夷及三族，男女無少長，姑姊妹女子之適人者皆殺之，既而竟遷魏鼎云。」應為後代之觀歷史發展而衍生之情節。頁20。有關於司馬懿的研究，另可參見鄭欣〈論司馬懿〉，收入氏著《魏晉南北朝史探索》（濟南：山東大學出版社，1989年），頁316-333。

表 1-1-1　司馬懿建言表

時　間	事　由	司馬懿建議	當時官職	結　果
建安二十年三月	從曹操討張魯	應趁征討張魯之勢，繼續進軍益州。	主簿	曹操言：「人苦無足，既得隴右，復欲得蜀。」不從。
建安二十四年	曹操討孫權，孫權敗乞降。上表稱臣，陳說天命。	懿以「漢運垂終，殿下十分天下而有其九，以服事之。權之稱臣，天人之意也。虞、夏、殷、周不以謙讓者，畏天知命也。」	主簿	魏國建。
建安二十四年	魏國建，北方耕者近二十餘萬。	建議「雖戎甲未卷，自宜且耕且守。」	軍司馬	曹操接受，於是「務農積穀，國用豐贍」。
建安二十四年	以荊州刺史胡脩粗暴，南鄉太守傅方驕奢。	建議二人並不可居邊。	軍司馬	曹操沒有接受。及蜀將關羽圍曹仁於樊，于禁等七軍皆沒，脩、方果降羽。
建安二十四年	漢帝都許昌，魏武以為近賊，欲徙河北。	懿建議「禁等為水所沒，非戰守之所失，於國家大計未有所損，而便遷都，既示敵以弱，又淮河之人大不安矣。」	軍司馬	曹操從之。
建安二十四年	曹操欲徙荊州遺黎及屯田在潁川逼近南寇者。	懿建議「荊楚輕脫，易動難安。關羽新破，諸為惡者藏竄觀望。今徙其善者，既傷其意，將令去者不敢復還。」	軍司馬	曹操從之。

資料來源：《晉書》卷一〈宣帝紀〉，頁 2-3。

　　由以上表列，可看出司馬懿在曹操時期逐漸展露的政治與軍事才華。由這些建議及後來發展的結果來看，司馬懿是相當有權謀的，曹操在其中的體會應相當深。所以當司馬懿與曹丕日漸親

密，曹操提醒曹丕對司馬懿應有所注意。但此時曹丕正與陳羣、
吳質、朱鑠以及司馬懿為善，號曰四友，對曹操之言，無所回應。
整體來看，司馬懿在曹操死之前，對局勢的影響不大。

　　由史料的記載來看，司馬懿在曹丕、曹植世子嗣位之爭中，
司馬懿站在曹丕這一邊，但爬梳《三國志》，在這場爭奪嗣位的
過程中，司馬懿並未成為鬥爭中的重要角色。[13]這應與司馬懿手
中握有的資源尚無法與這些人相較有關，這也顯示河內司馬氏父
祖輩的社會資源，尚不足以成為司馬懿的資源。或者可說是整個
司馬家族的發展，在建安年間對政權尚未能構成舉足輕重的影響
力。

　　曹操死於建安二十四年（219）十二月，曹丕即魏王位，重新
任命朝中三公，以太中大夫賈詡為太尉，御史大夫華歆為相國，
王朗為御史大夫。司馬懿在此時也加封河津亭侯，轉丞相長史。
由此可知，在曹丕初期，司馬懿與曹丕關係雖密切，但對曹丕而
言，司馬懿還不是其政治上最重要的輔佐者。

　　不久，曹丕自立為帝，遷司馬懿為尚書；頃之，再轉督軍、
御史中丞，封安國鄉侯；黃初二年（221）再遷侍中、尚書右僕射。
[14]由司馬懿於曹丕即位之初的遷轉，可以看出曹丕對他的信任與
重用，不過仍未成為最重要的人物。但二人的關係，隨時間推衍，
逐漸加溫。至黃初五年（224）曹丕在穩定北方局面後，進行一次
南巡。司馬懿在這場南巡中，擔任鎮守許昌的任務。南巡結束後，
魏文帝再改封司馬懿為「向鄉侯，轉撫軍、假節，領兵五千，加

---

13 參見《三國志》卷三〈明帝紀〉，頁100，裴松之註引《魏氏春秋》、卷五
　　〈后妃‧武宣卞皇后傳〉，頁156、卷十〈賈詡傳〉，頁331、卷十二〈崔
　　琰傳〉，頁368-369、〈毛玠傳〉，頁375、〈邢顒傳〉，頁382、卷十九〈陳
　　思王曹植傳〉，頁557-561、卷二十二〈桓階傳〉，頁632。
14 《晉書》卷一〈宣帝紀〉，頁4。

給事中、錄尚書事。」黃初六年（225）魏文帝大興舟師伐孫吳，再次命司馬懿留守，「內鎮百姓，外供軍資」。[15]史籍中並未記載司馬懿對魏文帝的這項安排有何意見，但終文帝世，司馬懿主要的工作為駐防許昌，在朝廷並未如陳羣、賈詡、華歆等人參與核心朝政運作，在對外用兵上，也未實際操兵上陣。

在鎮守許昌的同時，司馬懿對中央政治權力中心的發展相當關心，一方面也努力經營與中央朝臣的關係。這可由黃初六年（225）魏文帝臨死前，司馬懿終於與曹真、陳羣、曹休一起成為顧命輔政大臣來推測。由後來的發展來看，曹丕死，魏明帝即位，司馬懿成為輔政大臣這個轉折，對司馬懿仕途的發展是非常關鍵的。

曹丕在位的六年間，司馬懿的地位雖然日漸重要，但總不是權力核心中之人物。至明帝即位後，司馬懿雖成為輔政大臣，但在黃初七年（226）十二月，朝廷再次重組人事佈局時，司馬懿照例未成為三公，[16]但由撫軍大將軍升任為驃騎大將軍，明帝開始讓司馬懿在軍事上有所發揮。[17]黃初七年八月，孫吳寇襄陽，魏明帝派司馬懿率兵討之，自此終明帝世，司馬懿將主力發展放在軍事上。

---

15 同上註。

16 （黃初七年）十二月，以太尉鍾繇為太傅，征東大將軍曹休為大司馬，中軍大將軍曹真為大將軍，司徒華歆為太尉，司空王朗為司徒，鎮軍大將軍陳羣為司空，撫軍大將軍司馬宣王為驃騎大將軍。《三國志》卷三〈明帝紀〉，頁92。

17 離開中央向外發展，究竟是魏明帝屬意，亦或是司馬懿對黃初七年的人事安排有所不滿而自請出調，史書中並未明載，但往後司馬懿藉由地方軍事行動而逐漸將軍權掌握在手中。

表 1-1-2　魏明帝時期司馬懿主要軍事行動表

時　間	事　由	結　果
黃初七年八月	孫吳寇襄陽	撫軍大將軍司馬懿討破之
太和元年十二月	新城太守孟達反	驃騎將軍司馬懿平定之
太和四年七月	詔大司馬曹真、大將軍司馬宣王伐蜀。	
太和五年三月	諸葛亮寇天水	詔大將軍司馬懿拒之。亮退兵。
青龍元年九月	安定保塞匈奴大人胡薄居姿職等叛。	司馬懿遣將軍胡遵等追討，破降之。
青龍二年四月	諸葛亮出斜谷，屯渭南。	司馬懿率軍拒之。會諸葛亮卒。蜀兵退。
青龍三年	蜀將馬岱入寇，司馬懿派遣牛金將軍出擊。	司馬懿獲勝。
景初二年正月	詔太尉司馬懿率眾討遼東。	大破遼東。

資料來源：《三國志》卷三〈明帝紀〉，頁 92-113。

　　尤其在太和五年（231），蜀漢連年犯邊，魏明帝將守邊任務託付給司馬懿，[18]以懿為都督雍、梁二州軍事，屯長安。司馬懿有效地禦守了西防，蜀軍在幾次的北伐中，皆無功而返。[19]至青龍二年（234）諸葛亮逝世，蜀軍撤回漢中，司馬懿也奉詔班師長安。青龍三年（235）正月，司馬懿以功進位太尉，聲望日隆，得到魏明帝更深的信任。[20]

---

18 輔政大臣中的曹休與曹真，分別死於太和二年與太和五年。這兩位曹魏宗室去世之後，司馬懿的地位更加穩固。參見楊耀坤，〈有關司馬氏政變的幾個問題〉，《四川大學學報（哲學社會科學版）》一九八五年三期（1985 年），頁 91。
19 《晉書》卷一〈宣帝紀〉，頁 6-9。
20 《三國志》卷三〈明帝紀〉，頁 104。

在南伐西討中，司馬懿快速地累積政治資本以及軍事力量。在景初二年（238）伐遼東一役中，眾臣皆曰不可行，而魏明帝對司馬懿充分的授權與信任：

> 初，帝議遣宣王討淵，發卒四萬人。議臣皆以為四萬兵多，役費難供。帝曰：「四千里征伐，雖云用奇，亦當任力，不當稍計役費。」遂以四萬人行。及宣王至遼東，霖雨不得時攻，羣臣或以為淵未可卒破，宜詔宣王還。帝曰：「司馬懿臨危制變，擒淵可計日待也。」[21]

結果：

> 丙寅，司馬宣王圍公孫淵於襄平，大破之，傳淵首于京都，海東諸郡平。

遼東之役的獲勝，讓司馬懿掌握曹魏政權之路又跨前一步。

在遼東之役獲勝後不久，十二月，魏明帝病危，在選立輔政大臣過程中，又是一場驚心動魄的鬥爭。明帝原屬意由燕王曹宇為大將軍，擔任輔政之首，與領軍將軍夏侯獻、武衛將軍曹爽、屯騎校尉曹肇、驍騎將軍秦朗等共同輔政，但明帝寵臣中書監劉放與中書令孫資長久以來與秦朗等人不善，若由秦朗等人輔政，在明帝死後，劉、孫等人必遭悲慘下場。為避免這樣的情況發生，在明帝尚有一息時，說服明帝改以曹爽及司馬懿為輔政大臣。

> 帝氣微，……（劉放）乃突前見帝，垂泣曰：「陛下氣微，若有不諱，將以天下付誰？」帝曰：「卿不聞用燕王耶？」（劉）放曰：「陛下忘先帝詔敕，藩王不得輔政。且陛下方病，而曹肇、秦朗等便與才人侍疾者言戲。燕王擁兵南面，不聽臣等入，此即豎刁、趙高也。今皇太子幼弱，未

---

21 同上註，頁113。

能統政，外有彊暴之寇，內有勞怨之民，陛下不遠慮存亡，
而近係恩舊。委祖宗之業，付二三凡士，寢疾數日，外內壅
隔，社稷危殆，而己不知，此臣等所以痛心也。」帝得放言，
大怒曰：「誰可任者？」放、資乃舉爽代宇，又白「宜詔司
馬宣王使相參」，帝從之。放、資出，曹肇入，泣涕固諫，
帝使肇敕停。肇出戶，放、資趨而往，復說止帝，帝又從其
言。放曰：「宜為手詔。」帝曰：「我困篤，不能。」放即
上牀，執帝手強作之，遂齎出，大言曰：「有詔免燕王宇等
官，不得停省中。」於是宇、肇、獻、朗相與泣而歸第。[22]

由這一段爭奪輔政權的過程中，司馬懿以人不在中央，還能成為
勝利者，可看出司馬懿在政治上與劉放、孫資的結合程度。在此
之前，燕王曹宇也深懼司馬懿會成為其擔任首輔的障礙，曾建議
魏明帝以關中事重，派司馬懿由遼東返回時，由其家鄉河內直接
至關中述職，詔書也傳至司馬懿手中。[23]但就在司馬懿行經白屋
時，收到一份由明帝手筆的詔書，要司馬懿立即回京。此後三日
之內，「詔書五至」，司馬懿知宮中有變，馳車入京，在最後一
刻由明帝親自指派與曹爽成為顧命之臣，輔佐年僅八歲的太子齊
王曹芳。[24]司馬懿終於脫穎而出，在政治上將走出一個新的局面，
這一年司馬懿六十一歲。

---

22 同上註，頁113-114。
23 從《魏略》的記載來推測，可能是司馬懿在收到發佈至關中述職的詔書後，
　　曾與劉放、孫資有所聯繫，孫、劉積極向明帝建議更換輔政大臣或與司馬懿
　　有關。同上註，頁114，裴松之註引《魏略》。
24 《晉書》卷一〈宣帝紀〉，頁13。

第二節　正始以後的司馬懿

　　景初三年（239）正月，就在司馬懿趕到洛陽的這一天，魏明帝冊立齊王芳為皇太子，以曹爽與司馬懿為輔政大臣後，旋即逝世；齊王芳即位為皇帝，尊明帝郭皇后為皇太后。大將軍曹爽與太尉司馬懿均加侍中、持節、都督中外諸軍、錄尚書事，各統兵三千人，共執朝政，更直殿中。雙方各自較勁，如直接負責保護皇帝之禁軍，也分別由曹爽的弟弟曹羲擔任中領軍，司馬懿的長子司馬師擔任中護軍。[25]司馬懿曾與曹爽之父曹真共事，論輩份曹爽為晚輩，在輔政之初，曹爽也尊司馬懿為長，「每事諮詢，不敢自專」。但因曹爽手中握有權力，加上年輕，圍攏於身邊的名士友人，在曹爽執政後，漸脫穎而出，每每左右朝政，在不到一年的時間，曹爽利用了皇太后，明升暗降司馬懿，景初三年十二月，透過太后下詔：「太尉體道正直，盡忠三世，南擒孟達，西破蜀虜，東滅公孫淵，功蓋海內。昔周成建保傅之官，近漢顯宗崇寵鄧禹，所以優隆雋乂，必有尊也。其以太尉為太傅，持節統兵都督諸軍事如故。」轉任司馬懿為太傅。[26]

　　轉任太傅的司馬懿非常清楚自己的處境，加上與其共拼天下

25　《晉書》卷一〈宣帝紀〉，頁15。

26　在曹爽與司馬懿爭權的過程中，曹爽除了將司馬懿引出為太傅外，曹爽及支持者還以變法來架空司馬懿的政治權力；但要到正始五年後，二者之間衝突才逐漸白熱化。參見盧建榮，〈魏晉之際的變法派及其敵對者〉，《食貨復刊》十卷七期（1980年10月），頁273-279；王永平，〈世族勢力之復興與曹睿顧命大臣之變易〉，頁59-62、〈曹爽、司馬懿之爭真相考論〉，頁52-58。

的前代遺臣大致凋零，[27]司馬懿選擇不與曹爽爭鋒。此後至正始十年（249）高平陵之役發動前，司馬懿與政局之間保持相當距離。但即使如此，二者之間的衝突仍是不斷出現。首先在正始二年（241）五月，孫吳將領朱然率軍圍襄陽樊城，司馬懿自請出兵討伐，但在朝廷上反對者眾，司馬懿獨排眾議，於六月發兵，結果迫使朱然退兵，[28]「斬獲萬餘人，收其舟船軍資而還。」齊王芳遣侍中常侍慰勞司馬懿軍于宛，七月，增封司馬懿「食郾、臨潁，并前四縣，邑萬戶，子弟十一人皆為列侯。」[29]司馬懿的功勳在此役之後更盛。正始三年（242），吳諸葛恪屯皖，邊鄙苦之，司馬懿建議發兵攻打，但大臣多表示反對；至四年（243）九月，懿仍發兵攻之，結果諸葛恪「焚燒積聚，棄城而遁。」司馬懿並在宛縣邊境「大興屯守，廣開淮陽、百尺二渠，又修諸陂於潁之南北，萬餘頃。」此後「淮北倉庾相望，壽陽至於京師。」[30]

對於曹爽一黨而言，本欲架空司馬懿權力，但司馬懿相繼的伐吳獲勝，反使得司馬懿功勳日盛。為扳回一城，尚書鄧颺、李勝慫恿曹爽出兵伐蜀，司馬懿再三勸阻不聽，曹爽率軍於正始五年（244）至長安，發兵六、七萬人從駱谷入，結果無功而返。

> （鄧）颺等欲令爽立威名於天下，勸使伐蜀，爽從其言，宣王止之不能禁。正始五年，爽乃西至長安，大發卒六七萬人，從駱谷入。是時，關中及氐、羌轉輸不能供，牛馬騾驢多死，民夷號泣道路。入谷行數百里，賊因山為固，兵不得進。爽參軍楊偉為爽陳形勢，宜急還，不然將敗。[31]

27　《三國志》卷四〈少帝紀〉，頁 120。
28　《三國志》卷四〈少帝紀〉，頁 121，裴松之註引干寶《晉紀》。
29　《晉書》卷一〈宣帝紀〉，頁 13。
30　同上註，頁 15。
31　《三國志》卷九〈曹真附曹爽傳〉，頁 283。

> 司馬宣王謂夏侯玄曰：「春秋責大德重，昔武皇帝再入漢
> 中，幾至大敗，君所知也。今興平路勢至險，蜀已先據；
> 若進不獲戰，退見徼絕，覆軍必矣。將何以任其責！」玄
> 懼，言於爽，引軍退。費禕進兵據三嶺以截爽，爽爭嶮苦
> 戰，僅乃得過。所發牛馬運轉者，死失略盡，羌、胡怨嘆，
> 而關右悉虛耗矣。[32]

無功而回的曹爽，對司馬懿的防備更為強烈。正始六年（245）八
月，曹爽下令毀掉中壘中間營，將屬軍歸給其弟中領軍曹羲，司
馬懿以其為先帝所設置的舊制度而強烈反對。[33]至正始七年（246）
正月，孫吳來襲，司馬懿與曹爽衝突再起：

> 七年春正月，吳寇柤中，夷夏萬餘家避寇北渡沔。帝以沔
> 南近賊，若百姓奔還，必復致寇，宜權留之。曹爽曰：「今
> 不能修守沔南而留百姓，非長策也。」帝曰：「不然。凡
> 物致之安地則安，危地則危。故兵書曰『成敗，形也；安
> 危，勢也』。形勢，御之要，不可以不審。設令賊以二萬人
> 斷沔水，三萬人與沔南諸軍相持，萬人陸梁柤中，將何以
> 救之？」爽不從，卒令還南。賊果襲破柤中，所失萬計。[34]

一次次的挫敗，讓曹爽顏面盡失，而司馬懿的聲望也日漸高昇。
為有效控制朝權，曹爽用何晏、鄧颺、丁謐等人之謀，遷郭太后
於永寧宮，專擅朝政，「兄弟并典禁兵，多樹親黨，屢改制度。」
司馬懿眼見局面越來越亂，於是在正始八年（247）五月「稱疾不

---

32 同上註，頁 284，裴松之註引《漢晉春秋》。
33 《晉書》卷二十四〈職官志〉：「中領軍將軍，魏官也。漢建安四年，魏武
　丞相府自置，及拔漢中，以曹休為中領軍。文帝踐阼，始置領軍將軍，以曹
　休為之，主五校、中壘、武衛等三營。」頁 740；另見《晉書》卷一〈宣帝
　紀〉，頁 15。
34 同上註，頁 15-16。

與政事」。正始九年（248）冬天，曹爽徒黨李勝奉派荊州刺史，向司馬懿請辭時，司馬懿故意「稱疾困篤，示以羸形」，李勝不察，回報曹爽，以司馬懿不足為患，曹爽完全放鬆戒心。

　　司馬懿表面上退出朝政圈，但實際開始佈局反擊，結合反對或不滿曹爽亂政的士大夫與郭太后。首先為劉放與孫資。劉放與孫資因將曹爽與司馬懿推上輔政大臣位置，在正始元年（240）二月，分別加封左、右光祿大夫。在曹爽運作專政而將司馬懿由太尉改封太傅之際，孫、劉二人倒向了曹爽，發佈太傅一職的詔書即出自二人之手。由正始六年（245）曹爽再封「左光祿大夫劉放為驃騎將軍，右光祿大夫孫資為衛將軍」來看，曹爽是以共創權力者看待之。但隨曹爽腹心日漸掌權，劉放、孫資逐漸被排除權力核心之外，至正始九年（248）二月，劉放、孫資上奏表明以年老遜位。這個時機相當特殊，尤其高平陵之役後，孫資再度復出為侍中，領中書令來看，孫資等人應有參與整個司馬懿的政變行動，[35]至少也是站在支持的角度。此外衛臻、何曾等人，在正始九年亦辭官歸家，以等待司馬懿的行動。[36]

　　司馬氏另外連結的對象為郭太后。郭太后為明帝皇后，是曹氏皇后中少見的大族。[37]在曹魏初期，有鑑於東漢末年外戚干政的結果，在選擇皇后時多不選擇世家大族出身者，曹丕甚且在黃

---

35 《三國志》卷十四〈劉放傳〉，頁 459-460。
36 《三國志》〈齊王芳紀〉，頁 123、《晉書》卷三十三〈何曾傳〉，頁 995。司馬懿在政變中也得到許多世族的支持。世族支持司馬氏之因，或與魏明帝即位以來改革選舉制有關，吳慧蓮由選舉制度入手，討論魏明帝以後所採用的重考課，強化吏部的作法，明顯地減損地方大族的利益，司馬懿看到了世族與曹爽集團之間的矛盾，因此提出制立「州大中正」，強化中正功能的政策，藉以籠絡地方望族，這是促使地方大族背魏擁晉的主要原因之一。參見吳慧蓮，〈曹魏的考課法與魏晉革命〉，頁 76-78。
37 《三國志》卷五〈后妃・明元郭皇后傳〉，頁 168。

初三年（222）九月下令：「夫婦人與政，亂之本也。自今以後，羣臣不得奏事太后，后族之家不得當輔政之任，又不得橫受茅土之爵；以此詔傳後世，若有背違，天下共誅之。」[38]這樣的祖訓，歷經兩世大致維持，明帝在冊立郭夫人為皇后後，不久即過世，繼位的曹芳年僅八歲，尊郭皇后為太后。曹爽遵循祖制，不讓郭太后涉入政治太深，二者在此間逐漸產生摩擦，[39]司馬懿掌握了曹爽與郭太后之間的矛盾，在政變中得到郭太后的支持。

　　正始十年（嘉平元年，249）正月甲午之日，司馬懿藉曹爽護從齊王芳至高平明帝陵掃墓時，假借太后懿旨，調動軍隊，關閉城門，佔領武庫。分派高柔與王觀接收曹爽與曹羲之軍隊。然後上奏以曹爽「背棄顧命，敗亂國典，內則僭擬，外專威權；破壞諸營，盡據禁兵，羣官要職，皆置所親；殿中宿衛，歷世舊人皆復斥出，欲置新人以樹私計；根據槃互，縱恣日甚。外既如此，又以黃門張當為都監，專共交關，看察至尊，侯伺神器，離間二宮，傷害骨肉」等罪狀，請朝廷罷免曹爽兄弟之兵權，以列侯就第。最後曹爽束手就擒。在高平陵政變中，司馬懿將十年來受曹爽徒黨的壓抑，憤怒般地報復出來，將與曹爽相連的人士，何晏、鄧颺、丁謐、畢軌、李勝、桓範、張當等人，皆夷三族，殺戮殆盡。[40]

---

38 《三國志》卷二〈文帝紀〉，頁 80。
39 參見郭熹微，〈論魏晉禪代〉，頁 55-56。
40 《三國志》卷九〈曹真附曹爽傳〉，頁 288-293。曹爽之敗，除本身能力有限、集團人物多「不長於事功」外，還與不能重用宗室有關。正始四年曹冏眼見司馬懿之力量日大，建議曹爽用宗室諸王以對抗之，但曹爽不能用。參見郭熹微，〈論魏晉禪代〉，頁 53-56。另外，夷三族在曹魏為「謀反大逆」的刑罰，《晉書‧刑法志》載：「（曹魏時）至於謀反大逆，臨時捕之，或汙瀦，或梟菹，夷其三族，不在律令，所以嚴絕惡跡也。」司馬懿以最嚴峻夷三族之法對付異己，也可看出其奪權的堅定決心，此後司馬師、司馬昭也不斷以夷三族方式對待異己。另見張晉藩主編，《中國法制通史》三卷《魏晉南北朝》（北京：法律出版社，1999 年），頁 55-56。

　　曹爽被拉下台後，已無人能與司馬懿抗衡，二月（嘉平元年），齊王芳以司馬懿為丞相，增封潁川之繁昌、鄢陵、新汲、父城，并前八縣，邑二萬戶，奏事不名。[41]十二月，再加九賜之禮，朝會不拜。嘉平二年（250）司馬懿更在形式上提高自己的位階，藉口「久疾不任朝請」，而讓齊王芳「每有大事，天子親幸第以諮訪」。嘉平三年（251），齊王芳再「使兼大鴻臚、太僕庾嶷持節，策命帝為相國，封安平郡公，孫及兄子各一人為列侯，前後食邑五萬戶，侯者十九人。」司馬懿讓家族的發展達到了前所未有的高峰。

　　嘉平元年，司馬懿已屆七十一歲的高齡，對此不易得來的權位，不可能輕易放手。所以對於反對的勢力，司馬懿皆採取嚴苛的鎮壓。高平陵之役後，反對司馬懿的勢力，首先來自於太尉王凌與兗州刺史令狐愚，於嘉平三年（251）正月，共謀以曹魏宗室楚王彪代替被司馬懿控制的齊王芳。司馬懿親自出征，王凌等軍無力抵抗，結果王凌仰鴆而死，司馬懿收其餘黨，皆夷三族，並殺楚王曹彪。這個事件也給司馬懿最好藉口，將曹魏宗室全部監禁於鄴城，「命有司監察，不得交關」，控制曹氏再興的可能，[42]為其子司馬師接手控制曹魏政局去除一大障礙。

　　司馬懿自二十一歲進入仕途至逝世，共計五十餘年。在一次次的艱險權力鬥爭中，司馬懿的兇殘也跟著越發強烈。明帝以後，在每次的征伐中，司馬懿個性上日漸顯露狠勇之一面，在每一次的戰勝中，對戰敗者皆進行屠殺，越後期越明顯。

---

41 《晉書》卷一〈宣帝紀〉，頁 18。
42 同上註，頁 19。

表 1-2-3　司馬懿對外征伐表

時　間	事南由	處理方式
太和元年	孟達反	破城之日，斬孟達，傳首京師，俘獲萬餘人。
青龍二年	與蜀漢積石之戰	敗諸葛亮軍，斬五百餘級。
青龍三年	蜀將馬岱入寇，司馬懿派遣牛金將軍出擊。	斬千餘級。
景平二年	伐遼東	公孫文懿「使所署相國王建、御史大夫柳甫乞降」，結果司馬懿不許，皆斬之。而破城之日，「男子年十五已上七千餘人皆殺之，以為京觀。偽公卿已下皆伏誅，戮其將軍畢盛等二千餘人。收戶四萬，口三十餘萬。」

資料來源：《晉書》卷一〈宣帝紀〉，頁 6-12。

　　這樣的兇殘屠殺，在高平陵之役中達到高峰，《晉書‧宣帝紀》載：「誅曹爽之際，支黨皆夷及三族，男女無少長，姑姊妹女子之適人者皆殺之。」[43]

　　司馬懿在五十餘年間，由文學掾一路攀爬到權力的顛峰，有自己的努力，也更有外在條件的配合；到人生的尾端，司馬懿最初的儒家治國理想不一定消除，但加上了更多對處理現實政治權力的妥協與殘酷，這樣的妥協與改變，可由一段司馬懿與司馬師對石苞才德的討論史料中看出：

　　　宣帝聞苞好色薄行，以讓景帝，帝答曰：「苞雖細行不足，而有經國才略，夫貞廉之士，未必能經濟世務，是以齊桓忘管仲之奢僭，而錄其匡合之大謀；漢高捨陳平之污行，而取其六奇之妙算。苞雖未可以上儔二子，亦今日之選也。」

---

43 同上註，頁 20。

意乃釋。[44]

司馬懿從不願應曹操辟任到積極參與曹氏太子爭奪戰，繼而奮力且無情地出擊政敵以奪取權力。這中間的轉變歷程，除了司馬懿自己在進入政治圈後，感受到的政治權力魅力之外，也應與當時延續漢末以來士大夫以天下為己任的儒學精神已逐漸消失有關。[45]在亂世之中，逐漸萌生的是如何成就自己家族、輔佐正朔，在政權角逐中勝出，攫取絕對權力的思想。

爾後繼位的司馬師與司馬昭，這樣的發展更為明顯，這也使得許多原來從維護儒家文化而支持司馬氏的士大夫或曹魏官僚，有了不滿或失望的情緒。司馬懿於嘉平三年（251）八月，以七十三歲高齡逝世。由其一死，司馬師立刻順利以衛將軍升任為撫軍大將軍、錄尚書事，掌握朝政來看，司馬氏家族已完全控制了曹魏朝廷。

第三節　司馬師執政時期

司馬懿一死，所有的權力順利轉移至長子司馬師之手。司馬師在當時代人口中的評價相當不錯：

> （司馬師）雅有風彩，沈毅多大略。少流美譽，與夏侯玄、何晏齊名。晏常稱曰：「惟幾也能成天下之務，司馬子元是也。」[46]

司馬師在三十歲左右（景初年間）開始在仕途中發展，「拜散騎

---

44 《晉書》卷三十三〈石苞傳〉，頁 1001。
45 余英時，〈漢晉之際士之新自覺與新思潮〉，頁 294-296。
46 《晉書》卷二〈景帝紀〉，頁 25。

常侍，累遷中護軍。為選用之法，舉不越功，吏無私焉」，逐漸成為司馬懿的左右手。為培養司馬氏本身的力量，司馬懿讓司馬師在地方上「陰養死士三千」。整個誅殺曹爽的行動，由司馬師協助完成，也讓司馬懿對他的表現相當滿意。

> 宣帝（司馬懿）之將誅曹爽，深謀祕策，獨與帝（司馬師）潛畫，文帝（司馬昭）弗之知也，將發夕乃告之。既而使人覘之，帝寢如常，而文帝不能安席。晨會兵司馬門，鎮靜內外，置陣甚整。宣帝曰：「此子竟可也。」

高平陵之役後，司馬師以功封長平鄉侯，食邑千戶，遷衛將軍。嘉平四年（252）正月，再遷大將軍，加侍中，持節、都督中外諸軍、錄尚書事。司馬懿死於嘉平三年（251）八月，雖然在長久佈局之下，司馬師順利接掌輔政大權，但此時司馬懿誅殺曹爽餘黨之餘波未平，司馬師是否有能力控制全局，是一大的挑戰。於是司馬師施放許多善意來安定局面：

> （司馬師）命百官舉賢才，明少長，卹窮獨，理廢滯。諸葛誕、毌丘儉、王昶、陳泰、胡遵都督四方，王基、州泰、鄧艾、石苞典州郡，盧毓、李豐掌選舉，傅嘏、虞松參計謀，鍾會、夏侯玄、王肅、陳本、孟康、趙酆、張緝預朝議，四海傾注，朝野肅然。[47]

或許是為了想有表現以及轉移朝臣對其掌權的疑慮，司馬師在嘉平四年（252）十一月，急切地派遣王昶、胡遵與毌丘儉興兵伐吳，結果為孫吳大將軍諸葛恪所敗。戰敗之後，朝議追究責任歸屬，司馬師將所有責任扛下。

> 朝議欲貶黜諸將，景王曰：「我不聽公休，以至於此。此

我過也，諸將何罪？」悉原之。時司馬文王為監軍，統諸
軍，唯削文王爵而已。[48]

同年，西北胡族蠢動，雍州刺史陳泰建議「合并州之力共討胡」，
司馬師同意，但在軍隊未集結之前，雁門、新興兩郡兵民，以為
將有遠征之役而反叛，司馬師立刻停止徵軍。[49]嘉平五年（253）
五月，孫吳大將諸葛恪再出兵圍新城，在司馬師之策畫下以「高
壘以弊之。相持數月，恪攻城力屈，死傷太半」，最後大破諸葛
恪之軍，斬首萬餘級。[50]

司馬師的這一切作為，總是希望能得到曹魏朝臣的認同。但
就在司馬師還沈醉在伐吳的勝利中，正元元年（254）正月，中書
令李豐與張皇后父親光祿大夫張緝等人與齊王芳聯合，共謀廢司
馬師，欲以太常夏侯玄代之。事發，司馬師非常憤怒，因為司馬
師一直非常看重李豐，在憤怒之餘，遣勇士以刀鐶築殺李豐，並
將所有相關人士送交廷尉，皆夷三族。[51]

這次事件影響了司馬氏與曹魏政權之間關係的發展。在此之
前，無論司馬懿或司馬師，對曹魏君主或朝臣仍有一些顧忌，在
處理事務上，也仍以輔政大臣自居，表面上尚不敢造次。經此事
件，司馬師也意識到，無論他們如何表達善意，也不會得到效忠
曹魏人士的信任，於是赤裸裸的取代曹魏政權的行動就此展開。

首先，司馬師在三月先廢了參與政變的張皇后。九月，結合
郭太后共謀廢齊王芳。當司馬師拿著太后罷廢皇帝詔書於公卿中朝

---

48 《三國志》卷四〈少帝紀〉，頁125，裴松之註引《漢晉春秋》。
49 鄧艾上言：「聞劉豹部有叛胡，可因叛割為二國，以分其勢。去卑功顯前朝，
而子不繼業，宜加其子顯號，使居鴈門。離國弱寇，追錄舊勳，此御邊長計
也。」司馬師皆接受。《三國志》卷二十八〈鄧艾傳〉，頁776。
50 《三國志》卷四〈少帝紀〉，頁125，裴松之註引《漢晉春秋》。
51 《三國志》卷九〈夏侯尚附夏侯玄傳〉，頁299。

大臣會議中討論時，「羣臣失色」，但大勢已去，也只能說「今日之事，亦唯公命」而已。[52]於是「使者持節送衛，迎齊王宮於河內重門，制度皆如藩國之禮。」齊王芳結束其十三年的傀儡皇帝生涯。[53]

如前所述，司馬懿自開始與郭太后之間的合作即相當密切，[54]有郭太后的助力，司馬懿順利發動政變，拔掉曹爽一派之勢力。司馬師執政後，透過婚姻關係，緊密聯繫了郭氏與司馬氏之間的合作關係。於是在司馬師廢齊王芳過程中，也得力於郭太后的支持。郭太后之所以支持司馬師廢齊王芳，可能與不滿齊王芳未先告知廢司馬師的行動有關，並不一定是肯定司馬師的作為。[55]自齊王芳上台後，郭太后也充分展現對政權的關懷。[56]而齊王芳被廢後，最重要的權力鬥爭出現在新皇帝的選任上，誰能掌握新皇帝，誰就能掌握較多的權力，司馬師與郭太后各有支持者。太后欲立高貴鄉公曹髦，而司馬師欲立彭城王曹據。由二者交鋒的過程，可看出因太后手中握有皇帝印璽，司馬師不得不妥協的局面。

> 王（齊王芳）出後，景王（司馬師）又使使者請璽綬。太后曰：「彭城王，我之季叔也，今來立，我當何之！且明皇帝當絕嗣乎？吾以為高貴鄉公者，文皇帝之長孫，明皇帝之弟子，於禮，小宗有後大宗之義，其詳議之。」景王乃

---

52 《三國志》卷四〈少帝紀〉，頁129，裴松之註引《魏書》。
53 同上註，頁128。
54 參見王曉毅，〈司馬懿與曹魏政治〉，頁92；郭熹微，〈論魏晉禪代〉，頁60。
55 郭太后之所以未反對廢齊王芳，一種原因應為司馬師的強勢，另一原因可能與之前李豐結合齊王芳與張皇后共謀廢司馬師之事，郭太后不能容忍被矇在鼓中。另一更重要的原因，是在司馬懿的後期即與郭太后共同合作對付曹爽一派。自司馬師之後，也透過婚姻，緊密地聯繫了與郭太后有關的親屬。《三國志》卷五〈后妃·文昭甄皇后傳〉，頁164，裴松之註引《晉諸公贊》；《晉書》卷二〈景帝紀〉，頁27-28。
56 《三國志》卷五〈后妃·明元郭皇后傳〉，頁168-169。

更召羣臣，以皇太后令示之，乃定迎高貴鄉公。是時太常
已發二日，待璽綬於溫。事定，又請璽綬。太后令曰：「我
見高貴鄉公，小時識之，明日我自欲以璽綬手授之。」[57]
由於所立非由己出，司馬師對新上任的十五歲小皇帝相當不尊
重。雖然曹髦即位之初，即「減乘輿服御，後宮用度，及罷尚方
御府百工技巧靡麗無益之物」、「遣侍中持節分適四方，觀風俗，
勞士民，察冤枉失職者」，[58]一心想表現一位好皇帝應有的形象。
另也加封司馬師「假大將軍黃鉞，入朝不趨，奏事不名，劍履上
殿」，但司馬師仍以「天子受璽惰，舉趾高」為由，不斷地「訓
示」曹髦。[59]這也使得君臣二者的關係甫一開始，就出現緊張的
局面。

司馬師罷廢齊王芳，以及對新皇帝曹髦上台後的不恭，引起
許多曹魏大臣的憂懼與不滿，尤其與司馬氏所處理過的反叛事件
有關者，恐懼隨時會禍連自家。如正始年間伐高句麗大勝的毋丘
儉，因與夏侯玄及李豐等人來往密切，在李豐等人以謀反被殺後，
毋丘儉一直惶惶不可終日，深怕災禍連己，於是連結一直無法有
好發展的揚州刺史前將軍文欽，共謀廢執政司馬師。正元二年
（255）二月，兩人罪舉司馬師十一大項罪狀，[60]率軍起兵佔據壽

---

57 同上註，頁 130-131，裴松之註引《魏略》。
58 同上註，頁 132。
59 《晉書》卷二〈景帝紀〉，頁 28-29。
60 毋丘儉等人起兵反司馬師時，列舉了司馬師十一大罪狀，一、以盛年在職，
　　無疾託病，坐擁彊兵，無有臣禮。二、司馬懿造計取賊，多春軍糧，克期有
　　日。司馬師為大臣，當除國難，又為人子，當卒父業。哀聲未絕而便罷息，
　　為臣不忠，為子不孝。三、賊退過東關，坐自起眾，三征同進，喪眾敗績。
　　四、壽春之役，賞罰不公。五、殘殺李豐等人，實有無君之心。六、不顧大
　　義，矯廢齊王曹芳。七、無罪而誅光祿大夫張緝，夷其妻子並及母后。八、
　　陛下（高貴鄉公曹髦）即祚，初不朝覲。陛下欲臨幸師舍以省其疾，復拒不

春城。這是司馬師執政中最危急的狀況,內有與己不和的君王與不平的朝臣,外有動亂亟待處理,最後司馬師聽從傅嘏與王肅的建議,親自出征。

> 正元二年春,毋丘儉、文欽作亂。或以司馬景王不宜自行,可遣太尉(司馬)孚往,惟(傅)嘏及王肅勸之。景王遂行。以嘏守尚書僕射,俱東。儉、欽破敗,嘏有謀焉。[61]

最後在沙陽一戰,大敗文欽之軍,文欽父子與手下退守項城,毋丘儉亦宵遁淮南,後為安風津都尉追斬之,文欽奔吳,一場動亂告終。司馬師雖然化解了其政治生涯中最危險的局面,但也在征戰中因眼疾復發,死於許昌。

> 初,帝目有瘤疾,使醫割之。(文)鴦之來攻也,驚而目出。懼六軍之恐,蒙之以被,痛甚,齧被敗而左右莫知焉。閏月疾篤,使文帝總統諸軍。辛亥,崩于許昌,時年四十八。[62]

司馬師之死於當時朝廷而言是一大震撼。對太后與高貴鄉公一派而言,去了心腹之患;而對司馬氏一派而言,政權可能馬上轉手。兩方開始較勁。司馬師弟弟司馬昭早在司馬師病篤之際,已由洛

通,不奉法度。九、領軍許允當為鎮北,以廚錢給賜,而司馬師舉奏加辟,雖云流徙,道路餓殺,天下聞之,莫不哀傷。十、三方之守,一朝闕廢,多選精兵,以自營衛,五營領兵,闕而不補,多載器杖,充聚本營。十一、多休守兵,以占高第,以空虛四表,欲擅彊勢,以逞姦心,募取屯田,加其復賞,阻兵安忍,壞亂舊法。合聚諸藩王公以著鄰,欲悉誅之。由這表書十一條罪狀來看,毋丘儉等人自以站在曹魏朝廷的角度,細數司馬師的不忠不孝不仁不義。表中還特別將司馬師與其他司馬氏人區隔,指出在司馬師罷廢後,可以司馬昭為輔政大臣,司馬孚可為太保太傅,司馬望可為中領軍。這也顯示司馬氏家族自司馬懿以來在政治圈中的努力,力量已不容忽視。《三國志》卷二十八〈毋丘儉傳〉,頁763-765。
61 《三國志》卷二十一〈傅嘏傳〉,頁627。
62 《晉書》卷二〈景帝紀〉,頁31。

陽兼程趕至許昌，司馬師也明白宣示由司馬昭「總統諸軍」。但在洛陽的曹髦在得到司馬師的死訊後，立刻下令司馬昭留鎮許昌，而由傅嘏率六軍還洛陽，有意將司馬昭阻絕于京師之外。這是兩方對抗的白熱化，任何一方稍微疏失，可能失了全局。當司馬昭困坐許昌時，幸賴傅嘏與鍾會提出反擊之策，才讓司馬昭有機會再回到洛陽。

> 景王（司馬師）薨於許昌，文王（司馬昭）總統六軍，（鍾）會謀謨帷幄。時中詔敕尚書傅嘏，以東南新定，權留衛將軍屯許昌為內外之援，令嘏率諸軍還。會與嘏謀，使嘏表上，輒與衛將軍俱發，還到雒水南屯住。[63]

司馬昭與傅嘏手中握有大軍，當曹髦知道司馬昭亦隨傅嘏回至洛陽時，已來不及因應，在無奈的情況下只得接受。整場君臣對抗，由司馬昭一派獲得大勝。鍾會以大功遷黃門侍郎，封東武亭侯，邑三百戶。[64]

正元二年（255）二月，高貴鄉公下詔以「衛將軍司馬文王為大將軍，錄尚書事」，開啟司馬昭執政時期。

第四節　司馬昭時代的來臨

司馬昭為司馬懿的次子，司馬師的弟弟。景初二年（238）因齊王芳即帝位，司馬懿出任大司馬，後改太傅，詔「以世子（司馬）師為散騎常侍，子弟三人為列侯，四人為騎都尉」時，封為

---

63 《三國志》卷二十八〈鍾會傳〉，頁785。
64 同上註。

新城鄉侯。[65]正始年間，出任洛陽典農中郎將，後轉散騎常侍。在司馬懿與司馬師當政的期間，司馬昭扮演了輔助的角色。長久於外征伐，過程中也積累了司馬氏的力量。至司馬師最後東征平毌丘儉、文欽之亂時，司馬昭以中領軍，留守洛陽，與司馬師相呼應。

　　司馬師死後，司馬昭在太后、皇帝以及反對黨的阻擾下，還能順利回到洛陽，也顯示了司馬黨羽在朝廷的力量。高貴鄉公為了示好，在司馬昭回到洛陽後，立刻進封司馬昭「大將軍，加侍中，都督中外諸軍、錄尚書事，輔政，劍履上殿。」甘露元年（256）正月，再「加大都督，奏事不名」。六月，又進封高都公，地方七百里，加之九錫，假斧鉞，進號大都督，劍履上殿。」八月，更加假黃鉞，增封三縣，[66]以安撫司馬昭。

　　司馬昭甫執政，（正元二年）二月甲子，孫吳趁曹魏政局動盪之隙，派遣大將孫峻率眾十萬至壽春，幸賴諸葛誕擊破之。八月，蜀漢大將軍姜維也率軍寇狄道，雍州刺史王經與之戰於洮西，結果王經大敗。司馬昭再遣鄧艾以行安西將軍與征西將軍陳泰力拒姜維，而後再以太尉司馬孚率軍為後援。最後才在九月，逼退了姜維。甘露元年（256）七月，鄧艾大破姜維於上邽。[67]在平東、西方之亂的同時，司馬昭也開始佈署朝廷人事，將親司馬氏之人士逐一安排至重要位置。八月，以「太尉司馬孚為太傅。九月，以司徒高柔為太尉。十月，以司空鄭沖為司徒，尚書左僕射盧毓

---

65 〈宣帝紀〉載，當封賞發佈，司馬懿「固讓子弟官不受」，但以〈文帝紀〉的記載來看，司馬懿最後還是接受的。《晉書》卷一〈宣帝紀〉，頁13、卷二〈文帝紀〉，頁32。

66 《晉書》卷二〈文帝紀〉，頁33。

67 《三國志》卷四〈少帝紀・高貴鄉公〉，頁133、139。

為司空」。[68]

　　司馬昭在中朝大舉任用親信的同時，也瞭解自己初掌權，於是對親魏的勢力多加安撫。但司馬昭最大的困境是，在其父兄時代，為打擊異己，殘殺了許多朝廷菁英份子，從高平陵之役到最近的毋丘儉、文欽之亂中，接二連三的族誅，讓非親司馬氏的朝臣，相當恐懼，尤其是手上較有權力的人，更為恐慌。所以從司馬師到司馬昭即使善意出盡，也難讓人信服，諸葛誕就是其中之一。諸葛誕自司馬懿時代已在軍事上展現能力，至司馬師時，諸葛誕在平毋丘儉、文欽之亂中立了大功。司馬昭即位後，為了安撫之，以諸葛誕為「鎮東大將軍、儀同三司、都督揚州。」後又進封高平侯，邑三千五百戶，再轉為征東大將軍。[69]由於諸葛誕過去與反對黨如夏侯玄、李豐等人為至親好友，眼見一次次的誅殺異己行動，讓諸葛誕懼不自安。而司馬昭執政後的加封動作，反讓諸葛誕越生疑懼。為自保計，於是在淮南地方，「傾帑藏振施以結眾心，厚養親附及揚州輕俠者數千人為死士」。[70]

　　諸葛誕在多次受封後，並未明顯地表達對司馬昭的支持，這也引起了司馬昭的疑慮。此時賈充建議，以司馬昭初秉朝政，「宜遣參佐慰勞四征」，其實也是進一步的觀察這些將軍在地方上的動態。司馬昭即遣賈充至壽春慰勞諸葛誕。賈充回朝後，以諸葛誕在揚州，「有威名，民望所歸」，建議司馬昭徵調諸葛誕回朝廷，避免其繼續在地方上擴大勢力。[71]

68　同上註，頁 139。

69　《三國志》卷二十八〈諸葛誕傳〉，頁 770。

70　同上註。

71　《魏末傳》載：「賈充與誕相見，談說時事，因謂誕曰：『洛中諸賢，皆願禪代，君所知也。君以為云何？』誕厲色曰：『卿非賈豫州子？世受魏恩，如何負國，欲以魏室輸人乎？非吾所忍聞。若洛中有難，吾當死之。』充默

　　甘露元年（256）冬天，孫吳兵力又向邊境集結，諸葛誕上書請中央撥十萬軍守壽春，並請求允許於臨淮水處築城以待吳軍。對諸葛誕這樣的請求與動作，讓司馬師一派更加疑懼，於是不但沒有同意諸葛誕的請求，反在甘露二年（257）五月，徵諸葛誕為司空。諸葛誕接獲詔書，在恐懼中遂反。[72]

　　諸葛誕起兵後，連結孫吳，在朝廷引起很大震撼。司馬昭為免腹背受敵，於七月挾持了天子與皇太后出征，「徵兵青、徐、荊、豫，分取關中遊軍」，共計二十六萬大軍，臨淮討諸葛誕。至甘露三年（258）二月，曹魏大軍攻下壽春城，諸葛誕被殺，並夷其三族。[73]

　　伐諸葛誕之勝利，讓司馬昭的地位更加穩固。五月，高貴鄉公再以并州之太原、上黨、西河、樂平、新興、雁門，司州之河東、平陽等八郡等地方共七百里賜予司馬昭，並封昭為晉公，加九錫，進位相國，並於晉國置官司。在一番推讓後，再加賜「增邑萬戶，食三縣，諸子之無爵者皆封列侯」。[74]至此，已無任何一家一姓的地位能超越司馬氏。

　　如前所述，在齊王芳罷黜後，為立新皇帝，司馬師曾與郭皇太后有所爭執，而因太后手上握有帝璽，最後司馬師妥協，於是高貴鄉公當上皇帝。司馬師死後，大權落入司馬昭之手，高貴鄉公與司馬昭之間的戒心，並未消除，二者之間的猜忌，隨著司馬

　　然。」裴松之以為《魏末傳》所載「率皆鄙陋」。實際情況應非如此。但司馬昭欲取魏而代之的意圖，在親司馬氏黨羽的運作下，事實上是愈來愈明顯，這也是親曹魏一派人士，所不能接受的。同上註，頁771，裴松之註引《魏末傳》。
72　《三國志》卷二十八〈諸葛誕傳〉，頁770。
73　同上註。
74　《晉書》卷二〈文帝紀〉，頁35。

昭權力的日漸擴大而更加深化。甘露五年（260）四月，高貴鄉公
迫於司馬昭集團的壓力，再進司馬昭為「相國，封晉公，加九賜」。
司馬昭代魏之勢，已是不揭自明。面對這樣的逼迫，高貴鄉公在
忍無可忍之餘，終於決定正面對抗司馬昭的勢力。[75]當高貴鄉公
將計畫告知身邊最親信的侍中王沈、尚書王經、散騎常侍王業等
人，結果不只得到「沒有機會」的回應，甚至最後出賣曹髦的就
是這些人，這也顯示了司馬昭的勢力在朝廷中已是盤根錯節，甚
且連曹魏皇帝也撼動不了了。

　　其實對司馬昭而言，高貴鄉公不主動起兵對抗，司馬昭也不
會讓高貴鄉公在位多久。此乃因高貴鄉公，本身有自己的看法，
自即位後，以儒學為治國大要，吸引了不少朝臣的尊敬與效忠。[76]
對於這種情況，司馬昭一派時時刻刻秘密監視著，當石苞要自京
師回任所之前，向高貴鄉公辭行，君臣二人相談甚久，離開後司
馬昭立即召見石苞，而石苞的對高貴鄉公的推崇，也讓司馬昭不
安：

　　　《世語》曰：「初，青龍中，石苞鬻鐵於長安，得見司馬
　　　宣王，宣王知焉。後擢為尚書郎，歷青州刺史、鎮東將軍。
　　　甘露中入朝，當還，辭高貴鄉公，留中盡日。文王遣人要
　　　令過。文王問苞：「何淹留也？」苞曰：「非常人也。」[77]

甘露五年五月，高貴鄉公終於展開清除權臣之行動，《漢晉春秋》
載：

　　　帝見威權日去，不勝其忿。乃召侍中王沈、尚書王經、散
　　　騎常侍王業，謂曰：「司馬昭之心，路人所知也。吾不能

75　《三國志》卷四〈少帝紀・高貴鄉公〉，頁144，裴松之註引《漢晉春秋》。
76　同上註，頁136-139。
77　同上註，頁147。

坐受廢辱，今日當與卿（等）自出討之。」王經曰：「昔
魯昭公不忍季氏，敗走失國，為天下笑。今權在其門，為
日久矣，朝廷四方皆為之致死，不顧逆順之理，非一日也。
且宿衛空闕，兵甲寡弱，陛下何所資用，而一旦如此，無
乃欲除疾而更深之邪！禍殆不測，宜見重詳。」帝乃出懷
中版令投地，曰：「行之決矣。正使死，何所懼？況不必
死邪！」於是入白太后，沈、業奔走告文王，文王為之備。
帝遂帥僮僕數百，鼓譟而出。文王弟屯騎校尉鈾入，遇帝
於東止車門，左右呵之，鈾奔走。中護軍賈充又逆帝戰於
南闕下，帝自用劍。眾欲退，太子舍人成濟問充曰：「事
急矣。當云何？」充曰：「畜養汝等，正謂今日。今日之
事，無所問也。」濟即前刺帝，刃出於背。[78]

五月己丑日，高貴鄉公被殺於宮闕中。郭太后眼見大勢已去，為
了避免事件波及自己，立即下詔以「此兒（指高貴鄉公）既行悖
逆不道，而又自陷大禍，重令吾悼心不可言。昔漢昌邑王以罪廢
為庶人，此兒亦宜以民禮葬之，當令內外咸知此兒所行。」將整
個事件責任，由高貴鄉公一人擔起，也避免再一次的宮廷殺戮。[79]

　　就當高貴鄉公被殺，太后廢之為庶人時，司馬昭等人或為平
息眾口，上言請依王禮葬高貴鄉公：

太傅（司馬）孚、大將軍（司馬昭）文王、太尉（高）柔、
司徒（鄭）沖稽首言：「伏見中令，故高貴鄉公悖逆不道，
自陷大禍，依漢昌邑王罪廢故事，以民禮葬。臣等備位，
不能匡救禍亂，式遏姦逆，奉令震悚，肝心悼慄。春秋之
義，王者無外，而書『襄王出居于鄭』，不能事母，故絕

---

78 同上註，頁144，裴松之註引《漢晉春秋》。
79 同上註，頁143-144。

> 之于位也。今高貴鄉公肆行不軌，幾危社稷，自取傾覆，
> 人神所絕，葬以民禮，誠當舊典。然臣等伏惟殿下仁慈過
> 隆，雖存大義，猶垂哀矜，臣等之心實有不忍，以為可加
> 恩以王禮葬之。」太后從之。[80]

司馬昭一派的動作雖欲弭平異聲，但朝廷中仍有許多人表達了不滿，如僕射陳泰，在高貴鄉公被殺後，司馬昭召集羣僚以討論該如何善後。唯獨陳泰不參與，司馬昭或許因為內心有虧，於是遣其舅荀顗造訪陳泰，並請陳泰表達意見，陳泰一言直指「惟腰斬賈充，微以謝天下」。司馬昭不可能殺掉最大功臣賈充，只能將事件所有罪過推給太子舍人成濟，最後成濟被夷三族，成為高貴鄉公的陪葬者。[81]

高貴鄉公被殺，司馬昭建議立燕王曹宇之子常道鄉公曹璜（奐）為帝。[82]曹奐於景元元年（260）六月，在「使持節行中護軍中壘將軍」司馬炎的護送下到達洛陽，即位為皇帝。曹奐之立，完全掌握在司馬氏一派手中，充其量也僅是一位傀儡皇帝，郭太后至此已完全喪失影響力，大權掌握在司馬昭手中。曹奐甫上台，也只能以增地封爵來表達對司馬昭的敬意。景元元年六月丙辰，「進大將軍司馬文王位為相國，封晉公，增封二郡，并前滿十，加九錫之禮，一如前奏；諸羣從子弟，其未有侯者皆封亭侯，賜錢千萬，帛萬匹。」[83]

司馬昭自景元二年（261）起不斷釋出稱王訊號，曹奐在虛假

---

80 同上註，頁 145。
81 《晉書》卷二〈文帝紀〉，頁 36-37。
82 由於曹璜之「璜」字，在當時為一普遍用字，在廷議後改「璜」為「奐」。
　　《三國志》卷四〈少帝紀・陳留王〉，頁 147。
83 同上註。

之間，不斷加封司馬昭，[84]對於這些賞賜，司馬昭一一回絕，因為這與封王之間差距甚大。至景元四年（263）十二月，一方面因平蜀之役，將司馬昭的權勢拉抬至最高峰，另一方面因郭太后於此時駕崩，約束司馬昭的最後一股力量也消失了。咸熙元年（264）三月，在郭皇太后的葬禮完成後，司馬昭急切地任命了親信司空王祥為太尉，征北將軍何曾為司徒，尚書左僕射荀顗為司空。佈局完成，乙卯日，司馬昭正式進爵為王，曹魏政權對司馬昭而言已是囊中之物。[85]

受封為晉王後的司馬昭，積極地向更高的權力高峰攀進，首先在咸熙元年七月奏請恢復五等爵制，以做為司馬氏異姓封王的依據和魏晉嬗代之漸。[86]繼而於八月，以司馬炎為副貳相國事，後再由中撫軍升撫軍大將軍；原衛將軍司馬望為驃騎將軍。十月，再任命司馬炎為晉國繼承人。

咸熙二年（264）五月，曹奐知大勢已去，命司馬昭「冕十有二旒，建天子旌旗，出警入蹕，乘金根車、六馬，備五時副車，置旄頭雲罕，樂舞八佾，設鐘虡宮縣。進王妃為王后，世子為太子，王子、王女、王孫，爵命之號如舊儀」。至八月，司馬昭過世。由於此時司馬氏代魏的形式已完成，曹魏內部的反對力量已無由而生，[87]司馬炎在沒有阻力的情況下，快速的控制了政局，

---

84 二年八月，復命大將軍進爵晉公，加位相國，備禮崇錫，一如前詔；四年春二月，復命大將軍進位爵賜一如前詔；四年冬十月，復命大將軍進位爵賜一如前詔。同上註，頁149-151。

85 同上註，149-150。

86 參見衛廣來，《漢魏晉皇權嬗代》（太原：書海出版社，2002年），頁368-369。

87 周一良以為司馬氏自高平陵政變以後十六年間，歷經司馬懿、司馬師、司馬昭三人，雖權勢炙手可熱，卻沒下手，到司馬昭之子司馬炎時才取代魏室，建立晉朝，絕非司馬氏的軍事力量不足，而是輿論壓力使他們不敢貿然行事。參見周一良，〈魏晉南北朝史學與王朝禪代〉，收入氏著《魏晉南北朝

「總攝百揆，備物典冊，一皆如前」。[88]九月，以司徒何曾為晉
丞相；以驃騎將軍司馬望為司徒；征東大將軍石苞為驃騎將軍，
征南大將軍陳騫為車騎將軍。十二月，曹奐「詔羣公卿士具儀設
壇于南郊，使使者奉皇帝璽綬冊，禪位于晉嗣王」，曹魏正式亡
國。[89]

　　從司馬懿至司馬昭的作為，或也可看出其內心矛盾，在奪取
政權的過程中，不斷殺害在野反對名士，但其內心又期待這些人
認同司馬氏的成就。這樣的矛盾在其他司馬家人身上亦可看出。
如司馬懿的弟弟司馬孚與司馬通，隨著司馬懿至司馬昭逐步掌控
曹魏政權，司馬孚的地位亦一日日高昇，但當面臨兩次司馬氏廢
殺曹氏皇帝，司馬孚在其中的表現是令司馬師與司馬昭相當尷尬
的。如齊王曹芳被廢離宮之際，司馬孚不忌他人眼光的痛哭。[90]而
在高貴鄉公被殺之後，司馬孚是「枕帝尸於股，號哭盡哀」。[91]甚
至在武帝受禪，陳留王曹奐移居金墉城，司馬孚與其拜別時，還
稱「臣死之日，固大魏之純臣也。」[92]而司馬通在明帝時被稱為
「大將軍狂悖之弟」，此「狂悖」之名，指的應就是司馬通不與
司馬懿一派合作，甚至是站在反對陣營的態度。而司馬通之子司
馬順，在司馬炎受禪時，竟公開說：「事乖唐虞，而假禪名」，
後被司馬炎廢黜徙於武威。[93]司馬孚與司馬通的作為，代表了當

　　史論集續編》（北京：北京大學出版社，1991年11月），頁107。
88　《三國志》卷四〈少帝紀・陳留王〉，頁153。
89　同上註，頁154。
90　《三國志》卷四〈少帝紀・齊王芳〉，頁130-131。
91　《三國志》卷二十二〈陳矯復陳泰傳〉，頁642，註引干寶《晉紀》。
92　《晉書》卷三十七〈司馬孚傳〉，頁1084。
93　《三國志》卷卷十六〈杜畿附杜恕傳〉，頁505，裴松之註、《晉書》卷三
　　十七〈司馬陵附司馬順傳〉，頁1114。另見周一良，〈魏晉南北朝史學與王
　　朝禪代〉，頁109。

時同情曹氏或反對司馬氏奪權者的心聲，但這由司馬氏家族中的人表現出來，對一路打天下，在權力中鬥爭榮耀司馬門第的司馬師、司馬昭至司馬炎，都是難以忍受的，這也說明在曹魏的政權盡頭，司馬氏即將取代的時刻，司馬家族中的人並不是完全同意這樣的奪權行徑。[94]

司馬氏在成為政權所有者的過程中，不論個人或家族的理想都逐漸改變。過去的儒家理想，在現實利益的爭奪中，實無法繼續延續下去。司馬師繼承父業後，一度努力尋求改變，但李豐事件讓其知道已不可能讓所有人放心。司馬氏儒家色彩的褪去，使得原本支持的士大夫以及一部份曹魏朝臣，逐漸與司馬氏劃清界限。加上司馬師與司馬昭，在政治上的學習皆來自於司馬懿，如此一來，對反對者的殺戮行動終將持續出現。

在司馬氏改變的過程中，有一批世族，追隨了司馬懿。經過了長期的政治鬥爭，這些人在進入西晉後，雖幫助西晉政權建立相關的制度與律法。但是其原來的理想也與司馬氏一樣，在權力的薰陶下，成為政治的依附者與既得利益者。這些人與進入西晉以後的司馬氏家族一樣，對政治的依附越高，其能在社會上延續的能量即越低。如吾人所見，西晉初年所謂的功臣集團，如王沈、賈充、荀顗等人，其能延續家族勢力於東晉南北朝者，少之又少。

入晉後，司馬氏成為統治者，透過封建宗王、婚姻、家族繼

---

94 這些有著不同想法的司馬氏，因其在宗室中的聲望而有不同的結局；入晉之後，這樣的人也就越來越少。這就如許倬雲先生所言的：「中國中古早期一個知識分子通常須以其自身之獨立來交換安全。像這樣的知識分子有時也必須為了社會團體（主要是其家族）的集體利益而妥協，因而喪失了其精神的獨立，這是無數中國知識分子必須選擇的可憐抉擇。」參見氏著〈中古早期的中國知識分子〉，收入余英時主編，《中國歷史轉型時期的知識分子》（台北：聯經出版公司，1992 年），頁 33。

嗣等方式，欲維繫司馬家族於不墜並不容易，其主要的原因故和當時政權更迭混亂有關，但進一步觀察其鞏固政權的作法，事實上和當時社會中瀰漫崇尚的儒學家風，以之為社會良心所在時代精神日趨背離，因此攫取政權的作為，漸使其家族自外於漢以來的儒學傳統，而終至背離。此種背離也使其最終雖奪取政權，但並無法穩固，而很快衰亡，甚至消失於歷史洪流中。

第二章 司馬氏政權之宗族結構基礎分析之一

── 以中央重要官職為主的考察

在西晉初期，為鞏固剛獲得的司馬江山，武帝司馬炎除了功臣集團外，也重用自己的司馬族人擔任中央或各地方重鎮長官。這些司馬宗人的表現好壞懸殊，對西晉政權本身的發展，或多或少有其影響。由於司馬炎面對剛得到的江山以及未平的東吳，充滿抱負以及努力，國家也處於相對安定與強盛階段，此時宗王的表現或有差錯，在國家尚稱清明安定之際，都能順利平服。但到惠帝以後，隨國家局勢日衰，中央政治日漸紊亂，此時宗室成員無論在中央或地方，一旦有亂，常會捲入權力分配的爭鬥中，造成複雜紛亂的政局，而導致司馬氏政權的衰頹。

兩晉中央權力中心大致是以皇帝為首，下分為兩個系統，一個為參謀系統，主要為皇帝決策提供諮詢及建議；另一系統為行政系統，接受皇帝指令實施政務。前者主要官員包括中書監令、秘書監令、散騎常侍、侍中組成。後者主要成員包括錄尚書事、尚書令、僕等。除此兩重要系統之外，還有如太宰、太保、太尉、司徒、司空、大司馬、大將軍這些不是常置，但屬於優遇性質的高級官位。以下的討論，大致依循這樣的三類官職來分析。[1]本章

---

1 參見陳長琦，《兩晉南朝政治史稿》（開封：河南大學出版社，1992 年），頁 50-51。

以司馬宗室為主體，藉由司馬宗室參與中央政治活動的情形，鋪陳司馬宗室出任中央官職的過程，來說明司馬政權對家族人才培養之苦心與無力。

西晉初期功臣集團擔任中央重要官職的多，至武帝中晚期，隨司馬懿、司馬師、司馬昭打天下的老臣逐漸凋零。武帝後期活躍在中央政治舞台的人物，以外戚與宗室居多，不論是武帝的縱容，抑或是武帝有其盤算，最後的結局是外戚與宗室不斷爭鬥，終引發八王之亂，也終造成西晉的覆亡。東晉以後當司馬氏政治力已無法取得優勢時，以世家大族為主的政權共存模式出現。孝武帝以後司馬宗室再度出頭，但無能又無學識涵養，終將東晉政權帶到滅亡之路。

第一節　施政系統：錄尚書事、尚書令僕

一、錄尚書事

兩晉中央權力中心設有行政系統，協助皇帝實施政務，其中較重要者包括錄尚書事、尚書令僕。錄尚書事與中書省居同等重要位置，屬兼官，實際等於直接代理皇帝行使對國家最高行政機關的指揮權。西晉時期先後擔任錄尚書事者共計十五位，[2]如下表

2　萬斯同表列十五位，陳長琦則列十八人，其中河間王司馬顒、齊王司馬攸以及楊駿，正史中並未載其擔任過錄尚書事一職。尤其楊駿死於永平元年（291）三月；齊王攸更早，死於太康四年（283）三月，二者皆不可能在惠帝永興元年後擔任錄尚書事一職。萬斯同〈晉將相大臣年表〉，收入《二十五史補編》中，頁3327-3338。也未見此三人資料。陳長琦，前引書，頁102-103。

表 2-1-1　西晉時期出任錄尚書事人士表

姓　名	出任錄尚書事時間
王沈	泰始元年－泰始二年（265-266）
賈充	咸寧二年－太康三年（276-282）
汝南王亮	太康三年十二月－元康元年六月（282-291）
秦王柬	惠帝即位時拜－元康元年死（290-291）
衛瓘	元康元年三月－六月（291）
張華	元康元年三月－六月（291）
高密王泰	元康元年六月－元康九年死（291-299）
梁王肜	元康元年十月－永康元年四月（291-300）
王渾	元康元年六月－元康七年死（291-297）
陳準	永康元年八月（300）
成都王穎	永寧元年十二月（304）
張方	永興元年十二月（304）
河間王顒	（萬斯同〈晉將相大臣年表〉未載）
楊駿	（萬斯同〈晉將相大臣年表〉未載）
齊王攸	（萬斯同〈晉將相大臣年表〉未載）
東海王越	光熙元年八月（306）
麴允	建興元年四月（313）
索林	建興二年六月（314）

　　由西晉歷史的發展來看，錄尚書事一職在武帝時期與惠帝以後，其施政實際權力是不同的。武帝在位時期，為了國祚永續經營，對中央大臣的指派有其考慮。以錄尚書事而言，從上表來看，十五位當中，屬於晉初功臣集團的有五位，外戚有兩位，而其中賈充兼具了外戚與功臣的角色；司馬宗室則有六位。王沈與賈充都是與其共打天下的功臣，以這兩位擔任此職，是優遇，也是重用他們的才能。至太康三年（282）三月，以汝南王司馬亮擔任錄尚書事，其目的似非看重司馬亮之才華，而是因其輩份，[3]為宗室

---

3 司馬亮為司馬懿四子。進入西晉後，司馬懿這一代宗室相繼凋零，司馬亮在

之重，以司馬亮擔任此職的目的或有二：其一，成為其他司馬宗室的典範，有拔擢宗室人才的意味；另一方面，隨外戚楊駿勢力日漸坐大，武帝或者也希望以司馬宗室來壓抑楊氏的勢力。[4]在輔政權力的爭奪中，司馬亮的優柔寡斷，讓楊駿佔上先機，弄得自己倉促夜逃，才免於罹禍。

> 及武帝寢疾，（司馬亮）為楊駿所排，乃以亮為侍中、大司馬、假黃鉞、大都督、督豫州諸軍事，出鎮許昌，加軒懸之樂，六佾之舞。未發，帝大漸，詔留亮委以後事。楊駿聞之，從中書監華廙索詔視，遂不還。帝崩，亮懼駿疑己，辭疾不入，於大司馬門外敘哀而已，表求過葬。駿欲討亮，亮知之，問計於廷尉何勖。勖曰：「今朝廷皆歸心於公，公何不討人而懼為人所討！」或說亮率所領入廢駿，亮不能用，夜馳赴許昌，故得免。[5]

楊駿被誅殺後，司馬亮繼續以太宰兼錄尚書事，與太保衛瓘對掌朝政。但在元康元年（291）被賈后借司馬瑋之手殺掉。

　　惠帝初即位，面對楊駿等勢力對政權的覬覦，開始大量以宗室出任重要官職，如秦王司馬柬，為惠帝同母弟，惠帝一即位，即被封為「驃騎將軍、開府儀同三司，加侍中、錄尚書事，進位大將軍」，司馬柬眼見楊駿一族被誅殺的過程，心有憂危之慮，不願留在中央任官，但司馬亮為尋求更多來自於宗室的支援力量，勉強司馬柬一起擔任輔政大臣，司馬柬不久即過世，這個錄

家族中的地位相對重要。司馬亮在出任錄尚書事一職之前，曾出鎮關中，表現並不好。《晉書》卷五十九〈司馬亮傳〉，頁1591。

4 此可由武帝臨死前，特「詔留（司馬）亮委以後事」看出，只是這一佈局為楊駿所破壞。同上註，頁1592。

5 同上註。

尚書事並未發揮任何作用。[6]

　　第三位出任錄尚書事的宗室為高密王司馬泰。司馬泰是在司馬瑋被殺之後，於元康元年（291）六月以侍中，遷太尉、守尚書令、錄尚書事。這時政權已逐漸轉入賈后之手，在一連串誅殺行動後，賈后以司馬宗室的前輩擔任重要職位，較大的作用是用以弭平大眾對政局的不安與懷疑。[7]同時，也任命王渾為錄尚書事，用以輔助司馬泰之不足，也滿足世族集團參政的要求。在同年九月，前錄尚書事司馬束過世後，賈后再以梁王司馬肜出任錄尚書事。由元康至永康年間（291-300）政權實際掌握在賈后手中，協助政權運作的重要人物為張華與裴頠，[8]錄尚書事一職在這段時期裡，已失去原來的功能。

　　永康元年四月，司馬倫廢殺賈后，展開了宗王執政時期，此後永寧元年（301）六月、光熙元年（306）八月，司馬穎、司馬越，分別出任錄尚書事，此二者出任錄尚書事，並非惠帝為培育宗室人才而封，而是二人本身自我實力強大，無論是執政或皇帝，必須要仰其鼻息。

　　綜上述，在西晉時期出任錄尚書事的宗室雖有六位，但深入分析，其出線的背景不盡相同，其中司馬亮為武帝欲提高司馬氏地位來制衡楊駿，而司馬泰與司馬肜僅為傀儡，司馬穎與司馬越則是本身有實力後盾。這與司馬懿、司馬師、司馬昭在曹魏時期，

6 《晉書》卷六十四〈武十三王・司馬束傳〉，頁1720。

7 從六月賈后矯詔使楚王瑋殺太宰汝南王司馬亮、太保衛瓘後，直到九月間，除了以司馬泰錄尚書事外，八月，以趙王司馬倫為征東將軍、都督徐兗二州諸軍事；河間王司馬顒為北中郎將，鎮鄴；從長沙王司馬乂為常山；進西陽公司馬羕爵為王、隴西世子司馬越為東海王。九月，在秦王司馬束死後，徵征西大將軍、梁王司馬肜為衛將軍、錄尚書事，以趙王司馬倫為征西大將軍、都督雍梁二州諸軍事。《晉書》卷四〈惠帝紀〉，頁91。

8 《晉書》卷三十六〈張華傳〉，頁1072。

都是以大將軍、侍中、錄尚書事的身份，緊緊控制住權力中心有
所不同。[9]在政治運作正常時，以錄尚書事如此重要的官職，並非
能隨意頒授，如孫秀在賈后執政時，不斷地透過司馬倫之關說，
希望能擔任錄尚書事一職，但始終受到張華與裴頠的阻止。[10]

　　至東晉，錄尚書事多設分錄，以分事權，除總錄外，還有錄
尚書六條事、經關尚書七條事等名號，權有輕重，端視擔任者何
人。[11]

表 2-1-2　東晉時期出任錄尚書事人士表

時　　間	出任者	備註
元帝 建武元年（317）	王導	（　）者為自封者
大興元年～永昌元年 （318-322）	王導、司馬羕、荀組 （王敦）	永昌元年五月王導改兼尚書令，十一月荀組卒。四月王敦自為丞相、都督中外諸軍事、錄尚書事、揚州刺史
明帝太寧元年～二年 （323-324）		
太寧三年（325）	王導、陸曄、荀崧	陸、荀二人七月任命
成帝咸和元年～二年 （326-327）		
咸和三年（328）	司馬羕、王導、陸曄、荀崧（蘇峻）	二月，蘇峻自為驃騎將軍、錄尚書事
咸和四年（329）	王導、陸曄、荀崧	司馬羕誅；荀崧二月卒；陸曄三月遷衛將軍
咸和五年～咸康五年 （330-339）	王導	王導卒，庾冰兼

9　陳長琦，前引書，頁 54-55。
10　《晉書》卷三十六〈張華傳〉，頁 1073。
11　《宋書》卷三十九〈百官志上〉，頁 1234。另參見陳長琦，前引書，頁 105。

咸康六年～康帝建元元年（340-343）	庾冰	十月，庾冰轉顧命大臣，何充拜
建元二年～穆帝永和元年（343-345）	何充	四月，司馬昱以撫軍大將軍錄六條事
永和二年～永和六年（346-350）	司馬昱、蔡謨	正月，何充卒，蔡謨繼位
永和七年～哀帝隆和元年（351-362）	司馬昱	永和六年十二月，蔡謨免
興寧元年～簡文帝咸安元年（363-371）	司馬昱、桓溫	十一月，司馬昱即位為簡文帝
孝武帝寧康元年（373）	桓溫	七月，桓溫卒
太元元年～太元八（376-383）年	謝安	八年九月，司馬道子拜錄尚書事
太元九年～太元十年（384-385）	謝安、司馬道子	太元十年八月謝安卒
太元十一年～安帝隆安三年（386-399）	司馬道子	隆安三年四月由司馬元顯接任
隆安四年（400）	司馬元顯	十二月拜尚書令
隆安五年（401）		
元興元年（402）	（桓玄）	三月桓玄自為丞相、侍中、錄尚書事，偽辭不拜
元興二年～元興三年（403-404）	桓謙	二年九月拜，三年三月出奔，王謐拜
義熙元年～義熙三年（405-407）	王謐	三年十二月王謐卒
義熙四年～十四年（408-418）	劉裕	四年正月任命

　　東晉一朝出任錄尚書事者十六人，另外有自封的王敦、蘇峻與桓玄。其中宗室共計四人；有外戚相關身份的的九人，分屬琅邪王氏、荀氏、庾氏、何氏、桓氏、謝氏與太原王氏。這些外戚兼具了朝廷領袖的角色，在東晉政壇上掌握了相當的權力。

　　而在宗室方面，就人數而言，宗室在東晉擔任錄尚書事一職

者並不多。[12]雖然宗室只有四位出任，但其中三位卻是實際政權掌握者，其重要性並不低於西晉。第一位擔任錄尚書事的宗室為司馬氏的大老司馬羕。[13]元帝司馬睿將司馬羕放置在錄尚書事的位置，與司馬炎用司馬亮的背景異曲同工。東晉初期，司馬睿政權的建立仰賴以王導為首的世家大族，但隨著司馬睿逐漸掌握政權，極欲超脫王氏的控制，重用刁協、劉隗等人，都是這種心態的表現，但此時王導等士族的力量太大，司馬羕的錄尚書事並未能產生大作用。

　　第二位兼錄尚書事的宗室為後來成為簡文帝的司馬昱。司馬昱在穆帝即位之初（永和元年四月，345）擔任錄尚書事一職，一直到即位為皇帝止（371），共計二十六年之久，其間在興寧元年（363）以後的八年間，與桓溫共同擔任此職。有者以為司馬昱在東晉士族政治控制之下僅是傀儡，尤其穆帝以後桓溫力量漸蠶食鯨吞朝政，司馬昱並非重要角色。但由司馬昱在成帝咸和九年（334）由侍中一職進入中央權力核心，地位是一步步重要；咸康五年（339）王導死以後，司馬昱以宗室為代表的位置更見重要，六年（340）進號撫軍大將軍，八年（342）與武陵王司馬晞共同受命成為顧命大臣。如下表：

12　陳長琦指出，東晉出任錄尚書事一職者的特色有二，一為宗室的比例大為降低；二為錄尚書的構成已世族化。前引書，頁105。

13　司馬羕為司馬亮之子，為司馬懿的孫子，司馬睿為司馬懿的曾曾孫，論輩份，司馬羕高了司馬睿兩輩。《晉書》卷五十九〈司馬亮傳〉載：「及元帝踐阼，進位侍中、太保。以司馬羕屬尊，元會特為設床。太興初，錄尚書事，尋領大宗師，加羽葆、斧鉞，班劍六十人，進位太宰。」頁1594。

表 2-1-3　司馬昱官職遷轉表

時　間	遷　轉
成帝咸和九年（334）	侍中
咸康六年（340）	進號撫軍將軍、侍中
咸康八年（342）	以侍中職與武陵王司馬晞受顧命
穆帝永和元年（345）	撫軍大將軍、侍中、錄尚書事
永和二年（346）	撫軍大將軍、中書監、錄尚書事
永和八年（352）	司徒、撫軍大將軍、中書監、錄尚書事
廢帝太和元年（366）	丞相、撫軍大將軍、中書監、錄尚書事
咸安元年（371）	即位為皇帝

　　司馬昱對東晉政權影響力較大的時期，應在以中書監兼錄尚書事時代，穆帝司馬聃以二歲即位，褚皇太后臨朝攝政，這段時間正值桓溫尚在發展，總掌政權的士族庾冰也過世。政權在此時出現士族執政的中空時期，司馬昱與武陵王司馬晞成為主要的輔政宗室。永和二年（346）何充過世以後，蔡謨繼位，與司馬昱共同擔任錄尚書事一職。蔡謨本身對司馬政權的控制及威脅力，遠不如王氏、庾氏，[14]這也使得司馬昱等宗室有機會嶄露於政治舞台。司馬昱本身因學玄，所以表現在政治上亦有玄學特色，並不如司馬晞那樣鋒芒畢露。所以在桓溫逐漸由地方向中央掌握政權過程中，對桓溫而言，司馬昱是溫和的，而司馬晞則必去之而後快。桓溫對中央政權的掌控在興寧元年（363），[15]無論掌權前後，

14　陳留蔡氏亦世為著姓，蔡謨的父親蔡克有名於西晉，西晉末為汲桑所害。蔡謨東渡南下，以平蘇峻有功，一路升遷。從蔡謨本傳所述，在任官遷轉過程，蔡謨一直以謙讓的態度行事。這與王氏或庾氏對朝政大權的完全掌控有所不同。參見《晉書》卷七十七〈蔡謨傳〉，頁 2034-2040。

15　這一年五月，桓溫以征西大將軍，加侍中、大司馬、都督中外諸軍事、錄尚書事、假黃鉞。《晉書》卷八〈哀帝紀〉，頁 207。

桓溫對司馬昱一直較為尊重。[16]《晉書》中以司馬昱即位為皇帝後不到兩年的時間即去世，應是「常懼廢黜」的結果，[17]但由其與桓溫的互動來看，應非完全如此。如司馬昱即位後，桓溫即奏廢舉止囂張的太宰武陵王司馬晞及其子司馬綜，並透過謀陷欲殺害之，全靠司馬昱一人保全之，史載：

> 咸安元年冬十一月己酉，（簡文帝司馬昱）即皇帝位。桓溫出次中堂，令兵屯。乙卯，溫奏廢太宰、武陵王晞及子綜。詔魏郡太守毛安之帥所領宿。殿內，改元為咸安。庚戌，使兼太尉周頤告于太廟。辛亥，桓溫遣弟祕逼新蔡王晃詣西堂，自列與太宰、武陵王晞等謀反。帝對之流涕，溫皆收付廷尉。癸丑，殺東海王二子及其母。初，帝以沖虛簡貴，歷宰三世，溫素所敬憚。及初即位，溫乃撰辭欲自陳述，帝引見，對之悲泣，溫懼不能言。至是，有司承其旨，奏誅武陵王晞，帝不許。溫固執至于再三，帝手詔報曰：「若晉祚靈長，公便宜奉行前詔。如其大運去矣，請避賢路。」溫覽之，流汗變色，不復敢言。乙卯，廢晞及其三子，徙于新安。[18]

由此可見司馬昱與桓溫之間，有其互動模式。

第三位出任錄尚書事的是司馬道子。司馬道子出任中央官職是孝武帝著力的結果。孝武帝與司馬道子俱是簡文帝司馬昱之

---

16 如《晉書》卷九〈簡文帝紀〉載：「初，帝以沖虛簡貴，歷宰三世，溫素所敬憚。」頁220。另在司馬昱執掌中央時，與桓溫之間的相處尚屬平和。如在殷浩與桓溫之間的權力鬥爭中，還靠司馬昱出面緩頰；另在廢帝與桓溫之間關係日壞時，廢帝還需司馬昱出使會桓溫於涂中，加封溫子桓熙為征虜將軍、豫州刺史、假節。卷七十七〈桓溫傳〉，頁2570-2577。

17 《晉書》卷九〈簡文帝紀〉，頁223。

18 同上註。

子，兩人僅差二歲。孝武帝司馬曜以十二歲即皇帝位，由崇德太后臨朝輔政，政權掌握在士族謝安與王彪之手中。透過二人的努力，將桓溫所造成的政治動亂，逐漸平息下來。至太元元年（376）孝武帝年滿十五歲，崇德太后下詔歸政，但朝政仍由謝安把持。至太元五年（380），孝武帝以自己的弟弟司馬道子為司徒，八年（383）更進一步讓司馬道子錄尚書六條事，掌握尚書省的權力，用以制衡謝安。

　　許多學者提到孝武帝即位之初，在崇德太后及謝安的輔佐之下，加上孝武帝本身的資質，本有機會將司馬政權帶向高峰，但在重用司馬道子後，隨即謝安於太元十年過世，東晉政局也開始江河日下。司馬道子究竟扮演何種角色？由《晉書》本傳來看，司馬道子「少以清澹，為謝安所稱」，但為何會導致孝武太元中期以後政局大亂？要解答此問題或可從司馬道子出任重要中央官職的年齡來看。太元元年（376）司馬道子十三歲，官拜散騎常侍、中軍將軍，隨後再進封驃騎將軍。如表 2-1-4，太元八年（383）司馬道子十七歲，已被任命為司徒，與謝安平起平坐共掌尚書省。東晉時期能在政治上掌握重要位置的士族，其所憑藉的不是姻親或僅藉裙帶關係，其所擁有的是來自於家學家風的知識基礎；[19]司馬道子少時的聰慧，在其進入政治圈後，並沒有延伸的學習。在政治鬥爭中所學到的只會是政治鬥爭，在腐敗的酣歌夜宴中，其

---

19 這也是中古以後，科舉制度出現，大量的通才知識份子引導了中國政治的發展與運作。通才政治到近代，隨西方勢力進入中國後，已不堪使用，才迫使中國面對外力的威脅，中國科舉制度也在光緒三十一年（1905）正式走入歷史。專業的知識份子在中國要到二十世紀以後才出現。錢穆先生亦曾指出：「一個大門第，決非全賴於外在之權勢與財力，而能保泰持盈達餘數百年之久；更非清虛與奢汰，所能使閨門雍睦，子弟循謹，維持此門戶不衰。當時極重家教門風，孝弟婦德，皆從兩漢儒學傳來。」氏著《國史大綱》（台北：台灣商務印書館，1994 年修訂二版），頁 310；另參見王永平，〈論六朝時期陳郡謝氏的家風與家學〉，《江蘇社會科學》五期（2001 年），頁 150-155。

所能學到的也是如此。由此來看太元十年以後政局日亂的原因就很明顯了。[20]到擔任錄尚書事的末期，在長期放浪酒醉生活之餘，身染疾病，不到四十歲的司馬道子，被自己的兒子司馬元顯解掉權力而不自知。這也是司馬氏憑藉宗室關係無所肆憚破壞政權的示範。

> 會道子有疾，加以昏醉，元顯知朝望去之，謀奪其權，諷天子解道子揚州、司徒，而道子不之覺。元顯自以少年頓居權重，慮有譏議，於是以琅邪王領司徒，元顯自為揚州刺史。既而道子酒醒，方知去職，於是大怒，而無如之何。[21]

表 2-1-4　司馬道子官職遷轉表

時　　間	出任官職	備　　註
太元二年（377）	驃騎將軍	十三歲
太元八年（383）	驃騎將軍、開府儀同三司、領司徒、錄尚書事	二十歲
太元十年～安帝隆安三年（385-399）	驃騎將軍、開府儀同三司、領司徒、錄尚書事、揚州刺史	三十六歲
隆安五年（401）	太傅、侍中	三十八歲
元興元年三月（404）	廢徙安成，被殺	四十一歲

司馬元顯在初期所顯現的是「雖年少，而聰明多涉，志氣果銳，以安危為己任」，眼見自己的父親腐朽不堪，在王恭之亂平定後，仗恃自己政治地位愈來愈重要，[22]直接奪取父親的權位。

---

20 小皇帝或年輕皇帝即位，政權或可有好的延續，因為有皇太后或百官幕僚可以協助輔導；但若是小皇帝加上同年齡的宗室，則在無人教導或無榜樣可循的情況下，政治可能兵敗如山倒。孝武帝在謝安死後重用自己弟弟司馬道子的情況就是如此，使得原本可以興復東晉皇帝權威與司馬氏政治的機會，毀於司馬道子之手。

21 《晉書》卷六十四〈簡文三子·司馬道子傳〉，頁1737。

22 王恭死以後，安帝詔司馬元顯「甲杖百人入殿，尋加散騎常侍、中書令，又領中領軍，持節、都督如故。」同上註，頁1736。

司馬元顯在安帝隆安元年（397）十六歲時出任侍中，奪其父親權
力時十八歲。以不到二十歲的年齡要掌握整個國家大政，若有許
多人幫忙可能還好。但不幸的是，這位司馬宗室身邊包圍的多是
刀筆之吏與貴遊之士，加上司馬元顯本人個性上的苛刻，終於導
致了孫恩與桓玄相繼為亂。

> 盧江太守會稽張法順以刀筆之才，為元顯謀主，交結朋援，
> 多樹親黨，自桓謙以下，諸貴遊皆斂衽請交。元顯性苛刻，
> 生殺自己，法順屢諫，不納。又發東土諸郡免奴為客者，
> 號曰「樂屬」，移置京師，以充兵役，東土囂然，人不堪命，
> 天下苦之矣。既而孫恩乘釁作亂……。元顯無良師友，正言
> 弗聞，諂譽日至，或以為一時英傑，或謂為風流名士，由是
> 自謂無敵天下，故驕侈日增……。于時軍旅荐興，國用虛竭，
> 自司徒已下，日廩七升，而元顯聚斂不已，富過帝室。[23]

桓玄於元興元年（402）初，「傳檄京師，罪狀元顯」，並以大軍
開向建康，司馬道子與元顯父子孫三代相繼被殺。

> （元興元年三月）傳檄京師，罪狀元顯。俄而玄至西陽，
> 帝戎服餞元顯于西池，始登舟而玄至新亭。元顯棄船退屯
> 國子學堂。明日，列陣于宣陽門外，元顯佐吏多散走。……。
> 元顯迴入宣陽門，牢之參軍張暢之率眾逐之，眾潰。元顯
> 奔入相府，唯張法順隨之。問計於道子，道子對之泣。玄遣
> 太傅從事中郎毛泰收元顯送于新亭，縛於舫前而數之。元顯
> 答曰：「為王誕、張法順所誤。」於是送付廷尉，并其六
> 子皆害之。玄又奏：「道子酗縱不孝，當棄市。」詔徙安成
> 郡，使御史杜竹林防衛，竟承玄旨酖殺之，時年三十九。[24]

---

23 同上註，頁 1737-1738。
24 同上註，頁 1739-1740。

司馬道子父子被殺，也結束了司馬宗室佔據政治舞台的機會，從此司馬江山由桓玄、劉裕等武人相繼接管。

二、尚書令

除錄尚書事外，實施政務的行政系統還包括尚書令與左右僕射。以尚書令而言，西晉時期共有十六人出任，[25]（參見附表一〈晉將相大臣年表：尚書令〉）其中宗王有四人，佔四分之一；功臣身份者四位；外戚十位；其中外戚與功臣身份重疊者三位。由附表可見，在西晉建國之初，司馬皇帝還是意圖透過功臣、外戚與宗室來擔任中要的施政工

表 2-1-5　兩晉宗室出任尚書令表

時　間	出任尚書令宗室	備　註
西晉 太熙元年～元康 六年 290-296	司馬晃	以車騎將軍守 四年遷司空仍領尚書令 六年正月卒
元康六年～九年 296-299	司馬泰	九年十一月卒
永康元年 300	司馬肜	四月以太宰領，尋解
太安二年 303	司馬越	正月以司空領
東晉 安帝隆安五年～ 元興元年 401-402	司馬元顯	元興元年三月被殺

而進一步分析宗室的情況，這四位宗室出任尚書令的時間皆在惠帝即位初期。如前所述，惠帝即位後，賈后專政，在其尚未完全掌握政權之前，大量引用司馬宗室以對付異己與楊皇后為主的

---

[25] 本統計表數字資料來源為萬斯同〈晉將相大臣年表〉，與陳長琦所統計人數有所出入。參見陳氏，前引書，頁 104。

外戚集團。而在太安以後，西晉政治進入宗室相爭時期，尚書令的重要性也就日漸降低，在八王之亂中，官位的重要性往往因人而異。

　　但即使在賈后執政時期，也不是與賈后結黨的司馬氏皆能出仕錄尚書事或尚書令。如司馬倫，在元康年間賈后執政時期，原駐守關中，造成氐羌族反叛，被徵還京師，「深交賈、郭，諂事中宮，大為賈后所親信」。在得到賈后的信任與重用後，司馬倫先後要求出任錄尚書事與尚書令，都被張華與裴頠阻止。[26]

　　而至東晉，在相對安定的政局中，尚書令為士族所把持，在十五人中，除司馬元顯外，皆為士族。（參見附表〈晉將相大臣年表：尚書令〉）司馬元顯仗恃由父親而來的執政權，加上安帝的癡呆，為所欲為，結果孫恩、桓玄相繼起兵，在桓玄進入建康城後，司馬元顯即遭到殺害的命運。

三、僕　射

　　另外在尚書左右僕射職位上，在西晉初期，僕射、與左右僕射同時存在。以出任僕射一職的人士來看，兩晉合計有三十四位人士出任該職，（參見附表二〈晉將相大臣年表：僕射〉）其中西晉十四位，東晉二十位：

表 2-1-6　兩晉僕射官身份分析表

時期＼身份	宗室	外戚	朝臣	合計
西晉	1	6	7	14
東晉	0	12	8	20

26　《晉書》五十九〈司馬倫傳〉，頁1598。

外戚的重要性大過於宗室，然如前所述，兩晉之外戚，尤其是東晉時期，外戚與朝臣角色的重疊相當緊密，他們透過知識涵養掌控了政權，在晉武帝以後的兩晉政局中，架空了皇帝的威權。

　　在司馬氏宗氏成員中，擔任僕射一職者，於兩晉僅司馬繇一人，以誅楊駿有功而封，這一方面也是賈后在誅楊氏之後，拉攏司馬氏以對付一班反對勢力的作法，時間在永康元年（300）。司馬繇在位期間很短，為兄弟司馬澹所誣，廢徙帶方。至永寧元年（301）九月齊王司馬冏執政時，再出任左僕射；至惠帝太安二年（303），以母喪解職。[27]司馬繇也是唯一一位在西晉時期擔任僕射及左僕射的宗王。

四、左、右僕射

　　兩晉時出任過右僕射的人士合計二十六位，（參見附表三〈晉將相大臣年表：右僕射〉）西晉有十四位，東晉為十二位：

表 2-1-7　兩晉右僕射官身份分析表

時期＼身份	宗室	外戚	朝臣	合計
西晉	5	4	5	14
東晉	1	2	9	12

由上表來看，西晉時期，宗室與外戚仍佔十四位中的九位，顯示司馬皇帝透過二者來控握政權的目的。但至東晉，外戚與宗室的

27　《晉書》卷四〈惠帝紀〉，頁 90、卷三十一〈后妃·楊皇后傳〉，頁 955、卷三十八〈宣五王·司馬伷附司馬繇傳〉，頁 1122-1123。

出任比例大為降低，配合總表來看，右僕射一官，到東晉時為南方士族官僚所取代。

　　而由出任的司馬宗室來分析，在西晉時期出任右僕射的宗室成員共有五位，大都集中在武帝與惠帝初期。五人分別為司馬伷、司馬珪、司馬晃、司馬泰與司馬越。

表 2-1-8　西晉出任右僕射宗室表

時　間	出任右僕射之宗室	備　註
武帝泰始四年～五年	司馬伷	四年二月任命，五年二月出徐州
泰始七年～泰始十年	司馬珪	十年正月卒
太康四年	司馬晃	正月命，七月出領青州
太康四年～太康七年	司馬泰	四年八月任命，七年十一月出關中
惠帝元康二年～五年	司馬越	

　　右僕射可說是西晉宗室初期擔任較多的中央官職之一。由這五位司馬氏的背景來分析，皆是西晉初期宗室中能力較為突出者。如司馬伷，《晉書》稱之為「早有才望……，克己恭儉，無矜滿之色，僚吏盡力，百姓懷化。」司馬珪「少有才望……有美譽於世」，司馬晃則「孝友貞廉，謙虛下士，甚得宗室之稱。」司馬泰「性廉靜，不近聲色。雖為宰輔，食大國之租，服飾肴膳如布衣寒士。」[28]這裡也可看出武帝在選擇宗室人才時，有其標準，欲以宗室之要者，來幫忙處理政務。

　　至東晉，出任右僕射之宗室，僅司馬恬一人。司馬恬為司馬無忌之子，「忠正有幹局，在朝憚之。」曾公開指責桓溫對皇帝

---

28 參見《晉書》卷三十七各人之傳。

之不敬。孝武帝親政後（太元十年，385），對司馬恬相當器重，「遷右衛將軍、司雍秦梁四州大中正，拜尚書，轉侍中，領左衛紂將軍，補吳國內史，又領太子詹事。」[29]司馬恬在太元十一年（386）四月出任右僕射，至十三年四月拜鎮北大將軍、青兗二州刺史。[30]

至於左僕射一職，兩晉共計二十九位人士出任，（參見附表四〈晉將相大臣年表：左僕射〉）其中西晉十四位，東晉十五位：

表 2-1-9　兩晉左僕射官身份分析表

時期＼身份	宗室	外戚	朝臣	合計
西晉	1	4	5	14
東晉	0	3	16	15

二十九位中，宗室僅見一位司馬繇。如前所述，司馬繇在惠帝永寧元年出任左僕射，至二年後（太安二年）以母喪解職，出任時間甚短。

第二節　參謀系統：中書令、中書監、侍中

一、中書令、中書監

中書省在魏晉之際逐漸取代尚書省，出納奏章、詔命，成為

---

29 「（司馬）恬既宗室勳望，有才用，孝武帝時深杖之。」《晉書》卷三十七〈宗室・司馬遜附司馬恬傳〉，頁 1090。

30 萬斯同〈東晉將相大臣年表〉中，另以司馬恬於太元十二年曾出任左僕射。但《晉書》〈孝武帝紀〉與〈司馬恬本傳〉中並未述及，今先存而不論。

中央政治運作中重要機構。[31]中書省由於主掌了篩選百官眾庶上
呈的表章奏書，皇帝重要的詔誥制命一般交由中書起草，其地位
與威權在一般人眼中是相當高的。由附表五〈晉將相大臣年表：
中書令〉與附表六〈晉將相大臣年表：中書監〉來看，西晉一朝
除了司馬越之外，無論是中書令或中書監，並未有司馬宗室擔任
此一重要官職。其原因何在？吾人從西晉時期出任此二官職的人
士來看，以中書令而言，自泰始初分別有庾純、張華、和嶠、何
劭、蔣俊、王戎、裴楷、陳準、司馬越、司馬威、王衍、卞粹、
潘尼、繆播、李絚等人，其中司馬宗室僅司馬越與司馬威，司馬
越出任中書令約兩年時間，而司馬威則於永寧元年（301）正月由
司馬倫任命，五月即以罪伏誅。[32]

司馬越之所以能成為西晉時期司馬宗室中唯一擔任中書監、
令官職之人，由其相關記載來看，《晉書》稱之為：「少有令名，
謙虛持布衣之操，為中外所宗。」以高密王司馬泰之世子身份出
任騎都尉，往後一路發展：

> 初以世子為騎都尉，與駙馬都尉楊邈及琅邪王伷子繇俱侍
> 講東宮，拜散騎侍郎，歷左衛將軍，加侍中。討楊駿有功，
> 封五千戶侯。遷散騎常侍、輔國將軍、尚書右僕射，領游
> 擊將軍。復為侍中，加奉車都尉，給溫信五十人，別封東

---

31 西晉時期，中書省出現根本性的轉折，監、令由非顯選，變成顯要之職。參
見《通典》，（杜佑，王文錦等點校，北京：中華書局，1988 年。〈職官四·
尚書省〉：「自魏晉重中書之官，居喉舌之任，則尚書之職稍以疏遠……。」
頁 589；陳琳國，《魏晉南北朝政治制度研究》（台北：文津出版社，1994
年），頁 21-25。

32 《晉書》卷三十七〈宗室·司馬孚傳〉：「（司馬）威字景曜，初嗣洪。咸
寧三年，徙封章武。太康九年，嗣義陽王望。威凶暴無操行，詔附趙王倫。
元康末，為散騎常侍。倫將篡，使威與黃門郎駱休逼帝奪璽綬，倫以威為中
書令。倫敗，惠帝反正，曰：『阿皮捩吾指，奪吾璽綬，不可不殺。』阿皮，
威小字也。於是誅威。」頁 1088。

海王，食六縣。[33]

司馬越於永康元年（300）由侍中加拜中書令，至太安元年（302）五月遷轉司空兼中書監，太安二年（303）至永興元年（304）擔任中書監一職。司馬越在永康年間（300）的遷轉，或與其父司馬泰死於元康九年（299）有關。司馬泰在賈后執政初期，以宗室出任錄尚書事、太尉至守尚書令。其為人「性廉靜，不近聲色。雖為宰輔，食大國之租，服飾肴膳如布衣寒士。任真簡率，每朝會，不識者不知其王公也。事親恭謹，居喪哀戚，謙虛下物，為宗室儀表。」司馬泰在死前出任國家宰輔，其死後加封其世子，應為名正言順之理。太安元年（302）後，大權在各擁有武力的宗王手中，司馬越在夾縫中生存，四處依違，一直要到司馬顒斬張方求和，越率步騎迎惠帝反正，惠帝詔「越以太傅錄尚書，以下邳、濟陽二郡增封」，至此司馬越才確立其執政地位。[34]

中書令本身由於業務需要必須要有文采與知識內涵，所以從武帝所任命的中書令監來看，從庾純至陳準，荀勖到和嶠，這些人除具備功臣的身份外，大都具有文采與知識涵養。如庾純「博學有才義，為世儒宗」、張華「學業優博，辭藻溫麗，朗贍多通，圖緯方伎之書莫不詳覽」、和嶠「有盛名于世，朝野許其能整風俗，理人倫」、何劭「博學，善屬文，陳說近代事，若指諸掌」、荀勖「（西晉初）既掌樂事，又修律呂，並行於世」等。[35]這也顯示司馬炎本身對國家整體發展與對宗室的清楚認識，並未把這樣的重要官職交給無此能力的宗室。[36]而至司馬倫執政時，為鞏固篡奪

---

33 《晉書》卷五十九〈司馬越傳〉，頁1622。
34 同上註，頁1623。
35 參見《晉書》各人本傳。
36 這裡或許也可成為說明司馬氏並非真正儒學世家的一旁證。起碼至西晉初，司馬氏中已無此種人才。

之政權，而將此職位授予司馬威，即可看出其政治才華遠不及司馬炎。[37]司馬越或許有能力擔負中書一職，但其所處時代為賈后及宗王亂政時期，各個勢力背後各有謀主，並不能發揮作用。

　　東晉時期隨著局勢的穩定，國家政治步上正常化，中書令、監回到參謀系統。而司馬氏能參與此職位者一如西晉，在中書令方面，僅司馬元顯在安帝隆安三年至永興元年（399-402）擔任此職，此時的東晉政權已江河日下。而中書監方面，也僅有司馬昱自穆帝永和三年至其即帝位為止（347-371）出任此職。但從司馬昱出任的中書監來觀察，雖其僅佔東晉出任中書監者的九分之一，然若將出任者羅列出來，吾人可重新看待司馬昱在東晉中央政權中扮演的角色。

表 2-2-1　東晉出任中書監人士表

時　　間	出任中書監者	合　　計
元帝建武元年～明帝太寧元年 317～323	王　導	七年
太寧元年～太寧二年 323～324	庾　亮	二年
成帝咸和三年～咸康五年 328～339	王　導	十二年
咸康五年～咸康八年 339～342	庾　冰	四年
康帝建元元年～穆帝永和二年 343～346	何　充	四年
永和三年～廢帝太和六年 347～371	司馬昱	二十五年
孝武帝太元二年～十年 377～385	謝　安	九年
安帝元興元年　402	王　謐	一年
義熙七年　411	劉　裕	

---

37 由中書令、監在西晉時期出任的人士來看，在武帝時期並未有宗室出任此職。

　　從上表 2-2-1 來看，相當特殊的是，在東晉一百多年的政治
發展中，出任中書監者僅八人，而其中以司馬昱在任最久，長達
二十五年。由出任的另七人來看，從王導、庾亮、庾冰、何充、
謝安、王謐到劉裕，其實就是東晉政權的實際執政者。王導在任十
九年，前期七年，中間因王敦之亂，解職兩年，由庾亮接任。王敦
亂平，王導復職，再任十二年。庾冰、何充以也都是在輔政位置上
兼此職，而庾亮、庾冰與王謐同時也具有外戚另一重身份。此後的
謝安，在孝武帝即位初期，擔任首輔亦兼此職。就擔任者來看，也
可以知道中書監在東晉政治中的重要性。而由此來觀察司馬昱能在
東晉眾士族執政之中，能擔任中書監長達二十五年，應有其原因。

　　如前有關東晉錄尚書事一職的分析中所述，司馬昱擔任二十
五年的錄尚書事一職。這段時間正是士族政治的空窗期。除此原
因外，司馬昱本身的文采亦夠，加上對玄學的喜好，雖不算一流
玄學家，但在這點上與許多士族的喜好相同，這使得司馬昱在某
種程度上得到士族的支持。[38]

二、侍　中

　　另一官位為侍中，侍中在兩晉時期同時由多人擔任。（參見附
表七〈晉將相大臣年表：侍中〉）由於侍中常為加官，史書中註記或不
清楚，統計數字也非完全正確。從萬斯同〈兩晉將相大臣年表〉
的記載，西晉時期出任侍中者共計六十三人次，東晉有一百八十
六人次。[39]（參見附表七〈晉將相大臣年表：侍中〉）比對陳長琦《兩晉

38　司馬昱對玄學的喜好與支持，在《晉書》中多有描述，參見卷七十五〈劉惔
　　傳〉、〈張憑傳〉、〈韓伯傳〉，頁 1990-1993。
39　萬斯同將加官性質者不錄，較全面蒐集兩晉出任侍中一職人數者為陳長琦，

南朝政治史稿》一書所做的統計有些差異。就宗室人數而言，二書之別在西晉時期的司馬斡及司馬亮，由《晉書》本傳來看，二人侍中之位，皆為加官性質，優禮意味較濃。[40]加入此二人來看，西晉六十五人次的侍中官員中，司馬氏佔六位，比例相當低。再以其任官時間來看，集中在武帝與惠帝時期。司馬斡及司馬亮為武帝所重，司馬斡以其為宗室之尊，在惠帝八王亂興以後，常被掌握執政的司馬宗室擺置於高位，欲藉由其宗室之尊地位，來安撫司馬族人。[41]此外，司馬遹以惠帝兄弟，在惠帝初即位，進撫軍將軍加侍中。司馬越以武帝的從兄弟，加上「少有令名」，在西晉初年與駙馬都尉楊邈及司馬繇俱侍講東宮。此後一路於中央遷轉。至惠帝以後至八王之亂前，一直兼任侍中一職。如前所述，這或是賈后為控制局勢，以宗室對付官僚集團所做的措施之一。

東晉以後，侍中更成為加官，約有六十五人出任過該職，其中司馬氏據陳長琦所統計有名所載者僅五位，司馬昱、司馬晞、司馬統、司馬恬與司馬元顯，[42]所佔比例甚低。

第三節　中央榮譽官職

在中央權力中心內，除施政與諮詢系統外，另有如司徒、司馬、司空以及太尉、太宰、太傅等官職，這些官職無常置，在其不擔任錄尚書事的情況下，大都屬於榮譽性職務。其或是因與皇

根據陳氏陳長琦，《兩晉南朝政治史稿》一書所錄，西晉出任侍中約有七十一人，東晉則有六十五人之多；參見陳氏，前引書，頁103-106。

40 《晉書》卷五十九〈司馬亮傳〉，頁1591、卷三十七〈宗室・司馬斡傳〉，頁1119。

41 《晉書》卷三十七〈宗室・司馬斡傳〉，頁1120。

42 萬斯同統計東晉侍中司馬氏所佔的人數多於陳長琦所錄。參見本文附表。

帝關係密切，或年高德紹，為皇帝所尊禮而任派；抑或是實際掌
權大臣的加銜，用以凸顯其地位。由兩晉出任這類官職的司馬宗
室來觀察，亦可看出司馬氏對宗室在中央的擺置及考慮。

一、太　宰

首先在太宰一職上，西晉時期進封太宰一官者共計五人，其
中僅何劭一人非宗室。[43]

表 2-3-1　兩晉出任太宰人士表

時　間	姓　名	官　職	備　註
西晉 武帝泰始元年～泰始八年 265～272	司馬孚	太　宰	泰始八年二月卒
惠帝元康元年 291	司馬亮	太　宰	三月拜太宰、錄尚書事六月被殺
惠帝永康元年～永寧元年 300～301	司馬肜	太　宰	四月拜，尋改丞相。永寧元年正月改宰衡；四月仍為太宰、領司徒。
永寧元年 301	何　劭	太　宰	正月命，四月免。
太安元年 302	司馬肜	太　宰	五月卒
永興元年～光熙元年 304～306	司馬顒	太　宰	三月命，仍鎮關中。光熙元年十二月伏誅。
東晉 明帝太寧元年～咸和元年咸和三年 323～326、328	司馬羕	太　宰	咸和二年十月免，咸和三年二月復拜。
穆帝永和八年～簡文帝咸安元年太和五年 352～371	司馬晞	太　宰	咸安元年十一月為桓溫廢
安帝元興元年～元興二年 403～404	司馬德文	太　宰	元興二年解職降封縣公

五位司馬氏中，司馬亮與司馬肜兩位在太宰位上不到一年。但以

---

43 何劭擔任太宰時間很短，正月命，四月即免。

比例來說，西晉時期司馬氏出任太宰一職的比例仍高，東晉時期
情況亦復如是。東晉有資料記載的太宰共三位，三位都是司馬宗
室。分別是司馬羕、司馬晞及東晉末年的司馬德文。由於太宰一
屬優禮之官。東晉明帝即位，司馬羕即以宗室之尊出任太宰一職。
此後司馬晞，以元帝之子受重視，歷經明、成、康帝，至穆帝永
和八年（352）七月任命為太宰，一直至簡文帝咸安元年（371）
十一月，桓溫以「晞無學術而有武幹」，誣其罪而廢之，才結束
其太宰之職。[44]第三位為司馬德文。司馬德文亦是以安弟同母弟，
在安帝即位以後，備受重視。桓玄執政時以司馬德文為太宰，優
禮宗室中重要人物的意味相當深：

> 恭帝諱德文，字德文，安帝母弟也。初封琅邪王，歷中軍
> 將軍、散騎常侍、衛將軍、開府儀同三司，加侍中，領司
> 徒、錄尚書六條事。元興初，遷車騎大將軍。桓玄執政，
> 進位太宰，加袞冕之服，綠綟綬。[45]

二、太　傅

第二種優禮之官為太傅。西晉時期出任太傅一職者共計五
人，司馬氏僅一人。鄭沖、何曾屬功臣集團，楊駿為外戚。司馬
越在光熙元年（306），以迎惠帝回駕洛陽有功，封太傅，這也是
司馬越正式掌握執政權的開始。[46]

---

44 《晉書》卷六十四〈元四王・司馬晞傳〉，頁1727。司馬晞本身因無才幹，
　是以所擔任官職多屬虛職。
45 《晉書》卷十〈恭帝紀〉，頁267。
46 《晉書》卷五十九〈司馬越傳〉：「（光熙元年，306）越率諸侯及鮮卑許
　扶歷、駒次宿歸等步騎迎惠帝反洛陽。詔越以太傅錄尚書，以下邳、濟陽二
　郡增封。」頁1623。

表 2-3-2　兩晉出任太傅人士表

時　間	姓　名	官職	備　註
西晉 泰始元年～泰始九年 265～273	鄭　沖	太傅	以公就第次年卒
咸寧三年～咸寧四年 277～278	何　曾	太傅	九月遷太宰，十二月卒。
永熙元年～元康元年 290～291	楊　駿	太傅	元康元年三月被殺
太安元年 302	劉　寔	太傅	五月命，尋以年老致仕。
光熙元年～永嘉元年 306～307	司馬越	太傅	光熙元年八月拜太傅錄尚書事，永嘉元年三月出鎮許昌，十二月自為丞相兗州牧都督兗豫司冀幽并諸州軍事。
東晉 咸康四年～咸康五年 338～339	王　導	太傅	五月拜太傅都督中外諸軍六月改丞相廢司徒官。咸康五年七月卒。
太元二十一年 396	司馬道子	太傅	九月命不拜
隆安五年～元興元年 401～403	司馬道子	太傅	元興元年三月廢

　　東晉時期有記載的太傅僅有兩人，一為王導，為臨死之前的加封。另一人為司馬道子。司馬道子在隆安五年（401），之前有孫恩之亂，上游有握重兵之桓玄，拜封為侍中、太傅，「崇異之儀，備盡盛典」，[47]準備討伐桓玄。結果在元興元年（403）為桓玄所廢。

---

47 《晉書》卷六十四〈簡文三子·司馬道子傳〉，頁 1739。

三、太　尉

　　第三種榮譽職為太尉。西晉時期出任太尉一職者，共計十九人次。（參見附表八〈晉將相大臣年表：太尉〉）

表 2-3-3　兩晉太尉官身份分析表

時期 ＼ 身份	宗室	外戚	朝臣	合計
西晉	8	3	8	19
東晉	1	3	5	9

　　初期以功臣集團為主。司馬宗室有八人，但其中司馬望、司馬允、司馬晏、司馬衍及司馬模的任期都不到一年。司馬望以泰始四年（268）拜太尉，十一月尋遷大司馬。司馬允在永康元年（300）八月拜太尉，征討司馬倫，不久即被殺。司馬晏在永嘉元年（307）拜太尉後，尋遷大將軍。司馬模在永嘉年以後，長期駐紮關中地區，永嘉四年（310）司馬越過世後，東邊防守石勒等少數民族的力量被擊破，繼而王衍等一干士族被石勒追迫並掩殺，局勢大亂，懷帝此時實已無力掌控局勢，以太尉加封駐紮關中之司馬模，亦只是形式意義而已。[48]

　　除以上幾位司馬宗室外，大約只有司馬亮與司馬泰為一般正式任派。司馬亮在太康三年（282）十二月賈充死後，以太尉兼錄尚書事以掌實際政權，制衡外戚楊駿，一直至太康十年（289）十

48　《晉書》卷三十七〈宗室・司馬泰附司馬模傳〉，頁 1097-1098；卷五十九〈司馬越傳〉，頁 1625-1626。

一月遷大司馬。而司馬泰則應是在司馬瑋為賈后一黨誅殺時，選擇了壁上觀，在事平之後，賈后以司馬泰「錄尚書事，遷太尉，守尚書令，改封高密王，邑萬戶。」[49]此外還有一位司馬顒。司馬顒在永寧元年（301）司馬倫篡位被殺後，司馬冏取得執政權。司馬冏雖對司馬顒在興兵對付司馬倫過程中一度倒戈有所不滿，但為顧全大局，以及得到支持的力量，還是加封了司馬顒。

> 及趙王倫篡位，齊王冏謀討之。前安西參軍夏侯奭自稱侍御史，在始平合眾，得數千人，以應冏，遣信要顒。顒遣主簿房陽、河間國人張方討擒奭，及其黨十數人，於長安市腰斬之。及冏檄至，顒執冏使，送之於倫。倫徵兵於顒，顒遣方率關右健將赴之。方至華陰，顒聞二王兵盛，乃加長史李含龍驤將軍，領督護席薳等追方軍迴，以應二王。義兵至潼關，而倫、秀已誅，天子反正，含、方各率眾還。及冏論功，雖怒顒初不同，而終能濟義，進位侍中、太尉，加三賜之禮。[50]

東晉時期出任太尉之人士不同於西晉，也不同於其他類似官職。東晉出任太尉者合計九人，其中宗室僅有一位司馬羕。（參見附表八〈晉將相大臣年表：太尉〉）司馬羕與其出任太宰、太保職類似，以東晉初期宗室之大老，而備受禮遇。在太寧二年（324）十月，王敦之亂弭平後，以太宰領太尉職，至咸和元年（326）十月，以弟司馬宗被控謀反連坐免官止，前後任期大約三年。[51]除此外，東晉出任太尉之四人，皆為實際握有軍政權力者，如陶侃（六年）、桓溫（十二年）、桓玄（二年）、劉裕（八年）。由此可以看出，

49　《晉書》卷三十七〈宗室‧司馬泰傳〉，頁 1094-1095。
50　《晉書》卷五十九〈司馬顒傳〉，頁 1620。
51　《晉書》卷五十九〈司馬亮附司馬羕傳〉，頁 1594-1595。

東晉欲進一步掌控軍權者，多會取得太尉封號。與西晉時之酬庸，有明顯的不同。這也是東晉中期以後司馬氏無法在擔任太尉一職的一個原因。

四、司 空

另一中央優禮官職為司空。西晉時期出任司空者，合計十七人。（參見附表九〈晉將相大臣年表：司空〉）

表 2-3-4　兩晉司空官身份分析表

時期＼身份	宗室	外戚	朝臣	合計
西晉	5	6	6	17
東晉	0	1	5	6

司馬氏佔五人，其中司馬攸、司馬泰以及司馬越，是宗室中較有能力者。司馬晃則為優禮酬庸性質。司馬虓則是在光熙元年（306）惠帝自關中回到洛陽後，加封有功大臣時，受封為司空，八月加封，十月即過世，擔任司空一職時間甚短。[52]東晉時期出任司空者合計六人，沒有司馬宗人擔任此職。五人中又以王導與郗鑒為主要人物，分別擔任三年與一年。

五、司 徒

其次為司徒官。西晉時期擔任司徒官者合計十八人。（參見附表十〈晉將相大臣年表：司徒〉）

---

52 《晉書》卷四〈惠帝紀〉，頁107。

表 2-3-5　兩晉司徒官身份分析表

身份 時期	宗室	外戚	朝臣	合計
西晉	3	5	10	18
東晉	4	2	3	9

人數相當多，相反的是司馬氏出任司徒官者少，僅三人而已，且其任期皆不長。如第一位司馬望於泰始元年（265）出任司徒，三年遷太尉，前後任期不到三年。第二位司馬肜。司馬肜以司馬懿之子，為宗室之高。在司馬倫輔政至篡位過程，崇禮司馬肜以增加自己聲勢。司馬倫被滅後，惠帝詔司馬肜為太宰，領司徒。

> 永康初，共趙王倫廢賈后，詔以肜為太宰、守尚書令，增
> 封二萬戶。趙王倫輔政，有星變，占曰「不利上相」。孫
> 秀懼倫受災，乃省司徒為丞相，以授肜，猥加崇進，欲以
> 應之。或曰：「肜無權，不益也。」肜固讓不受。及倫篡
> 位，以肜為阿衡，給武賁百人，軒懸之樂十人。倫滅，詔
> 以肜為太宰，領司徒，又代高密王泰為宗師。[53]

司馬肜之後，出任司徒官的司馬氏為司馬越。如前所述，司馬越在惠帝光熙元年（306）幫助惠帝得以回至洛陽後，逐漸掌握朝政。這一年十一月惠帝駕崩，懷帝司馬熾即位。國家軍政大權，掌握在司馬越的手中，許多的加官出現在這段時間，司徒一職亦復如此，司馬越自永嘉三年（309）三月領司徒職，一直至永嘉五年（311）二月過世為止。

　　進入東晉，擔任司徒官之人有明顯的改變。東晉有紀錄的司徒官，合計九人。其中有四位司馬氏。這四位擔任司徒的司馬氏，

53　《晉書》卷三十八〈宣五王・司馬肜傳〉，頁1128。

其特色為任職久，而且其中三位後來都成為東晉皇帝。

表 2-3-6　東晉宗室出任司徒表

時　間			
咸康五年～咸康八年 339～342	司馬岳	司徒	咸康五年十二月任命；咸康八年六月即帝位，是為康帝
穆帝永和八年～費帝太和元年 352～366	司馬昱	司徒	太和元年十月拜丞相；太和六年十一月即帝位，是為簡文
孝武帝太元八年～安帝隆安三年 383～399	司馬道子	司徒	太元八年九月，以驃騎將軍、開府儀同三司、領司徒、錄尚書六條事；隆安三年四月解職
隆安三年～元興元年、義熙四年～義熙十四年 400～402、408～418	司馬德文	司徒	隆安三年四月任命，元興元年三月拜太宰。義熙四年正月，再以大司馬兼司徒，至義熙十四年，即位為恭帝

　　司馬岳為成帝的同母弟，司馬岳本身身體有缺憾，史載其「諒陰不言」。成帝即位後，於咸和元年（326）封為吳王，二年（327）徙封琅邪王；九年（334）拜散騎常侍，加驃騎將軍；咸康五年（339）遷侍中、司徒。擔任司徒一職不到三年；至咸康八年（342）成帝死前，由庾冰主導，選擇無行為能力的司馬岳為傀儡，立為皇帝，[54]以便掌控政權。第二位擔任司徒之司馬宗室為司馬昱，在任前後長達十五年。簡文帝在東晉之重要性，在本章「錄尚書事」部分已有說明，司徒在此時亦是加官中一種而已。（參見本章第二節）第三位司馬道子在司徒位置更久；前也述及，司馬道子在孝武帝太元十年（385）謝安死以後，逐漸將中央重要執政大權全掌

54　《晉書》卷七〈康帝紀〉，頁184。

握在自己手中，加官多，為的是要更凸顯自己位階的重要性。

　　第四位是司馬德文。以其為安帝同母弟，封琅邪王，歷中軍將軍、散騎常侍、衛將軍、開府儀同三司，加侍中，領司徒、錄尚書六條事。至桓玄執政時，進位太宰，暫時離開司徒兼職。桓玄篡位，以司馬德文為石陽縣公。至桓玄被滅，再次復領司徒職，一直至義熙十四年（418），為劉裕主導，立為義帝，前後擔任司徒職達十七年之久。這也顯示司馬德文在安帝在位期間，對宗室而言的重要性。[55]

六、太　保

　　此外，兩晉太保一職，出任者本不多，司馬宗室佔的比例也不高。西晉有記載擔任太保一職者，合計四人，王祥、何曾、衛瓘與司馬榦，前三者屬於功臣集團。司馬榦在八王之亂初起時，以宗室之重，[56]為司馬倫所禮重。在司馬倫被殺後，惠帝反正，於永寧元年（301）四月，復司馬榦為侍中加太保。司馬榦兼任太保一職直到永嘉五年（311）五月過世為止，共計十一年。

　　至東晉出任太保有名字記載的也僅四人，王導、謝安與兩位司馬宗室，司馬羕與司馬遵。其中王導在太寧二年（324）十月被任命太保一職，以族兄王敦之叛，辭不拜。[57]謝安在淝水之戰後以功進拜太保。[58]而司馬羕於東晉初年擔任太保一職，與前所述其他加官情況一樣。由於西晉歷經八王之亂，加上末年少數民族

55　《晉書》卷十〈恭帝紀〉，頁267。
56　司馬榦為司馬懿之子。至惠帝初年，上一代的宗室大老相繼凋零，司馬榦為僅存的少數宗室之長。《晉書》卷三十八〈宣五王・司馬榦傳〉，頁1119-1120。
57　《晉書》卷六十五〈王導傳〉，頁1750。
58　《晉書》卷七十九〈謝安傳〉，頁2074-2075。

的入侵蹂躪，司馬宗室死亡殆盡，能東渡者少之又少。加上在聞
訊愍帝駕崩後，司馬羕是率先勸進司馬睿即位為皇帝者，司馬睿
一方面因其為宗室之老，一方面或也感念其勸進之功，在東晉初
期幾任皇帝對司馬羕是相當禮遇的。司馬羕自建武元年（317）至
永昌元年（322），前後兼太保一職六年的時間。另一位司馬遵，
在東晉安帝元興年間，桓玄叛亂中，以協助撥亂反正有功，於義
熙元年（405）進封太保，至義熙四年（408）去世為止，合計擔
任太保一職四年。

第四節　小　結

　　兩晉大抵以錄尚書事、侍中、中書令、中書監、尚書令、尚
書僕射、尚書左僕射、尚書右僕射，為政治權力中心八種重要官
職，由司馬宗室出任中央官職的情形，可提供吾人瞭解司馬氏如
何透過宗室，來達到穩固政權的目的，然以其結局看並不理想。
整體來看，由清·萬斯同《兩晉將相大臣年表》所錄，在一百六
十餘年國祚中，參與中央重要官職的司馬氏人並不多。

　　武帝太康以前（280），進入中央執政團隊的司馬氏並不多，
僅司馬孚以宗室之長，自泰始元年至八年擔任太宰一職；司馬亮
則在泰始十年（274）出任衛將軍加侍中，次年侍中一職被拿掉。
司馬攸在咸寧元年（275）以前，一直只擔任鎮軍將軍，咸寧二年
（276）遷司空。太康以後，司馬氏進入中央權力核心的人數漸多，
這樣的轉變因素可能為，西晉初期世族中的功臣集團與司馬炎互
相扶持，整個執政團對在司馬炎與功臣集團生命共同體的考慮之
下，司馬炎並不愁沒有人才或有威脅者在執政團隊中。而在初建

政權過程，司馬炎也必須借力於這些世族的政治經驗，以穩定政治秩序。在平吳之後，這些與司馬炎一起打天下的功臣逐漸凋零，而此時武帝在天下統一以後，對政權的掌握日漸穩固，統治力也達到高峰，所以此時也能放手讓司馬氏人進入中央學習。

　　從司馬氏出任中央官職簡表來看（參見附表十一〈司馬氏出任中央官職簡表〉）司馬氏大量進入中央擔任官職在惠帝永康元年（300），司馬倫殺賈后，取得執政權開始，最高峰在永寧元年（301），司馬倫一方面重用司馬氏，一方面將原有中央大臣逐一撤換。但進一步深入分析，雖然司馬氏封官最多，但被殺的也最多。高峰期短，顯現的是政權的不穩定，在官員快速的更迭中，造成更多的權力爭奪。自司馬倫執政後的時期，已不能算做正常的政治運作，一個個前仆後繼擔任中央執政的司馬氏，其所憑藉的並不是行政才能，而是經由出鎮或分封就國所得到實質軍事權力，回過頭來以武力掌握中央政治。這些以軍事力量崛起於中央政治舞台的司馬氏，在西晉惠帝以後的歷史發展中，大都墮入以「人」為中心，而非以「制度」為主的執政方式，最後終究被另外有新的軍事力量者所取代，也導致惠帝元康年以後，西晉政權日漸紊亂。

　　由以上所述兩晉時期中央官職三大系統中司馬氏出任的情況，雖資料不甚完備，按比例而言，宗室所佔的人數並不多。以優禮之六個官職而言，縱兩晉，只有十八位宗室出任，若再扣掉出任不滿一年的司馬模以及司馬猷，則人數更少。

表 2-4-1　兩晉宗室出任太宰等六職統計表

時期	太　宰	太　傅	太　尉	司　空	司徒	太保
西晉	司馬孚、司馬亮、司馬彤、	司馬越	司　馬允、司馬模(1)、	司馬攸、司馬泰、司馬越、	司馬望、司馬彤、司馬越	司馬榦

	司馬顯		司馬亮、司馬泰、司馬顯	司馬晃、司馬猷（1）		
東晉	司馬羕、司馬晞、司馬德文	司馬道子	司馬羕	無	司馬岳、司馬昱、司馬道子、司馬德文	司馬羕、司馬遵

再以參謀系統官職來看，參謀官職中最重要的兩個官位為中書令與中書監。兩晉時期出任此二官職的宗室人數更少，僅有四人，其中僅司馬越兩個職位皆做過。

表 2-4-2　兩晉宗室出任中書監令統計表

時期	中書令	中書監
西晉	司馬越、司馬威（1）	司馬越
東晉	司馬元顯	司馬昱

在執行層面的施政系統中，重要的官位包括錄尚書事、尚書令以及僕射系統。西晉與東晉宗室出任的比例逐漸拉開。合計共有十三位宗室出任這三個職務。其中重疊性亦高，如西晉的司馬泰、司馬肜與司馬越，以及東晉的司馬元顯，以遷轉或兼加的方式，在三個官位中兼任。

表 2-4-3　兩晉宗室出任施政系統官職表

時期	錄尚書事	尚書令	僕　射
西晉	司馬亮、司馬柬(1)、司馬泰、司馬肜、司馬穎(1)、司馬越(1)	司馬晃、司馬泰、司馬肜、司馬越	司馬伷(右)、司馬珪(右)、司馬晃(右)、司馬泰(右)、司馬越（右）、司馬繇（左）
東晉	司馬昱、司馬道子、司馬元顯	司馬元顯	司馬恬

　　將以上曾出任的司馬宗室做一加總，扣掉重疊部分，合計共
有二十八位的司馬氏，擔任過兩晉時期重要的中央官職。相較於
兩晉時期，在長達一百五十餘年的國祚中，整個司馬氏人數超過
兩百人的比例，似乎顯得不高。這也顯示司馬宗室在中央無論參
謀或施政系統中的重要性並不如一般學者所言。故「宗王政治」
的說法，若要有更全面的認識，可能需搭配觀察由宗王出鎮與宗
王在封國的發展與政局聯動性的面向。

　　由本章之分析，吾人可見，擔任中央文官官職，本身必須具
備能力，司馬宗室隨著既得利益的加深，可以不用努力即可有政
治地位，而使其在學識、才能上的衰微相當快速，較之於南北朝
後期顏之推所言，在九品官人法的保障之下，所出現的「上車不
落則著作，體中何如則秘書」的情況，有過之而無不及。由於司
馬氏本身有學識與才幹者少，所以其發展走向對地方軍權的掌
握；在中央文官官職上，有士族的把關，司馬氏較無法隨心所欲。

　　西晉初期士族中的功臣集團與司馬氏聯姻多，二者互相扶持
壯大，但這些依附司馬氏的家族，在東晉後不復出現。東晉與司
馬氏共存的仍是士族，但這些士族與西晉初年的士族，有明顯的
差異。在詭譎多變的政局中，東晉士族以門第教育作為「自保家
世」的重要手段；加上政治地位的優越和雄厚的經濟實力，使得
門閥士族有足夠的力量從事門第教育以及多種多樣的學術文化活
動，[59]這些家族對司馬氏的依附力較低，其所憑藉的是來自於家
族或其自身的知識涵養，這是司馬氏執政以來所最缺乏的。

　　一個政權中的官僚集團必須是具備相當的知識文化，司馬氏

---

59 參見簡修煒等著，《六朝史稿》（上海：華東師範大學出版社，1994 年），
　　頁 376-378；劉澤華主編，《士人與社會 —— 秦漢魏晉南北朝卷》（天津：
　　天津人民出版社，1992 年），頁 348-366。

長久對這些握有知識文化的士族，又愛又恨；在西晉初期，這些士族與功臣集團結合在一起，對武帝而言，是加分作用。但在賈后上台後，由於這些握有知識文化的士族，對其執政是一制衡與力量，所以必須去之而後快。賈后殺衛瓘、與司馬倫殺張華，應都是在這樣的思維之下所出現的。

　　司馬氏以次級儒學世家獲得政治權力，如何讓政權延續下去，是武帝及其後歷代司馬皇帝所時時關懷的問題。培養司馬氏人擔任重要官職，是最直接且有效的作法。但武帝在執政之初，或者已感受到自己家族中可用之人並不多；為鞏固基盤，於是大封宗王與出鎮，希望透過封建達到擴張司馬宗室對地方的控制力。而除此外，讓司馬宗氏多加入政治活動，透過封建與擔任中央重要官職，司馬炎讓宗室一方面達到封疆建藩之目的，另方面也希望能培養更多司馬氏人才在政治經營方面的能力。如何穩定皇帝繼位與永保宗室血脈延續，一直是兩晉皇帝面對的重要課題，但就其史料來看，其努力最終還是因無法從人轉移到制度而很快的就難以為繼而走向滅亡。

第三章　司馬氏政權之宗族結構基礎分析之二

── 以分封、出鎮為主的考察

　　司馬氏在太快得到天下之後，司馬宗室之人在龐大的政治權力的爭奪中，已無力也無心在知識上努力。在其父祖輩所凝聚出的儒學世家的外衣也逐漸剝落。

　　司馬炎在平吳後快速的墮落，開始享樂，對宗室人才的培養並未盡到最大的指導。殊不知政治的經營，雖可馬上得之，不能以馬上治之。司馬懿、司馬師之所以能自曹魏手中，將政權一步步攘取，其所憑藉的不只是外在赤裸裸武力的比較；其中權謀的使用，更是司馬懿、司馬師能成功的最大原因。而兩位司馬人權謀的背後，其實都有知識作為基礎。[1]要觀察司馬宗室與政權之間的關係，可以從宗室出任中央重要官職、出鎮以及在封國的活動情形三方面來探討，這是宗室對政治影響最大的層面。過去對於晉之行封建與出鎮相關議題，討論已多，本章在過去的研究基礎上，集中討論司馬氏在分封與宗王出鎮上對兩晉政權及司馬宗族之影響。

　　由上一章對司馬氏宗室出任中央官職的分析可知，在兩晉時期，司馬氏其宗室成員出任中央官職者實屬有限。其對政權結構

1　參見本書第一章〈西晉建國前司馬氏的發展〉。

之掌握方式，主要並非經由出任中央重要官職，而是經由分封。宗室成員的分封與出鎮，為西晉之初為鞏固司馬政權所做的必要措施。西晉改變的曹魏宗王分封制度，主要以擴大司馬宗室權力為目的，因此在封國中，不僅有實食封，另大量以將軍、刺史、都督軍事的身份出鎮地方，直接行對地方州郡的行政管理與軍事統帥權。[2]

　　兩晉宗室的分封與出鎮，形式略有不同，西晉時期朝政的主控權在司馬氏的手中，加上西晉以篡奪的方式取得政權，面對奪權初期局勢的不穩，於是大封宗王並以宗王出鎮重要地區，以維繫晉對地方的控制力。而東晉之初，南下的司馬氏已不多，加以王權掌握在王導一派的士族手中，宗室封王雖依舊進行，但一方面也鑑於西晉時期的八王之亂，對宗室的權力也不敢過於放大，致使宗王的參政權在東晉以後低落許多。但在幾個特殊時期如晉元帝在位最後兩年以及孝武帝淝水戰後，當皇帝欲主控政權時，宗室仍為其可依靠與利用的對象，此時宗王出鎮的重要性即可明顯見到。

　　中國歷史上每個新建王朝都會想以整個家族人力來維護政權，在建國之初，皇帝與宗室的矛盾還不甚明顯時，大多採優待宗室的政策，封以王爵，用為宰輔，出為都督刺史。但宗室官職爵位，在繼替方式過於頻繁或出現爭議時，其又易於因爵位安排而引起宗室成員的不滿或對皇位的覬覦，甚至或將心生不滿，一部份者甚覬覦皇位，引起宗室內爭或起兵造反，此種長陷於依賴宗族的政治發展，也是造成兩晉政局的不安與混亂的重要因素。[3]

---

2 參見陳長琦，《兩晉南朝政治史稿》，頁 62-64。
3 參見馮爾康，《中國社會結構的演變》（鄭州：河南人民出版社，1994 年），頁 438-439。

第一節　兩晉宗室的分封

曹魏時期的宗室分封制度，承襲兩漢，受封為王的宗室，基本上沒有治國治民的權力。[4]同時為了防範諸王干預政治，曹魏對諸王採取許多限制措施，在一般情況下，不能進入權力中心參與重大政策的討論和決策；不能受命出鎮一方，擔任軍事統帥和管理州郡事務。[5]

至西晉初年，大多數的人將曹魏失敗的原因歸咎於其宗王政策，如陳壽、劉頌、陸機等，[6]這給了司馬炎分封最好的依據。西晉宗王分封其實在司馬昭的最後執政時刻已做好佈局。司馬昭在陳留王咸熙元年（264 年）為了爭取更多人的支持，命裴秀等建立五等之制：

> 晉文帝為晉王，命裴秀等建立五等之制，惟安平郡公司馬孚邑萬戶，制度如魏諸王。其餘縣公邑千八百戶，地方七十五里；大國侯邑千六百戶，地方七十里；次國侯邑千四百戶，地方六十五里；大國伯邑千二百戶，地方六十里；次國伯邑千戶，地方五十五里；大國子邑八百戶，地方五十里；次國子邑六百戶，地方四十五里；男邑四百戶，地

---

4 王大建，〈論曹魏的宗室政策〉，《東岳論叢》二十三卷六期（1997 年 2 月），頁 103-106。

5 同上註，頁 61。此嚴格的限制宗王措施在魏明帝之前或有徹底執行，其中原因與曹丕、曹植之爭立太子一事有密切關係。明帝以後，如齊王芳時代，曹爽手上的權力相當大。

6 陸機、劉頌等人皆贊成恢復五等爵制，以增加宗室之封藩之力，而段灼則更進一步認為只要宗室一級即可。有關西晉初年對五等爵制的討論，參見陳戍國，《魏晉南北朝禮制研究》，頁 98-102。

方四十里。[7]

泰始元年（265）司馬炎稱帝後，繼續推行五等爵制，「封公、侯、伯、子、男，五百餘國」，這比咸熙初年立五等制時少了約百國，主要是由於在魏晉交替過程中，有一些舊時代五等爵被罷除了。[8] 十二月，司馬炎進一步大封宗王，共封二十七個同姓王。晉初的分封，宗王「徒享封土，而不治吏民」，但封國中置相，其品秩如郡守，由中央選任，掌管行政、財政事務，相較於曹魏宗王，西晉宗王在封國中的經濟及軍事力量都有所提升，對西晉權力中心產生了直接重要的影響。[9]

表 3-1-1　泰始元年分封二十七王表

人　名	爵　稱	與司馬炎之關係	食　邑　人　數
司馬孚	安平王	叔祖父	四萬
司馬榦	平原王	叔父	一萬一千三百
司馬亮	扶風王	叔父	一萬
司馬伷	東莞王	叔父	一萬零六百
司馬駿	汝陰王	叔父	一萬
司馬肜	梁　王	叔父	五千三百五十八
司馬倫	琅邪王	叔父	未錄
司馬攸	齊　王	弟	未錄
司馬鑒	樂安王	弟	未錄
司馬機	燕　王	弟	六千六百六十三

7 《晉書》卷十四〈地理志〉，頁 414。
8 參見柳春藩，〈曹魏西晉的封國食邑制〉，收入《秦漢魏晉經濟制度研究》（哈爾濱：黑龍江人民出版社，1993 年 10 月），頁 291-297。
9 有關於西晉分封之研究，參見唐長孺，〈西晉分封與宗王出鎮〉，收入《魏晉南北朝史論拾遺》，頁 127-144；鄭欽仁、吳慧蓮、呂春盛、張繼昊編著，《魏晉南北朝史》（台北縣：國立空中大學，1998 年），頁 126-127；越智重明，《魏晉南朝の政治と社會》（東京：吉川弘文館，1963），頁 138-156。

司馬望	義陽王	從叔父	一萬
司馬輔	渤海王	從叔父	五千三百七十九
司馬晃	下邳王	從叔父	五千一百七十六
司馬瓌	太原王	從叔父	五千四百九十六
司馬珪	高陽王	從叔父	五千五百七十
司馬衡	常山王	從叔父	三千七百九十
司馬景	沛 王	從叔父	三千四百
司馬泰	隴西王	從叔父	三千兩百
司馬權	彭城王	從叔父	二千九百
司馬綏	范陽王	從叔父	未錄
司馬遂	濟南王	從叔父	未錄
司馬遜	譙 王	從叔父	四千四百
司馬睦	中山王	從叔父	五千二百
司馬陵	北海王	從叔父	四千七百
司馬斌	陳 王	從叔父	一千七百一十
司馬洪	河間王	從父兄	
司馬楙[10]	東平王	從父弟	三千零九十七

由上表來看，司馬炎於泰始元年（265）所封之二十七王中，有封邑資料的有二十一位。若深入分析，則可看出此次的分封在司馬氏中很清楚可見其親疏有別。二十七位中輩份最高的為司馬炎的叔祖父司馬孚，封邑最多，高達四萬戶；其次最大的一部份為司馬炎的上一代，共有二十三人。這二十三位受封的宗室中，封邑超過一萬戶的有義陽王司馬望、平原王司馬榦、東莞王司馬伷、扶風王司馬亮以及汝陰王司馬駿。這五位中除司馬望之外，

10 《晉書》卷四〈惠帝紀〉：「楙」原作「懋」。《晉書斠注》：「懋」當從武紀及本傳、東海王越傳作「楙」。按：上文永平元年及音義、通鑑八四、通志一〇皆作「楙」，今據改。頁110註。本書亦以「楙」為標準字。

皆為司馬懿之子，也等於是司馬炎這一支派。司馬榦為司馬懿張皇后所生，其他三人都為伏夫人所生。[11]此外僅有司馬望一人，以非直屬能得到萬戶以上之封邑。司馬望為司馬孚之子，出繼給司馬孚之長兄司馬朗，司馬望本人在曹魏末期，在司馬氏取得政權的過程中，參與頗深，是以在此次武帝分封中，一方面是對司馬懿長兄的尊敬，一方面來自於司馬望本身的功績，而能得到萬戶以上的分封。[12]

二十七位分封宗王中，與司馬炎同輩的僅有三人，這三人皆為司馬炎的弟弟，分別為齊王司馬攸、燕王司馬機與樂安王司馬鑒。司馬炎之父司馬昭共生有九子，除司馬炎即位為武帝外，身體狀況較好的僅以上三人，其他五子或死於西晉建祚之前，或於二、三歲即夭折或身纏重病。[13]

另外，二十七人中封地最少的為陳王司馬斌，僅一千七百一十戶。司馬斌為司馬懿弟弟司馬通之子。前章曾述及，司馬通在曹魏時期，對司馬懿的奪權行動相當不以為然，常用荒誕的行為方式表達，被司馬懿的同屬喻為「狂悖」，[14]司馬炎即位，雖心有不願，但在親疏的關係之下，也不得不加以分封。

泰始元年十二月分封後，受封的宗王並未全部就國，許多擔任中央官職或地位崇高的宗室，如司馬孚、司馬望、司馬攸等人留在中央，還有一些直接派駐地方，統帥州郡軍隊的宗室，如司馬伷、司馬亮、司馬駿等人。（**參見附表十二〈武帝時期宗王就國與出鎮表〉**）泰始元年分封的宗室是否就國，《晉書》並未明

---

11 《晉書》卷三十八〈宣五王傳〉，頁1119。
12 《晉書》卷三十七〈司馬孚附司馬望傳〉，頁1085-1086。
13 《晉書》卷三十八〈文六王傳〉，頁1130-1138。
14 《三國志》卷十六〈杜畿附杜恕傳〉，頁505，裴松之註。

載，其中不在國家政權機構或軍隊中擔任職務者，大都受封後馬上就國。[15]西晉初年，宗王封國後，多不願意就國，因在京城有較多的資源可利用與發展，盡量以能留在中央任官為優。除一般就國情形外，也有幾位是因為得罪權臣，而被遣就國的情形。如司馬楙，在泰始元年封為東平王，後入為散騎常侍、尚書；在司馬亮與楊駿爭權中，司馬楙支持楊駿，引發司馬亮之不滿，以理由免了司馬楙之官，並遣之就國。[16]長沙王司馬乂在同母哥哥司馬瑋被殺後，遭受連坐處分，被貶至常山，並強制就國。[17]

　　至咸寧三年（277）司馬炎在楊珧與荀勖建議下，第二次大規模地遣諸王就國，並強制規定了以後「非皇子不得為王」，這樣的大動作，或可以解讀為晉武帝對其繼任太子司馬衷治國能力的憂慮。這一次大調整影響最大的是諸國置軍制度，調整的原則是依封國的大小以及與皇帝親屬關係的遠近而定。咸寧三年的改制，在表面上好像加強了封國的地位，實際上只強化了司馬炎這一支系，其他司馬家系在不斷的推恩分封中，經過幾代的繼承，封國力量終不可能大過司馬炎皇子家系，這裡凸顯的是司馬炎已為了自己的子孫，考慮到皇室利益與諸王利益上的制衡。《晉書職官志》對這次的新制，有較詳細的說明：

> 咸寧三年，衛將軍楊珧與中書監荀勖以齊王攸有時望，懼惠帝有後難，因追故司空裴秀立五等封建之旨，從容共陳時宜於武帝，以為「古者建侯，所以藩衛王室。今吳寇未殄，方岳任大，而諸王為帥，都督封國，既各不臣其統內，於事重非宜。又異姓諸將居邊，宜參以親戚，而諸王公皆

15　參見陳長琦，《兩晉南朝政治史稿》，頁68-69。
16　《晉書》三十七卷〈司馬孚附司馬楙傳〉，頁1089。
17　《晉書》五十九卷〈司馬乂傳〉，頁1612。

在京都，非扞城之義，萬世之固」。帝初未之察，於是下
詔議其制。有司奏從諸王公，更制戶邑，皆中尉領兵。其
平原、汝南、琅邪、扶風、齊為大國，梁、趙、樂安、燕、
安平、義陽為次國，其餘為小國，皆制所近縣益滿萬戶。
又為郡公制度如小國王，亦中尉領兵。郡侯如不滿五千戶
王，置一軍一千一百人，亦中尉領之。……自此非皇子不
得為王，而諸王之支庶，皆皇家之近屬至親，亦各以土推
恩受封。其大國次國始封王之支子為公，承封王之支子為
侯，繼承封王之支子為伯。小國五千戶已上，始封王之支
子為子，不滿五千戶始封王之支子及始封公侯之支子皆為
男，非此皆不得封。[18]

咸寧三年這次的分封以非司馬炎一系的宗王為主。從上文來看，
幾乎全為高等爵位者所設。通過這個條例，大國與次國增加了，
小國戶邑也有所增加。按此高等爵位的排列順序為一、大國宗王；
二、次國宗王；三、小國宗王五千戶以上者與郡公；四、小國宗
王五千戶以下者、郡侯與縣王。至於縣公以下的爵位邑戶，可能
終晉之世，沒有大的變化。[19]

太康十年（288），司馬炎在其臨死前兩年，再次進行對司馬
宗王分封與封國的調整。這一次主要對象為其自己的兒子，如將
司馬柬自南陽徙封於秦，封邑八萬戶，「于時諸王封中土者皆五
萬戶，以柬與太子同產，故特加之」；[20]又如對第十六子司馬穎，

---

18 《晉書》卷二十四〈職官志〉，頁 744。
19 參見周國林，〈西晉分封制度的演變〉，《華中師範大學學報（哲學社會科
　　學版）》一九九三年三期（1993 年），頁 92-93。
20 《晉書》卷六十四〈司馬柬傳〉，頁 1720。

加封邑為十萬戶；[21]其他諸皇子的封邑也都在五萬戶左右。這一年分封的皇子，除司馬柬與司馬穎之外，尚有楚王司馬瑋、淮南王司馬允、長沙王司馬乂、吳王司馬晏、豫章王司馬熾、代王司馬演、漢王司馬迪與清河王司馬遐等十人。這其中應是武帝考慮諸子尚幼小，以與咸寧三年所封宗王大國上限約兩萬戶比較，八萬、十萬戶的封邑，皆遠超過其他司馬宗王，這是武帝為保衛自己支派，立於永世不敗之地的作法。

　　根據周國林的研究，在咸寧三年至太康十年之間（277-288），還有一次規模不算小的分封。這是在平吳後，為犒賞有功大臣，以非司馬氏為主的分封行動，其中受封者以六千戶至萬戶者較多，有多位打破了咸寧三年宗王分封萬戶的標準；而且這些人的封授中，獲縣侯爵者的戶邑，可以高過於獲縣公爵者，爵次相同者，戶邑也不一定相同。但整體來看可以發現，這些異姓受封者，雖然獲賜戶邑較多，但封爵卻不高，這種作法的含意，應是武帝仍為司馬氏宗室永續發展所做的考慮，還是必須避免有朝一日，功臣集團之爵位高過司馬宗室。[22]

　　如同王夫之《讀通鑑論》中對司馬氏封建的評論：

> 夫晉起果循周制以追三代之久安長治也乎？征魏之虧替宗室而使權乘之耳。乃魏之削諸侯者，疑同姓也；晉之授兵宗室以制天下者，疑天下也。[23]

---

21 《晉書》卷五十九〈司馬穎傳〉，頁 1615。

22 對這些異姓受封者，雖然獲賜戶邑較多，但封爵卻不高的情形，周國林的看法是以為晉武帝在政治上不讓他們一時便達到顯赫的地位，是希望能激發他們再盡「致思竭之效」，盡忠皇室，以進封爵。本人則認為應該還是與晉武帝對功臣集團在某種程度上的設防有關。參見周國林，前引文，頁 93。

23 王夫之，《讀通鑑論》（台北：河洛圖書出版社，1976 年台灣影印初版）卷十一〈晉條〉，頁 354。

　　司馬炎為了鞏固統治，一改兩漢實行已久的郡縣制，實行分封。殊不知封建本身的問題在於，當時間拉長後，即使在司馬宗族間，也會因親疏，使得宗王與皇室之間的關係，較之於郡縣制中雇主關係更複雜，而無法約制；加之以對皇室以外的宗王而言，眼見同為司馬氏，而皇室的待遇就是不同於他支，這種經秦漢以來中國皇帝制度所形塑對皇室利益的集中，也造成宗王對皇室地位的覬覦。這終使得晉武帝司馬炎想以建立同姓王國系統，來實現其家族對天下統治的美夢，反而斷送在自己家人手中。[24]

　　晉武帝時期不斷的分封諸王與功臣，至惠帝以後為掌權者學習模仿。為了鞏固到手的權勢，每一位專政者，幾乎都用封爵以收攬人心。如外戚楊駿輔政時，「大開封賞，欲以悅眾」；之後執政的司馬亮也是「論賞誅楊駿之功過差，欲以苟悅眾心」；而司馬倫在手握大權後，大封支持者，「諸黨皆列卿將」，「文武官封侯者數千人」。此後，隨著宗室操戈越演越烈，西晉封建制度的原型也被破壞殆盡。[25]

　　東晉時期宗王封國依舊進行，但資料相當缺乏。所有封國中資料較為詳細的僅有琅邪國與會稽國。這兩個封國在東晉也是較為特殊的。前者是東晉皇帝起家之國，元帝以後非皇世子繼承之人，大都先歷經琅邪王之封國，這似乎已呈一儀式。

表 3-1-2　東晉時期琅邪王表

出封時間	琅邪王	與帝系之關係	即帝位	備　註
武帝太熙元年 290	司馬睿		元　帝	

---

24 參見陳明，《中古士族現象研究—儒學的歷史文化功能初探》（台北：文津出版社，1994 年），頁 125。

25 參見周國林，前引文，頁 94。

元帝建武元年 317	司馬裒	元帝子		十月死
元帝太興元年十二月 318	司馬煥	元帝子		已卯死
元帝永昌元年三月 322	司馬昱	元帝子	簡文帝	
成帝咸和二年 327	司馬岳	成帝弟	康　帝	徙封司馬昱為會稽王
成帝咸康八年六月 342	司馬丕	成帝子	哀　帝	
穆帝升平五年 361	司馬奕	哀帝弟	廢　帝	
哀帝興寧三年 365	司馬昱	元帝子	簡文帝	
簡文帝咸安二年 372	司馬道子	簡文帝子		司馬昱以皇太子司馬昌明為會稽王
太元十七年 392	司馬德文	孝武帝子	恭　帝	孝武帝於咸安二年十二月立皇子司馬德宗為皇太子

　　從上表來看，東晉時期加上司馬睿共十人，十一人次出封過琅邪王。其中元帝司馬睿在位不到六年間（317-322），即封了三位琅邪王，這三位都是他的兒子。司馬睿因司馬裒「有成人之量，過於明帝」，一度欲立司馬裒為皇太子，後來幸賴王導護守，司馬紹保住皇太子地位。司馬睿在建武元年（317）立司馬紹為太子的同時，也立司馬裒為琅邪王，而司馬裒在這一年十月即過世。過世後，太興元年（318）司馬睿再立司馬煥為琅邪王；司馬煥因為母親鄭夫人有寵於元帝，是以特為元帝鍾愛，司馬睿是在司馬煥生病將死之前封其為琅邪王，封就後不久司馬煥即過世。至永昌元年（322）元帝死前，再以同為鄭夫人所生之司馬昱為琅邪王。這種兄弟三人前後封為琅邪王的情況在兩晉並不多見。

　　如上表，東晉十一位皇帝中，有六位在即帝位前曾封為琅邪

王。未出封琅邪王的五位皇帝為明帝、成帝、穆帝、孝武帝以及
安帝，這五位皇帝中的明帝、成帝、穆帝以及安帝為世子繼承，
在其未分封之前，已成為皇太子，是以未經封王。而孝武帝是以
會稽王而為皇帝，其主要原因是因父親簡文帝曾由琅邪王徙封會
稽長達三十八年。司馬昱在元帝永昌元年封為琅邪王，其後歷經
明帝至成帝咸和二年（327）十二月，因母親鄭夫人逝世，司馬昱
「號慕泣血，固請服重」，在成帝的同意之下，徙封會稽，[26]至
興寧三年（365）七月，原琅邪王司馬奕當上皇帝，再以司馬昱為
琅邪王。孝武帝司馬曜也在此時封為會稽王。至司馬奕被廢後，
能與桓溫相抗衡的宗室也僅存司馬昱，於是在崇德褚皇太后的挑
選下，司馬昱被立為皇帝。[27]咸安二年（372）七月，司馬昱立長
子會稽王司馬昌明為太子，皇子司馬道子為琅邪王。四個月後司
馬昱過世，司馬昌明即帝位，是為孝武帝。

　　孝武帝太元十七年（392）十一月，徙同母弟琅邪王司馬道子
為會稽王，由皇子司馬德文為琅邪王。這個動作應是孝武帝對司馬
道子的恩寵。因為對孝武帝而言，其起自會稽，而非琅邪，其父親
簡文帝司馬昱，在興寧三年再封為琅邪王時，也是以會稽王兼祀琅
邪王。在司馬昌明即帝位後，其會稽王祀其實已由司馬道子兼攝。[28]

　　從這裡也可以看出，東晉帝系因出自琅邪王司馬睿，是以琅
邪王成為非以世子出任皇帝者所應加封的地區。但至司馬昱由琅
邪而遷會稽，在會稽一封三十八年而後當上皇帝，此後封國中會
稽與琅邪同等重要，甚且會稽的實際地位上高於琅邪。琅邪國在

26　《晉書》卷九〈簡文帝紀〉，頁219。

27　同上註，頁220。

28　《晉書》卷六十四〈司馬道子傳〉載：「（司馬道子）年十歲，封琅邪王，
　　食邑一萬七千六百五十一戶，攝會稽國五萬九千一百四十戶」，頁1732。

司馬德文當上皇帝（恭帝）後，劉裕在篡位的考量下，未讓司馬德文冊封宗室為琅邪王，於是琅邪國除。

至於會稽王國，司馬道子在元興元年（402），為桓玄所殺後，至義熙元年（405），詔以臨川王司馬寶之子司馬脩之繼嗣道子。脩之死後，無子，於是會稽國除。[29]

劉宋建國後，司馬氏所封王國大多招致被裁撤或降級的命運。

第二節　西晉宗室的出鎮

從司馬氏逐步奪取曹魏天下的佈局來看，除了取得權力中心的控制權外，也必須能有效地掌握地方與軍隊的控制權。高平陵之役後司馬昭等司馬宗人相繼出鎮要地，許昌、淮北、豫州、鄴城以及西北的雍涼，皆掌握在司馬氏的手中，[30]如下表：

表 3-2-1　曹魏時期司馬氏出鎮表

姓　名	都　　督　　區
司馬昭	安東將軍、持節，鎮許昌。 都督淮北諸軍事，兼中領軍，鎮洛陽。
司馬孚	鎮關中，統諸軍事。
司馬望	征西將軍、持節、都督雍涼二州諸軍事。
司馬駿	平南將軍、假節、都督淮北諸軍事。 安東大將軍，鎮許昌。
司馬亮	左將軍、散騎常侍，假節、出監豫州諸軍事。
司馬伷	寧朔將軍，監守鄴城。 右將軍，監兗州諸軍事、兗州刺史。
司馬遂	北中郎將，都鄴城守諸軍事。

---

29 同上註，頁 1740。

30 參見唐長孺，〈西晉分封與宗王出鎮〉，頁 134-137；陳長琦，《兩晉南朝政治史稿》，頁 72-73。

　　在這樣的思維下，西晉初年，除了分封諸王外，以司馬宗室分居天下要塞，也是必行的政策。（**參見附表十三〈西晉宗王出鎮表〉**）

　　由於宗王的出鎮以及長期處於戰爭環境，兩晉時期地方行政制度愈可見軍事化的特點：州刺史、郡太守多帶將軍號以治民又領兵。同時又出現了以軍將為都督，督一郡、數郡，或一州、數州，往往又兼府所之刺史或郡太守，治軍又領民的現象。[31]一般言，兩晉出鎮為都督者多帶將軍號，不同的將軍號又有其級別之區分。[32]

---

31 有關於兩晉都督區的討論有，嚴耕望對魏晉南北朝都督與都督區有深入的分析研究，收入氏著《中國地方行政制度史》上編（三）（四），中央研究院歷史與語言研究所專刊之四十五（1963 年），頁 34-46、薛軍力〈魏晉時期都督制的建立與職能轉變〉，《天津師範大學學報》一九九二年四期（1992年），頁 43-48、張鶴泉〈孫吳軍鎮都督論略〉，《史學集刊》一九九六年二期（1996 年），頁 20-25，以及陶新華《魏晉南朝中央對地方軍政官的管理制度研究》（成都：巴蜀書社，2003 年），頁 89-97。

32 西晉出鎮宗王在名稱上有幾個特點：1.將軍名號排列以東、西、南、北冠之，前面再加上征、鎮、安、平四稱謂以示區別。2.統帥州鎮的權責分使持節、持節、假節。3.出鎮者分為都督諸軍事、監諸軍事、都諸軍事。4.持節的都督或監軍、督軍，雖然對州鎮軍隊有統率權與指揮權，但一般採取軍事行動，用兵遣將，仍要得到中央的同意才可以。而其品秩也逐漸明確化，在魏晉到南朝將軍號的官品大致有以下四個等級：一品：為大將軍；二品：車騎、驃騎、衛將軍、諸四征四鎮大將軍；三品：四、征四鎮將軍；中軍、鎮軍、撫軍將軍；四安、四平、前後左右將軍；征虜、冠軍、輔國、龍驤將軍；四品：寧朔建威等將軍、東西南北中郎將。而越智重明也指出，至西晉時期如征西將軍已被虛名化了。參見山口正晃，〈曹魏西晉時期的都督與將軍〉（收入武漢大學中國三至九世紀研究所編，《魏晉南北朝隋唐史資料（二十輯）》（武昌：武漢大學文科學報編輯部，2003 年），頁 30-51、陳長琦，《兩晉南朝政治史稿》，頁 77、閻步克，《品位與職位—秦漢魏晉南北朝官階制度研究》（北京：中華書局，2002 年），頁 426、王謹，〈魏晉軍權分配與管理成交芻議〉，《南開學報（哲學社會科學版）》二〇〇二年三期（2002年），頁 111-117。

　　西晉出鎮宗王共有二十九人，有的宗王終身出鎮地方，有的則出鎮若干年後，由地方軍鎮再轉任中央政府、軍事機構，宗室出鎮地方遍及全國。從附表十三來看，在四十九人次中，僅二十九位宗王在其中輪轉，其重疊性相當高。

表 3-2-2　　西晉宗王出鎮人數表

都督區	都督人數	司馬氏擔任都督人數	司馬氏出任都督時間 （西晉控制該地時間/ 司馬宗王出任時間）
雍涼	8	8	46/46（年）
冀州	17	12	51/43
青徐	11	7	45/33
豫州	17	11	51/31
沔北	13	4	36/12
荊州	14	3	51/9
揚州	12	4	51/21
幽州	9	0	0
司隸校尉	18	0	0

　　從上表來分析，西晉時期在八個固定的都督區中，以出任人數來看，雍涼為司馬政權最關注的地區之一。西晉時期，雍涼都督人選皆為司馬氏；此外豫州、冀州以及青徐都督區，司馬氏出任的比例都相當高。若以地區來劃分，也可看出，西晉初期荊州與沔北，為對抗孫吳最重要的前線，但晉武帝司馬炎反沒有用司馬氏出任都督，是以支持武帝伐吳的大將為都督主要人物。再配合時間來看，西晉時期司馬氏出任各都督區時間超過一半以上者，有雍涼、豫州、冀州以及青徐都督區，這部分與前項都督人數是相符合的。

　　進一步將都督區與出任都督的宗王結合來分析，首先在雍涼

都督區。早在三國時期雍涼已是重要地區,自司馬懿與曹爽決裂,放棄中央朝政主政權,專心外出對付蜀漢時,即鎮守雍涼。曹魏末,司馬昭以司馬望都督雍涼二州軍事,以對付屢次來犯的蜀漢大將姜維,在司馬望的努力下,八年之中「廣設方略,維不得為寇,關中賴之」。[33]司馬炎稱帝後,對於剛平定的的蜀漢地區,採取防禦與懷柔並行政策,一方面延用蜀漢人士入晉服務,一方面仍以雍涼為防禦巴蜀地區的重要前鎮。另一方面,雍涼地區也是少數民族進入西晉版圖率先定居的地區,這裡民族的複雜性相當高,若處理不慎,或將造成西晉西北邊防的一大漏洞。於是,司馬祖訓明白規定「非親親不得都督關中」。[34]在出任的八位司馬宗室中,司馬亮、司馬駿、司馬泰、司馬柬、司馬肜與司馬倫前六位,符合司馬家法,這六位皆為司馬懿、司馬炎這一支的最親屬者。六人中除司馬柬外,五位皆在西晉初年封二十七位宗王中。(參見附表十三〈西晉宗王出鎮表〉)

　　從這六位出任雍涼都督的時間來看,其中較特殊的是司馬駿,自泰始六年(270)接替同母哥哥司馬亮,處理其在關中所造成不安,[35]一直至太康七年(286)將近十六年的時間,一直在雍涼都督的位置上。十六年間,勸督農桑,並有效地為西晉政權防守了西北邊防,少數民族相繼來降,《晉書本傳》載:

　　　(司馬駿)善撫御,有威恩,勸督農桑,與士卒分役,己
　　　及僚佐并將帥兵士等人限田十畝,具以表聞。……。
　　　咸寧初,羌虜樹機能等叛,遣眾討之,斬三千餘級。進位

---

33 《晉書》卷三十七〈司馬孚附司馬望傳〉,頁1086。
34 《晉書》卷五十九〈司馬顒傳〉,頁1620。
35 司馬倫在西晉初年擔任雍涼都督,在處理秦州刺史胡烈為羌虜所害一事上有所疏失,被免官。《晉書》卷五十九〈司馬亮傳〉,頁1591。

征西大將軍,開府辟召,儀同三司,持節、都督如故。又
詔駿遣七千人代涼州守兵。樹機能、侯彈勃等欲先劫佃兵,
駿命平虜護軍文俶督涼、秦、雍諸軍各進屯以威之。機能
乃遣所領二十部及彈勃面縛軍門,各遣入質子。安定、北
地、金城諸胡吉軒羅、侯金多及北虜熱冏等二十萬口又來
降。[36]

司馬駿之後,由司馬泰接任,前後四年,後以疾還京師。[37]司
馬泰之後由司馬柬以秦王就國兼出鎮,接任關中都督一職。司馬
柬為武帝之子,與惠帝司馬衷同為楊皇后所生,所有兒子中,武
帝最看重司馬柬,而其少時的表現也相當出色,史載:

（司馬柬）沈敏有識量。泰始六年,封汝南王。咸寧初,
徙封南陽王,拜左將軍、領右軍將軍、散騎常侍。武帝嘗
幸宣武場,以三十六軍兵簿令柬料校之,柬一省便摘脫謬,
帝異之,於諸子中尤見寵愛。以左將軍居齊獻王故府,甚
貴寵,為天下所屬目。性仁訥,無機辯之譽。太康十年,
徙封於秦,邑八萬戶。于時諸王封中土者皆五萬戶,以柬
與太子同產,故特加之。轉鎮西將軍、西戎校尉、假節,
與楚、淮南王俱之國。[38]

司馬柬都督關中時間不到兩年,惠帝即位時入朝,被留任為侍中、
錄尚書事。由梁王司馬肜代理,結果不到一年,梁王肜又被徵還

---

36 《晉書》卷三十八〈司馬駿傳〉,頁1125。
37 司馬泰的特殊處在於,自西晉初年以泰為都督寧益二州諸軍事,司馬泰「稱
疾不行」;太康初年,再以司馬泰領鄴城門校尉,又「以疾去官」;後再代
司馬駿都關中軍事,結果又「以疾還京師」。從司馬泰傳來看,並未述及其
有何種痼疾,但每當派其出鎮,總以有疾而還。《晉書》卷三十七〈司馬泰
傳〉,頁1094。
38 《晉書》卷六十四〈司馬柬傳〉,頁1720。

中央擔任錄尚書事一職。雍涼都督一職，由趙王司馬倫出任。司馬倫在關中，前後近六年，因刑賞失中，而造成氐羌反叛，被徵還京師。再以司馬肜出任關中，此時因司馬駿以後幾任都督快速更換的結果，造成少數民族蠢蠢欲動，而司馬肜再次都督關中時，正逢氐人齊萬年率族人起而反叛，司馬肜督建威將軍周處與振威將軍盧播出軍對抗齊萬年，但因司馬肜與周處之間私人恩怨，[39]在行軍過程中，司馬肜「促令進軍而絕其後」，最後周處被害，整個西北少數民族風雲湧動。雖最後司馬肜被調回中央，關中形勢已近不可收拾。

　　由於幾任近親司馬宗王對關中地區的破壞，而能用的司馬宗王也愈來愈少，這應是司馬顒、司馬模能以非帝系一族，在惠帝以後出任關中都督的原因之一。司馬顒為第七任的雍涼都督，為安平獻王司馬孚孫，太原烈王司馬瓌之子。少時有名，武帝十分欣賞：

> （司馬顒）少有清名，輕財愛士。與諸王俱來朝，武帝歎顒可以為諸國儀表。元康初，為北中郎將，監鄴城。九年，代梁王肜為平西將軍，鎮關中。 石函之制，非親親不得都督關中，顒於諸王為疎特以賢舉。[40]

司馬顒出任雍涼都督時間有八年之久，自元康九年（299）到永興三年（306）。這段時間正是八王操戈的時期，司馬顒能在這段歷史中成為一霸，多少與他出任雍涼都督一職有關。司馬顒以關中軍力，成為京師爭權諸王所迫切結交的對象。趙王司馬倫被殺，齊王司馬冏之起與廢，以及司馬穎能被立為太弟，都與司馬顒有

---

39 周處在出任御史中丞時，曾糾舉司馬肜不法行為。《晉書》卷五十八〈周處傳〉，頁1570。
40 《晉書》卷五十九〈司馬顒傳〉，頁1620。

關，最後甚且挾持惠帝至長安以令天下諸侯。[41]這些舉動絕非武帝當初所能預見的。

　　司馬顒之後出任雍涼都督的是南陽王司馬模。司馬模為司馬泰之子，永嘉元年（307），出任秦雍梁益諸軍事，代司馬顒鎮關中。當時關中飢荒，「百姓相噉，加以疾癘，盜賊公行」，司馬模能力有限，在不能解決困難之餘，竟「鑄銅人鐘鼎為釜器以易穀」，結果引起諸多非議；為了避免關中形勢惡化，司馬越上表建議將司馬模徵還，遣中書監傅祗代之；而司馬模的謀臣淳于定勸模，以「關中天府之國，霸王之地。今以不能綏撫而還，既於聲望有虧。又公兄弟唱起大事，而並在朝廷，若自強則有專權之罪，弱則受制於人，非公之利也」為由，[42]不要輕易放棄關中。司馬模接受建議不就徵，但隨著洛陽的淪陷，司馬模在關中的情勢日壞，最後被手下出賣，為劉粲所殺。關中於永嘉五年（311），淪陷於劉粲之手。

> 洛京傾覆，模使牙門趙染戍蒲坂，染求馮翊太守不得，怒，率眾降于劉聰。聰使其子粲及染攻長安，模使淳于定距之，為染所敗。士眾離叛，倉庫虛竭，軍祭酒韋輔曰：「事急矣，早降可以免。」模從之，遂降于染。染箕踞攘袂數模之罪，送詣粲。粲殺之。[43]

　　除了雍涼都督區外，冀州的情況也很特殊，（參見附表十三〈西晉宗王出鎮表〉）出任冀州都督者，在永嘉之前全部都是由司馬氏擔任，這應與其特殊的地理位置有關。所謂冀州都督，主要是鄴城的守衛，擔任冀州都督的司馬氏多兼鄴城督軍或監軍。

41　同上註，頁 1620-1621。
42　《晉書》卷三十七〈司馬泰附司馬模傳〉，頁 1097-1098。
43　同上註，頁 1098。

自魏嘉平元年（249）司馬氏發動高平陵之變後，鄴城一直被視為是監管曹魏宗室遺民的重地。[44]鄴城監軍或督軍的職務在傳統一直由司馬宗王擔任，不假外任。[45]在永嘉之前共有十一位司馬宗王曾經擔任冀州或鄴城都督。從其任期時間來看，西晉初期與晚期，冀州都督的任派流動性較高；初期應與整個政權人事佈局尚未定局有關，而後期則與石勒、王彌等勢力興起有關。泰始六年以前，冀州都督已換三人，自司馬遂、司馬肜至司馬珪。司馬遂在曹魏景元二年（261）即出任督鄴城守諸軍事，擔任看守曹魏宗室的責任。西晉建祚後，繼續擔任同職，至泰始二年（266）過世。[46]司馬遂死後由司馬肜出任冀州都督，司馬肜在位不到兩年，即因選任封國人選不當而下台。[47]司馬珪接任司馬肜擔任鄴城守軍一職至泰始六年，以父親司馬孚年事已高為由，乞求供養，武帝以司馬珪為尚書，後遷右僕射。

　　其後司馬權等人相繼為之。司馬權前後在任約六年；[48]司馬倫在任近十四年；司馬顒近九年；司馬穎五年；司馬熾、司馬模與司馬騰在任時間皆短。這十一位司馬宗室中，將冀州力量轉化成為自己成就霸業的僅一人，即司馬穎。司馬穎之所以出鎮鄴城，主要是因為得罪了惠帝時期的當權派賈謐，被賈后一紙命令，派

44 《晉書》卷四十三〈山濤傳〉，頁1224。

45 參見陳長琦，《兩晉南朝政治史稿》，頁76；福原啟郎在〈西晉代宗室諸王の特質－八王の亂を手掛りとして〉（《史林》六十八卷二期，1985 年 3月）一文中，也對曹魏以來鄴城都督重要性有所分別，其中並指出自西晉時期都督鄴城之宗王，其所帶將軍號各有不同。頁91-93。

46 晉書》卷三十七〈司馬遂傳〉，頁1102。

47 《晉書》卷三十八〈司馬肜傳〉，頁1127。

48 《晉書司馬權》本傳以司馬權死於咸寧元年，而萬斯同〈晉方鎮年表〉以司馬權任冀州都督至咸寧二年。參見《晉書》卷三十七〈司馬權傳〉，頁1092以及本書附表二〈晉將大臣年表〉。

至鄴城：

> 賈謐嘗與皇太子博，爭道。穎在坐，屬聲呵謐曰：「皇太
> 子，國之儲君，賈謐何得無禮！」謐懼，由此出穎為平北
> 將軍，鎮鄴。[49]

司馬穎出督鄴城後，重用一批冀州人士，其中尤以范陽人盧志，對形塑司馬穎在冀州的形象最有貢獻。所以當洛陽開始宮廷政爭，司馬穎在鄴城成為各方欲連結的對象。[50]在太安之初，司馬穎協助司馬冏打敗司馬倫；其後再與司馬顒合計拉下司馬乂。至永興初年，司馬穎的勢力早已凌駕所有宗王，而其不臣之心也漸顯露。惠帝在左衛將軍陳眕等人的慫恿下，發兵親征司馬穎，結果為司馬穎的冀州聯軍所敗。惠帝為司馬穎所挾，留於鄴城，司馬穎的聲勢到達顛峰。但司馬穎掌權之後，無法持續原有的做事態度，開始享樂揮霍，結果造成安北將軍王浚、寧北將軍東嬴公司馬騰以及司馬顒三面夾擊，大敗，最後被殺於鄴，享年才二十八歲。[51]

> 帝詔鎮南將軍劉弘、南中郎將劉陶收捕穎，於是棄母妻，
> 單車與二子盧江王普、中都王廓渡河赴朝歌，收合故將士
> 數百人，欲就公師藩。頓丘太守馮嵩執穎及普、廓送鄴，
> 范陽王虓幽之，而無他意。屬虓暴薨，虓長史劉輿見穎為
> 鄴都所服，慮為後患，祕不發喪，偽令人為臺使，稱詔夜
> 賜穎死。穎謂守者田徽曰：「范陽王亡乎？」徽曰：「不
> 知。」穎曰：「卿年幾？」徽曰：「五十。」穎曰：「知
> 天命不？」徽曰：「不知。」穎曰：「我死之後，天下安

---

49 《晉書》卷五十九〈司馬穎傳〉，頁 1615。
50 同上註。
51 同上註，頁 1618-1619。

> 乎不安乎？我自放逐，於今三年，身體手足不見洗沐，取
> 數斗湯來！」其二子號泣，潁救人將去。乃散髮東首臥，
> 命徽縊之，時年二十八。二子亦死。[52]

永嘉以後，少數民族風起雲湧於北邊，冀州於懷帝永嘉三年（309）
陷入石勒兵燹之中。[53]之後的冀州，為王浚所控制，最後為石勒
所併。[54]

　　宗王出鎮比例次高者為青徐都督區。青徐地區在西晉前期為
與孫吳交界的重鎮區，西晉共計十一人出任青徐都督，其中司馬
氏佔了七位，（參見附表十三〈西晉宗王出鎮表〉）在晉政權掌
握青徐的四十六年中，[55]七位司馬宗王擔任都督的時間即長達三
十三年。初期由司馬伷出任十五年。司馬伷為司馬懿之子，在曹
魏末期已有名於當世；奉派駐守鄴城時，「有綏懷之稱」；西晉
建國後，於泰始六年（270）接替衛瓘擔任徐州都督，鎮守下邳。
十五年間鎮御有方，尤其在協助晉武帝完成伐吳之舉，有其功績。

> 平吳之役，率眾數萬出涂中，孫皓奉箋送璽綬，詣伷請降。
> 詔曰：「琅邪王伷督率所統，連據涂中，使賊不得相救。
> 又使琅邪相劉弘等進軍逼江，賊震懼，遣使奉偽璽綬。又
> 使長史王恆率諸軍渡江，破賊邊守，獲督蔡機，斬首降附
> 五六萬計，諸葛靚、孫奕等皆歸命請死。[56]

孫吳平定後，司馬伷以平吳有功，並督青州諸軍事，一直至太康

52　同上註。
53　《晉書》卷五〈懷帝紀〉，頁119。
54　《晉書》卷三十九〈王沈附王浚傳〉，頁1149。另參見胡志佳，〈西晉王浚
　　家族的興衰及其人際關係－由華芳墓誌銘觀察〉，《逢甲人文社會學報》七
　　期（2003年11月），頁151-153。
55　青徐地區在永嘉元年以後淪陷，是以都督僅有四十六年的紀錄。參見《晉書》
　　卷十三〈天文志‧雲氣〉，頁400。
56　《晉書》卷三十八〈司馬伷傳〉，頁1121。

四年（283）死於任上。這是一位終生在外都督的司馬宗室。司馬
伷死後，青徐都督區由下邳王司馬晃繼任；司馬晃擔任青徐都督
共七年餘（太康四年～太熙元年，283-290）。司馬晃以後繼任的
司馬彤以及司馬機，為宗室擔任出鎮重職中的一般遷轉。

　　而永寧元年（301）繼任徐州都督的司馬楙，則是充分利用青
徐力量，在八王之爭中，成為一股地方力量。司馬楙在出任徐州
都督之前，在西晉政權中，以善於阿諛當權者著名，但因主政權
一直不斷轉手，司馬楙也就在宗王之間首尾，史載：

> （司馬）楙善諂諛，曲事楊駿。及駿誅，依法當死，東安
> 公繇與楙善，故得不坐。尋遷大鴻臚，加侍中。繇欲擅朝
> 政，與汝南王亮不平。亮託以繇討駿顧望，免繇、楙等官，
> 遣楙就國。楙遂殖財貨，奢僭踰制。趙王倫篡位，召還。
> 及義兵起，倫以楙為衛將軍、都督諸軍事。倫敗，楙免官。
> 齊王冏輔政，繇復為僕射，舉楙為平東將軍、都督徐州諸
> 軍事，鎮下邳。成都王穎輔政，進楙為衛紹將軍。[57]

在成都王司馬穎日漸有不臣之心時，惠帝帥眾北征，司馬楙仍然
依違於二股勢力之間，結果在蕩陰一戰，惠帝軍大敗，司馬越逃
至下邳，司馬楙竟不收留；至懷帝即位，司馬越掌權，司馬楙對
司馬越存有顧忌，趁司馬越出鎮豫州之際，結合懷帝討伐司馬越，
結果失敗，懷帝將所有的罪過推到司馬楙身上，司馬楙只得逃亡
隱匿，一直到司馬越死後才敢復出。[58]

　　西晉時期豫州都督區共有十七人擔任過都督一職，其中司馬
宗室佔了十一人，比例亦相當高。（參見附表十三〈西晉宗王出
鎮表〉）冀州主管河南地區，以許昌為中心。許昌自漢末以來，

57　《晉書》卷三十七〈司馬孚附司馬楙傳〉，頁1089。
58　同上註。

一直扮演第二都城的角色，當洛陽有兵燹時，曹操即將漢獻帝擺置在許昌。後期與孫吳的衝突日多時，許昌成為防禦的前線重鎮。司馬懿、司馬師至司馬昭，都曾駐防過許昌。至西晉建祚後，雖然江南已平，但仍延續過去對此區的重視，大部分的時間仍由宗王擔任之。

　　從擔任豫州都督的十一位宗王來分析，其在任的時間相當平均，大約在三年到五年之間，這裡顯示著是一般的遷轉。由於是過客，對都督區的人事的影響較小。其中以豫州之力成就自己事業的有司馬虓。司馬虓為司馬綏之子，年輕的時候「好學馳譽，研考經記，清辯能言論；以宗室選拜散騎常侍，累遷尚書。」惠帝永寧元年（301）出為安南將軍、都督豫州諸軍事、持節，鎮許昌，進位征南將軍。[59]在司馬虓出督豫州不久，八王之亂開啟，至司馬穎被殺後，司馬虓以手上所掌握的兵力，竟可以與東平王司馬楙以及鎮東將軍周馥共同上書言：「今大駕還宮，文武空曠，制度荒破，靡有孑遺。臣等雖劣，足匡王室。」[60]這也顯示八王之亂到惠帝末年時，整個中央朝廷殘破到已無可用之人才。而後惠帝被司馬顒之大將張方挾持至長安，司馬虓與司馬越結合一起對抗在關中的司馬顒，最後將惠帝自關中營救回洛陽，以有功，官拜司徒。

　　此外的揚州都督區，司馬宗室在十二位都督中，僅佔四位，共計二十一年。（參見附表十三〈西晉宗王出鎮表〉）較特殊的是，司馬宗室出任揚州都督的時間較集中在武帝末年至惠帝時期，以及永嘉亂後。其中司馬允在二十一年中個人出任時間就佔了十二年。如前所述，司馬允為武帝之子，原封濮陽王，太康十

59　《晉書》卷三十七〈司馬綏附司馬虓傳〉，頁 1099。
60　同上註，頁 1099-1100。

年徙封淮南，都督揚江二州諸軍事、鎮東將軍、假節。在州的十二年之間，司馬允營造了自己的地方勢力，在元康九年入朝後，正逢諸王共同對付司馬倫，司馬允在攻戰中，所率領的兵力多是來自於淮南的劍客。這種出鎮地與都督區結合一致，才會形成較大的個人勢力。

揚州都督中另一位較特殊的司馬宗室為司馬睿。司馬睿出任揚州都督的時間在永嘉四年到建興二年（310-314）；司馬睿在八王之亂中，眼見宗室一個個在爭權奪力中被殺，在叔父司馬繇為司馬穎所殺後，連夜南逃回自己的琅邪封國。永嘉元年，司馬越欲連結各方勢力，以司馬睿為輔國將軍，尋加平東將軍、監徐州諸軍事，鎮下邳。永嘉四年再遷安東將軍、都督揚州諸軍事。隨著北方政局日壞，司馬睿在王導等琅邪大族的建議下，出鎮建鄴，延用人才，努力經營，終於成就一方。

> 永嘉初，用王導計，始鎮建鄴，以顧榮為軍司馬，賀循為參佐，王敦、王導、周顗、刁協並為腹心股肱，賓禮名賢，存問風俗，江東歸心焉。[61]

此外的沔北都督區與荊州都督區，司馬宗室都並非最主要的都督者，沔北司馬宗室有四位，在三十六年中出任時間佔十二年。十四位荊州都督中司馬宗室僅佔三位，時間也僅有九年。其中較特殊的是荊州都督區，在武帝太康十年（289）以前，出任荊州的五位都督中，沒有一位是司馬宗室，而是以外戚為主。在太康元年以前有三位，分別是陳騫、羊祜、杜預，由這三位人選可以瞭解晉武帝的佈局，荊州都督的首要任務乃為伐吳計，這三人中尤其是羊祜與杜預，以外戚的身份，協助武帝，就是伐吳大計的實際

---

61 《晉書》卷六〈元帝紀〉，頁144。

執行者。在伐吳的準備過程中，也是以外戚胡奮出任沔北都督，以作為荊州的支援。

　　第八個都督區──幽州都督區。在西晉五十一年國祚中，完全沒有司馬氏的蹤跡。幽州在西晉時期相較於其他地區，屬於偏遠荒蕪之地，只有被放逐流徙的人才會去的地方。[62]

　　除了這八的都督區之外，西晉時期還有一個特殊的地區，即中央附近所轄地範圍的司州地區。[63]司州置司隸校尉以督其成。[64]這個地區集合了全國之豪富與司馬宗戚。西晉五十一年間，司馬宗室沒有一人擔任過司隸校尉一職。這應與京輔重地，為讓秩序與制度運行，若用權貴，則有許多不法之事將無法處理，由出任司隸校尉一職的人來看，多非皇親貴戚。若有不法時較好處理。如劉毅在擔任司隸校尉時，何曾之子何遵，挾持其為功臣之後，「役使御府工匠作禁物，又鬻行器」，為劉毅所奏，結果何遵被免官。[65]又如石崇，亦恃恃自己為功臣之後，武帝特以禮尊，違法將南中地區之鳩鳥幼雛帶回洛陽，為當時司隸校尉傅祗所劾。[66]

　　在惠帝時期，起因於賈后亂政，終造成司馬宗王相繼挾持地方力量威脅中央，經過近六年的動盪，至光熙元年（306）五月，好不容易在司馬越的迎駕下惠帝得以回宮。司馬越為司馬皇室之疏；八王之亂後期，惠帝子孫相繼死亡，同年十一月惠帝即駕崩。惠帝死，司馬越擁立惠帝之弟司馬熾為帝，是為懷帝。在司馬越的盤算中，懷帝不過是傀儡而已。但親政後的懷帝，實想扭轉司

62 如司馬澹以不孝罪被徙至遼東。《晉書》卷三十八〈司馬伷附司馬澹傳〉，頁 1122-1123。

63 《晉書》卷十四〈地理志・司州〉，頁 415。

64 《晉書》卷十四〈職官志・司隸校尉〉，頁 739。

65 《晉書》卷三十三〈何曾附何遵傳〉，頁 999。

66 《晉書》卷三十三〈石苞附石崇傳〉，頁 1006。

馬帝國衰敗的景象，積極留心政事，為了架空司馬越的權力，懷帝用了一批自己的親信，如「有公輔之量，又盡忠於國」的繆播、繆胤兄弟等，懷帝越努力，司馬越奪權的機會就越渺茫：

> （懷帝）及即位，始遵舊制，臨太極殿，使尚書郎讀時令，又於東堂聽政。至於宴會，輒與羣官論眾務，考經籍。黃門侍郎傅宣歎曰：「今日復見武帝之世矣！」[67]

　　至永嘉元年（307）三月，司馬越在忍無可忍的情況下，不顧懷帝的柔性勸阻，出鎮許昌，並佈局以控制整個局勢。以弟司馬略為征南大將軍、都督荊州諸軍事，鎮襄陽；司馬騰為安北將軍、都督司冀二州諸軍事，鎮鄴城；司馬模為征西大將軍、都督秦雍涼益四州諸軍事，鎮長安；七月再與琅邪王司馬睿結合，以睿為安東將軍、都督揚州江南諸軍事，鎮建鄴。[68]除了宗室之外，司馬越充分利用其自惠帝末所連結的江東士族的力量。[69]

　　司馬越完成以「親黨盡據天下要害」後，於永嘉三年三月返回洛陽，「勒兵入宮，於帝側收近臣中書令繆播、帝舅王延等十餘人，並害之」。[70]懷帝原想藉由制度的力量，重新將洛陽建立為實質的權力中心，但在司馬越掌握了多數州鎮，控制了洛陽以

---

67 《晉書》卷五〈懷帝紀〉，頁 125。
68 同上註，頁 116。
69 田餘慶對司馬越連結江東士族的情況有所剖析，他指出：司馬越在惠帝皇室被殺戮殆盡之時趁勢而起，為了擴大本身的勢力，因此他力求聯絡關東的士族名士，利用他們的社會地位和實際力量來鞏固自己的統治。關東是士族比較集中的地方，他們向背，在很大程度上影響著司馬越統治的命運。但是關東士族同宗室王公一樣，在十幾年的大亂中受到摧殘，許多人如張翰、顧榮見王室多難，辭官退隱。司馬越必須在星散的士族名士中找到有足夠影響的人物列於朝班之首，才能號召士族支持他的統治。參見田餘慶《東晉門閥政治》，頁 7-8；陳蘇鎮，〈司馬越與永嘉之亂〉，《北京大學學報（哲學社會科學報）》一九八九年一期（1989 年 1 月），頁 119。
70 《晉書》卷五〈懷帝紀〉，頁 118-119。

外的軍事與經濟資源而反撲中央時，懷帝註定要失敗。[71]

　　至於刺史層級，西晉時期司馬氏出任刺史的比例非常低。從附表十三〈西晉宗王出鎮表〉來看，僅有兗州，在西晉之初，司馬伷與司馬泰分別出任四年與近六年之刺史，至西晉末年司馬楙不到一年以及司馬越也擔任近三年的兗州刺史一職。比較特殊的是司馬越在永嘉年間，控制兗、豫一帶，以豫州都督先後兼兗州與豫州刺史職。另一位為司馬騰，自惠帝永康元年出任并州刺史並兼諸軍事，在并州七年餘，正值八王之亂最激烈的時期，司馬騰以并州軍力，協助打敗司馬穎。但到永嘉元年（307）匈奴人劉淵力量日漸擴大，司馬騰在與劉淵的對抗中，一次次被打敗，晉廷派遣劉琨接繼司馬騰之職。司馬騰在離開并州前，糾合當地地方軍帥如田甄、田蘭、任祇、祁濟、李惲、薄盛等人，率領他們的部隊，一路隨同司馬騰自并州至冀州，這一支軍隊號稱「乞活軍」。乞活軍也正是司馬騰駐守并州時最主要的軍事力量。[72]

　　在魏及西晉初期，州刺史和州都督原則上任用不同人，至西晉末，許多州都督都兼治所的州刺史，進一步能夠支配都督區內屬州。

　　西晉宗王在都督一職上，展現了自晉武帝以來欲達成封疆建藩的使命，但由上所述，吾人也可看到這些宗王除一般的遷轉外，若有野心的人，則往往利用都督區裏的力量，成為成就自己霸業

71　有關於司馬越在西晉末年的發展，另見趙立新，《西晉末年至東晉時期的「分陝」政治—分權化現象的朝廷與州鎮》，台大歷史研究所碩士論文未刊稿（2000年），頁51-71。

72　有關於乞活軍的研究，參見周一良，〈乞活考〉，收錄於氏著《魏晉南北朝史論集》（北京：中華書局，1963年），頁12-19；廖幼華，〈晉末太原劉琨敗亡之基本形勢分析〉（收錄於《中正大學學報（人文分冊）》五卷一期（1994年10月），頁317；李智文，〈乞活長期存在原因淺析〉，《邢台師範高專學報（綜合版）》一九九七年一期（1997年），頁18-22。。

的主要力量來源,而與晉武帝初年分封與出鎮諸王的目的則有如天壤。

就如同王仲犖先生之分析:若說西晉所規定的封國自置軍隊數量尚不足以反叛中央的話,那麼宗王出鎮則為其叛亂增添了足夠的軍事力量。八王之亂爆發之速,主要是由於西晉承東漢末年以來州郡積重之勢,而使諸王出一方重鎮所致。出鎮的親王既握兵符,復宗民事,一切割據稱雄與舉兵向闕的事情,均由此而起。唐長孺先生亦指出,在惠帝元康以後打破軍民分治之規定,州郡領兵的情況日多,而州郡與出鎮之都督宗王又連結一起。[73]

八王亂後,胡族入侵;永嘉之後,懷、愍帝相繼被殺,司馬睿因緣際會於江東建立東晉政權。由於之前宗王之間的殺戮,加上為石勒所殺害的皇親貴族不計其數,[74]司馬氏渡江的人數不多,永嘉年間的童謠稱之為「五馬浮渡江」,指的就是當時僅有司馬睿以及司馬羕、司馬祐、司馬頓以及司馬雄,先行南逃至江東。[75]加上司馬睿政權的主體在士族身上,所以自東晉政權建立之始,不論是中央朝權或地方重要都督區的掌握皆在士族手中,司馬氏已漸被架空。

東晉時期的都督與都督區之間的關係,與西晉時期有些不同。東晉以後,都督多督二至數州,在範圍上擴大許多,而所督的郡縣常逾越州境界限,而都督在職權上也比西晉擴大許多。一般來說東晉的都督多兼領治所所在的州刺史,而都督軍府僚佐又多帶要郡太守,因此都督對於屬州,有指揮督察權,也可徵兵、

73 王仲犖,《魏晉南北朝史(上冊)》(上海:人民出版社,1979 年),頁 209-221。另見唐長孺,〈魏晉州郡兵的設置和罷廢〉,收入氏著《魏晉南北朝史論拾遺》,頁 151-154。

74 《晉書》卷五十九〈司馬越傳〉,頁 1626。

75 《晉書》卷六〈元帝紀〉,頁 157。

調用財物、自行任命郡守。[76]

　　東晉初期，五馬渡江，宗室凋零。司馬睿能立足江東，主要是由於晉王朝已是漢族政權象徵，士族面對強大外族壓迫，只能依附於晉之旗幟之下。僑姓大族的勢力雖大，仍沒有一家族能取司馬氏而代之。然司馬睿擁有的也只是象徵性的權威，重要都督區都由士族掌握在手中，從琅邪王氏、庾氏、桓氏、謝氏、郗氏等，這些士族皆以中央宰相兼重要地方都督與刺史；更甚者，往往一人或一家族多人身兼數州都督，直接控握中央與地方。[77]東晉百餘年中，出鎮的宗王只有八個，（**參見附表十五〈司馬氏人才表〉**）京畿所在的揚州，重兵所集的荊州、揚州及各州刺史幾乎都是異姓士族，宗室在東晉政治上已不佔重要地位。[78]這與西晉時期，宗王能在凝聚地方力量，轉而威脅中央有所不同。

　　另外一種情況是自司馬睿開始的東晉皇帝，面對西晉宗王政治所造成的災難，仍歷歷在目。司馬睿雖感謝王導等士族的支持，但對如王敦等人的日漸跋扈，仍如針氈在座。如何在士族與宗王之間達成制衡作用而又不會造成任一方的坐大，是司馬睿一直在思考的。從《晉書元帝紀》所載，司馬睿在王敦坐大於荊州後，還向晉元帝司馬睿請求派親腹沈充出任湘州刺史，以收上下游之

---

76 參見鄭欽仁、吳慧蓮、呂春盛、張繼昊編著，《魏晉南北朝史》，頁148-149。

77 唐長孺，〈王敦之亂與所謂刻碎之政〉，收入氏著《魏晉南北朝史論拾遺》，頁155；近年來對兩晉時期州鎮在國家結構中地位研究較深的學者，應推陳長琦，參見氏著《兩晉南朝政治史稿》，頁151-161。

78 東晉時期荊揚二州成為最重要的兩大都督區，加之以都督制，使得荊揚兩州長官擁有最大軍權和專殺權，使得掌權的世族皆以搜得荊揚都督權為目標。有關於東晉南朝荊揚都督區的發展，歷來討論很多，如傅樂成，〈荊州與六朝政局〉，收入氏著《漢唐史論集》（台北：聯經出版公司，1981年），頁93-115；陳長琦，《兩晉南朝政治史稿》，頁80；要瑞芬，〈都督制在東晉南朝荊揚之爭中的作用〉，《蘇州大學學報（哲社版）》一九九三年一期（1993年）頁96-98。

效。司馬睿接受劉隗、刁協等人「王敦威權太盛，終不可制，勸帝出諸心腹，以鎮方隅」之建議，以司馬承出督湘州諸軍事、湘州刺史，以加強監視及制衡王敦；但司馬承以本身之能力以及湘州之資源，實無法與王敦以及其所擁的有荊州資源相比。結果當王敦起兵，首先即要司馬承協從，司馬承不服，結果遭到擒殺；湘州的兵馬資源，也就落入王敦手中。[79]東晉的第一位宗王有目的的出鎮，即遭到空前挫敗。此後司馬宗王的政治活動空間，僅在部分的中央官僚中遷轉。

另一位較特殊的是司馬勳。司馬勳相傳是司馬遂之曾孫，司馬遂為司馬懿弟弟司馬恂之子，武帝受禪，封為濟南王，旋即於泰始二年（266）過世。其子司馬耽嗣位，咸寧三年（277）亦死，另一子司馬緝再嗣，在八王之亂中被殺，無子而國除。至東晉成帝咸和六年（331），有一人自稱為司馬勳，從關中來，自我表明是「大長秋恂之玄孫，冠軍將軍濟南惠王遂之曾孫，略陽太守瓘之子」，成帝以司馬勳為謁者僕射。其後梁州刺史桓宣卒，庾翼以司馬勳代之。此時恰逢石季龍死，關中動亂，司馬勳趁勢與雍州地區地方勢力結合，一步步向北推進；朝廷再遷「征虜將軍，監關中軍事，領西戎校尉」。由於遠離京城所在之建康，桓溫聽聞司馬勳在關中施政相當殘暴，而且不臣之心日顯，極盡綏懷之意，但當益州刺史周撫死後，司馬勳還是反叛，最後桓溫派遣大將朱序至益州平定之。

> （司馬勳）為政暴酷，至於治中別駕及州之豪右，言語忤意，即於坐梟斬之，或引弓自射。西土患其凶虐。在州常懷據蜀，有僭偽之意。桓溫聞之，務相綏懷，以其子康為

79　《晉書》卷六〈元帝紀〉，頁157；卷三十七〈司馬遜附司馬承傳〉，頁1104-1106。

> 漢中太守。勳逆謀已成,憚益州刺史周撫,未發。及撫卒,
> 遂擁眾入劍閣。梁州別駕雍端、西戎司馬隗粹並切諫,勳
> 皆誅之,自號梁益二州牧、成都王。桓溫遣朱序討勳,勳
> 兵潰,為序所獲,及息龍子、長史梁憚、司馬金壹等送于
> 溫,並斬之,傳首京師。[80]

如前章所述,東晉司馬皇室一直與士族相抗衡,但總是士族技高一籌,只有在孝武帝淝水之戰後,當桓溫、謝安相繼逝世,士族接替的中空期中,孝武帝將政治大權交給弟弟司馬道子,司馬道子當時以錄尚書事、假節、都督中外諸軍事、領揚州刺史,獨攬大權。但可惜的是司馬道子並無政治才能,又沈湎於酒色之中,讓原本有機會可以興復的司馬皇權又如曇花一現,尤其在其子司馬元顯趁父親酒醉,假借皇帝之令,將其所有大權轉移至自己手中後,司馬政權其實已快走到盡頭。司馬元顯不斷增加自己的官爵,除了擔任錄尚書事、揚州刺史外,先後又領徐州刺史、都督十六州諸軍事、驃騎大將軍、征討大都督十八州諸軍事。[81]孝武帝坐視司馬元顯專制朝政而無能有所作為,引發士族們的不滿,終於桓玄以誅司馬道子父子為名,自荊州起兵,司馬元顯及父親道子相繼被殺,結束了東晉的宗王政治。[82]

　　一般言,宗王出鎮制度並不足以造成對中央政權的威脅,出鎮的宗王只有在和參與權力中心的宗王相勾結時,才會出現動亂。武帝在咸寧三年(277)基於繼位者司馬衷能力不足,為了進一步屏藩中央,除了遣諸王就國外,還將宗王為都督者,「移封就鎮」。使軍鎮與封國合而為一,如此一來宗王在地方自然形成

80 《晉書》卷三十七〈司馬遂附司馬勳傳〉,頁1102-1103。
81 《晉書》卷六十四〈司馬道子附司馬元顯傳〉,頁1738-1739。
82 同上註,頁1739-1740。

龐大的勢力。[83]而東晉以後，在士族與司馬氏共同掌握政權的情況下，西晉時期宗王出鎮的情勢不太可能再出現；加之以士族對司馬宗王刻意的壓制，宗王出鎮能發揮的空間則更小。

第三節　宗室與封國、鎮地之間的關係

如前所述，西晉之初分封宗王與出鎮，最大的目的是在鞏固司馬皇權，但卻造成宗王藉地方兵力威脅王權的情境。宗王與封地或鎮地之間的關係，除了食邑與行政權之外，部分宗王能以地方之力威脅中央，其中除了都督權的獲得外，也與宗王本身與封地、出鎮地之間聯繫密切與否有關。

並非所有分封就國或出鎮的宗王，都能夠形成地方勢力，從《晉書》相關司馬宗王的傳記來看，兩晉時期能因分封就國或出鎮而形成地方勢力的宗王，首其要者，必須要有地方強兵的支持才行。這些地方軍力來源主要在州刺史手中。由於不斷的對外戰爭或平定內亂，對於原本以民政為主要任務的刺史，逐漸產生軍事對應的要求，刺史逐漸帶將軍號，這些刺史又與都督結連一起，由於都督或封王與其部下或邑民之間產生恩惠與報恩的關係，這種私的結合，是司馬宗王在地方得以成事的最大關鍵之一。此外，這些出鎮或就國之司馬宗王也給予當地的地方豪族政治發展的利益，尤其擔任要官，主要利用他們的治安維持能力、軍事力以支持宗王的行動。

如齊王司馬冏，在元康中出鎮豫州時，與穎川王處穆等人共

---

83 參見鄭欽仁、吳慧蓮、呂春盛、張繼昊編著，《魏晉南北朝史》，頁127-128。

謀起兵反司馬倫。起兵之後更結合豫州刺史何勖、龍驤將軍董艾等人;經過一連串的戰事,至惠帝反正,司馬冏以有功入京,從其陣仗之大,可知其手上握有的軍力:

> 惠帝反正,冏誅討賊黨既畢,率眾入洛,頓軍通章署,甲士數十萬,旌旗器械之盛,震於京都。[84]

前所述,武帝第六子司馬乂以哥哥司馬瑋因罪被殺而連坐,被貶至常山國,並被遣立即就國。司馬乂至常山國後,掌握地方兵力,在司馬冏、司馬穎與司馬顒三王興兵除司馬倫之際,司馬乂「率國兵應之」,一路過趙國,進軍為司馬穎之後援軍力。[85]但在司馬乂調動常山國人民為兵,出外戰爭時,常山人並不樂意;於是,常山國內史程恢欲起兵反司馬乂,結果,司馬乂率軍至鄴城,將程恢及其五個兒子全部殺掉。[86]其後又在誅殺司馬冏一役中,率軍士誅殺司馬冏黨羽二千餘人,聲勢一日日增高。原本司馬顒以司馬乂力量小,欲以司馬冏對付司馬乂,沒想到司馬乂力量擴充快速,最後甚且單獨對付司馬穎、司馬顒聯軍,連戰自八月到十月,先後數次擊破司馬穎軍隊,「斬獲六七萬人」。[87]

　　成都王穎在八王中聲勢最大,一度也被看好為惠帝的繼承者。司馬穎在出鎮冀州後,開始累積其個人實力,在齊王司馬冏發兵討伐司馬倫時,起兵響應。司馬穎採用左長史盧志的建議,以「頓丘太守鄭琰為右長史,黃門郎程牧為左司馬,陽平太守和演為右司馬。使兗州刺史王彥,冀州刺史李毅,督護趙驤、石超等為前鋒」,充分運用了這些地方首長的力量,結果「羽檄所及,

---

84 《晉書》卷五十九〈司馬冏傳〉,頁1606。
85 《晉書》卷五十九〈司馬乂傳〉,頁1612。
86 同上註。
87 《晉書》卷五十九〈司馬乂傳〉,頁1612-1615。

莫不響應。至朝歌，眾二十餘萬。」[88]

　　武帝司馬炎之子司馬允，在咸寧三年原封為濮陽王，拜越騎校尉。太康十年（289）徙封淮南，武帝不但讓司馬允就國，甚至讓司馬允加都揚江二州諸軍事、鎮東大將軍、假節。司馬允在淮南先後長達十年，在惠帝元康九年（299）入朝。十餘年間，司馬允在淮南刻意經營，培養一批奇才劍客；在與司馬倫決裂過程中，司馬允用以對抗司馬倫的軍力，即來自這批劍客，當時場景：

　　（司馬）允將赴宮，尚書左丞王輿閉東掖門，允不得入，遂圍相府。允所將兵，皆淮南奇才劍客也。與戰，頻敗之，倫兵死者千餘人。太子左率陳徽勒東宮兵鼓譟於以應，允結陳於承華門前，弓弩齊發，射倫，飛矢雨下。主書司馬畦祕以身蔽倫，箭中其背而死。倫官屬皆隱樹而立，每樹輒中數百箭，自辰至未。[89]

司馬允死後，司馬冏上書為允平反時所言，「洎興義兵，淮南國人自相率領，眾過萬人，人懷慷愾……」，[90]更可看出司馬允在淮南十年的經營，得到當地的人心。

　　司馬顒則是在出督關中時，累積個人政治資本。隨著京師宗王之爭日熾，司馬顒先是依違於司馬倫與司馬冏之間，出賣司馬冏以應和司馬倫，但當司馬倫敗像日顯後，又倒向司馬冏一方。其後在司馬冏與司馬乂相互征伐時，又先作壁上觀，以取漁翁之利；以其手下張方為主的十餘萬軍力為基礎，加上其所佔地理位置在關中，東向發展進可攻退可守，地位之優勢，使得司馬顒成為宗室之亂後期的重要人物。

---

88 《晉書》卷五十九〈司馬穎傳〉，頁 1615。
89 《晉書》卷六十四〈司馬允傳〉，頁 721-722。
90 同上註，頁 722。

司馬越在西晉初期未就國，且都在中央任官，手上並無兵權。但隨政局動盪，宗室鬩牆，司馬越開始流移於各勢力間，當時因尚未形成個人勢力，逃至下邳時，徐州都督司馬楙竟不接納，司馬越只得逃回自己的封地東海國，重新以東海王國兵力東山再起。

> 東海中尉劉洽勸越發兵以備潁，越以洽為左司馬，尚書曹馥為軍司。既起兵，楙懼，乃以州與越。越以司空領徐州都督，以楙領兗州刺史。越三弟並據方任征伐，輒選刺史守相，朝士多赴越。而河間王顒挾天子，發詔罷越等，皆令就國。越唱義奉迎大駕，還復舊都，率甲卒三萬，西次蕭縣。豫州刺史劉喬不受越命，遣子祐距之，越軍敗。范陽王虓遣督護田徽以突騎八百迎越，遇祐於譙，祐眾潰，越進屯陽武。山東兵盛，關中大懼，顒斬送張方首求和，尋變計距越。越率諸侯及鮮卑許扶歷、駒次宿歸等步騎迎惠帝反洛陽。詔越以太傅錄尚書，以下邳、濟陽二郡增封。[91]

此外如司馬騰在擔任并州刺史時，以當地地方勢力為主，建構一支戰鬥力極強的軍隊，在初期足以對付來自西北少數民族的動亂；這也是與地方勢力結合的一種形式。

這些能在西晉時期成就一時霸業的司馬宗王，除了擁有地方強兵的資源外，一般而言，其大部分對封國或鎮地的百姓都相當照顧，這也是為什麼當其起兵時，都能得到地方力量的支持。即使最後不幸失敗時，這些來自地方的支持者，仍多無怨無悔地跟隨。

除了宗王個人魅力之外，這些起自於地方的宗王能得到地方助力，興盛於一時，還有一個重要的原因，即重用地方人士。這是宗室與封國之間產生聯結的另一層面。司馬氏在就國或出鎮

---

91 《晉書》卷五十九〈司馬越傳〉，頁1623。

中，有機會接觸到地方人士，這些留在地方發展的人士，有些是
還未到時機，有些人則是無機會向中央發展。當宗室就國或被派
出鎮某地時，與當地人士之間一定有來往。這些地方人物背景相
當複雜，有傳統的士大夫，也有失意的投機客，從《晉書》中的
記載來看，有幾位封國中的人物與其封王之間產生密切的連結，
當這些宗王雖本身能力不佳，但能充分授權給這些所謂的謀臣，
其與宗室之間的互動，對政局的發展影響不小。

　　如司馬倫所用的孫秀。孫秀為琅邪人，初為琅邪小吏，[92]司
馬倫原封地即在琅邪，孫秀隨著司馬倫的遷轉一路隨行，逐漸成
為司馬倫身邊不可或缺的人物。由於司馬倫人品「素庸下，無智
策」，一切以孫秀主意為依歸；孫秀也以司馬倫為傀儡，一步步
將司馬倫推向皇帝寶座。孫秀雖無大才，但仍是讀過書之知識分
子，只是處在以門閥士族為主的時代中，缺乏能入仕的機會，一
旦掌握了機會，拼命向前；在賈后與太子權位之爭中，孫秀政治
嗅覺敏銳，建議挑起賈后對付太子，然後再下手除掉賈后，史載：

> （孫）秀知太子聰明，若還東宮，將與賢人圖政，量己必
> 不得志，乃更說倫曰：「太子為人剛猛，不可私請。明公
> 素事賈后，時議皆以公為賈氏之黨。今雖欲建大功於太子，
> 太子含宿怨，必不加賞於明公矣。當謂逼百姓之望，翻覆
> 以免罪耳。此乃所以速禍也。今且緩其事，賈后必害太子，
> 然後廢后，為太子報讎，亦足以立功，豈徒免禍而已。」
> 倫從之。秀乃微泄其謀，使讎黨頗聞之。倫、秀因勸讎等
> 早害太子，以絕眾望。[93]

---

92 此孫秀與晉武帝泰始六年十二月由孫吳來投奔的孫秀非同一人。《晉書》卷
　　三〈武帝紀〉，頁60。
93 《晉書》卷五十九〈司馬倫傳〉，頁1598-1599。

之後政局的發展果如孫秀所料，賈后殺害太子後，激起公憤，司馬倫首率起義，司馬冏等人響應，最後賈后一派人相繼被廢殺，朝政大權落入司馬倫手中。孫秀與其他傳統儒家士族最大的差異，在於後者在仕途中追求名利，但較無取皇權代之的想法，而孫秀為司馬倫爭取到最高人臣位置後，還進一步要讓司馬倫一步登天。這個想法所導致的是其他司馬宗王的反對與不信任。加上司馬倫、孫秀得權後，並未努力經營朝政，除了盡情的享樂外，還大封支持他們的邪佞之徒，更甚的，對於反對者，給予殘酷的打擊：

> 秀起自琅邪小吏，累官於趙國，以諂媚自達。既執機衡，遂恣其姦謀，多殺忠良，以逞私欲。司隸從事游顥與殷渾有隙，渾誘顥奴晉興，偽告顥有異志。秀不詳察，即收顥及襄陽中正李邁，殺之，厚待晉興，以為己部曲督。前衛尉石崇、黃門郎潘岳皆與秀有嫌，並見誅。於是京邑君子不樂其生矣。

> 倫無學，不知書；秀亦以狡點小才，貪淫昧利。所共立事者，皆邪佞之徒，惟競榮利，無深謀遠略。[94]

其結果是引發三王起兵聲討司馬倫，當聯軍一步步進攻，自金墉城接回惠帝後，司馬倫被賜死，臨死前喊著「孫秀誤我！孫秀誤我！」在這一場將近六十天的戰役中，因戰爭被殺害的雙方人馬將近十萬人。

司馬冏在誅討司馬倫與孫秀一派後，得天下所望，聲勢鼎盛，但得權後卻未將重心放置於恢復自賈后、司馬倫以來所造成的破壞，反而變本加厲大封親佞，營制官署館邸，驕恣日盛，對所有的諫言，完全不能接受：

---

94 同上註，頁1600-1601。

冏於是輔政，居攸故宮，置掾屬四十人。大築第館，北取
五穀市，南開諸署，毀壞廬舍以百數，使大匠營制，與西
宮等。鑿千秋門牆以通西閣，後房施鍾懸，前庭舞八佾，
沈于酒色，不入朝見。坐拜百官，符敕三臺，選舉不均，
惟寵親昵。以車騎將軍何勗領中領軍。封葛旟為牟平公，
路秀小黃公，衛毅陰平公，劉真安鄉公，韓泰封丘公，號
曰「五公」，委以心膂。殿中御史桓豹奏事，不先經冏府，
即考竟之。於是朝廷側目，海內失望矣。南陽處士鄭方露
版極諫，主簿王豹屢有箴規，冏並不能用，遂奏豹殺之。[95]

雖有這麼多的諫言而冏不能用，但仍有些吏屬對司馬冏十分效
忠。當司馬乂發兵攻官府前，司馬冏召集百寮商討對策，席間司
馬越與士族王戎皆要司馬冏看清局勢下台以求全，而司馬冏之從
事中郎葛旟則怒言斥之：

「趙庶人聽任孫秀，移天易日，當時喋喋，莫敢先唱。公蒙
犯矢石，躬貫甲冑，攻圍陷陣，得濟今日。計功行封，事殷
未徧。三臺納言不恤王事，賞報稽緩，責不在府。讒言僭逆，
當共誅討，虛承偽書，令公就第。漢魏以來，王侯就第寧有
得保妻子者乎！議者可斬。」於是百官震悚，無不失色。[96]

但即使有臣如此，仍無法解決司馬冏所陷入的困局，不到一年間
司馬冏大起大落，與其本身以及身邊的人事有直接的關係。

　　相較於孫秀之於司馬倫，范陽盧志對司馬穎的興起，也扮演
了重要角色。盧志為出任鄴令時與當時出鎮冀州都督的司馬穎結
識。司馬穎本人「形美而神昏，不知書，然器性敦厚，委事於志」，
在這兩人搭檔後，司馬穎的聲勢快速拉抬。如前所述，在採用盧

---

95 《晉書》卷五十九〈司馬冏傳〉，頁 1606-1607。
96 同上註，頁 1610。

志建議，結合冀州所屬地方長官發兵討伐司馬倫，短短時間內即召集了近二十餘萬人。惠帝回至洛陽後，論功行賞，司馬穎再用盧志建議，不爭功，以「此大司馬臣冏之勳，臣無豫焉」一句，並直接回至駐守地鄴城。回至鄴城後，司馬穎努力於民生，振救飢餓凍餒，並相繼多次埋葬在征戰中死亡的兵士，贏得當時人的愛戴。

　　但隨著功績日著，司馬穎一如其他司馬執政者，開始「恃功驕奢，百度弛廢，甚于冏時」，司馬穎寵信佞人孟玖，盧志與司馬穎的距離也愈來愈遠。至永興初年（304-305）司馬穎無君之心日顯，大失眾望，在司馬穎挾持惠帝至鄴後，激起各路聯軍進攻鄴城，鄴城軍心渙散，「百寮奔走，士卒分散」，僅存盧志率數十騎，伴隨惠帝與司馬穎逃回洛陽。

> 安北將軍王浚、寧北將軍東嬴公騰殺穎所置幽州刺史和演，穎徵浚，浚屯冀州不進，與騰及烏丸、羯朱襲穎。候騎至鄴，穎遣幽州刺史王斌及石超、李毅等距浚，為羯朱等所敗。鄴中大震，百僚奔走，士卒分散。穎懼，將帳下數十騎，擁天子，與中書監盧志單車而走，五日至洛。羯朱追至朝歌，不及而還。河間王顒遣張方率甲卒二萬救穎，至洛，方乃挾帝，擁穎及豫章王并高光、盧志等歸于長安。顒廢穎歸藩。[97]

後司馬穎被司馬虓長史劉輿矯詔賜死，在司馬穎一路潰敗中，官署並奔散，只有盧志一人「隨從不怠」，成為當時佳話。但司馬穎與盧志共患難而不能共享樂，或許是司馬穎失敗的最重要因素。

　　另一個為司馬宗室打天下的地方謀臣是司馬顒的將領張方。張方為河間人，應是司馬顒在武帝咸寧三年（277）改封河間王時，於當地結交的地方人士。其後一路跟隨司馬顒，至元康九年（299）

---

97 《晉書》卷五十九〈司馬穎傳〉，頁1618。

與司馬顒一起出鎮關中。張方本身非謀臣而為武將。在關中逐漸
為司馬顒收服當地勢力：

> （趙王倫篡位，齊王冏謀討之）前安西參軍夏侯奭自稱侍
> 御史，在始平合眾，得數千人，以應冏，遣信要顒。顒遣
> 主簿房陽、河間國人張方討擒奭，及其黨十數人，於長安
> 市腰斬之。[98]

後來在宗室相殘中，司馬冏、司馬乂甚至是司馬穎的的興衰都與
張方所率領的軍隊有密切的關係。甚且是司馬穎在挾持惠帝自鄴
返回洛陽途中，為張方所劫，將惠帝帶回長安，司馬顒挾天子以
令諸侯，此時聲勢最大，「乃選置百官，改秦州為定州」。司馬
顒之挾天子與司馬穎的下場一樣，成為眾矢之的。東海王司馬越
於徐州起兵，「唱義與山東諸侯剋期奉迎（惠帝）」，司馬越建
議，司馬顒先將惠帝送回洛陽，而司馬顒將擁有關中地區的統治
權。就這個建議，司馬顒與張方兩人有不同意見，司馬顒動心，
願接受司馬越的條件，但張方認為應做全方位的佈局，應由他本
人率領「十餘萬眾」奉送惠帝回洛陽，成都王司馬穎回鎮鄴城，
司馬顒鎮守關中，如此二方守勢穩固之後，張方再率軍隊攻下博
陵，三足鼎立，則不懼東方力量；兩人意見不合，隨著司馬越東
方軍隊節節勝利,司馬顒終於出賣張方，斬張方首以示東軍。史載：

> 初，越以張方劫遷車駕，天下怨憤，唱義與山東諸侯剋期
> 奉迎，先遣說顒，令送帝還都，與顒分陝而居。顒欲從之，
> 而方不同。及東軍大捷，成都等敗，顒乃令方親信將郅輔
> 夜斬方，送首以示東軍。尋變計，更遣刁默守潼關，乃答
> 輔殺方，又斬輔。顒先遣將呂朗等據滎陽，范陽王虓司馬

98　《晉書》卷五十九〈司馬顒傳〉，頁 1620。

劉琨以方首示朗，於是朗降。

司馬顒殺張方以求得關右，殊不知當張方主力部隊被消滅，也將不再有分陝之議。失敗後的司馬顒只得倉惶出逃。至惠帝死，懷帝即位，詔書以司馬顒為司徒，司馬顒以為事過境遷而就詔，結果在半途中為司馬越派其弟弟司馬模遣將將司馬顒及其三個兒子都殺掉。

第四節　宗王與兩晉政局的關係

縱西晉五十一年，能在政治上嶄露頭角的宗王，除了擁有地方的勢力外，亦與其個人人格特質、用人態度及其與封國之間的互動有密切的關係。由這裡也可以說明，擁有地方力量的宗王，或可風起雲湧於一時，但因其個人作風往往迅速消融。在西晉諸多相繼掌握中央朝政的宗王，有的個性好，有的人才佳，有的擁有龐大的地方資源，但最後的結果都共同走向失敗，何以如此，而這樣的結果對兩晉政權以及司馬氏本身的發展，造成何種影響，本節將予以探討。

如前所述，不論是中央官職或地方出鎮，似乎就是那二三十位司馬氏扮演重要角色，根據統計，史籍中不論親疏，共出現兩百多位的司馬氏人，但為何僅有這幾十人浮出檯面，其是否也因如此而使司馬氏想透過宗王達到控制天下的目的終於落空。

為瞭解司馬宗室究竟有多少人才可用，本節以《晉書》相關司馬宗室之傳記為主，挑錄其中有描述個性、才能及施政的司馬宗室來分析，或可由其中得到一些關連的結果。

從《晉書》相關的四個宗室傳記中，得到四十七位司馬宗王

有敘述其個性、才能或施政情形及結果者。（參見附表十五〈司
馬氏人才表〉）從附表來看，四十七位中，對個性及才能有正面
敘述的，有三十一位。從這三十一位宗室進一步分析，其中僅八
位好始好終，在政局中有所發展，對兩晉政局有真正的助益。這
八位為司馬孚、司馬晃、司馬珪、司馬泰、司馬略、司馬幹、司
馬伷以及司馬恬。這八人中七位分佈在西晉建國前後，一位司馬
恬在東晉，由這裡可以呼應本書前幾章的討論結論，司馬氏在未
建立政權前，司馬家族與其他興起於漢魏之間的家族一樣，在家
族教育與品格上多所用心，所以這時期司馬人才分佈也較平均，
這幾位在西晉建國前後，司馬氏的發展上也扮演了重要角色，他
們也多生存在西晉初年相對的安定時期中，兩相輝映，成就其個
人事業與名聲。

　　而東晉唯一一位的司馬恬的情況較為特殊。司馬恬的祖父司
馬承也在這四十七位之中，司馬承在東晉初為元帝重用，用以對
付王敦，最後為王敦派王廙所殺，傳子司馬無忌，正值琅邪王導
在政治上最盛之時，無忌母親隱忍，不與之交鋒，但司馬無忌還
是找機會報仇，曾拔刀欲殺王廙之子王胡之：

　　江州刺史褚裒當之鎮，無忌及丹楊尹桓景等餞於版橋。時
　　王廙子丹楊丞胡之在坐，無忌志欲復讎，拔刀將手刃之，
　　裒、景命左右救捍獲免。御史中丞車灌奏無忌欲專殺人，
　　付廷尉科罪。成帝詔曰：「王敦作亂，閔王遇禍，尋事原
　　情，今王何責。然公私憲制，亦已有斷，王當以體國為大，
　　豈可尋繹由來，以亂朝憲。主者其申明法令，自今已往，
　　有犯必誅。」於是聽以贖論。[99]

99　《晉書》卷三十七〈宗室‧司馬遜附司馬無忌傳〉，頁 1106-1107。

司馬恬為司馬無忌之子，受其父親影響頗深，擔任御史中丞時，曾直指桓溫不敬之罪：

> 值海西廢，簡文帝登阼，未解嚴，大司馬桓溫屯中堂，吹警角，恬奏劾溫大不敬，請科罪。溫視奏歎曰：「此兒乃敢彈我，真可畏也。」[100]

司馬恬發展重要時期在孝武帝在位時，前曾述及，孝武帝在位期間，正值士族門閥執政的空窗期，司馬恬得以在這段時間發展。至其子司馬尚之，亦有正直之名於當世，但最後為桓玄所殺。[101]由上述可知，司馬承這一系，在司馬承被殺後，家族凝聚起憂患意識，在東晉宗室中的表現算是很不錯的。

除以上八位外，還有十五位司馬宗室是在初起時名聲或才能得到肯定，但未能得到善終。如下表：

表 3-4-1　遭弑之司馬宗王表

被　　殺　　者	其他（死於非命）
司馬繇、司馬歆、司馬囧、司馬乂、司馬顒、司馬允、司馬承、司馬尚之	司馬駿、司馬攸、司馬柬、司馬虓、司馬越、司馬袞、司馬郁

這十五位又可分為兩類，被殺的八人中，前六者捲入八王之亂中，為司馬氏自家人所殺；後二者司馬承與司馬尚之，前已述及，司馬承為王敦所殺，司馬尚之為桓玄所殺。第二類為死於非命者：司馬駿與司馬攸，在司馬攸就國一事上與武帝有所爭執，在武帝仍執意遣齊王攸就國後，一為當事人，一位請願者，二人相繼幽憤而亡。司馬虓則以暴疾亡；司馬柬、司馬袞與司馬郁皆

---

100 《晉書》卷三十七〈宗室‧司馬遜附司馬恬傳〉，頁 1107。
101 同上註，頁 1107-1108。

以青年而亡；司馬越則是以八王之末，無力回振政局，憂懼成疾而死。這幾位死於非命的司馬氏，對晉政權來說是相當可惜的。

另外還有八位，因初起有名而被賦予重責，但隨勢力增加，在能力或個性上卻出現不足，而有虎頭蛇尾之感，有時反而造成政局的混亂。這八位為司馬望、司馬亮、司馬模、司馬肜、司馬勳、司馬遹與司馬道子。

表 3-4-2　亂政之司馬宗室表

無 能 而 亂 政	享 樂 而 亂 政	其　　　　他
司馬亮、司馬肜、司馬模、司馬遹	司馬穎、司馬道子	司馬望（晚年吝嗇好聚斂）、司馬勳（造反奪權）

八位中也可分為兩類，其中一類為少時有名，進入政治圈後，逐漸被賦予較重要職權，但顯現的是無處理政事的能力，結果造成更大的問題；如前所述的司馬亮，在武帝晚期以宗室之尊，武帝欲以之制衡楊駿，但司馬亮的優柔寡斷，終讓楊駿於惠帝即位初期，掌控政權。司馬遹則因為懦弱，坐視司馬瑋與賈后聯合對付衛瓘而不能救。[102]另一位為司馬肜，個性「清修恭慎」，元康年間代司馬倫出鎮關中，不只無法對抗少數民族的興兵，還以私怨不救周處，周處最後為少民所害，關中動亂自此而起。永康二年司馬肜過世，由博士蔡克上言建議諡號中對司馬肜的評價可以看出司馬肜在政治上的表現：

博士陳留蔡克議諡曰：「肜位為宰相，責深任重，屬尊親近，且為宗師，朝所仰望，下所具瞻。而臨大節，無不可

---

102 《晉書》卷六十四〈武十三王・司馬遹傳〉，頁 1723。

奪之志；當危事，不能舍生取義；愍懷之廢，不聞一言之
諫；淮南之難，不能因勢輔義；趙王倫篡逆，不能引身去
朝。……肜見義不為，不可謂勤，宜諡曰靈。」[103]

而司馬模的情況亦類似，在政權相對安定時，沒有能力的問題較
不易彰顯出來，但永嘉之初，關中正值「百姓相噉，加以疾癘，
盜賊公行」，司馬模在這時出鎮關中，結果因無能而不能制，司
馬越知其能力不足以堪關中大任，徵之回朝，司馬模在私心作祟之
下，不就徵，結果最後劉粲攻入長安，司馬模被殺，關中淪陷。[104]

第二種情況為少時有名，但得權後開始享樂，或為擴權而不
斷屠殺大臣或宗室，使原所寄望其能改時弊興朝政，但結果卻造
成政局更大的破壞。這部分的宗室與上者有部分的重疊，除司馬
穎外，八王之中的司馬冏、司馬乂、司馬顒與司馬越也都屬於這
一類之人。

此外，在四十七人中，有十五位自初起時名聲即差，但因身
為司馬宗室，仍舊可在政治圈中遷轉：

表 3-4-3　名聲差之司馬宗室表

被　殺　者	其　　他
司馬瑋、司馬倫、司馬威、司馬楙、司馬騰、司馬澹、司馬蕤、司馬羕、司馬文思	司馬奇、司馬紘、司馬晏、司馬宗、司馬晞、司馬道生

十五位中有九人最後的結局是被殺，其中西晉七人，東晉兩
人；由這些人來看，可發現在司馬氏主導的西晉政治時期中，宗
室雖不才，仍可以有所發展，只是最終的下場不見的好。但在東

103　《晉書》卷三十八〈宣五王・司馬肜傳〉，頁 1128-1129。
104　《晉書》卷三十七〈宗室・司馬模傳〉，頁 1097-1098。

晉，囂張跋扈或能力受質疑的宗室，處於士族門閥執政的時期中，很容易的會被排除掉，如司馬羕與司馬宗，在東晉初期，以宗室之重，位居高位，但司馬羕以太尉之尊，卻「放縱兵士劫鈔」，加上弟弟司馬宗「連結輕俠」，放縱於當世，引起當時執政的王導與庾亮不滿，設計排除之：

> 及（明帝）帝疾篤，宗、胤密謀為亂，亮排闥入，升御床，流涕言之，帝始悟。轉為驃騎將軍。胤為大宗正。宗遂怨望形於辭色。咸和初，御史中丞鍾雅劾宗謀反，庾亮使右衛將軍趙胤收之。宗以兵距戰，為胤所殺，貶其族為馬氏，徙妻子于晉安，既而原之。三子：綽、超、演，廢為庶人。
>
> （司馬羕）咸和初，坐弟南頓王宗免官，降為弋陽縣王。及蘇峻作亂，羕詣峻稱述其勳，……峻平，賜死。世子播、播弟充及息崧並伏誅，國除。[105]

司馬羕與司馬宗兄弟就這樣為執政士族舉家消滅。

　　同樣的司馬晞也是因有武幹，對執政的桓溫產生威脅，桓溫不惜誣陷其謀反罪，本想一舉消滅司馬晞之勢力，幸賴簡文帝保護，以放逐新安收場：

> （司馬）晞無學術而有武幹，為桓溫所忌。及簡文帝即位，溫乃表晞曰：「晞體自皇極，故寵靈光世，不能率由王度，修己慎行，而聚納輕剽，苞藏亡命。又息綜矜忍，虐加于人。袁真叛逆，事相連染。頃自猜懼，將成亂階。請免晞官，以王歸藩，免其世子綜官，解子（逢）散騎常侍。」以梁王隨晞，晞既見黜，送馬八十五匹、三百人杖以歸溫。溫又逼新蔡王晃使自誣與晞、綜及著作郎殷涓、太宰長史

---

105 《晉書》卷五十九〈司馬亮附司馬羕傳〉，頁1594-1595。

　　庾倩、掾曹秀、舍人劉彊等謀逆，遂收付廷尉，請誅之。
　　簡文帝不許，溫於是奏徙新安郡，家屬悉從之，而族誅殷
　　涓等，廢晃徙衡陽郡。[106]

除了本身傑出政治人才不多外，由於帝王的縱容，當宗室觸犯法
紀時，與外戚一樣，往往得到法外的保護，而這一層司馬宗室對
兩晉政權所造成的影響較之於外戚長久。從前所述，司馬宗室之
司馬肜因本身無能，出鎮地方，結果反造成地方動亂，當監察官
提初彈劾時，皇帝出面則不了之。這樣的例子在兩晉時期出現相
當多，以下羅列幾條：

　　時諸王自選官屬，肜以汝陰上計吏張蕃為中大夫。蕃素無
　　行，本名雄，妻劉氏解音樂，為曹爽教伎。蕃又往來何晏所，
　　而恣為姦淫。晏誅，徙河間，乃變名自結於肜。為有司 奏，
　　詔削一縣。咸寧中，復以陳國、汝南南頓增封為次國。[107]
　　（司馬倫）坐使散騎將劉緝買工所將盜御裘，廷尉杜友正
　　緝棄市，倫當與緝同罪。有司奏倫爵重屬親，不可坐。諫
　　議大夫劉毅駁曰：「王法賞罰，不阿貴賤，然後可以齊禮
　　制而明典刑也。倫知裘非常，蔽不語吏，與緝同罪，當以
　　親貴議減，不得闕而不論。宜自於一時法中，如友所正。」
　　帝是毅駁，然以倫親親故，下詔赦之。[108]
　　桓振復襲江陵，休之戰敗，出奔襄陽。寧朔將軍張暢之、
　　高平相劉懷肅自沔攻振，走之。休之還鎮，御史中丞王楨
　　之奏休之失戍，免官。朝廷以豫州刺史魏詠之代之，徵休
　　之還京師，拜後將軍、會稽內史。御史中丞阮歆之奏休之

106 《晉書》卷六十四〈元四王・司馬晞傳〉，頁1727。
107 《晉書》卷三十八〈宣五王・司馬肜傳〉，頁1127。
108 《晉書》卷五十九〈司馬倫傳〉，頁1598。

與尚書虞嘯父犯禁嬉戲，降號征虜將軍，尋復為後將軍。[109]
皇帝對於宗室犯法不罰，或輕易赦免，導致法紀蕩然無存，同時
讓宗室有恃無恐，逐漸坐大，就如外戚情況類似。而兩晉政權本
欲透過宗室及外戚來屏藩政權，但在其坐大之後，遭致其他勢力
的不滿而反撲。如西晉初期宗室對外戚的打擊；西晉惠帝以後宗
室之間的相殘；東晉時期權臣對宗室的防範與迫害，都使得司馬
宗室人員加速的衰亡。

西晉在八王之亂後，引入的少數民族，大量的殺戮司馬宗室
及朝廷權貴，能渡江的屬少數，如《晉書八王傳》最後即以「禍
難之極，振古未聞」，來形容宗室被殺戮的慘象：

> （八王之亂後）既而帝京寡弱，狡寇憑陵，遂令神器劫遷，
> 宗社顛覆，數十萬。並垂餌於豺狼，三十六王咸隕身於鋒
> 刃。禍難之極，振古未聞。[110]

西晉末年劉喬一段話，對八王之亂對晉室所造的影響，非常深刻：

> 然自頃兵戈紛亂，猜禍鋒生，恐疑隙構於羣王，災難延于
> 宗子，權柄隆於朝廷，逆順效於成敗，今夕為忠，明旦為
> 逆，翻其反而，互為戎首，載籍以來，骨肉之禍未有如今
> 者也。臣竊悲之，痛心疾首。今邊陲無備豫之儲，中華有
> 杼軸之困，而股肱之臣不惟國體，職競尋常，自相楚剝，
> 為害轉深，積毀銷骨。萬一四夷乘虛為變，此亦猛獸交
> （斶），自效於卞莊者矣。臣以為宜速發明詔，詔越等令
> 兩釋猜嫌，各保分局。自今以後，其有不被詔書擅興兵馬
> 者，天下共伐之。詩云：『誰能執熱，逝不以濯？』若誠
> 濯之，必無灼爛之患，永有泰山之固矣。」

---

109 《晉書》卷三十七〈宗室·司馬遜附司馬休之傳〉，頁1110。
110 《晉書》卷五十九〈八王傳〉，頁1627。

由上述可知，雖兩晉司馬氏家族出現史籍的人數超過兩百人，大多數的人也因為司馬宗室的光環而在仕途上有所發展；但深入分析，有能力的及有好結果的司馬氏，卻屬少數。這也即是說，司馬政權自武帝以來欲藉宗室達到屏藩與拓展政權的理想，與現實之間有許多的落差。因此，兩晉王朝雖原想藉由宗室成員的分封與出鎮來鞏固與延續政權，但因一家一族之人才數量總是有限，再加上經常出現皇位繼承的爭議，導致整個政權常出現嚴重的權力衝突，終使其宗室政治不但未達原先設想的目的，反而是其衰敗滅亡的重要原因。

第四章　兩晉政局與帝位繼承的
權力結構分析

　　歷史上我們常可以見到皇位的更迭，往往就是一場政權角力，兩晉一百五十餘年國祚中，共歷經十五位皇帝，每次皇帝更換，就引發一次政權爭奪。本章主要是企圖從兩晉皇帝即位的年齡、在位時間及年祚來分析，探討帝王本身在帝位繼承過程中對皇權的掌握能力，進而從帝位繼承中，探討兩晉皇權不彰的原因。

　　西晉初期司馬氏正歷經由武帝立國前以家族發展為主軸，轉變成一家一姓，集權力、富貴於一身的帝位延續想法的過程。從家族成員共享資源的家族主義，到家族集中由武帝這一系成為帝王繼承者，不只可見於西晉開國者司馬炎在思想上逐漸轉變，它也逐漸成為其他司馬宗室必須接受的事實。因此可見武帝時的分封宗室以及以太子繼位為核心的黨爭，到惠帝時八王之亂的出現，其實都和這種由從家族主義逐漸轉為獨尊一宗的過程相搭配。[1]

---

1 魏晉南北朝士族家族能持續發展的原因，除了在政治上發展外，各家族對其所本的家學淵源皆世代加以維護，其間雖歷經不同思想潮流的衝擊，但其都能保有自己家族家學的獨特性。如王、謝家族，在東晉其家族發展的最高峰時期，家族意識透過家庭教育及家學的固守，使得此二家族的發展更加鞏固。這也是王謝等家族能在南朝政權更迭中屹立不搖的主因。而司馬氏因成為帝王之家，自西晉建立後，家族凝聚的危機意識漸泯，加上權利的爭奪，終使司馬氏原有的家族意識煙消雲散，導致當劉裕代晉後，司馬氏逐漸消失在歷史舞台上。

　　而至東晉，司馬睿能立基於江東，主要得自於琅邪王氏等大
族的協助。[2]對晉元帝而言，政權一建立，在形勢上就必須與士族
分享，王氏勢力過大，甚至有左右帝位繼承的能力，加上王敦的
謀反，使得元帝及繼任的皇帝對之又愛又怕，紛紛以外戚或其他
朝中大臣與王氏相抗。以庾亮為主的庾氏外戚勢力，即在這樣的
情況下崛起。因此到東晉政權的中期，可以說是以庾氏外戚家族
為中心的權力鬥爭時期。庾氏在掌握政權後，獨斷獨行，先造成
蘇峻之叛，繼而排擠朝臣，引發朝中大臣結黨以對。庾氏消滅後，
外戚的力量暫時削弱，褚皇太后四世臨朝，雖未形成外戚專權，
但宗室與權臣在此時勢力加大，把持執政，如桓溫。當權臣勢力
過大，皇帝又引進宗室與外戚來對付權臣，孝武帝至安帝是最明
顯的時期。當宗室與外戚皆無能力而使政局頹壞時，權臣自然再
次出現，劉裕最後能以一寒人武夫取東晉代之，就是在這種權力
爭奪循環下出現的結果。東晉的歷史，可以看成是權臣、外戚、
宗室輪流執政的過程。

　　本章也企圖從帝位繼承過程，觀察權臣、外戚與宗室之間的
權力角力，並進一步分析其對政局所造成的影響。兩晉在帝位繼
承中，參與權力爭奪的權臣或是外戚，其較特殊的地方是這些人
的身份往往相互重疊，權臣本身往往也具有外戚以及當世社會中
重要的世家大族身份，其取得社會聲望並非來自皇權，甚至有時
皇權還要仰賴他們的力量。這些人由原為皇帝身邊的寵信之臣，
一朝成為掌握朝政的權臣之後，與皇帝的關係就漸行漸遠，終使

2　這些由北而來的僑姓大族，在協助司馬睿建立政權中，佔得優越之政治地
　　位。另一方面，在地方利益上，也不斷與江東土著世族有著衝突與謀合。參
　　見王永平，《六朝江東世族之家風家學研究》，頁 22-66；王炎平，〈關於
　　王導與東晉政治的幾個問題〉，收入中國魏晉南北朝史學會編，《魏晉南北
　　朝史研究》（成都：四川省社會科學院出版社，1986 年），頁 248-273。

皇權必須再援引其他勢力與之對抗，兩晉政權的不安與紛擾即植因於此。[3]

第一節 西晉政權建立前司馬氏權力核心的繼承

曹魏時期，司馬氏家族勢力的開展者首推司馬懿，而司馬懿最重要的家族助手就是長子司馬師。在司馬氏發展最重要的關鍵一役—高平陵政變中，僅司馬師參與計畫，並能完全執行司馬懿的指示。史載：

> 宣帝（司馬懿）之將誅曹爽，深謀祕策，獨與帝（司馬師）潛畫，文帝（司馬昭）弗之知也，將發夕乃告之。既而使人覘之，帝寢如常，而文帝不能安席。晨會兵司馬門，鎮靜內外，置陣甚整。宣帝曰：「此子竟可也。」初，帝陰養死士三千，散在人間，至是一朝而集，莫知所出也。[4]

司馬懿死於嘉平三年（251），在司馬懿集團的推拱下，司馬師繼其父，以「輔軍大將軍」輔政。次年，遷「大將軍，加侍中，持節、都督中外諸軍、錄尚書事。」主掌曹魏政權。但司馬師輔政時間僅四年，毌丘儉、文欽等人起兵淮南時，司馬師親征，在征伐中，眼瘤舊疾復發，死於許昌。[5]司馬師大軍出征時，司馬昭身兼「中領軍」，留鎮洛陽，當獲訊司馬師不久於人世時，司馬昭

---

3 中國官僚制度中由私臣化為公職的特色論點，參見余英時，〈君尊臣卑下的君權與相權〉，收入氏著《歷史與思想》（台北：聯經出版公司，1979年第五版），頁56-60。

4 《晉書》卷二〈景帝紀〉，頁25。

5 《晉書》卷二〈景帝紀〉，頁33、《三國志》卷四〈少帝紀·高貴鄉公髦〉，頁133。

自京都省疾，趕至許昌。至司馬師過世消息傳出，親曹魏政權人士，欲藉機架空司馬氏之勢力，由高貴鄉公下詔，命尚書傅嘏率東征大軍返回洛陽，而司馬昭留守許昌，不得返回京師。這對司馬昭而言，局面相當不利，幸賴傅嘏與鍾會共謀，得以順利回到京師。史載：

> 毋丘儉作亂，大將軍司馬景王東征，（鍾）會從，典知密事，將軍司馬文王（司馬昭）為大軍後繼。景王薨於許昌，文王總統六軍，會謀謨帷幄。時中詔敕尚書傅嘏，以東南新定，權留將軍屯許昌為內外之援，令嘏率諸軍還。會與嘏謀，使嘏表上，輒與將軍俱發，還到雒水南屯住。[6]

當傅嘏與司馬昭大軍已開至雒水邊上時，高貴鄉公也不得不「拜文王（司馬昭）為大將軍、輔政」。

司馬昭在險峻的局勢之中，透過同屬集團的內應，承繼了兄長輔政大臣的位置，此後九年之間，司馬昭更積極的佈署代魏之勢。景元二年（261）在滅蜀後，司馬昭的氣勢，如日中天，「天子命晉公以相國總百揆」。[7]咸熙元年（264）以後，為加強鞏固司馬氏之力量，司馬昭以司馬望出任驃騎將軍，司馬炎出任輔軍大將軍。[8]咸熙二年（265）五月，也許已知自己將不久於人世，司馬昭在情勢上逼迫魏元帝曹奐賜晉王（司馬昭）「冕十有二旒，建天子旌旗，出警入蹕，乘金根車，駕六馬，備五時副車，置旄頭雲罕，樂舞八佾，設鍾虡宮懸，位在燕王上。進王妃為王后，世子為太子，王女王孫爵命之號皆如帝者之儀。」並於晉國設置「御史大夫、侍中、常侍、尚書、中領軍、將軍官」等，等同於

---

6 《三國志》卷二十八〈鍾會傳〉，頁785。
7 《晉書》卷二〈文帝紀〉，頁43。
8 同上註，頁151。

一國之官職。[9]此時司馬昭實際已是一國之君了。三個月後（八月），在一切佈局大致完成之下，司馬昭過世，長子司馬炎順利繼承父位。[10]九月，剛成為晉王的司馬炎，將支持他的黨羽，一一安排出任重職，以司徒何曾為晉丞相，驃騎將軍司馬望為司徒，征東大將軍石苞為驃騎將軍，征南大將軍陳騫為車騎將軍，鎮南將軍王沈為御史大夫，中護軍賈充為衛將軍，議郎裴秀為尚書令、光祿大夫，皆開府。[11]

　　司馬炎一步步向前推進，魏元帝曹奐看在眼裡，也知道大勢已去，十二月，使太保鄭沖奉策：

> 咨爾晉王：我皇祖有虞氏誕膺靈運，受終于陶唐，亦以命于有夏。惟三后陟配于天，而咸用光敷聖德。自茲厥後，天又輯大命于漢。火德既衰，乃眷命我高祖。方軌虞夏四代之明顯，我不敢知。惟王乃祖乃父，服膺明哲，輔亮我皇家，勳德光于四海。格爾上下神祇，罔不克順，地平天成，萬邦以乂。應受上帝之命，協皇極之中。肆予一人，祗承天序，以敬授爾位，曆數實在爾躬。允執其中，天祿永終。於戲！王其欽順天命。率循訓典，底綏四國，用保天休，無替我二皇之弘烈。[12]

在何曾、王沈等人的推請之下，司馬炎終於成功地迫使魏元帝曹奐將帝位拱手讓出，改朝換代建立晉朝。[13]

9　《晉書》卷二〈文帝紀〉，頁44。
10　《三國志》卷四〈少帝紀・陳留王奐〉，頁153-154。
11　《三國志》卷四〈少帝紀・陳留王奐〉，頁154；《晉書》卷三〈武帝紀〉，頁50。
12　《晉書》卷三〈武帝紀〉，頁50。
13　有關於司馬氏禪代之研究不少，如王曉毅，〈正始改制與高平陵政變〉，《中國史研究》一九九○年四期（1990年），頁74-83；馬植杰，〈論司馬懿殺

　　咸熙二年（265）十二月，司馬炎在百僚及匈奴南單于四夷會
者數萬人的見證下，風光地即位為皇帝，改元泰始，司馬氏的時
代正式展開。司馬炎這個皇帝的位子也非容易所得。如前述，由
於司馬懿培植的長子司馬師早死，司馬昭承繼哥哥的軍政權力，
而在未有子嗣的情況下，司馬昭以自己兒子司馬攸繼承司馬師。
司馬攸從小聰慧，甚得司馬昭之喜愛，加上司馬昭之權力地位來
自於司馬師，按照中國嫡長子繼承制，由於司馬師是長子，過繼
給哥哥的司馬攸應成為司馬氏大宗的繼承者，史載：

> 初，文帝以景帝既宣帝之嫡，早世無後，以帝弟攸為嗣，
> 特加愛異，自謂攝居相位，百年之後，大業宜歸攸。每曰：
> 「此景王之天下也，吾何與焉。」[14]

但在司馬昭內心裡，又希望自己一系，能成為真正的繼承司馬氏
大宗，所以對於究竟要將下一代的繼承重責交給司馬炎或司馬
攸，一直困擾司馬昭。也因為一直不能決定世子人選，致使朝中
大臣也結黨，各有依附。

　　為了得到世子之位，司馬炎在支持者的幫助之下，努力表現：

> 初，帝未立為太子，而聲論不及弟攸，文帝素意重攸，恒
> 有代宗之議。琇密為武帝畫策，甚有匡救。又觀察文帝為
> 政損益，揆度應所顧問之事，皆令武帝默而識之。其後文

曹爽事件〉，《蘭州大學學報》一九九〇年一期（1990年2月），頁78-84；
劉顯叔，〈論魏末政爭中的黨派分際〉，《史學彙刊》九期（1978年10月），
頁17-46；盧建榮，〈魏晉之際的變法派及其敵對者〉，《食貨復刊》十卷
七期（1980年10月），頁271-292；郭熹微，〈論魏晉禪代〉，《新史學》
八卷四期（1997年12月），頁35-78；周一良，〈魏晉南北朝史學與王朝
禪代〉，收入氏著《魏晉南北朝史論集續編》（北京：北京大學出版社，1991
年），頁106-111；李安彬，《司馬氏家族與曹魏政權關係之研究》（台北：
中國文化大學史學研究所碩士論文未刊稿，1997年6月）。
14 《晉書》卷三〈武帝紀〉，頁49。

> 帝與武帝論當世之務及人間可否，武帝答無不允，由是儲
> 位遂定。[15]

最後司馬昭在咸熙二年五月立司馬炎為世子，八月司馬昭即過世。三個多月後，司馬炎即位為皇帝。然而，司馬炎雖即位為皇帝，司馬攸的存在，永遠是司馬炎心裡的陰影。西晉初期的政治鬥爭，大部分都集中在皇太子繼承的問題上，最終司馬炎自己在繼承王位過程中所遭遇的困境，在其選立太子時，又再次重演。

第二節　西晉帝位繼承中的外戚與宗室

司馬炎能建立晉朝，雖有一半應歸因於自司馬懿以來的佈局與發展，但在司馬師、司馬昭相繼死亡後，司馬炎仍是靠自己的努力，建立了西晉政權。但對司馬炎而言，能有今天的地位仍是經過許多挑戰的。由於司馬師無子，所以在司馬師過世後，由司馬昭第二個兒子司馬攸過嗣司馬師。如前所述，早期司馬氏的發展，主要的人物為司馬懿及司馬師，當司馬攸承繼司馬師之後，司馬昭每有「此景王之天下也，吾何與焉」或「百年之後，大業宜歸（司馬）攸」謙讓之語，這對長子司馬炎而言，在晉王世子的繼承問題上，一直存在陰影。司馬昭也知道這種狀況對兩兄弟之間將產生磨擦與衝突，然仍一直無法決定由誰繼位。親司馬炎黨者如何曾等人，以「中撫軍（司馬炎）聰明神武，有超世之才。髮委地，手過膝，此非人臣之相也」為由，向司馬昭不斷進言，

---

15 《晉書》卷九十三〈外戚・羊琇傳〉，頁2410。

最後才在司馬昭臨死前三個月，冊立司馬炎為晉王世子。[16]

　　咸熙二年（265），司馬炎代魏，建立西晉。泰始三年（267），為了有效安定政治秩序，武帝很快決定立司馬衷為皇太子。[17]但是司馬衷的痴騃，以及來自父親與王皇太后對其與弟弟司馬攸的期望，[18]讓武帝並未完全認定司馬衷的太子地位，在刻意或不經意之間，流露齊王攸作為繼承人的可能，以試探朝臣的反應。由於對下一任帝位繼承人的不確定性，結果製造了西晉政治上許多權力爭奪的可能。

　　司馬炎之能建立西晉政權原因之一，是仰賴一批倒戈的曹魏舊臣，如賈充、裴秀、荀勗、何曾、王沈、荀顗、衛瓘等人，這些人在支持司馬氏奪權的過程中，彼此利害一致。但在西晉建國後，為了取得更大的政治權力，這些功臣利害衝突開始出現，結黨成派中最需要的是來自司馬氏的支持。武帝對繼承者的猶疑，給了這群功臣結黨的空間。或為個人利益，或為國家前途，這些

---

16 同上註，頁49。賈充在武帝即位過程中也扮演重要角色。《晉書》卷四十〈賈充傳〉載：「初，文帝以景帝恢贊王業，方傳位於舞陽侯攸。充稱武帝寬仁，且又居長，有人君之德，宜奉社稷。及文帝寢疾，武帝請問後事。文帝曰：『知汝者賈公閭也。』」頁1166。徐高阮先生在〈山濤論〉一文中，對這一段立太子過程中的場景與參與者，有清楚的描述。參見徐文，收入《中央研究院歷史語言研究所集刊》四十一本一分（1969年3月），頁105。

17 武帝太子司馬衷為司馬炎與楊皇后所生之子。楊豔楊皇后是早在司馬炎在為世子時，司馬昭為其所娶弘農華陰大族楊文宗的女兒。武帝即帝位後，楊豔立為皇后，楊氏以外戚身份快速進入統治圈。楊豔前後生育毗陵悼王軌、惠帝司馬衷、秦獻王柬，平陽、新豐、陽平公主，其中長子毗陵悼王軌早卒。

18 司馬昭臨死前，再三交代司馬炎必須照顧司馬攸，史載：「初，攸特為文帝所寵愛，每見攸，輒撫牀呼其小字曰『此桃符座也』，幾為太子者數矣。及帝寢疾，慮攸不安，為武帝敘漢淮南王、魏陳思故事而泣。臨崩，執攸手以授帝。」另外王皇太后也有感於這對兄弟之間的競爭，在臨死前亦對司馬炎再三交代：「桃符性急，而汝為兄不慈，我若遂不起，恐必不能相容，以是屬汝，勿忘我言。」《晉書》卷三十八〈齊王攸傳〉，頁1133。

朝臣以太子之立，作為爭鬥的中心。[19]

　　以賈充為首，結合荀勗、荀顗、馮紞的一派，雖在協助武帝建立西晉政權中，已得到諸多賞賜，但並不以此為滿足。太子司馬衷於泰始七年（271）正月行成年禮。完成成年禮後，最重要的是尋求太子妃；武帝屬意同屬功臣集團的衛瓘之女，賈充在同黨荀勗等人的策劃下，企圖讓自己的女兒成為太子妃，以擴張自己的權勢；賈充讓妻子買通楊皇后身邊的人，讓楊皇后支持賈氏，荀勗、馮紞等人也不斷在武帝面前稱讚賈南風有才德與美貌；經過一年的角力，賈氏獲勝。泰始八年（272）正月，武帝下詔，以賈南風為太子妃。

　　衛瓘、和嶠等人在西晉政權建立後，因看不慣賈充等人為私利的作為而漸行漸遠。這一次又因為太子妃的選立，使得兩派之間的芥蒂更深。在太子妃選立之後，有更多的大臣憂慮愚傻的司馬衷有否能力繼任王位。侍中和嶠趁著侍奉武帝的時候，委婉地建議武帝思考改立太子，而衛瓘也三番兩次地暗示「此座可惜」。面對這些建言，開始時，武帝佯裝避開不談；[20]但至咸寧二年（276），武帝歷經一場大病，在病中，朝廷大臣又開始提議，應以齊王攸為繼位者，甚至想說服賈充一派，為國家社稷計，同意讓齊王攸繼位，武帝得知後大怒。史載：

> 會（武）帝寢疾，（賈）充及齊王攸、荀勗參醫藥。及疾愈，賜絹各五百匹。初，帝疾篤，朝廷屬意於攸。河南尹夏侯和謂充曰：「卿二女婿，親疏等耳，立人當立德。」充不答。

19　武帝朝有三次的黨爭，皆圍繞在功臣集團中進行，而太子妃的選立與皇權繼承權，是鬥爭的主軸之一。參見曹文柱，〈西晉前期的黨爭與武帝的對策〉，《北京師範大學學報》一九八九年五期（1989 年），頁 44-47。

20　《晉書》卷三十六〈衛瓘傳〉，頁 1058-1059。

　　及是，帝聞之，徙和光祿勳，乃奪充兵權，而位遇無替。[21]
從武帝的這一場病與朝臣之間的耳語，加上楊皇后與荀勗等人「立
長不以賢」的建議，以及對齊王攸的離間，武帝對確立繼承者有
了決定。在咸寧四年（278），對太子進行一次測試，從此杜絕反
對司馬衷為太子朝臣之口。

> （武）帝常疑太子不慧，且朝臣和嶠等多以為言，故欲試
> 之。盡召東宮大小官屬，為設宴會，而密封疑事，使太子
> 決之，停信待反。（賈）妃大懼，倩外人作答。答者多引
> 古義。給使張泓曰：太子不學。而答詔引義，必責作草主，
> 更益譴負。不如直以意對。」妃大喜，語泓：「便為我好
> 答，富貴與汝共之。」泓素有小才，具草，令太子自寫。
> 帝省之，甚悅。先示太子少傅衛瓘，瓘大跼蹐，眾人乃知
> 衛瓘先有毀言，殿上皆稱萬歲。[22]

由以上所述可知，武帝太子之立，可說是各方角力的結果，結果
支持司馬衷者獲勝；其中包括功臣集團中以賈充為首的一派，加
上楊皇后為確保楊氏外戚權力的發展，也支持司馬衷；而最重要
的是武帝在最後受荀勗、馮紞離間影響，心目中已屬意由自己的
兒子司馬衷繼位。這些力量加在一起，司馬衷穩固坐上太子寶座。

　　武帝平孫吳後，開始享樂，加上武帝開國功臣相繼凋零，政
治大權逐漸落入楊皇后父親楊駿之手。[23]楊駿玩弄朝政的結果，

21　賈充不僅自己不斷在政治上取得高位，將一女嫁給太子司馬衷，成為外戚特
　　權。更將另一女兒嫁給齊王司馬攸。這種政治投資，不論誰為帝位繼承者，
　　賈充家族都立於不敗之地。《晉書》卷四十〈賈充傳〉，頁1169。有關齊王
　　攸與皇位繼承之間的糾葛，參見曹文柱，前引文，頁46。
22　《晉書》卷三十一〈后妃・惠賈皇后傳〉，頁963-964。
23　武帝即位，冊封楊豔為皇后。武帝於泰始八、九年相繼封左貴嬪、胡貴嬪以
　　及諸葛夫人，其中胡貴嬪受到武帝的寵愛。當楊豔病危時，為延續楊氏在政

激起宗室與大臣的不滿。武帝在位末年，也察覺到楊駿的凌人之勢，接受王佑的建議，採取了必要防範措施，一方面以太子的同母弟弟司馬柬都督關中、司馬瑋都督荊州，以及司馬允都督江、揚二州。另一方面則以王佑出任北軍中候，以典禁兵。藉此佈署以達到護衛京師以及遏制楊氏的目的。但至武帝臨死前，楊駿已控制武帝身邊來往之人，當武帝在為司馬衷尋求輔政者時，楊駿將所有人隔絕於外：

> 既而（武帝）寢疾彌留，至於大漸，佐命元勳，皆已先沒，
> 群臣惶惑，計無所從。會帝小差，有詔以汝南王亮輔政，
> 又欲令朝士之有名望年少者數人佐之，楊駿祕而不宣。帝
> 復尋至迷亂，楊后輒為詔以駿輔政，促亮進發。帝尋小間，
> 問汝南王來未，意欲見之，有所付託。左右答言未至，帝
> 遂困篤。中朝之亂，實始於斯矣。[24]

楊駿與女兒楊皇后合謀，假傳武帝詔旨，命司馬亮出鎮豫州。

太熙元年（290）四月，武帝過世，皇太子司馬衷即位，尊皇后楊氏為皇太后，立太子妃賈氏為皇后，楊駿為太傅輔政，其他相關宗室與朝臣皆被摒除於輔政大臣之列。楊駿此舉引發宗室與以賈后為主的外戚勢力不滿，元康元年（291）賈后藉助宗室的力量，藉口楊駿謀反，由楚王瑋率兵入宮，殺了楊駿與楊珧、楊濟兄弟，與楊氏相關之親屬故舊被殺者多達數千人。[25]

楊駿死後，輔政之權落入司馬亮以及衛瓘之手。如前所述，司馬衷之能坐穩皇太子的位置，是因各方勢力各為自己打算的結

治上的發展，要求武帝娶自己的族妹楊芷為皇后，武帝答應了；楊豔過世後，武帝立楊芷為皇后，楊駿為楊芷的父親。
24　《晉書》卷三〈武帝紀〉，頁81。
25　《晉書》卷四〈惠帝紀〉，頁90。

果。當愚憨的司馬衷即位，成為實際權力的掌握者後，對欲爭奪政權者而言，最好的方式，是直接奪取權力。所以如賈后或其他司馬宗室，在惠帝一朝所進行的權力鬥爭，已不是依附於皇權，而是用實力直接爭奪，惠帝只是備存的傀儡而已。但由於各方力量皆有限，所以合縱連橫，西晉宗室中最慘烈的「八王」之爭，也就在這樣的背景下依序演出。

司馬衷即位後，於同年（太熙元年）八月，立謝才人所生長子廣陵王司馬遹為皇太子。司馬遹自幼聰慧，甚得武帝喜愛，大部分時間生活在武帝身邊。武帝所以未換掉司馬衷，有部分的原因是因為有此皇孫。但司馬遹的表現，卻讓未生兒子的賈后相當不滿；而司馬遹隨年歲增加，日漸驕傲放縱，與賈后的姪子賈謐不合，這讓欲取得絕對權力的賈后，如芒在背，在賈謐的建議下，賈后佈局廢太子：

> 初，賈后母郭槐欲以韓壽女為太子妃，太子亦欲婚韓氏以自固。而壽妻賈午及后皆不聽，而為太子聘王衍小女惠風。太子聞衍長女美，而賈后為謐聘之，心不能平，頗以為言。謐嘗與太子圍棊，爭道，成都王穎見而訶謐，謐意愈不平，因此譖太子於后曰：「太子廣買田業，多畜私財以結小人者，為賈氏故也。密聞其言云：『皇后萬歲後，吾當魚肉之。』非但如是也，若宮車晏駕，彼居大位，依楊氏故事，誅臣等而廢后於金墉，如反手耳。不如早為之所，更立慈順者以自防衛。」后納其言，又宣揚太子之短，布諸遠近。[26]

終於在元康九年（299），賈后假借太子預謀反，請惠帝賜太子死。

（元康九年）十二月，賈后將廢太子，詐稱上不和，呼太

---

26 《晉書》卷五十三〈愍懷太子傳〉，頁 1458-1459。

子入朝。既至，后不見，置于別室，遣婢陳舞賜以酒棗，
逼飲醉之。使黃門侍郎潘岳作書草，若禱神之文，有如太
子素意，因醉而書之，令小婢承福以紙筆及書草使太子書
之。文曰：「陛下宜自了；不自了，吾當入之。中宮又
宜速自了；不了，吾當手了之。并謝妃共要剋期而兩發，勿
疑猶豫，致後患。茹毛飲血於三辰之下，皇天許當掃除患
害，立道文為王，蔣為內主。願成，當三牲祠北君，大赦天
下。要疏如律令。」太子醉迷不覺，遂依而寫之，其字半不
成。既而補成之，后以呈帝。帝幸式乾殿，召公卿入，使黃
門令董猛以太子書及青紙詔曰：「遹書如此，今賜死。」[27]
賈后本來意圖一舉將司馬遹殺掉以除後患，但張華與裴頠出面證
明太子的清白。在兩相堅持之下，賈后不願廢太子事有所變卦，
於是表免太子為庶人。

　　賈后廢太子的舉動，引發朝中大臣的不滿，各地謠言四起，
賈后在憂怖之餘，於永康元年（300）三月，「矯詔使黃門孫慮齎
（太醫令程據合巴豆杏子丸）至許昌以害太子」。[28]四月，掌握
宿衛禁軍大權的司馬倫利用朝臣和宗室對賈后殺太子的憤怒，與
齊王司馬冏共同起兵，殺賈后與張華、裴頠等人，外戚的勢力告一
段落。司馬倫掌權後，西晉政權在司馬宗室手中交迭，為了爭奪執
政權，宗室諸王兄弟操戈的場面，在西晉政壇上腥風血雨的展開。[29]

---

27 同上註，頁 1459-1460。
28 同上註，頁 1461-1462。
29 西晉宗王有機會竄上執政舞台取外戚而代之的原因，歷來學者多從武帝的分
　封與出鎮來談。除此外，或與司馬家族開始發展以來，是以司馬氏整體發展
　來考慮繼承者的想法有關。如司馬昭與司馬炎在選立繼承人時，繼承人的資
　質與親疏關係孰輕孰重，一直被考慮，甚且引發朝中大臣的結黨。至八王之
　亂時，離晉初時代並不遠，加上惠帝的問題，或許讓其他司馬氏有了「擇賢

　　賈后死後，朝政掌握在宗室司馬倫手中，為便於控制，由司馬倫策劃為惠帝甄選泰山羊玄之之女，此由宗室所控制冊立的皇后如同傀儡，在政治上是無法形成外戚勢力，僅父以女貴，羊玄之被封為尚書右僕射，加侍中，進爵為公。羊玄之在八王之亂司馬穎攻打司馬乂戰爭中死亡，羊氏外戚的發展也告一段落。[30]

　　司馬遹死後，五月，立皇孫司馬臧為皇太孫。永寧元年（301）趙王司馬倫篡帝位，遷惠帝於金墉城，廢皇太孫司馬臧為濮陽王。司馬倫稱帝後，引發齊王司馬冏、成都王司馬穎與河間王司馬顒，三王聯兵的反抗。四月，司馬倫被殺，惠帝復位。五月，立襄陽王司馬尚為皇太孫，以齊王司馬冏入京輔政。次年（太安元年，302）三月，皇太孫司馬尚去世，惠帝所有的子嗣已相繼逝世，此時最有希望成為帝位繼承者的是惠帝的兩個弟弟，司馬穎與司馬乂。但司馬冏為了掌握政權，立了清河王司馬遐的兒子司馬覃為皇太子，此舉激怒了司馬穎與司馬乂，宗室戰爭又起。最後司馬冏被殺，被牽連者達二、三千人。

　　諸王相爭中，在永興元年（304）成都王司馬穎成為丞相。二月，黜皇太子司馬覃為清河王，而由司馬顒「表請立成都王穎為皇太弟」。本來由司馬穎擔任西晉的皇位繼承人，也算是名正言順。但司馬穎得權後的作為，較之於司馬冏、司馬乂更差，結果又造成司馬顒、司馬越相繼起而爭權，而皇位繼承人就在混亂的

者而代之」的念頭。參見《晉書》卷五十九〈長沙王乂傳〉，頁1612-1613。相關論文參見唐長孺，〈西晉分封與宗王出鎮〉，收入氏著《魏晉南北朝史論拾遺》（北京：中華書局，1983年），頁127-144；周國林，〈西晉分封制度的演變〉，《華中師範大學學報（哲社版）》三十二卷三期（1993年5月），頁90-95；陳長琦，前引書，頁61-80。

30 有關於羊氏家族在西晉的發展，參見胡志佳，〈惠帝羊皇后與西晉政局－兼論羊氏家族的發展〉，頁226-228。

宗室之爭中，不斷的更動。

> 永興元年七月，右衛將軍陳眕，因勒兵討成都王穎。戊戌，
> 大赦，復皇后羊氏及皇太子覃。

> 八月，司馬穎殺東安王司馬繇。張方復入洛陽，廢皇后羊
> 氏及皇太子覃。

> 十二月，司馬越立武帝二十五子司馬熾為皇太弟。[31]

至光熙元年（306）惠帝崩，羊皇后擔心如果讓司馬熾即位為皇帝，
以惠帝與司馬熾兄弟的關係，自己將無法成為皇太后，於是再度
召清河王司馬覃入宮，希望能以覃代熾，但支持司馬熾的勢力也
做好佈局，阻擾了羊氏的行動。[32]

司馬熾在司馬越的保護下，於光熙元年（306）十一月即位，
此後政權控制在司馬越手中。永嘉元年（307）司馬熾親政後，積
極於政務，一掃惠帝時期皇權衰微的景象，對於司馬越的跋扈，
愈發不能忍受，於是開始延用親信，以繆播、繆胤兄弟為心膂，
「帝舅王延、尚書何綏、太史令高堂沖並參機密」。[33]面對懷帝
不友善的動作，司馬越要求出鎮武昌。至武昌後，司馬越將洛陽
附近重要據點皆以親信出任。永嘉三年（309）三月，司馬越率軍
返回洛陽，「勒兵入宮，於帝側收近臣中書令繆播、帝舅王延等
十餘人，並害之。」[34]懷帝再一次受控於司馬越。回洛陽後的司
馬越更加囂張，濫殺大臣，「用小人，大失眾望」，並欲取司馬

---

31 司馬越的考慮在於，如果惠帝過世後，由司馬覃即位，論輩份，羊皇后將成
　為太后；為避免這種情況發生，司馬越強立武帝之子司馬熾，如此一來，羊
　皇后與新任皇帝之關係為嫂叔，司馬越則可控制全局。參見陳蘇鎮，〈司馬
　越與永嘉之亂〉，《北京大學學報（哲社版）》一九八九年一期（1989 年 1
　月），頁 118。
32 參見胡志佳，前引文，頁 230-231。
33 《晉書》卷六十〈繆播附繆胤傳〉，頁 1637。
34 《晉書》卷五〈懷帝紀〉，頁 118。

熾而代之。司馬熾於永嘉五年（311）三月，「詔下東海王司馬越
罪狀，告方鎮討之」，[35]司馬越憂懼成疾而死。懷帝雖然解決了
司馬越專權的困擾，但伴隨而來的是西北少數民族一波波的攻
擊，最大的一次傷害在這一年（永嘉五年）四月，石勒南下：

> 追東海王越喪，及于東郡，將軍錢端戰死，軍潰，太尉王
> 衍、吏部尚書劉望、廷尉諸葛銓、尚書鄭豫、武陵王澹等
> 皆遇害，王公已下死者十餘萬人。東海世子毗及宗室四十
> 八王尋又沒于石勒。[36]

六月，劉曜、王彌攻陷洛陽，朝臣宗室再一次慘遭殺戮。

> 帝開華林園門，出河陰藕池，欲幸長安，為曜等所追及。
> 曜等遂焚燒宮廟，逼辱妃后，吳王晏、竟陵王楙、尚書左
> 僕射和郁、右僕射曹馥、尚書閻丘沖、袁粲、王緄、河南
> 尹劉默等皆遇害，百官士庶死者三萬餘人。[37]

懷帝為劉曜俘虜至平陽，洛陽殘破，十室九空，中央無主，各方
勢力乘釁而起。

> （永嘉五年）六月，荀藩移檄州鎮，以琅邪王（司馬睿）
> 為盟主。
> 六月，豫章王端東奔苟晞，晞立端為皇太子，自領尚書令，
> 具置官屬，保梁國之蒙縣。
> 七月，大司馬王浚承制假立太子，置百官。
> 九月，豫州刺史閻鼎、雍州刺史賈疋等，奉秦王司馬鄴為
> 皇太子，登壇告類，建宗廟社稷。[38]

---

35 《晉書》卷五〈懷帝紀〉，頁122。另見陳蘇鎮，前引文，頁119-123。
36 同上註。
37 《晉書》卷五〈懷帝紀〉，頁123。
38 同上註，頁123、126。

永嘉七年（313）正月，懷帝為劉聰所害，享年三十。西晉政權在懷帝死時應已告一結束，雖各方爭立正統，但沒有一方具有足夠的力量撐起全局，在劉聰及其他外族勢力未足以取代天下的情況下，西晉僅賴諸司馬宗室於各地擁有區域軍力與少數民族對抗，其中力量較大的為司馬鄴及司馬睿。司馬鄴，為吳王司馬晏的兒子，出繼伯父秦王司馬柬；永嘉二年（308），拜散騎常侍、輔軍將軍。洛陽傾覆後，輾轉為豫州刺史閻鼎、雍州刺史賈疋等迎至長安，永嘉六年（312）九月，被擁立為皇太子，成為司馬氏在西方的一股力量。在懷帝遇害的消息傳出後，司馬鄴於長安「舉哀成禮」，即皇帝位。司馬鄴即皇帝位時才十三歲，他所能掌握及詔令所能及的範圍相當有限，最多也只能算是個地方政權。如其所任命之司徒梁芬，使持節、領軍將軍、錄尚書事麴允及尚書右僕射索（綝），都是西州之人。司馬鄴雖也大費周章的封琅邪王司馬睿為「侍中、左丞相、大都督陝東諸軍事」以及南陽王司馬保為「右丞相、大都督陝西諸軍事」，[39]並下詔要二人出兵勤王，[40]但二王並不理會這個小皇帝。至建興四年（316）八月劉曜猛攻長安時，司馬鄴所能依靠的也還是西州軍隊；[41]在無法抵抗劉曜攻擊之下，十一月，司馬鄴以送箋請降，十二月為劉聰所害。《晉書》中的一段話，說明了司馬鄴的處境：

> 帝之繼皇統也，屬永嘉之亂，天下崩離，長安城中戶不盈

---

39 同上註，頁126。

40 司馬鄴即位，欲反攻劉聰，下詔司馬睿與司馬保二王：「今左右丞相茂德齊聖，國之昵屬，當恃二公，掃除鯨鯢，奉迎梓宮，克復中興。令幽、并兩州勒卒三十萬，直造平陽。右丞相宜帥秦、涼、梁、雍武旅三十萬，逕詣長安。左丞相帥所領精兵二十萬，逕造洛陽。分遣前鋒，為幽并後駐。赴同大限，克成元勳。」同上註。

41 同上註，頁130。

> 百，牆宇積毀，蒿棘成林。朝廷無車馬章服，唯桑版署號
> 而已。眾唯一旅，公私有車四乘，器械多闕，運饋不繼。
> 巨猾滔天，帝京危急，諸侯無釋位之志，征鎮闕勤王之舉，
> 故君臣窘迫，以至殺辱云。[42]

太興元年（318）三月，愍帝死亡的訊息傳至江東，琅邪王司馬睿在文武百官的推擁下，在建康即皇帝位。

第三節　東晉時期帝位繼承中的權力結構剖析

東晉自司馬睿即位迄恭帝遜位，共計一百零三年國祚，歷十一任皇帝。整體來看東晉一朝，外戚在政治上扮演強勢的角色，尤其這些外戚的本身也都是由北而來的士族，其政治利益本就與司馬氏一致，再加上姻親的保障，使這些士族外戚，在東晉政治上呼風喚雨，形成一個很大的力量。但當其過渡膨脹政治權力，也會引發皇權與大臣的反擊。東晉的政治除了外來的反叛事件外，最大的政爭其實都是圍繞在皇權、大臣、外戚與宗室之間的權力鬥爭。[43]

東晉圍繞著帝位繼承進行的政治爭奪，可分為幾個時期來分析：東晉之初，以權臣王導為核心；王氏勢力過大，甚至有左右帝位繼承的能力，加上王敦的謀反，使得元帝及繼任的皇帝對之又愛又怕，紛紛以外戚或其他朝中大臣與王氏相抗。以庾亮為主的庾氏外戚勢力，就是在這樣的情況下崛起的。東晉政權的中期，

---

42 同上註，頁 132。

43 司馬宗王歷經西晉八王之亂及五胡入侵，幾死亡殆盡。東晉初期司馬睿初立於江東時，宗室力量大減；司馬宗室在政治上的發展，要至東晉中期以後才漸漸顯現。

則是以庾氏外戚家族為中心展開的權力鬥爭。庾氏在掌握政權後，獨斷獨行，先造成蘇峻之叛，繼而排擠朝臣，引發朝中大臣結黨以對付之。庾氏消滅後，外戚的力量暫時削弱，褚皇太后四世臨朝，雖未形成外戚專權，但宗室與權臣在此時勢力加大，把持執政，如桓溫。當權臣勢力過大，皇帝又引進宗室與外戚來對付權臣，孝武帝至安帝是最明顯的代表期。當宗室與外戚沒有才能，攪壞政局時，權臣自然再次出現，劉裕取而代之，就是這樣的過程。東晉的歷史，就在權臣、外戚、宗室輪流執政中結束。以下將從帝位繼承過程觀察權臣外戚與宗室之間的角力，並進一步分析其對政局所造成的影響。

一、東晉初期：外戚與權臣

司馬睿為琅邪王司馬覲之子，為皇族宗親之一，但經過五十年的發展，與西晉武帝一系已逐漸親疏。司馬睿十五歲時嗣位琅邪王，在八王之亂中，因緣際會回到江東發展。司馬睿初回江東，面對曾被西晉滅亡的江東人士的冷漠，靠著琅邪王氏家族的支撐，慢慢在江東立足。琅邪王氏實際上控制著江東軍政大權，王導居中輔佐，王敦手控強兵於地方，其餘王氏家族近親於京師任職者二十餘人。[44]

---

44 《晉書》卷六十五〈王導傳〉，頁 1745-1749。有關於司馬睿在江東的發展與琅邪王氏之間的互動，歷來討論已多；而劉雪楓則從江東世族角度提出不同看法，劉氏認為過去學者太強調王導對東晉建國的貢獻，其實吳姓士族在東晉建立過程中，一直得到司馬睿的重視。參見陳寅恪，〈述東晉王導之功業〉，收於《金明館叢稿初編》（台北：里仁書局），1981，頁 48-68；三石善吉，〈東晉の政治過程のいくつかの特質〉，《史境》二十六期（1993年 3 月），頁 68-91；陳長琦，前引書，頁 31-32；金民壽，〈東晉政權の成

雖然東晉建立時，沒有足夠的帝國權威，初期政治與經濟力量多仰賴門閥士族，但由司馬睿建立的政權，畢竟是一個政治核心，士族仍須仰賴這個政治核心，來拓展其政治舞台與發展家族事業。所以東晉政權在這樣的需求下被支撐起來。司馬睿也很清楚，自己能登上皇位，與王導的輔佐是分不開的，所以在接受百官朝賀時，「命（王）導升御牀共坐」。[45]對於晉元帝司馬睿的特殊禮遇，王導始終謹守君臣之分，但王敦則不然。永嘉五年（311）王敦出任揚州刺史，在征討華軼、杜弢、王基、杜曾的軍事行動中，一連獲勝，聲望與權力不斷上升，也使得王敦對司馬睿的態度日漸不恭。王導與王敦，一人在朝執政，一人擁重兵於外，這對司馬睿而言，是一種極大的威脅。

這種威脅的感覺對司馬睿而言，在即帝位前後有所不同。即位後的司馬睿，皇帝的名與權集中於一人之手，逐漸有效的掌握政權，此時王氏的勢力雖重要，但已並非完全無法取代，所以司馬睿與王氏之間，開始有了隔閡。司馬睿稱帝不久，引用刁協為尚書令，與侍中劉隗同為心腹。此舉引發王敦的不滿，永昌元年（322）正月，王敦在武昌以討刁協、劉隗為名起兵。大軍一路開向京師，後來在王導的反對之下，王敦退回武昌。

司馬睿在位僅五年，就在王敦的脅迫之下，於永昌元年（322）憂憤而死。長子司馬紹即位，是為明帝。司馬紹在被立為太子之

立過程—司馬睿（元帝）の府僚を中心として〉，《東洋史研究》四十八卷二期（1989 年 9 月），頁 96-104；劉雪楓，〈吳姓士族與東晉早期政治〉，《遼寧大學學報》一九九〇年六期（1990 年 11 月），頁 14-17、25；以及陳明，《中古是族現象研究—儒學的歷史文化功能初探》（台北：文津出版社，1994 年），頁 120-125。

45 劉雪楓提出，晉元帝提出此舉是要使情況明朗化，試探王導的意味較多，也是元帝想藉此擺脫王導、王敦的控制。參見劉雪楓，前引文，頁 15。

前，曾歷經一番波折。在司馬睿為晉王，要冊立太子時，司馬睿對長子紹與次子裒皆相當喜愛，但隨兩人漸長，司馬裒的表現漸超越司馬紹，使得司馬睿有以裒代紹之意。司馬睿即曾語王導曰：「立子以德不以年」，這造成支持司馬紹的大臣相當的不安；王導以「世子（紹）、宣城（裒）俱有朗儁之目，故當以年」之語，終於讓司馬睿冊立長子司馬紹為太子。[46]

司馬紹在為太子時表現出色，得到當時士族的讚賞與支持，《晉書》〈明帝紀〉載：

> 性至孝，有文武才略，欽賢愛客，雅好文辭。當時名臣，自王導、庾亮、溫嶠、桓彝、阮放等，咸見親待。嘗論聖人真假之意，導等不能屈。又習武藝，善撫將士。於時東朝濟濟，遠近屬心焉。[47]

而面對才華服眾的太子，想謀篡的王敦，時刻想去之而後快，欲假借太子不孝而除去司馬紹，幸賴溫嶠挺身保護，王敦之計才未得逞。

> 敦素以帝神武明略，朝野之所欽信，欲誣以不孝而廢焉。大會百官而問溫嶠曰：「皇太子以何德稱？」聲色俱屬，必欲使有言。嶠對曰：「鈞深致遠，蓋非淺局所量。以禮觀之，可稱為孝矣。」眾皆以為信然，敦謀遂止。[48]

明帝即位後，王導受遺詔輔政。如前所言，司馬紹之能登上皇帝寶座，與王導的支持有密切關係。所以當明帝即位後，事事皆由王導主持；甚至在王敦再次起兵內向時，明帝仍加王導大都督、假節、領揚州刺史，總統反王敦大軍，以行動表現對王導的完全

---

46 司馬裒死於建武元年（317），這使得可能出現的帝位之爭，消弭於無形。參見《晉書》卷六〈明帝紀〉，頁 158-159、卷六十四〈司馬裒傳〉，頁 1725、卷六十五〈王導傳〉，頁 1750。
47 《晉書》卷六〈明帝紀〉，頁 159。
48 同上註。

信任。但另一方面，為防範未然，明帝逐漸地賦予皇后的兄長庾亮重職，以制衡王氏。

明帝利用王敦敗亡，對琅邪王氏採取一系列職務上的調動；如任命應詹為都督江州諸軍事、江州刺史，取代王彬；以劉遐監淮北諸軍事、徐州刺史，取代王邃；在名義上進位王導為太保、司徒如故，並且有劍履上殿、入朝不趨、贊拜不名的榮譽，但實際上架空其實際權力。[49]

早在明帝為太子時，元帝為其擇潁川鄢陵人庾琛之女庾文君為太子妃，庾家與司馬帝室之間在此時已透過婚姻關係，緊密結合一起。明帝即位後，於太寧元年（323）立庾氏為皇后。明帝在位不到三年，其中大半的時間在王敦的叛亂中渡過。由於未於即位初冊立接班人，至明帝臨死前，各方勢力全力爭奪繼承權力。其中一派為明帝所寵昵的南頓王司馬宗、虞胤；[50]另一派即以庾亮為首的朝中大臣。相傳司馬宗等人欲乘明帝病危，與西陽王司馬羕密謀罷黜大臣，操縱朝政。庾亮闖入宮中，告知明帝司馬宗等人之謀，要求明帝必須果斷處理此事；明帝最後做成決定，並未處置司馬宗等人，但命庾亮與王導、卞壺、郗鑒、溫嶠等朝臣一起輔佐太子，並加庾亮為中書令。[51]

明帝於太寧三年（325）三月，冊立長子司馬衍為皇太子，至閏八月戊子，明帝過世，皇太子司馬衍以五歲之齡即皇帝位，是

---

49 參見張國安，〈晉明帝末年統治集團內部的一次鬥爭〉，《北京大學學報（哲社版）》一九八六年四期（1986 年），頁 127-128。

50 司馬睿即位，於琅邪王任上娶齊陽虞豫之女虞氏為妃，但虞氏早卒，未及立為后；加上父親虞豫亦早卒，所以在元帝朝並未形成外戚勢力，僅虞氏之弟虞胤嗣父爵，為明帝所寵信，典重兵。但明帝死後，其家族亦逐漸沒落。《晉書》卷九十三〈外戚‧虞豫附虞胤傳〉，頁 2413。

51 《晉書》卷七十三〈庾亮傳〉，頁 1917-1918。

為成帝。成帝即位後，庾太后臨朝，最重要兩位輔政者，一為兩代重臣王導，一位為太后兄長庾亮；另配以兩位宗室為武臣最高統帥，一位為原撫軍將軍南頓王司馬宗出任驃騎將軍，一位為原領軍將軍汝南王司馬祐出任衛將軍。[52]這樣的佈局，可以看出一方面是庾氏加強對政權的控制力，另一方面或是王敦亂後，司馬氏對琅邪王氏的不信任，利用外戚與宗室，對王氏的制衡。[53]

以庾亮為代表的外戚庾氏，是縱橫東晉政壇最久，影響最大的外戚集團。[54]庾亮的成名並不是只來自於其妹庾皇太后，相反的庾氏之可以入選為明帝皇后，與庾亮有直接的關係。史載：

> 庾亮字元規，……。亮美姿容，善談論，性好莊老，風格峻整，動由禮節，閨門之內不肅而成，時人或以為夏侯太初、陳長文之倫也。
>
> 元帝為鎮東時，聞其名，辟西曹掾。及引見，風情都雅，過於所望，甚器重之。由是聘亮妹為皇太子妃，亮固讓，不許。……中興初，拜中書郎，領著作，侍講東宮。其所論釋，多見稱述。與溫嶠俱為太子布衣之好。……太子甚納焉。累遷給事中、黃門侍郎、散騎常侍。[55]

明帝即位後，庾亮更受重視，從中領軍遷中書監。王敦謀反時，

---

52 《晉書》卷七〈成帝紀〉，頁169。

53 《晉書》卷六十五〈王導傳〉，頁1753。

54 李瓊英在〈論東晉外戚〉一文中指出，東晉外戚政治發展的特色，首先是同一家族數次與帝王通婚，縮小了外戚的數量與範圍，潁川庾氏兩次、太原王氏三次、河南褚氏兩次、琅邪王氏一次、京兆杜氏一次、廬江何氏一次。其二，皇帝的婚姻中存在著不少輩份紊亂的婚姻關係，主要的原因是在東晉皇位繼承的不連續；其三，東晉外戚均為過江世族，南方世族竟無一例，這說明世族之間在政治上所體現出來的僑姓高於土著的地位之分，仍然反映到皇帝的婚姻之中，也就是說，東晉皇帝的婚姻，仍是政治的體現，頁90-91。

55 《晉書》卷七十三〈庾亮傳〉，頁1915。

加衛將軍，假節、都督東征諸軍事，亂平後再遷護軍將軍。[56]但是小皇帝即位，母后臨朝，外戚干政，大權掌握庾氏之手。庾亮先發制人，殺了密謀罷黜自己的司馬宗，並罷免西陽王司馬羕的太宰，降為弋陽縣王。這種削弱司馬宗室的舉動，連年幼的成帝亦覺不安。[57]庾亮在取得執政權力後，在處理政事上，常常一意孤行，在不聽王導與溫嶠的勸阻之下，終於釀成蘇峻之亂。

> 琅邪人卞咸，（司馬）宗之黨也，與宗俱誅。咸兄闡亡奔蘇峻，亮符峻送闡，而峻保匿之。峻又多納亡命，專用威刑，亮知峻必為禍亂，徵為大司農。舉朝謂之不可，平南將軍溫嶠亦累書止之，皆不納。峻遂與祖約俱舉兵反。[58]

在動亂中，庾皇太后於咸和三年（328）三月駕崩，蘇峻之亂延續前後近八年，江南為之破壞。亂平之後，庾亮上表自請處分，成帝不許。由於蘇峻之亂禍首即庾亮，亮也知道很難於中央立足，但成帝礙於庾太后之情，也無法處分之。為逃離中央群臣的指責與制衡，庾亮自求外放地方，咸和四年（329）三月，成帝命庾亮「持節、都督豫州揚州之江西宣城諸軍事、平西將軍、假節、豫州刺史，領宣城內史。」[59]

庾亮至揚州後，努力力求表現；這一年十二月，右將軍郭默反，[60]庾亮自請出征，與陶侃大軍合力討破之。庾亮自咸和四年（329）三月出鎮，至咸和九年（334）陶侃死之前，在陶侃的支

---

56 同上註，頁 1916-1918。

57 《晉書》卷七〈成帝紀〉，頁 184。

58 同上註，頁 1918。

59 同上註，頁 1920。過去許多學者以庾亮出鎮是為了有效控制地方軍權，事實上，庾亮出鎮還是與蘇峻之亂之後無法立足中央有關。

60 《晉書》卷七〈成帝紀〉，載為「右將軍郭默」，卷七十三〈庾亮傳〉載「後將軍郭默」，頁 175、1921。

援下,有效的在地方建立個人勢力。至陶侃死(咸和九年六月),陶侃的地方勢力全轉移至庾亮手中,至此,庾亮重新成為可與中央抗衡的力量。[61]

外戚單靠一人的力量是不夠的,庾亮在發展的同時,也培養兩個弟弟庾冰、庾翼,慢慢在政治上發展。至庾亮出鎮武昌時,庾冰在朝中出任中書監、揚州刺史參錄尚書事,二人內外相和。[62]隨著庾氏不斷擴充家族勢力,逐漸威脅朝中大臣的既有政治地盤,如王導在庾氏的壓迫下,也不甘示弱的在北方石季龍入寇歷陽時,以司徒的身份加「大司馬、假黃鉞、都督征討諸軍事」出兵抵禦。庾亮與王導為首的朝中大臣,不斷進行權力爭衡;咸康五年(339)七月,王導在臨死前,為了有效制衡庾氏家族的發展,援引護軍將軍何充錄尚書事。

成帝崩於咸和八年(333),在位十七年間,大部分時間受制於外戚庾亮。[63]在庾亮死後,庾冰深懼如果皇帝易位,其外戚的權勢也可能隨帝王更換而消失,所以最好的方法是新繼任的皇帝仍是庾氏可以控制的。所以在成帝死之前,不斷向成帝建言,以國家目前外有強敵,內時有動亂之際,「立君應立長」,慫恿成

---

61 《晉書》卷七十三〈庾亮傳〉載:「陶侃薨,遷亮都督江、荊、豫、益、梁、雍六州諸軍事,領江、荊、豫三州刺史,進號征西將軍、開府儀同三司、假節。亮固讓開府,乃遷鎮武昌。」頁1921。過去學者多以庾亮是為了掌握全權而出鎮,其實庾亮出鎮最初是因逃避蘇峻之亂造成朝中的指責,而在地方平亂與北伐中,逐步地控制了軍權,進而轉回朝中掌握政權。

62 因在東晉政局中荊揚地區位處連通南北,也是經濟重心,在東晉要控制中央必先掌握荊揚。傅樂成,〈荊州與六朝政局〉,收於氏著,《漢唐史論集》(台北:聯經出版公司,1977年),頁93-115;要瑞芬,〈都督制在東晉南朝荊揚之爭中的作用〉,《蘇州大學學報(哲社版)》一九九三年一期(1993年),頁96-98、115。

63 庾亮死於咸康六年(340)正月,成帝司馬衍崩於咸康八(342)年六月。《晉書》卷七〈成帝紀〉,頁182-183。

帝立同母弟琅邪王司馬岳為繼承者；而何充則以「父子相傳，先王舊典，忽妄改易，懼非長計」，[64]表達反對意見。兩派相爭的結果，庾冰獲勝。《晉書康帝紀》載：「（咸和）八年六月庚寅，成帝不悆，詔以琅邪王（司馬岳）為嗣。癸巳，成帝崩。甲午，即皇帝位」。[65]為了避免在新皇帝即位過程中造成政局的動亂，朝廷還特別下令「諸屯戍文武及二千石官長，不得輒離所局而來奔赴」。[66]引武陵王司馬晞、會稽王司馬昱、中書監庾冰、中書令何充、尚書令諸葛恢並受顧命，[67]庾氏家族在政治上的勢力終於延續下去。

康帝司馬岳，本身有殘疾，其之所以嗣立，主要為庾冰所促成。即位後，委政於庾冰與何充；咸康八年（343）十二月，立河南陽翟褚裒之女原為琅邪王妃的褚氏為皇后。褚裒或許看盡政治上的爭權奪力，此時庾冰尚且控制朝政，在東晉諸多外戚之中，褚氏較遠離政治紛爭。

康帝即位時二十一歲，史載其「身有疾，無法言語。」[68]政權掌握在庾氏手中。不到三年時間，建元二年（344）康帝駕崩。康帝臨死前，在帝位繼承問題上又出現紛爭。庾冰欲立康帝的叔父司馬昱，何充再次與庾氏相抗，建議立皇太子。最後何充派獲勝，[69]立年僅兩歲的皇子司馬聃為皇太子。康帝駕崩後，這一次

---

64 《晉書》卷七十七〈何充傳〉，頁 2029。
65 《晉書》卷七〈康帝紀〉，頁 184。
66 同上註，頁 184-815。
67 《晉書》卷七〈成帝紀〉，頁 183。
68 《晉書》卷七〈康帝紀〉，頁 184。
69 何充為王導妻子姊姊的兒子，而何充的妻子也正是明帝庾皇后的妹妹。雖然與庾氏帶上姻親關係，但何充在政治上與庾氏並未站在同一陣線上，反而與王導很早成了莫逆。何充早期在政治上的發展，受王導的提拔很多；王導不斷的推薦何充，甚至以「臣死之日，願引充內侍，則外譽唯緝，社稷無虞矣」，拔遷至中央高位。何充於成帝末期在約制庾氏發展扮演重要角色。

何充奉遺旨，立皇太子為帝，是為穆帝。

　　穆帝以兩歲之齡即位，由褚皇太后臨朝稱制，[70]為了平衡大局，褚太后仍下令徵召庾冰入京輔政，但此時庾冰身已染疾，而且選立司馬昱的意見又未被接受，所以以生病為藉口，拒絕進京輔政。九個月後，庾冰病逝於武昌。庾冰的弟弟庾翼在哥哥參與帝位爭嗣失敗以及病逝的消息相繼傳至襄陽後，於當年（建元二年）十一月命長子庾方之留守襄陽，自己撤回夏口。在夏口，庾翼將庾冰生前的部眾收歸自己統帥，積極準備在適當的時機再次北伐，但永和元年（345）十一月，因背部癰疽發作而死。[71]庾翼在臨終前仍想盡力延續庾氏在政治上的控制力，舉己子庾爰之接繼自己的官職。當時朝廷中多數人亦以「諸庾世在西藩，人情所歸，宜依翼所請，以安物情」；然何充獨排眾議，以桓溫取代庾氏在荊楚之西的勢力。[72]在庾翼死後何充以桓溫為安西將軍、持節、都督荊司雍益梁寧六州諸軍事，領護南蠻校尉、荊州刺史，接替庾翼成為鎮守長江中游的軍事統帥。[73]

　　穆帝即位於建元二年（344）九月，庾冰死於十一月，庾翼死於次年（永和元年，345）的七月，何充亦於永和二年（346）正月過世。[74]歷經成帝、康帝至穆帝初期的外戚與朝臣的對抗到此

---

70 褚皇后在康帝之後，歷穆帝、哀帝、海西公、孝武帝四朝以皇太后稱制，這在中國皇帝制度中相當罕見。但由於褚氏本身對政權的疏離，褚皇太后的統攝萬機多是形式，此時最大的權力在朝中大臣，如蔡謨、何充、殷浩、謝安、桓溫等人之手。而當朝中大臣欲對付某位權臣時，太后往往是其結盟的對象。李瓊英，前引文，頁91。

71 《晉書》卷七十三〈庾亮附庾翼傳〉，頁1933-1935。

72 為此，何充曾獨排眾議，大力說明以桓溫代庾氏的優點。《晉書》卷七十七〈何充傳〉，頁2030。

73 《晉書》卷八〈穆帝紀〉，頁192。〈桓溫傳〉載：「都督荊梁四州諸軍事、安西將軍、荊州刺史、領護南蠻校尉、假節」，頁2569。

74 《晉書》卷八〈穆帝紀〉，頁191-193。

告一段落。

二、東晉中期：權臣、外戚與宗室

穆帝在位十七年，前十二年為褚皇太后臨朝，至升平元年（357）親政，但不到五年的時間即過世，享年十九歲。早在何充死後（永和二年），司馬昱居執政之位，丹陽尹劉惔以桓溫野心不小，勸司馬昱不可讓桓溫居險要之地，司馬昱雖未採納，但接受褚皇太后父親褚裒的建議，在永和二年（346）三月徵召前司徒、左長史殷浩出任建武將軍、揚州刺史。永和三年（347）當桓溫攻滅梁益的成漢政權，其聲望和權勢，引起東晉朝廷的恐懼。為了與桓溫相抗衡，司馬昱引殷浩參與朝政。殷浩援引了荀羨、王羲之等人與桓溫對抗。整個穆帝朝，最大的政爭即桓溫與殷浩兩派的對抗。桓溫藉由一次次的北伐，抬高了自己的聲望與權勢，並用軍隊的壓力迫使朝廷廢了連年北伐戰敗的殷浩。[75]

穆帝死於升平五年（361），臨死前並未冊立接班人，由褚皇太后下令迎琅邪王司馬丕入繼正統。司馬丕為成帝的長子，穆帝的伯父，於升平五年（361）五月即皇帝位。不到二年的時間，以服食過多追求長生不老之藥而中毒，無法親政，褚皇太后再次臨朝攝政。興寧三年（365）司馬丕二月駕崩，享年二十五歲。與穆帝死亡時的情況類似，死前並未冊立接班人。興寧三年（365）二月，由褚皇太后下詔，迎琅邪王司馬奕纂成大統；由會稽王司馬昱再次總內外眾務，加征西大將軍桓溫侍中、大司馬、都督中外

---

75 司馬昱引用殷浩，與二人同為清談同好有關，但殷浩實非將才，導致桓溫利用局勢，更加擴張勢力。《晉書》卷七十七〈殷浩傳〉，頁 2043-2047、卷九十八〈桓溫傳〉，頁 2568-2570。

諸軍事、錄尚書事、假黃鉞。[76]

　　司馬奕為哀帝同母弟，即位時年二十四歲，努力欲有所作為。但此時歷穆帝以來皇權不斷更迭，而桓溫在南征北討中個人勢力日漸擴大，不將晉室放在眼裡，欲自立為帝，[77]藉口說「帝（海西公）在藩夙有痿疾，孌人相龍、計好、朱靈寶等參侍內寢，而二美人田氏、孟氏生三男，長欲封樹」，逼迫褚皇太后於太和六年（十一月）下令廢司馬奕為東海王。

> 即日桓溫使散騎侍郎劉享收帝璽綬。帝著白帢單衣，步下西堂，乘犢車出神獸門。群臣拜辭，莫不歔欷。侍御史、殿中監將兵百人衛送東海第。[78]

咸安二年（372）正月，再降封司馬奕為海西縣公；四月再徙於吳縣，並派吳國內史刁彝與御史顧允防衛監察。至十一月，盧悚遣弟子殿中監許龍與海西公聯繫，假借皇太后密詔，欲行復辟之舉。後來海西公聽納保母的建議，拒絕了許龍；此後海西公過著自我放縱的生活，至太元十一年十月過世，享年四十五歲。[79]

　　在司馬奕被廢之後，皇太后再次下詔，以琅邪王司馬昱入繼大統。司馬昱於咸安元年（371）十一月即帝位，是為簡文帝。司馬昱在東晉宗室中輩份相當高，是元帝司馬睿的少子。其人「幼而岐嶷，為元帝所愛。及長，清虛寡欲，尤善玄言」。自元帝以後歷經明、成、康、穆諸帝，在一代代皇帝替換中，司馬昱一直

76　《晉書》卷八〈哀帝紀〉，頁 207。
77　桓溫本來想借北伐來提高自己的聲望，以作為代晉的準備，但太和四年（369），枋頭一役慘敗，聲望受到打擊，在郗超的建議下進行廢立之計。《晉書》卷九十八〈桓溫傳〉，頁 2577。
78　《晉書》卷八〈海西公紀〉，頁 214。
79　同上註，頁 215。

在朝政中默默地扮演著中流砥柱的角色。[80]但在司馬昱即帝位時，朝政大權已控制在桓溫手中，皇帝不過是個傀儡而已。

咸安元年（371）十一月，司馬昱初即位，桓溫即以蠻橫粗暴手段誣陷武陵王司馬晞謀反。史載：

> 咸安元年冬十一月己酉，即皇帝位。桓溫出次中堂，令兵屯衛。乙卯，溫奏廢太宰、武陵王晞及子綜。詔魏郡太守毛安之帥所領宿衛殿內，改元為咸安。庚戌，使兼太尉周頤告于太廟。辛亥，桓溫遣弟祕逼新蔡王晃詣西堂，自列與太宰、武陵王晞等謀反。帝對之流涕，溫皆收付廷尉。癸丑，殺東海王二子及其母。[81]

咸安二年（372）四月，在桓溫的逼迫下，又徙海西公於吳縣西柴里，並追貶海西公皇后庾氏為夫人。六月，庾氏族人前護軍將軍庾希起兵反；七月，桓溫派東海內史周少孫討庾希，擒庾希，斬之於建康市。這種種不留情的殺戮，簡文帝無力阻止，在本月（七月）己未，立會稽王司馬昌明為皇太子後，簡文帝過世，享年五十三歲，在位期間不到兩年。[82]

簡文帝病危時，桓溫期待司馬昱會把帝位禪讓給他，或者至少可以居攝政之位，但在王彪之、謝安等人的安排下，由皇太子司馬曜即位，是為孝武帝，特頒桓溫為輔政大臣。憤怒的桓溫，拒絕入朝輔政。次年（寧康元年，373）七月，桓溫病逝，新皇帝暫時擺脫權臣的控制。八月，褚皇太后再次臨朝攝政。此後至太元元年（376）皇太后才歸政於孝武帝。親政後的孝武帝在謝安家族與外戚

---

80 由於司馬昱本人崇尚清談，其用人亦多名士之輩，無法對政局起振救弊之效。參見金民壽，〈東晉政權的成立過程—司馬睿（元帝）の府僚を中心として〉，《史林》七十五卷一期（1992年1月），頁50-55。

81 《晉書》卷九〈簡文帝紀〉，頁220。

82 同上註，頁223。

王氏的支持下曾有一度的勵精圖治，成為東晉較有發展的時期。

東晉在簡文帝以後，太原王氏家族以外戚身分進入權力核心。自哀帝、簡文以迄孝武帝，三代皇帝所立的皇后皆來自太原晉陽王氏，而且其輩份甚為錯亂。[83]這三位太原王皇后，其實又分為兩支；簡文帝王皇后是一支，簡文帝雖在位不到兩年，但隨王皇后建立的王氏外戚，在東晉政治上的影響力卻連延二、三十年。王皇后的從兄王述早在廢帝太和二年（367）已過世，其子王坦之自弱冠起已有名於當世。簡文帝任命坦之為撫軍將軍，其後一路升遷，王坦之為人有風格，不畏強權，簡文帝臨死前，面對權臣桓溫不斷要求依周公居攝故事將政權交出時，王坦之「自持詔入，於帝前毀之」，並言「天下，宣元之天下，陛下何得專之！」在桓溫死後，王坦之與謝安共同輔佐十歲即位的孝武帝。孝武帝在位前期，在二人的輔佐下，東晉政治是相對安定的。[84]

王坦之有四個兒子，在孝武帝末年，「兄弟貴盛，當時莫比」。其中對東晉政局造成較大影響的是王國寶。《晉書》對王國寶的記載為：「少無士操，不修廉隅。婦父謝安惡其傾側，每抑而不用」。[85]太元十年（385），謝安一死，孝武帝將政事完全交給司馬道子，王國寶的從妹為道子妃，於是二人共同操控朝政，一時之間貪污、賄賂四行。孝武帝朝就在道子與外戚王國寶的亂政下，朝政如江河日下。王國寶的弄權空間，在於其外戚的身份權勢，雖因簡文帝死亡而消退，但在過程中攀附了執政者司馬道子，加

---

83 哀帝王皇后之父王濛與孝武帝王皇后之父王蘊為父子關係，二皇后仍為姑侄；然哀帝是元帝的曾孫，孝武帝卻是元帝的孫子(孝武帝是簡文帝第三子，簡文帝是元帝少子)，如此，二王皇后由姑侄而變為子父輩，侄女比姑母輩分還高一級。參見李瓊英，前引文，頁90。

84 參見《晉書》卷七十五〈王湛附王坦之傳〉，頁1964-1970。

85 同上註，頁1970。

上孝武帝以後皇帝的無能，終使王國寶的權力能延續下去，一直到被殺為止。

太原晉陽外戚的另一支，是哀帝與孝武帝皇后的這一支。論輩份，這兩位皇后的關係為姑姪。哀帝在升平五年（361）五月即帝位；九月，立原琅邪王妃太原晉陽王穆之為皇后，王氏在位不到三年，於興寧二年（364）過世。[86] 王氏之父王濛，有風流美譽，受喜愛清談玄言的的司馬昱重用。在穆帝朝，司馬昱輔政，以王濛為司徒左長史，後病卒，享年三十九歲。由於王濛與哀帝王皇后，很早就過世了，這一支王氏並未形成外戚力量。

東晉十一位皇帝中，只有成帝、穆帝與孝武帝三位，因即位時年紀小，成年後才納后。皇帝納后其實就是各方權力的角力，誰能脫穎而出，不只與皇后有關的外戚一步登天，連支持者也同享政治利益。孝武帝即位後，開始在士族門閥中尋求皇后。當時謝安以王蘊女兒「容德淑令」，於是推薦以應選。寧康三年（375），中軍將軍桓沖等人再以「伏聞試守晉陵太守王蘊女，天性柔順，四業允備。且盛德之冑，美善先積。臣等參議，可以配德乾元，恭承宗廟，徽音六宮，母儀天下」，上奏孝武帝，最後孝武帝同意納王蘊女兒王法慧為皇后。結果成婚以後，「容德淑令」、「天性柔順，四業允備」都不見了，反倒是「性嗜酒驕妒」，孝武帝在忍無可忍之下，「乃召（王）蘊於東堂，具說后過狀，另加訓誡。」[87]

無論王皇后為人如何，外戚的力量在此而生。王皇后的哥哥王恭，早在妹妹冊立為皇后之前，已有名於當世，「少有美譽，清操過人，自負才地高華，恆有宰輔之望。」與謝安、桓玄、殷仲堪等人友好。孝武帝也以王恭為皇后的哥哥，深相欽重。以王

86　《晉書》卷三十二〈后妃·哀靖王皇后傳〉，頁 978。
87　《晉書》卷三十二〈后妃·孝武定王皇后傳〉，頁 982-983。

恭出任「都督兗青冀幽并徐州晉陵諸軍事、平北將軍、兗青二州刺史、假節」，對付日漸囂張的司馬道子與王國寶。[88]東晉後期的政局，就在宗室與外戚的爭鬥中，一步步走向滅亡。

但王恭的權勢光環，在孝武帝死後消失了。安帝即位，會稽王司馬道子繼續執政，仍然寵昵王國寶。王恭對道子與國寶的作為，常不假以顏色的指責。終於導致司馬道子欲除之而後快，當王恭得知司馬道子的謀策時，也與殷仲堪與桓玄等人結合，以誅王國寶之名起兵。自此而後東晉國難始結，先有桓玄篡位，培植了劉裕，最後劉裕取晉而代之。[89]

三、東晉晚期：宗室與外戚

桓溫死後，謝安執掌朝政，孝武帝剛即位，為了穩定政局，謝安仍然讓桓溫之弟桓沖鎮守京口，再轉任荊州刺史，撫平桓氏的疑慮。在穩定內部政局後，謝安將力量集中對付來自北方前秦的威脅。結果在太元八年（383）淝水一戰，謝安率領的東晉大軍大敗苻堅。淝水之戰的勝利，讓謝安個人與家族的威望到達頂峰，如此一來引起司馬道子的疑慮，擔心桓溫事件再次重演。在司馬道子的挑撥之下，孝武帝也逐漸疏遠謝安。朝廷大權逐漸轉移至司馬道子手中。

太元九年、十年間，褚皇太后與謝安相繼逝世，孝武帝任命道子為都督中外諸軍事，集軍政大權於一身。攬權後的司馬道子，驕縱恣狂，使得孝武帝日漸不安。於是在太元十五年（390），挑

---

88 《晉書》卷八十〈王羲之附王獻之傳〉，頁 2104-2106、卷三十二〈后妃·安僖王皇后傳〉，頁 983。
89 同上註，頁 2184-2186。

選王恭率軍駐防京口，另外提拔殷仲堪等人擔任朝廷要職，以對司馬道子產生牽制。司馬道子也不甘示弱，援引王國寶來對抗。[90]

　　就在雙方對立之勢一觸即發之際，太元二十一年（396）孝武帝為宮人張貴人所殺，享年三十五歲。孝武帝死後，由皇太子司馬德宗（太元十二年八月立）即皇帝位，是為安帝。史載：「帝不惠，自少及長，口不能言，雖寒暑之變，無以辯也。」所以即位之初，仍以叔父司馬道子為太傅攝政，加上王珣與王國寶操縱朝政。白癡皇帝加上權臣謀國，使得地方動亂在安帝初即位（隆安元年（397）三月）後不斷出現。

　　首先在隆安元年（397）四月，桓玄說動南兗州刺史王恭與荊州刺史殷仲堪，以討王國寶為名共同舉兵。消息傳到建康，懦弱的司馬道子殺王國寶以熄眾怒。王國寶死了以後，司馬道子再引譙王司馬尚之等人為心腹。司馬尚之建議道子「藩伯強盛，宰相權弱，宜多樹置以自衛」，結果司馬尚之復掌機權，勢力大過王國寶。司馬道子利用殷仲堪、楊佺期與桓玄之間的矛盾，進行離間，隆安三年（399）十二月，桓玄發兵，殺了殷仲堪、楊佺期，並將荊、雍二州據為己有，並要求朝廷加封自己為都督荊、江、司、雍等八州及揚、豫八郡諸軍事，兼荊、江二州刺史。[91]

　　安帝在位長達二十一年，在動盪的政局中，桓玄輕易地舉兵進入建康，大舉殺害司馬道子、司馬元顯父子及大批朝臣，自己擔任都督中外諸軍事、丞相、錄尚書事、揚州牧，並兼任徐、荊、江三州刺史，獨攬軍政大權。經過賜九錫及多次推讓的醜劇後，桓玄於元興二年（403）十二月正式稱帝。桓玄稱帝之初，許多士家大族基於與桓溫之間的情誼，以及想要早日結束司馬道子父子

90　《晉書》卷六十四〈司馬道子傳〉，頁1735。
91　《晉書》卷九十九〈桓玄傳〉，頁2589。

所造成的動亂，並不反對桓玄的稱帝，但稱帝後的桓玄，不但在朝政上無所建樹，甚至開始荒淫享樂，造成士族的再次失望，而給了劉裕發展的機會。[92]

　　次年（元興三年，404）二月，劉裕與北府兵將領何無忌、劉毅等兩百餘人，同時於京口及廣陵兩地起事，控制北府，[93]攻進建康，桓玄兵敗退回江陵，結果在崢嶸州（湖北鄂城）為劉毅擊敗，不久被殺。此後安帝義熙年間（405-418）劉裕一步步掌握東晉政權。[94]

　　劉裕在打敗桓玄後回到建康，重新擁立安帝，以武陵王司馬遵總攬政事，並將親信分派駐守重要地區。[95]義熙四年（408）加封劉裕為揚州刺史、錄尚書事。尤其在義熙九年（413）平定為亂多年的盧循之亂以後，劉裕的功勳已無人能逮。至義熙十四年（418）進封相國、宋公。這一年十二月，安帝駕崩，享年三十七歲。安帝在位二十一年；前期桓玄篡位，後期受制於劉裕，其實東晉已名存實亡。[96]

---

92 參見祝總斌，〈試論東晉後期高級士族之沒落及桓玄代晉之性質〉，《北京大學學報（哲社版）》一九八五年三期（1985年5月），頁83-86。

93 劉裕所以能擊敗桓玄，主因在劉裕所糾集者皆為北府舊人。北府兵權在謝玄死後落入劉牢之手中，劉牢之先與王恭聯合討伐司馬道子與元顯父子，而後出賣王恭；其後桓玄稱兵東下，又出賣司馬元顯而降玄。其後遭桓玄解除兵權，又起而謀反玄，最後自殺。劉牢之死後北府陷入無首狀態，最後為劉裕所掌握。參見傅樂成，〈荊州與六朝政局〉，頁107。

94 《晉書》卷十〈安帝紀〉，頁257-266。

95 至此，北府兵掌握在劉裕一人手中。同上註，頁259。

96 安帝之死，傳為劉裕密使王韶之縊殺。《晉書》卷十〈安帝紀〉，頁267。安帝即位，納原太子妃琅邪王獻之之女王神愛為皇后。值得注意的是琅邪王氏與東晉政權關係向來緊密，王獻之為王導的從孫。但自王導至獻之以前，琅邪王氏之女，未有立為皇后者。這是否與王敦之亂後，琅邪王氏的發展受主政者的猜忌有關，值得進一步研究。而王獻之個性「高邁不拘」，卻娶了新安公主。又將女兒嫁給幾近白癡的司馬德宗。這是否是為了擴大與穩固琅邪王氏之力量有關，亦值得注意。卷八十四〈王恭傳〉，頁2183-2184。

安帝死亡以後，劉裕矯稱遺詔，以安帝同母弟琅邪王司馬德文繼承王位，是為恭帝。[97]元熙元年（419）恭帝下詔徵劉裕回朝輔政，經過一年的佈局，[98]至次年六月，劉裕才回到京師。中書令傅亮「諷帝（恭帝）禪位，草詔，請帝書之」，恭帝司馬德文「謂左右曰：『晉氏久已失之，今復何恨。』乃書赤紙為詔」，[99]東晉正式亡國。

東晉最後一任皇帝恭帝，即位於義熙十二年（418）十二月，元熙元年（419）正月，立原琅邪王妃陽翟褚爽之女褚靈媛為皇后。次年，恭帝遜位於劉裕，褚皇后降為零陵王妃。[100]隨東晉政權的滅亡，一切引發自外戚的政權鬥爭，也告一段落。

第四節　兩晉帝位繼承之特質

兩晉時期帝王繼承各有其特色。在西晉時期，主要以家族共同利益為司馬家族努力的目標。在武帝之前，司馬氏的發展高峰在司馬懿時代。司馬懿透過手腕與智慧，在政治上連結汝潁集團，在軍事上，透過對吳、蜀的征伐，將國家軍權掌握己手，而司馬懿時期的發展當時最大的目標，是如何在曹魏政權下獲得權力的鞏固，此時司馬氏內部尚未產生權力的爭衡，仍是以整個司馬家

97　劉裕之所以選擇司馬德文，是因為在義熙年間司馬德文曾與劉裕同伐姚泓。

98　劉裕以劉懷慎出任前將軍、北徐州刺史，鎮彭城，以領北府；另以自己的兒子留義真為揚州刺史。《晉書》卷十〈安帝紀〉，頁269。

99　同上註。

100　《晉書》卷三十二〈后妃・恭思褚皇后傳〉，頁984。恭帝褚皇后與康帝褚皇后同出一系。褚裒是恭帝褚皇后的曾祖，兩位褚皇后是祖孫輩。但有趣的是康帝是元帝之孫，而恭帝是元帝的曾孫，兩位褚皇后在夫家的輩份變成姑姪輩。參見李瓊英，前引文，頁90。

族利益為考量，大家團結對外。武帝即位後的分封宗室，有部分的原因，仍是這種以家族利益為中心思想的展現。[101]司馬炎在即位之初，曾有意將帝位轉承給司馬攸，其實也是在這樣需一致團結對外環境背景下出現的考量。但隨著武帝即帝位後，權力、富貴快速集中司馬炎一家之手，對這些曾經在曹魏末期共同為司馬家族打拼的司馬家人，在心態上或尚未調整或不願接受，都是使得武帝以後宗室權力爭奪出現的原因之一。就在這樣調適中，自惠帝起宗室不斷興起風波，八王之亂司馬氏自相殘殺，引發少數民族趁勢而起，終於造成西晉滅亡，也結束司馬宗室對皇權的干擾。

　　在西晉一朝自武帝開始以迄愍帝，帝位繼承的世系比較集中，每個皇帝都出自武帝一系，非廣泛地出自司馬大家族；東晉元帝司馬睿以琅邪王建國江東，此後至東晉末年，琅邪王成為榮登帝位前必經的封號。從史料上可見，東晉諸帝皆系出司馬睿。如下表 4-4-1：

表 4-4-1　兩晉皇帝關係表

皇帝	武帝	惠帝	懷帝	愍帝	元帝	明帝	成帝	康帝	穆帝	哀帝	海西公	簡文帝	孝武帝	安帝	恭帝
關係	本身	武帝長子	武帝二十五子	武帝孫	本身	元帝長子	明帝長子	成帝弟	康帝子	成帝子	成帝子	元帝子	簡文帝子	孝武帝長子	孝武帝弟

　　也就由於並非每個司馬氏都有機會出任皇帝，所以覬覦帝位的不只權臣、外戚，更加上宗室，這也使得兩晉在帝位的繼承中

---

101 陳長琦，《兩晉南朝政治史稿》，頁 61-77。

政治的糾葛更見複雜。以下分述之：

　　自司馬炎稱帝，迄東晉恭帝遜位於劉裕，共計一百五十五年，歷經十五位皇帝。十五位皇帝中，西晉佔四位，東晉有十一位。如下表 4-4-2：

表 4-4-2　　兩晉皇帝在位時間分析表

皇帝	武帝	惠帝	懷帝	愍帝	元帝	明帝	成帝	康帝	穆帝	哀帝	海西公	簡文帝	孝武帝	安帝	恭帝
即位年齡	30	23	23	13	42	24	5	21	2	22	24	51	10	16	34
在位時間	25	25	7	5	5	3	17	2	17	3	5	2	25	21	2
享年	55	48	30	18	47	27	22	23	19	25	45	53	35	37	36

　　從十五位皇帝的即位年齡來看，10 歲以下（含 10 歲）即位的有三位，集中在東晉，分別為成帝（5 歲）、穆帝（2 歲）、孝武帝（10 歲）。10 歲至 20 歲以下（含 20 歲）即位的有二人，西晉一人為愍帝（13 歲），東晉安帝（16 歲）。20 歲到 30 歲（含 30 歲）之間即位的皇帝有七位，西晉三位，分別為武帝（30 歲）、惠帝（23 歲）、懷帝（23 歲）；東晉四位，明帝（24 歲）、康帝（21 歲）、哀帝（22 歲）與海西公（廢帝）。30 歲以上即位的皇帝有三位，全集中在東晉，元帝（42 歲）、簡文帝（51 歲）及恭帝（34 歲）。由以上數據來看，兩晉小皇帝（10 歲以下）繼承對政局的影響，並不如過去史家所強調的那麼大，[102]尤其由這

---

102 如趙翼，《二十二史箚記》（台北：華世出版社，1977 年），〈東晉多幼主條〉；王民信「因諸帝多短命，故即位者必多幼主」的推論，與實際情形有些差距。參見王民信，〈兩晉南北朝和隋唐時期的皇位繼承問題〉，《歷史月刊》116 期（1997 年 9 月），頁 41。

三位小皇帝的在位時間來加以分析，成帝在位十七年，穆帝在位十七年，孝武帝在位時間更長達二十五年。這三位皇帝在東晉時期，除了孝武帝在位後期耽於逸樂外，皆算是能守成的皇帝。所以小皇帝即位對兩晉政局發展好壞，應不是主要的影響因素。

20歲以上即位的皇帝共計十位，佔兩晉皇帝的三分之二，就表面上來看，這十位皇帝在青壯年即位，應是有作為時期；但若與其在位年祚一併分析，則可看出部分問題，武帝、惠帝在位皆二十五年，懷帝七年，元帝五年，明帝僅三年，康帝兩年，哀帝三年，海西公五年，簡文帝兩年，恭帝兩年。由這些在位時間數據可以看到，雖然兩晉青、壯年即位的皇帝佔全部皇帝的三分之二，但在位時間在五年以下的卻佔了七位，而且這七位皆集中在東晉十一位皇帝之中。皇帝的替換往往就是一次政權的爭奪；因此，皇位更替頻繁，應才是東晉政局的不穩定與皇權低微的主要原因。

以在位時間來分析，兩晉十五位皇帝中，在位時間在二十年達以上的有四位，十至二十年的有二位，其餘九位皇帝的在位時間皆不到十年，五年以下的高達五人。在位長達二十年以上的四位皇帝分別為西晉武帝、惠帝與東晉的孝武帝與安帝。其中晉武帝為開國之君，西晉初期武帝盡全力建設國家，並在太康元年（280）平定東吳。但也在平吳後，志高意滿，開始享樂，國家大政逐漸轉移至外戚與權臣之手。而惠帝由於本身智慧不高，其即位也是來自外戚與權臣權力之爭下的產物，所以在位的二十五年期間，政權的主控權不斷在外戚、宗室與權臣中爭奪，這段時間也是西晉內部政局最混亂的時期。而東晉孝武帝十歲即位，初期三年多由崇德褚皇太后臨朝攝政（咸安二年八月至太元元年正月，372-376），此後近二十餘年孝武帝親政，在桓氏與謝氏等家族的協助之下，為東晉發展較好的時代，其最大的成就在太元八

年（383）八月，淝水一戰由謝安領軍，大敗率眾渡淮水南侵的苻堅。[103]最後一位安帝在位二十一年，《晉書》載安帝「不惠，自少及長，口不能言，雖寒暑之變，無所辯也。凡所動止，皆非己出。」[104]安帝與西晉惠帝在位情景相類似，當本身無法掌控政局時，政權就很自然的旁落於外戚、權臣之手。[105]

總而論之，兩晉雖有四位在位超過二十年以上的皇帝，但其中兩人本身智力有問題，其所以被擺置於帝王之位，與背後的外戚、權臣爭權有密切的關係。這些智力低下的皇帝，一旦真正即位，引發的不只是外戚、權臣的爭權奪力，也會引發朝中真正關心晉祚發展的大臣與本身利益一體的宗室的不滿，最後各自連結，反造成政局更加的紊亂。除惠帝與安帝之外，兩位在位較久，而且較有成就的是武帝與孝武帝。但武帝與孝武帝皆面臨於在位後期後力不繼，武帝在平吳後開始享樂；孝武帝則在褚皇太后及謝安過世後縱情放恣，政局一落千丈。

如前所述，在位五年以下的皇帝有五位，從表 4-2-2 來看，有三位甚且集中在東晉連續三個皇帝，哀帝、海西公與簡文帝。配合附表十六〈兩晉帝王表〉來看，這三位皇帝都是在前朝皇帝死亡或被廢後，由皇太后下詔冊立的。[106]新皇帝在未有佈局的情況下即位，難免淪為權臣的傀儡，也造成更大的權力的爭奪戰。

若進一步由十五位皇帝何時成為合法帝位繼承人的角度來加

---

103 《晉書》卷九〈孝武帝紀〉，頁 232。
104 《晉書》卷十〈安帝紀〉，頁 267。
105 地方動亂相繼出現，桓玄之亂爆發於安帝初即位的隆安二年（398），前後延續八年，京畿所在，破壞殆盡，其中在元興二年（403）十二月，桓玄篡位稱帝，安帝一度落入桓玄之手。在平亂的過程中，軍政權逐漸集中在劉裕手中，為劉裕代晉做了準備。
106 哀帝在穆帝駕崩後，由皇太后下詔所立，海西公也是在哀帝死後，由皇太后下詔所立；而簡文帝則是海西公被廢之日，由皇太后下詔立之。

以分析，十五位皇帝中，在前皇帝初即位即受封為皇太子的，僅
有西晉惠帝、東晉明帝及安帝。在皇帝臨死前受詔成為繼承人的
則有西晉的愍帝（在懷帝為劉曜所擄獲後），東晉的成帝、康帝、
穆帝、簡文帝與孝武帝。而在前朝皇帝死後才受詔繼位的皇帝有：
東晉哀帝、海西公、簡文帝。這也是說，在兩晉十五位皇帝中，
扣除西東晉開國的武帝與元帝，十三位皇帝中有十位皇帝的繼
位，都不是經過長遠規劃與有秩序的安排。

　　在這十五位皇帝享年方面，其中享年五十歲以上的有兩位，
一為西晉開國之君武帝（55 歲），一為東晉簡文帝（53 歲）。武
帝以三十歲壯年即位，在位期間也長達二十五年，所以西晉之初，
政局曾有過好的發展；但簡文帝則不然，年紀雖較長，但其在位
僅二年，而且是以外藩入繼，在還未掌握權力核心時又去世，這
對政局的發展是有極大負面影響。另一特點為東晉從明帝到哀
帝，連續五位皇帝死亡年齡都不到三十歲，若輔以其在位時間來
看，明帝（3 年）、康帝（2 年）、哀帝（3 年），在位時間過短，
使得這些皇帝事實上都沒有太多機會學習當一位好皇帝。另兩位
為成帝與穆帝，享年分別為二十二歲與十九歲，雖然兩位都是幼
沖即位，在位時間皆長達十七年，但等他們達懂事可獨當一面之
年齡時即去世，由此面向我們也可瞭解為何東晉的外戚與權臣會
層出不窮的原因。

　　再由這十五位皇帝的死亡原因來加以探討，我們可見西晉四
位皇帝中，有三位是遭殺害死亡的。東晉十一帝中，史料有明確
書寫死亡原因的僅有孝武帝（傳為張貴人所殺）、恭帝（為劉裕
所酖）。輔以上文對享年的分析，東晉這些皇帝死亡的年歲皆過
於年輕，哀帝之前五位皇帝的年齡皆在三十歲以下，這些皇帝的
壽命皆偏低。這其中是否有其他的原因，或是司馬氏近親通婚等

所造成家族遺傳性疾病，有待以後資料更豐富時再做討論。

　　本章就兩晉十五位皇帝相關資料分析，得出以下結果：

一、兩晉十五位皇帝中僅有三位即位時在十歲以下。這三個小皇帝中，成帝、穆帝皆在位十七年，孝武帝在位時間更長達二十五年。除了孝武帝在位後期耽於逸樂外，皆算是能守成的皇帝。所以小皇帝即位對兩晉政局發展好壞，應不是主要的影響因素。

二、二十歲以上即位的皇帝共計十位，佔兩晉皇帝的三分之二。但在位時間在五年以下的卻佔了七位，而且這七位皆集中在東晉十一位皇帝之中。皇帝的替換往往就是一次政權的爭奪，因此，皇位更替頻繁，應才是東晉政局的不穩定與皇權的低微的主要原因。

三、兩晉有四位在位超過二十年以上的皇帝，但其中惠帝與安帝兩人本身智力有問題，其所以被擺置於帝王之位，與背後的外戚、權臣爭權有密切的關係。這些智力低下的皇帝，一旦真正即位，引發的不只是外戚、權臣的爭權奪力，也會引發朝中真正關心晉祚發展的大臣與本身利益一體的宗室的不滿，最後各自連結，反造成政局更加的紊亂。其他兩位在位較久，而且較有成就的是武帝與孝武帝。但武帝與孝武帝也皆出現後繼無力的，如武帝在平吳後開始享樂；孝武帝則在褚皇太后及謝安過世後縱情放恣，政局一落千丈。

四、在位五年以下的皇帝有五位，有三位甚且集中在東晉連續三個皇帝，哀帝、海西公與簡文帝。配合總表來看，這三位皇帝都是在前朝皇帝死亡或被廢後，由皇太后下詔冊立的。另外在兩晉十五位皇帝中，扣除西東晉開國的武帝與元帝，十三位皇帝中有十位皇帝的繼位，都不是經過長遠規劃與有秩

序的安排。新皇帝在未有佈局的情況下即位，難免淪為權臣的傀儡，也造成更大的權力的爭奪戰。

要成為好皇帝是要有學習榜樣的。兩晉最大的問題在於自武帝開始，沒有提供做為皇帝的好榜樣，甚且一代不如一代。反而是宗室、權臣與外戚，自武帝以後伴隨著皇權的爭奪不斷重演，給予後來者許多學習的機會，東晉時期權力鬥爭所以愈演愈烈，應與此相關連。各種權勢人士相互鬥爭競逐權位的結果，使得寒門武人也有機會竄上政治舞台。

由以上結論可知，兩晉由於帝王繼承者的選立上出現許多問題，所以外在勢力很容易找到相互結合的藉口，集結多方力量取而代之。東晉政權延續百年之久，與這些在其中爭權相鬥的權臣與外戚有密切關係。這些人由於其身份的重疊性，權臣本身往往也具有外戚以及當世社會中重要的士家大族的身份。這些人原本即是社會中的菁英份子，加上其家族有雄厚的社會資源，往往是東晉政權危急時能引為支撐的重要力量。從王導家族歷經庾氏、桓氏、謝氏，都呈現這樣的結果。但這些士家大族長期面對衰弱的皇權，在輔政中自我意識相對也會不斷升漲，加上魏晉以來家族意識的高漲，終究使得這些家族在不斷擴展自我勢力中，與晉政權漸行漸遠，甚至如桓溫、桓玄之輩，在機會來臨時，則直接取晉而代之，造成兩晉政治長期的不安、紛擾日以致於滅亡。

第五章　皇室宗族的延續與挫敗

　　立嗣是中國社會家族中最重要的事情之一，一般而言是父死子繼。自西周封建制度確立了嫡長子繼承，中國政治的發展大多遵循這個原則延續政權，但其中亦常有變數出現，所謂變數也即破壞此種立基在嫡長子繼承的宗法制度所帶來的穩定性。以皇室家族言，由於其所擁有的家族資源，包含了龐大的國家政治資源，其皇位的承繼雖不是由兄弟均分，但其政治資源在立國之初，卻經常兄弟均分，因此常見到除了皇帝一系之外，尚有許多宗室，宗室各系之間的繼承關係，而此又會影響到其政治資源的分配與獲得。

　　在中國傳統社會中，家族長的一項重要工作，就是為族中支脈立嗣。宗祧繼承是維繫家族香火延續的重要設計，如果家庭無子嗣，則將以過繼或收養子嗣的方法來傳宗接代。中國家族長的權威之一，就是解決無嗣家庭的過繼人選。[1]

　　由史料來看，兩晉時期司馬皇帝的一項工作，也是當某一宗室家族長死亡時，出面為其立嗣。從立嗣過程，其實可以看出司馬皇帝本身的考慮，其中不只是常理的作法，還牽涉了立嗣者個人的愛惡與其他的考慮。司馬氏自司馬防以下分為司馬朗、司馬懿、司馬孚、司馬馗、司馬恂、司馬進、司馬通等九支族。其中司馬懿一支，由於奪得曹魏政權，建立西晉，成為帝王之家，有

---

1 參見仁井田陞，《中國法制史》（東京：岩波書屋，1974 年），頁 293。

其發展脈絡。其他八支族，經過曹魏至西晉，各宗族人口也日漸繁盛，加上武帝初年進行一連串的分封，由於西晉初年的分封是擁有實土實民，對宗室而言是一相當大的經濟利益，在繼承過程中，其實最重要的也就是此經濟利益的繼承。

　　相對繁複與密集的繼承出現，可說是司馬家族發展的另一特點，這主要是自司馬防以下，司馬家族人口增加迅速，但至西晉以後，司馬家族人口出生率雖相當高，但死亡率亦高。有死亡，則代表有繼承立嗣問題出現。如果單純嫡長子繼承，還不至出問題，但當嫡長子先亡，又有諸子死亡時，再加上司馬氏帝王之家身份的特殊性，將使得繼承問題更加複雜。如果是帝王一系，覬覦繼承之人除了宗室本身之外，還會加入外戚權臣。

　　宗法制度可以說是中國傳統政治賴以和平進行政權轉移的基礎，換言之，中國皇室家族必須依賴宗法制度以維持其政權轉移的正當性。[2]故當司馬皇帝欲破壞嫡長子繼承，或是讓帝位出現可討論繼承者時，已破壞了宗法制度可以維繫政權轉移正當性的能力，終造成西晉初期建立欲以維持司馬帝國的家族政治走到崩潰。

2　參見瞿同祖，《中國封建社會》（台北：里仁書局，1984 年），瞿氏指出：「西歐封建社會有一點和中國封建社會是可以相和的。封建土地法，必須使財產永遠在指定的一系上傳繼下去。一系相承的承繼法，各地習慣不同，或以最長子，或以最幼子為承繼者。綜之，這種承繼制度，傳布的原因是封建的，封建的領主為了較易於獲得兵源，他情願一人承繼的制度，而不喜歡諸子共分的方法。更甚者：當父權不僅為家庭的，而且施於政治上時，其承繼便不是由兄弟均分，而是由最長子繼承。中國宗法制度更為繁密，不僅以嫡長子繼承，也不以年齡為標準，還需顧到嫡庶問題。」頁 163、165。

第一節　西晉皇族世系繼承[3]

　　司馬氏發展的第一次高峰在司馬懿手中，其繼承者也由兒子司馬師、司馬昭傳至司馬炎手中而取曹魏代之，建立西晉王朝。由於政治權力掌握在這一支司馬氏手中，其繼承關係直接影響了政權轉移。特做專節討論。

表 5-1-1　司馬懿世系表（昭、伷系見下表）

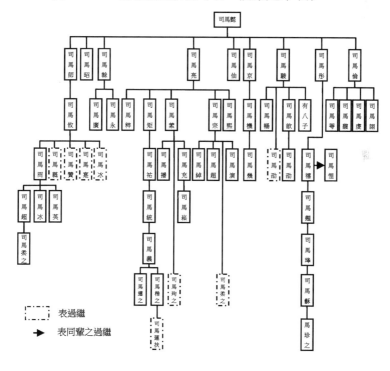

3　皇族指帝系一支，宗室則為帝系旁支。兩晉帝位的繼承，請參閱本書第三章。

司馬懿為司馬朗第二子。共生有九男，分別由五位皇后及夫人所生。穆張皇后生司馬師、司馬昭以及司馬榦，伏夫人生司馬亮、司馬伷、司馬京、司馬駿，張夫人生司馬肜，柏夫人生司馬倫。[4] 從政治的發展來看，這些人在晉初皆受到特別關愛。

一、司馬師

在司馬懿九子中早期跟隨司馬懿開疆闢土者首屬司馬師，再者為司馬昭，這也可以看出司馬懿對自己接班人的重視。[5]經過高平陵之役，將曹爽等所有反對勢力大致清除，再平王淩之亂，將所有魏諸王公「置于鄴，命有司監察，不得交關」[6]，為司馬師將反對勢力一一清除後，於嘉平三年（251）六月，司馬懿以七十三歲高齡逝世，在精心的佈局中司馬師順利地承繼了司馬懿的勢力。司馬師繼承司馬懿的位子不到五年，正元二年（255）死於伐吳途中，享年四十八歲。[7]無子，弟司馬昭承繼所有政治勢力，另以司馬昭之子司馬攸嗣司馬師。司馬昭掌握曹魏政權近十年，於咸熙元年（264）過世，在其臨死前，進爵為王，以長子司馬炎為太子，進王妃為王后，「王女王孫爵命之號皆如帝者之儀」，完成司馬氏代曹氏的準備工作。

---

4 《晉書》卷三十八〈宣五王傳〉，頁 1119。
5 這可以從司馬氏取得政權的高平陵之役中，司馬師是司馬懿最大的幫手。參見《晉書》卷二〈景帝紀〉，頁 25。
6 《晉書》卷一〈宣帝紀〉，頁 19。
7 《晉書》卷二〈景帝紀〉載：「初，帝目有瘤疾，使醫割之。鴦之來攻也，驚而目出。懼六軍之恐，蒙之以被，痛甚，齧被敗而左右莫知焉。閏月疾篤，使文帝總統諸軍。辛亥，崩于許昌。」頁 31。

二、司馬昭

表 5-1-2　司馬昭世系表

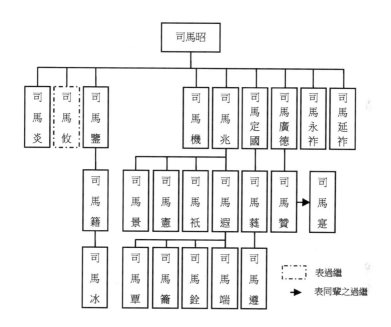

司馬昭共生有九子。其中武帝司馬炎及司馬攸、司馬兆、司馬定國、司馬廣德五人為王氏所生，其他者司馬鑒、司馬機、司馬永祚以及司馬延祚，不知母氏為何人。[8]司馬昭雖生有九子，除司馬炎、司馬攸及司馬鑒之外，幾乎都早夭。如司馬兆，十歲而夭；司馬定國三歲夭折；司馬廣德二歲而夭；司馬延祚雖活至太康年間，但自小身有疾病，不任封爵。進入西晉後，司馬炎與司

8　《晉書》卷三十八〈文六王傳〉，頁1130。

馬攸將自己的兒子過繼給這些早夭的兄弟,如司馬炎以多子嗣司馬兆,司馬攸也分別以長、二、五子嗣司馬定國與司馬廣德。

司馬昭次子司馬攸,過繼於司馬師。司馬攸從小聰慧,甚得司馬昭之喜愛,加上司馬昭之權力地位來自於司馬師,按照中國嫡長子繼承制,由於司馬師是長子,過繼給哥哥的司馬攸成為司馬氏嫡系的繼承者,但在內心裡,司馬昭又希望自己一系,能成為真正的繼承曹魏政權者,所以對於究竟要將下一代的繼承重責交給司馬炎或司馬攸,一直遲疑不決。也因為一直不能決定繼承人,致使朝中大臣結黨分派,各有依附,晉初的黨爭有一部份即與太子選任有關。[9]司馬攸長期受到太子派的誣構,在被迫就國後,「憤怨發疾,嘔血而死」,時年三十六。史載司馬攸有四子,蕤、贊、寔、岡。長子司馬蕤出繼叔父司馬定國,由司馬岡嗣立。司馬岡在掌權時,以自己的兒子司馬超過嗣給被司馬倫所殺的司馬允,[10]後司馬岡在八王之爭中為司馬乂所殺,三個兒子,超、冰、英,被囚於金墉城。至永興初,惠帝回到洛陽後,詔以「岡輕陷重刑,前勳不宜堙沒,乃赦其三子超、冰、英還第,封超為縣王,以繼岡祀。」[11]至永嘉年間,洛陽淪陷,司馬超兄弟皆沒於劉聰,這一支脈中斷。至東晉太元年間,孝武帝下詔「以故南頓王宗子(曾孫)柔之襲封齊王,紹攸、岡之祀」,[12]司馬柔之在元興初年討伐桓玄一役中,為桓玄前鋒所害,由子司馬建之嗣立,至劉裕篡位,除國。[13]孝武帝為司馬攸及司馬岡這支立嗣,

---

9 請參見本書第三章〈司馬氏政權隻宗族結構基礎分析之二 — 以分封、出鎮為主的考察〉。
10 《晉書》卷六十四〈武十三王・司馬允傳〉,頁 1722。
11 《晉書》卷五十九〈齊王岡傳〉,頁 1610。
12 《晉書》卷五十九〈齊王岡傳〉,頁 1629,註十中以「子」應為孫之誤。
13 同上註,頁 1611。

或與司馬攸在西晉初年的地位有關，透過立嗣，孝武帝提醒司馬宗室，在本宗之中，曾有值得學習的典範。

如前所述，司馬攸的長子司馬蕤過繼給三歲夭折的叔叔司馬定國。或許是因自己身為長子卻不能嗣父，司馬蕤對自己的弟弟司馬冏一直不平，「數陵侮弟冏，冏以兄故容之」，後當司馬冏輔政，司馬蕤封官加爵，一路由散騎常侍，加大將軍，領後軍侍中特進，增邑滿二萬戶。在還不滿足之下，司馬蕤向司馬冏要求開府，司馬冏以「武帝子吳、豫章尚未開府，宜且須後」為由未准，結果司馬蕤反與衛將軍王輿共謀廢司馬冏。事發，司馬蕤被廢為庶人，流徙上庸，在上庸為司馬冏害死。親兄弟之間的相互殘害，在此可見。司馬蕤死後以子司馬遵嗣。[14]司馬攸次子為司馬寔，五子司馬贊。司馬攸在自己弟弟司馬廣德死後，先以五子司馬贊紹封，司馬贊死後，再以司馬寔嗣司馬廣德。[15]這裡相當特殊的是，司馬攸將自己的兒子，甚至長子，除了司馬冏繼承本宗外，其他兒子全部出繼早死的兄弟。

除了司馬攸以自己之子過嗣給早死的兄弟外，司馬炎在稱帝後，也特別為其早死的弟弟司馬兆立嗣，先以審美人所生之司馬景度過繼司馬兆名下，泰始六年（270）司馬景度過世後，再以第五子司馬憲嗣兆。憲不久又死，武帝再以第六子司馬祗繼司馬兆，司馬祗死後，咸寧初，又封第十三子司馬遐為清河王以繼兆後。[16]

14　《晉書》卷三十八〈文六王傳〉，頁 1135-1137。

15　《晉書》中述及司馬攸長子司馬蕤，二子司馬寔，五子司馬贊，另司馬冏繼攸，但未說明是幾子，此外還缺一子未錄名，同上註。

16　萬斯同〈晉諸王世表〉，記司馬兆這支，至司馬祗死亡後，無子，國除。與《晉書》所述不同。參見萬表，頁 3305；《晉書》卷三十八〈文六王・司馬兆傳〉，頁 1136-1137。

但司馬遐死後，清河王家與司馬兆之間似乎已無關連。[17]

司馬昭尚有非王氏所生之子，其中司馬永祚不知所終；司馬延祚「少有篤疾，不任封爵」，太康初年過世，無子。而司馬鑒入晉後封為樂安王，元康七年（297）死，子司馬籍嗣立，不久即亡，無子。司馬冏輔政時以子司馬冰紹司馬鑒之後，並以濟陰一萬一千二百一十九戶改為廣陽國，立司馬冰為廣陽王；無節度地為自己兒子加封，在司馬冏兵敗後，司馬冰亦被廢。[18]

三、司馬幹

司馬懿穆張皇后所生第三子為司馬幹。泰始元年（265）封平原王，「有篤疾，性理不恆」，但活得久，年至八十，至永嘉五年（311）卒，歷經西晉之創建，武帝平吳之大盛期，再看盡八王之爭，死時恰遇洛陽淪陷。有二子，世子司馬廣早卒，次子司馬永，於西晉末年大亂中遇難，合門堙滅。[19]

四、司馬亮

司馬懿伏夫人生司馬亮、司馬伷、司馬京、司馬駿四子。司馬亮以清警有才用，進入西晉後，以武帝長輩，封扶風王，咸寧初，並為武帝擔任宗室宗師，以管理宗室事務。咸寧三年後，徙封汝南王，地位日高。至武帝病危，希望司馬亮能與楊皇后之父

---

17 司馬攸與司馬炎對早死的兄弟立嗣不遺餘力，這是因為司馬炎與司馬攸是家中長子，有其照顧兄弟之責任？亦或是司馬氏家族特色？抑或有其他的原因？值得吾人進一步思考。

18 同上註，頁1137-1138。

19 《晉書》卷三十八〈宣五王・司馬幹傳〉，頁1119-1120。

楊駿一起輔政，但司馬亮為楊駿所排。楊駿死後與衛瓘對掌執政，與武帝之子楚王司馬瑋不合，為瑋所害。司馬亮生有五子，粹、矩、羕、宗、熙。長子司馬粹，早卒。次子司馬矩繼為世子，與父親同時遇害，子司馬祐嗣立。司馬祐在西晉後期，跟隨司馬越。司馬越死後，北方日亂，司馬祐遂南渡江，司馬睿命為軍諮祭酒，在東晉一路升遷，[20]至咸和元年（326）過世，由子司馬統嗣立。司馬統捲入叔叔司馬宗的謀叛案，於成帝咸和初年被廢，其後成帝「哀亮一門殄絕，詔統復封」，死後由子司馬義繼之，再傳至司馬遵之，司馬遵之在義熙初年，以謀反被殺，由弟司馬楷之之子司馬蓮扶嗣位，至劉宋建，國除。[21]司馬亮另外三子，其中之一司馬熙，在西晉末年未及南下，沒於石勒。此外，司馬羕在司馬亮被誅時年僅八歲，「鎮南將軍裴楷與之親姻，竊之以逃，一夜八遷，故得免」，此後一帆風順，至永嘉初，「拜鎮軍將軍，加散騎常侍，領後軍將軍，復以郏、蘄春益之，并前三萬五千戶。」[22]

　　司馬羕在咸和初年與弟弟司馬宗等宗室，受庾亮等朝臣的排擠，誣其謀叛，司馬宗被殺，「貶其族為馬氏，徙妻子于晉安」，司馬宗三子綧、超、演，俱被廢為庶人。在司馬宗被誅後，司馬羕也受連坐，降為弋陽縣王。面對朝臣的壓迫，在蘇峻亂起時，司馬羕選擇投靠蘇峻；亂平後，司馬羕及其子司馬播、司馬充以及司馬播之子司馬崧並伏誅，國除。至咸康初年，恢復屬籍，以羕孫珉為奉車都尉、奉朝請。[23]另以司馬綧為奉車都尉、奉朝請嗣司馬宗。司馬亮這是一支自西晉初建國迄東晉末年猶存的少數

---

20 司馬祐建武初，為鎮軍將軍。太興末，領左軍將軍。太寧中，進號衛將軍，加散騎常侍。《晉書》卷五十九〈司馬亮傳〉，頁1593。
21 同上註，頁1591-1594。
22 同上註，頁1594。
23 同上註，頁1594-1595。

幾支司馬氏；其能長久存在最重要的原因，應是本身有子嗣，大部分的繼承仍維持父子繼承，而非由外人入嗣。另一因素是在西晉末年選擇及早南下，未留在中原受害。

五、司馬伷

表 5-1-3　司馬伷世系表

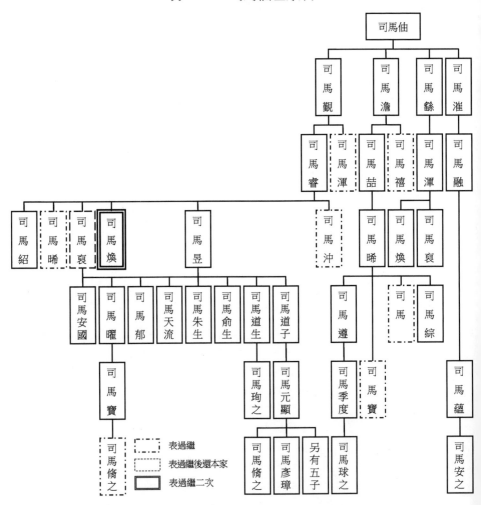

　　伏夫人所生另外三子，一為司馬伷，以平吳之功，在武帝時
期地位尊崇，太康四年（283）過世，在其臨死前，向武帝懇求，
將其封國分封給四個兒子。長子司馬覲嗣立，又封次子澹為武陵
王，繇為東安王，漼為淮陵王。（參見表 5-1-1）司馬覲嗣位後，死
於武帝太熙元年（290），子司馬睿立。司馬睿於西晉末年，因緣
際會回到江東，建立東晉王朝。以其帝系，這一支另做專論。司
馬伷次子司馬澹，「性忌害，無孝友之行」，與弟弟司馬繇不合，
二人在八王之爭中，各有依附，互相陷害。史載：

> （司馬）繇兄澹屢構繇於汝南王亮，亮不納。至是以繇專
> 行誅賞，澹因隙譖之，亮惑其說，遂免繇官，以公就第，
> 坐有悖言，廢徙帶方。[24]
> 司馬繇於永康初年（300）復封，後為司馬穎所害。[25]後以
> 長兄司馬覲之子司馬渾繼之，不久卒，國除。[26]

而司馬澹下場亦不好，以不孝罪被流放：

> 澹妻郭氏，賈后內妹也。初恃勢，無禮於澹母。齊王冏輔
> 政，澹母諸葛太妃表澹不孝，乞還繇，由是澹與妻子徙遼
> 東。其子禧年五歲，不肯隨去，曰：「要當為父求還，無
> 為俱徙。」陳訴歷年，太妃薨，繇被害，然後得還。[27]

最後司馬澹於永嘉末年為石勒所害，子司馬喆繼立；後司馬喆亦
為石勒所害，無子。至東晉建立，司馬睿以自己的兒子司馬晞奉
司馬澹祀。司馬晞「無學術而有武幹」，活躍在穆帝、哀帝以及
廢帝時期，為桓溫所忌，誣其欲謀逆，簡文帝初即位，桓溫要求

---

24 《晉書》卷三十八〈宣五王・司馬伷傳〉，頁 1123。
25 「惠帝之討成都王穎，時繇遭母喪在鄴，勸穎解兵而降。及王師敗績，穎怨
　　繇，乃害之。」同上註。
26 同上註。
27 同上註，頁 1122-1123。

誅殺司馬晞,簡文帝不准,最後司馬晞被放徙。

> (司馬晞)無學術而有武幹,為桓溫所忌。及簡文帝即位,
> 溫乃表晞曰:「晞體自皇極,故寵靈光世,不能率由王度,
> 修己慎行,而聚納輕剽,苞藏亡命。又息綜矜忍,虐加于
> 人。袁真叛逆,事相連染。頃自猜懼,將成亂階。請免晞
> 官,以王歸藩,免其世子綜官,解子 散騎常侍。」 以
> 梁王隨晞,晞既見黜,送馬八十五匹、三百人杖以歸溫。
> 溫又逼新蔡王晃使自誣與晞、綜及著作郎殷涓、太宰長史
> 庾倩、掾曹秀、舍人劉彊等謀逆,遂收付廷尉,請誅之。
> 簡文帝不許,溫於是奏徙新安郡,家屬悉從之,而族誅殷
> 涓等,廢晃徙衡陽郡。[28]

司馬晞死於太元六年(381),孝武帝下詔:「故前武陵王體自皇極,克己思愆。仰惟先朝仁宥之旨,豈可情禮靡寄!其追封新寧郡王,邑千戶。」司馬晞有三子,綜、 、遵。以遵嗣司馬晞,司馬遵死於義熙四年(408),由子司馬球之嗣立,宋興,國除。司馬 早期出繼梁王司馬翹,雖出繼,當父親司馬晞被廢時,與父俱廢;這也顯示,其實出繼梁王翹,對梁王一系並無實質意義,司馬 與本家的關係仍相當密切。 死後由子司馬龢嗣立。司馬龢死,由子司馬珍之嗣位,遭遇桓玄之亂出奔壽陽;桓玄敗後,其伯父司馬遵擔任大將軍,總攝朝政,下令:「梁王珍之理悟貞立,蒙險違難,撫義懷順,載奔闕庭。值壽陽擾亂,在危克固,且可通直散騎郎。」至劉裕進行篡晉佈局中,以誣罪害死珍之。[29]

司馬伷另一子司馬濟,西晉初年封廣陵公。在三王誅司馬倫行動中,與左衛將軍王輿攻殺孫秀,以功進封淮陵王。死後子貞

---

28 《晉書》卷六十四〈元四王・司馬晞傳〉,頁1726-1727。
29 同上註,頁1728。

王嗣立，貞王死後無子國續中斷，至安帝時再立武陵威王司馬晞之孫司馬蘊為嗣。司馬蘊死後無子，安帝再以臨川王司馬寶之之子司馬安之為嗣，至宋受禪，國除。[30]其實司馬濯這一支在子司馬貞之去世後，已不復存在。安帝的再嗣立，對司馬璀一支族而言，無大意義，僅是封國名被保留而已。

司馬佃本人雖貴為宗室，但謙沖為懷，在臨死之前，為自己的子孫著想，上書乞懇將其封地分賜給四個兒子，結果竟然造成兄弟之間的操戈，這應該是司馬佃始料未及的。

六、司馬京、司馬駿

伏夫人另生二子為司馬京與司馬駿。司馬京在晉朝未建立之前已過世。司馬昭以自己的兒子司馬機為京嗣。司馬機在泰始元年封燕王，死於惠帝元康到太安年間；司馬冏擔任執政時，以己子司馬幾為司馬機嗣，司馬冏敗死後，國除。[31]司馬駿則為司馬懿兒子中資質較佳者，武帝建祚後，封汝陰王，司馬駿一生都出鎮在外，從豫州轉揚州、再至雍涼，尤其在關中時期，對西晉安定西北秩序相當有貢獻。[32]太康初年以諫武帝不可以齊王司馬攸出鎮一事，未得到武帝的同意，「遂發病薨」。司馬駿生有十子，但留名者只有二人，為司馬暢與司馬歆。由司馬暢嗣立，至永嘉末，劉聰入侵，不知所終。另一子為司馬歆；司馬暢在繼承父親爵位之際，請求武帝將封國的一部份分給司馬歆，太康年間，武

30 《晉書》卷三十八〈宣五王・司馬佃傳〉，頁 1124。
31 《晉書》卷三十八〈宣五王・司馬京傳〉，頁 1124。
32 參見本書第三章〈司馬氏政權之宗族結構基礎分析之二－以分封、出鎮為主的考察〉。

帝下詔封司馬歆為新野王,在都督荊州諸軍事時,為作亂於江夏的張昌所害。本身無子,以兄子劭為後,永嘉末年亡於石勒,司馬駿家族至此後不見於史載。

司馬駿有子十人,加之以武帝初期功勳彪炳,但死後十子有名者僅存二人,由司馬暢的遷轉來看,似乎並未得到武帝司馬炎的特殊款待,這或許與司馬駿在司馬攸就國一事上,與武帝之間的衝突應不只如《晉書》中之輕描而已。

七、司馬肜

司馬肜為張夫人所生,西晉初年封為梁王。司馬肜活躍於西晉初期,永康初,與兄弟司馬倫共同廢賈后,永康二年死前,官至司徒兼宗師,無子,以武陵王司馬澹子司馬禧為後;後司馬禧與司馬澹俱沒於石勒。至東晉元帝時,以西陽王司馬羕子司馬悝為肜嗣,又早逝,這時正好司馬禧子司馬翹自北邊歸國,得以為嗣。司馬翹死後無子,詔再以武陵威王之子司馬　為司馬翹嗣,其後司馬　與父司馬晞俱廢徙新安。孝武帝即位後司馬晞平反,太元中復國,但司馬　已死,以子司馬龢嗣立,死後,子司馬珍之立,後為劉裕所害,國除。[33]

由司馬肜這一支至東晉以後繼承的情形來看,有一特殊的現象,即當司馬晞之子司馬　已過繼於司馬翹一支,但在司馬晞被控謀反被放逐時,這個已出繼的兒子司馬　竟然是與父親一起被廢徙。這其中有兩種可能的情況,一種為其罪重,致使連出繼的兒子都在連坐的範圍之內;另一種較可能的情況為,其實這種以

---

33 《晉書》卷三十八〈宣五王・司馬肜傳〉,頁 1127-1129。

皇帝詔令所執行的外系繼承，在東晉時期，可能僅是名義上的過繼。

上文中敘述到司馬□一直是跟隨司馬晞的，與原司馬翹這一家似乎無所關連。由於這種家族宗人家系之間的過嗣，最後已成形式，使得最初為家族其他無子家系立嗣，以延續傳承的基本內含其實早已不存。入嗣他家者，對入嗣者不一定有深厚的情感，加之以不一定同居一起，要產生生死相共，禍福相依的感情是不容易的，這與東晉南北朝以後，其他士家大族在延續家族聲威血脈於不墜的繼嗣是有所不同的。

司馬彤較之於其他西晉時期司馬氏幸運，在進入東晉後，雖本支早已不存，但透過皇帝這位家族長的權威，有幸使得家系在名義上始終維持至劉宋建國。而東晉皇帝對司馬宗室無子嗣之支系的立嗣問題相當注意。東晉渡江的司馬氏本已不多，所以司馬皇帝也盡其所能延續各支之嗣祀。

八、司馬倫

司馬懿的第九個兒子為柏夫人所生之司馬倫。泰始元年（265）封琅邪郡王。咸寧三年遷封趙國。司馬倫在惠帝初期依附於賈后，而一路爬升，最後倒戈，以賈后殺太子為名，廢賈后而自立，大封親信：

> （司馬倫）以其世子散騎常侍荂領冗從僕射；子馥前將軍，封濟陽王；虔黃門郎，封汝陰王；詡散騎侍郎，封霸城侯。孫秀等封皆大郡，並據兵權，文武官封侯者數千人，百官總己聽於倫。[34]

司馬倫最後登太極殿篡位，「以世子荂為太子，馥為侍中、大司農、領護軍、京兆王，虔為侍中、大將軍領軍、廣平王，詡為侍中、撫

---

34 《晉書》卷五十九〈司馬倫傳〉，頁 1600。

軍將軍、霸城王。」[35]但過度的分封以及驕僭，終致三王起兵反司馬倫，最後竟然是由司馬倫異母兄長司馬肜上表言「倫父子凶逆，宜伏誅」。惠帝要求百官會議于朝堂，最後大家的決議皆如司馬肜所建議，司馬倫被賜死，司馬倫三子荂、馥、虔，同時伏誅。

　　由上所述，司馬懿以及司馬師、司馬昭三世本支為西晉王朝建立者，其本身屬皇室集團，較之於其他司馬宗室，擁有較大的政治資源，故家族長對世系的繼承更加重視。但綜觀這三代皇室的繼承，能將世系繼承延續到東晉以後的並不多，如下表 5-1-4：

表 5-1-4　西晉皇族世系延續概況表

司馬懿子	國除時間
司馬師	
司馬昭（下表）	
司馬榦	西晉末
司馬亮	東晉末
司馬伷	東晉末
司馬京	惠帝時
司馬駿	永嘉末
司馬肜	東晉末
司馬倫	八王之亂中闔家滅門
司馬昭子	
司馬炎（武帝）	
司馬攸	東晉末
司馬兆	遐
司馬定國	西晉末
司馬廣德	西晉末
司馬鑒	惠帝時
司馬機	惠帝時
司馬永祚	早亡
司馬延祚	早亡

---

35 同上註，頁 1602。

其中以司馬懿一支來看，除了司馬師與司馬昭不論外，諸子中家系能承繼到東晉末的僅有司馬亮、司馬伷與司馬肜。如前所分析，司馬亮家族能延續至東晉，主要是其繼承有人，在本家中一直有人可以繼承，沒有外繼的情形出現，較不會產生親疏的情況。司馬伷一家則因司馬睿回至江東建立東晉王國，國祚皇室當然不會斷絕；而司馬肜則因在西晉末以司馬伷這一系的司馬澹兒子司馬禧為嗣，至東晉元帝對同屬己系的宗室當然會特加照顧，這一支於是也被繼承下來。除此三者外幾乎所有費盡心思佈局的司馬皇室到西晉末年時，都結束了。

第二節　西晉武帝皇族世系繼承

武帝以建立西晉，成為政治最高擁有者，這一支頓成顯貴，武帝為自己家人的嗣立，更費苦心。按《晉書》所載，武帝共生二十六子，其中八子早死，無封國及追諡，[36]其他十八子分別由十二位女人所生：

表 5-2-1　西晉五帝皇子表

帝　室	武帝子
楊皇后	司馬軌（二歲夭）、司馬衷（惠帝）、司馬柬（三十歲）
審美人	司馬景（泰始六年死）、司馬瑋（二十一歲）、司馬乂（二十八歲死）
徐才人	司馬獻（不詳）
匱才人	司馬祗（三歲死）
趙才人	司馬裕（七歲死）

---

36 未列其名及無封國、追諡，顯示這八子的死亡時間，應在武帝建立西晉政權以前。

趙美人	司馬演（武帝在位時死）
李夫人	司馬允（二十九歲死）、司馬晏（三十一歲）
嚴保生	司馬該（十二歲死）
陳美人	司馬遐（二十八歲死）
諸　姬	司馬謨（十一歲死）
程才人	司馬穎（二十八歲死）
王才人	司馬熾（懷帝）
楊悼后	司馬恢（二歲死）

　　由上表 5-2-1 可以看出，除了死去的八子外，武帝的十六子中活的最久的是司馬晏，也僅三十一歲，而其早夭者佔了大多數。這樣的生態對武帝欲延續司馬國祚而言是相當不利的。這也就可以解釋為什麼武帝咸寧三年（277）對其他宗室進行分封以及強迫就國的行為，一方面是受楊珧等人對齊王司馬攸的挑撥，另一方面武帝真得為自己的子孫考量，在夭折率如此高的情況下，對皇室的繼脈危機更重。除了用分封來鞏固武帝皇室的世系外，另一方面，也透過相互繼承的方式，讓所有的支脈能承繼下去。

一、太子繼承

　　武帝長子為楊皇后所生之司馬軌，生二歲而卒，以司馬瑋子司馬義嗣，此後未見記載。[37]二子司馬衷於泰始三年（267）立為皇太子。司馬衷長子司馬遹為謝才人所生，司馬遹因與賈后不合，於永康元年（300）三月為賈后所害；四月司馬肜、司馬倫發兵廢賈后，五月立皇孫司馬臧為皇太孫、司馬尚為襄陽王。永寧元年（301）正月，司馬倫篡位，廢殺皇太孫司馬臧；三月，三王起兵；四月，

---

37 在《晉書司馬瑋》中並未記載其有子司馬義。參見：《晉書》卷五十九〈司馬瑋傳〉，頁 1596-1597。有極大的可能是司馬義隨司馬瑋被殺而被忽略。

司馬倫被殺；五月，立襄陽王司馬尚為皇太孫。太安元年（302）三月，皇太孫司馬尚過世，司馬尚過世代表惠帝一脈絕嗣，自武帝以來努力以傳子不傳弟的堅持，必須要修正。在各方角力之下，司馬冏提出之人選獲勝，以武帝子清河王司馬遐之子司馬覃為皇太子。

> 及沖太孫薨，齊王冏表曰：「東宮曠然，冢嗣莫繼。天下大業，帝王神器，必建儲副，以固洪基。今者後宮未有孕育，不可庶幸將來而虛天緒，非祖宗之遺志，社稷之長計也。禮，兄弟之子猶子，故漢成無嗣，繼由定陶；孝和之絕，安以紹興。此先王之令典，往代之成式也。清河王覃神姿岐嶷，慧智早成，康王正妃周氏所生，先帝眾孫之中，於今為嫡。昔薄姬賢明，文則承位。覃外祖恢世載名德，覃宜奉宗廟之重，統無窮之祚，以寧四海顒顒之望。覃兄弟雖並出紹，可簡令淑還為國胤，不替其嗣。輒諮大將軍穎及羣公卿士，咸同大願。請具禮儀，擇日迎拜。」遂立覃為皇太子。[38]

司馬冏上表所言挑選司馬覃有幾個理由，一、惠帝無子嗣；二、兄弟之子猶子；三、司馬覃為武帝眾孫中之長。其實說穿了，司馬覃之立，是在宗室權力爭奪之中的傀儡，司馬覃之父司馬遐以二十八歲死於前年（300），司馬覃此時有以上三點的優勢，可以獲得部分宗室的認同，而且年幼亦好控制。待司馬冏失勢，司馬顒控握政權時，立刻廢司馬覃，在永興元年（304）三月，以武帝子司馬穎為皇太弟，這時西晉政權的控制權轉入司馬穎與司馬顒手中。這是自兩漢以來未曾見過的立嗣法，[39]由司馬穎立為皇太弟，即可

---

38 《晉書》卷六十四〈武十三王‧司馬遐傳〉，頁1723。

39 雖然有些學者指出，立皇太弟一舉只不過是司馬氏人受先秦宗法制度的影響且遵循，當皇子、皇太孫皆絕嗣後，以皇太弟接其續，是再自然不過的事。但吾人由當皇太孫司馬尚過世後，以司馬覃為皇太子，而司馬覃被廢後，立皇太弟，這裡充分顯現了一種亂象。參見趙翼，《二十二史劄記》，卷十四

看出，整個西晉的帝室繼承制度，已為這些宗室把持，只要掌握政權者即可任意廢置新主。[40]司馬穎為皇太弟後，開始荒淫作樂，不問政事，最後東海王司馬越號召東方州郡共同起兵討伐司馬穎與司馬顒，光熙元年（306）九月，司馬穎被廢，十月為劉輿害死。

在司馬穎被廢之時，司馬越為有效掌握政權，於永興元年（304）十二月，改立武帝第二十五子司馬熾為皇太弟。司馬熾原先以清河王司馬覃本為皇太子，而不敢受，後賴典書令盧陵脩肅一番勸說，才接受。由脩肅一番話，吾人也可看出，此時晉皇室宗脈的繼承，已超脫嫡庶或兄終弟及的考量，「時望」、「親賢」成為繼立人選的標準了。

> （司馬熾，永興元年）十二月丁亥，立為皇太弟，帝以清河王覃本太子也，懼不敢當。典書令盧陵脩肅曰：「二相經營王室，志寧社稷，儲貳之重，宜歸時望，親賢之舉，非大王而誰？清河幼弱，未允眾心，是以既升東宮，復贊藩國。今乘輿播越，二宮久曠，常恐氐羌飲馬於涇川，螳·控弦於霸水。宜及吉辰，時登儲副，上翼大駕，早寧東京，下允黔首喁喁之望」帝曰：「卿，吾之宋昌也。」乃從之。[41]

惠帝死於光熙元年（306）十一月，司馬熾繼立為皇帝，是為懷帝，永嘉元年（307）三月立豫章王司馬銓為皇太子。司馬銓為司馬遐

〈皇太弟〉條，趙甌北以為皇太孫與皇太弟皆非古法，尤其是皇太弟，在西晉司馬穎、司馬熾相繼為皇太弟後，以後歷代亦有學之。頁 288-289；另參見陳戍國，《魏晉南北朝禮制研究》（湖南：湖南教育出版社，1995 年），第二章〈兩晉禮儀〉，頁 88-89。

40 這一段政治的鬥爭，參見本文第二章〈司馬氏政權之宗族結構基礎分析之一－以中央重要官職為主的考察〉，以及胡志佳，〈惠帝羊皇后與西晉政局－兼論羊氏家族的發展〉，《逢甲人文社會學報》八期（2004 年 5 月），頁 228-231。

41 《晉書》卷五〈懷帝紀〉，頁 115。

之子，司馬覃之弟，[42]隨著懷帝在內憂外患中渡過，至永嘉七年（313），懷帝被劉聰弒於平陽，司馬銓不知所終。[43]由此也可看出當時政治局面之亂。其實在懷帝被殺時，西晉政權已告一段落。當時的局面混亂，僅賴分散各地的大臣，撐持著最後的局面；如永嘉五年（311）六月，懷帝被執，洛陽淪陷，皇太子失散後，大將軍苟晞於梁國蒙縣立司馬覃之弟司馬端為皇太子，僅七十日，為石勒所沒。[44]而愍帝的即位也是如此。愍帝司馬鄴為司馬晏之子，武帝之孫，出繼給司馬柬，襲封為秦王，也是在洛陽淪陷時，逃至滎陽密縣，與荀藩荀組相遇，後為衛將軍梁芬、京兆太守梁綜迎至長安，供奉為皇太子。建興元年（313）四月懷帝死訊傳到，司馬鄴於長安即帝位，至建興五年（317）十月為劉聰所害，西晉至此終絕。

表 5-2-2　武帝世系表

司馬炎
├─ 司馬軌
├─ 司馬衷 ── 司馬遹 ── 司馬臧、司馬尚
├─ 司馬柬 ── 司馬郁
├─ 司馬景（過繼）── ➤ 司馬鄴
├─ 司馬瑋 ── 司馬義（過繼）、司馬範（過繼）、司馬碩
├─ 司馬乂
├─ 司馬憲（過繼）
├─ 司馬祇（過繼）
├─ 司馬裕 ── 司馬迪
├─ 司馬演 ── 司馬廓
├─ 司馬允 ── 司馬郁（過繼）、司馬迪（過繼）、司馬超 ── ➤
├─ 司馬晏 ── 司馬祥、一長子、司馬鬷
├─ 司馬該 ── 司馬祥（過繼）
├─ 司馬遐（過繼）── 司馬固（過繼）
├─ 司馬謨 ── 司馬衍
├─ 司馬穎 ── 司馬廓（過繼）
├─ 司馬熾 ── 司馬普
├─ 司馬恢
└─ 八子夭

□（虛線框）表過繼
➤ 表同輩之過繼

---

42 司馬銓，一言司馬詮。另司馬銓立為皇太子的時間，〈懷帝紀〉為永嘉元年三月，而〈司馬遐傳〉則記為永嘉二年。參見《晉書》卷五〈懷帝紀〉，頁137；卷六十四〈武十三王‧司馬遐傳〉，頁1724。

43 《晉書》卷六十四〈武十三王‧司馬遐傳〉，頁1724。

44 同上註。

　　武帝其他諸子的發展與繼承也一直是武帝所關心的。如前所述，武帝有二十六子，早夭者多。

　　早於武帝而亡的有軌、景、憲、祇、裕、該、謨與恢，武帝對這幾個兒子的繼祧也有不同的處理方式。如長子司馬軌，死後以楚王司馬瑋之子司馬義繼之。再者為司馬景；司馬景為武帝出繼給早夭的司馬昭之子，也是武帝的弟弟司馬兆，司馬景於泰始六年死，武帝再以自己第五子司馬憲繼之，不久司馬憲又亡，武帝再以第六子司馬祇繼司馬兆，結果又亡；至咸寧初，再以清河王司馬遐以繼兆後。這幾個早死的兒子就安置在司馬兆一支之下。武帝另一早死之子為司馬裕，咸寧三年過世，年七歲，以淮南王司馬允之子司馬迪為嗣，後為趙王倫所害。司馬演則自小身有殘疾，死後以成都王司馬穎之子司馬廓為嗣，與司馬穎在八王之亂中被殺。司馬該則死於太康四年，年十二，無子，國除。司馬謨情況與司馬演類似，死於太康七年，年十一歲，無後，國除。司馬恢死於太康五年，年二歲，追加封謚。

　　從以上幾位早夭的兒子來看，武帝對待這些孩子，還是有不同的程度。司馬景、司馬憲至司馬祇相繼過繼給叔父司馬兆，司馬裕及司馬演有以他子入嗣，以承其後。而司馬該、司馬謨以及司馬恢則都因無子而國除。這或許與生母的地位有關；或是說太康年以後，武帝已不太在乎這些？三個未為其安排接嗣者，皆在太康年以後。

　　中國宗法制度有其縝密設計，有祀先廟制，大宗宗子祭始祖，其廟百世不遷。小宗宗子祭其父祖曾高四代，其廟五世則遷。大宗小宗皆以嫡長為宗，世世相承，主持祭祀；庶子不得祭，惟必宗小宗或大宗；所以嫡庶之制甚嚴，大宗因祀始祖，其嗣不可絕，

故又有立後之制。惟小宗無後當絕。[45]武帝時對所大部分早死的兒子皆為其立嗣。這是一種父子之情，但也破壞西晉行封建中必須要有所規範的制度。

二、司馬柬

除了惠帝司馬衷一系以及夭折的孩子之外，司馬炎尚有六子，活躍在西晉初年。司馬柬，與惠帝同母，為楊皇后所生，小時聰慧，甚得武帝喜愛。太康十年，武帝加封自己兒子時，「以柬與太子同產」，徙封秦王，增邑八萬戶。司馬柬死於惠帝元康元年（291），無子，以兄弟淮南王司馬允之子司馬郁為嗣；司馬郁在八王之亂中與其父司馬允同被司馬倫所害。永寧二年（302）再以吳王司馬晏之子司馬鄴為嗣。司馬鄴在懷帝司馬熾死後，入纂大統，秦王司馬柬這一支國絕。[46]

三、司馬允

司馬允為李夫人所生，與吳王司馬晏同母。司馬允先封濮陽王，後徙封淮南，長期皆就國。在賈后廢太子時，曾有人建議立司馬允為皇太弟，但未成立。後趙王司馬倫直接控握政權，在進一步稱帝時，司馬允率領淮南國兵進攻司馬倫，結果連同三子兵敗被殺。司馬倫死後，司馬冏掌權，以己子司馬超為司馬允嗣。後司馬冏失敗，再以吳王司馬晏之子司馬祥為司馬允嗣，至洛陽傾覆時，為劉聰所害。[47]司馬晏在太康十年（289）受封為吳王，

---

45 馮爾康，《中國社會結構的演變》，頁 72。
46 《晉書》卷六十四〈武十三王·司馬柬傳〉，頁 1720。
47 《晉書》卷六十四〈武十三王·司馬允傳〉，頁 1721-1722。

與兄司馬允共同攻司馬倫，司馬允失敗被殺後，司馬倫亦要殺司馬晏，端賴傅祇「於朝堂正色而爭」，司馬倫乃徙封司馬晏為賓徒縣王，後再徙代郡。洛陽傾覆時，司馬晏亦遇害。晏有五子，長子未留名，與司馬晏同沒於劉聰，其餘四子，司馬祥過繼給司馬允，亦沒於劉聰；司馬鄴因緣際會於懷帝死後立為皇帝，但不到四年，亦為劉聰所破，被害；司馬固與司馬衍亦同沒於西晉末年。司馬允與司馬晏這兩支，至西晉末也算國除。

四、司馬遐

司馬遐為陳美人所生。如前所述，晉武帝司馬炎即位後，為各支立嗣，尤其是自己的弟弟司馬兆，相繼以己子司馬度、司馬憲、司馬祇繼之，但這些出繼者皆早死，最後再以司馬遐出繼司馬兆。司馬遐死於永康元年（300），有四子，覃、籥、銓、端，由司馬覃嗣位。如前所述，在司馬遐死後，司馬冏立司馬覃為皇太子，之後先為司馬顒罷廢，再為司馬越所殺。司馬覃死後，由弟弟司馬籥還封清河王。司馬銓則在永嘉二年（308）時，立為皇太子，後洛陽陷落時，沒於劉聰。最後一位司馬端，在洛陽陷落時為一度為苟晞等人立為皇太子，不久也為石勒所沒。

除以上諸子外，司馬炎另三子司馬瑋、司馬乂與司馬穎在惠帝在位時期，曾在政治上扮演重要角色，但旋即皆遭到被殺的命運。

五、司馬瑋

司馬瑋與司馬乂皆為審美人所生，司馬瑋為武帝第五子，個性乖戾，為賈后所利用，藉其手殺害司馬亮與大臣衛瓘，惠帝用張華之計，下詔以「瑋矯制害二公父子，又欲誅滅朝臣，謀圖不

軌」，斬之。司馬瑋死後，一直要至永寧元年（301），賈后死後，才得以平反，封子司馬范為襄陽王，西晉末年亦為石勒所害。

六、司馬乂

司馬乂為武帝第六子，活躍於惠帝時期，以誅司馬倫有功，一路升遷。至齊王冏主政時，惠帝之皇太子司馬遹與皇太孫司馬臧與司馬尚相繼死亡，惠帝一系已絕，誰為接班人，各方宗室相互角力。司馬冏執政，代表著司馬攸一系的獲勝，司馬乂所代表武帝世系，是不願看到這樣的結果，司馬乂即曾向司馬穎清楚表達，天下應屬於武帝一系，鼓動司馬穎取司馬冏而代之。最後與弟弟司馬穎以及宗室司馬顒合作，殺掉司馬冏，並誅諸黨羽二千餘人。司馬乂勢力坐大後，威脅到司馬穎與司馬顒，後二者聯軍擊司馬乂，一路直下京師之外，眼見兄弟相殘至此，惠帝下詔，使中書令王衍與光祿勳石陋擔任說客，欲說服司馬穎與司馬乂兄弟二人分陝而居，司馬穎不予理會，司馬乂致書表達兄弟知情：

> 吾之與卿，友于十人，同產皇室，受封外都，各不能闡敷
> 王教，經濟遠略。今卿復與太尉共起大眾，阻兵百萬，重
> 圍宮城。群臣同忿，聊即命將，示宣國威，未擬摧殄。自
> 投溝澗，蕩平山谷，死者日萬，酷痛無罪。豈國恩之不慈，
> 則用刑之有常。卿所遣陸機不樂受卿節鉞，將其所領，私
> 通國家。想來逆者，當前行一尺，卻行一丈。卿宜還鎮，
> 以寧四海，令宗族無羞，子孫之福也。如其不然，念骨肉
> 分裂之痛，故復遣書。[48]

48　《晉書》卷五十九〈司馬乂傳〉，頁1613。

司馬乂保衛惠帝於京城，與司馬穎、司馬顒軍隊對抗，最後在斬
殺司馬穎軍隊六、七萬人之後，「戰久糧乏，城中大饑」，司馬
越在權衡情勢得失之餘，收司馬乂于金墉城以示好於司馬顒。司
馬乂被收至金墉城時，上書惠帝：

> 陛下篤睦，委臣朝事。臣小心忠孝，神祇所鑒。諸王承謬，
> 率眾見責，朝臣無正，各慮私困，收臣別省，送臣幽宮。
> 臣不惜軀命，但念大晉衰微，枝黨欲盡，陛下孤危。若臣
> 死國寧，亦家之利。但恐快凶人之志，無益於陛下耳。[49]

這段話道盡了司馬炎一系皇室相互殺戮幾盡的困境。最後，司馬
乂為張方遣部將郅輔所殺。至永嘉中，懷帝以司馬乂子司馬碩嗣，
後亦沒於劉聰。

七、司馬穎

　　武帝兒子中最有發展者應屬司馬穎。司馬穎為程才人所生，
武帝第十六個兒子。在八王之亂的後期司馬穎是其中重要人物，
但後繼無力，最後為司馬虓長史劉輿所殺。司馬穎有子司馬普與
司馬廓，二人同時被殺。至永嘉中，懷帝立東萊王司馬蕤之子司
馬遵為司馬穎嗣。後沒於賊，國除。

　　司馬炎二十五子，至西晉末一個也不剩，連支系亦在劉聰破
洛陽後相繼絕脈。武帝努力的分封想強固司馬家族政治基礎的藍
圖，經過八王與永嘉之亂，終究破滅了。武帝子嗣之間雖相互過
繼，但由史料的陳述，大多屬名義上之過繼，並不是實質過繼，
如司馬允、司馬冏家族，當其被殺時，過繼出去的兒子都在身邊，

---

49 同上註，頁 1614-1615。

並連同罹難，顯示這種過繼制度的特殊性。但史料無法提供給我們的訊息是，人未真正過繼，封邑的利益是否屬過繼者？[50]

武帝初即位時，迫切地要鞏固江山，大封宗室。除了二十七王外，吾人也可以看到其對皇室以及宗室之間的繼嗣關係非常注意。從武帝與司馬攸不斷地將自己的兒子出繼他人，就可以看出其為延續司馬江山的苦心。武帝即位後之所以對帝位繼承會有困擾，主要在於司馬師死後是以兄弟司馬昭繼之，而司馬師對司馬家族建立政權貢獻很大，而司馬師的繼嗣者恰是武帝同母胞弟司馬攸。而晉政權建立後，因政治權力而帶來的利益為各司馬宗室競相爭奪，乃至於相互殘殺，可能是武帝當初大封宗室所未曾逆料的。

---

50 中國古代立嗣出繼是家之大事，要「上告祖靈，下書譜牒」，有襲爵者則還需由朝廷確認。嗣子一經確立，其義務權利與親子同。繼小宗支房者，於舊禮法未聞，是為義舉，但實際上多有財產權勢之利；繼大宗長房者為義務，繼子與本生家之關係脫離的也較徹底。但由這裡所見司馬氏過繼出去後，有許多僅為名義繼承，已偏離傳統制度。參見馮爾康，《中國社會結構的演變》，頁 389-390。

第三節　西晉時期宗室世系繼承

一、司馬朗

表 5-3-1　司馬朗世系表

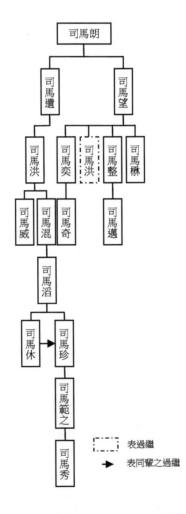

- - - - 　表過繼

→　表同輩之過繼

　　司馬防以下九支族中的老大為司馬朗。司馬朗早在東漢末年，在曹操的援引下進入曹魏政權中發展。在天下動亂中，司馬朗以長兄帶領家人流移於洛陽與家鄉河內之間。年二十二歲時，曹操辟為司空掾屬，後除成皋令、堂陽長、遷元城令，入為曹操丞相主簿，在建安二十二年（217），遇疾卒，享年四十七歲，子司馬遺嗣立。魏明帝即位後，封司馬遺為昌武亭侯，邑百戶。司馬朗之弟司馬孚或為感念大哥之照顧，在司馬遺過世後，特將自己的長子司馬望過繼與司馬朗，以司馬望之子司馬洪嗣司馬遺。[51]

　　從《三國志》的敘述來看，司馬孚之所以將自己兒子嗣大哥司馬朗，可能是在司馬遺即將死亡之時，否則很難說明當司馬朗仍有子嗣時，司馬孚此舉動之意義。而當司馬遺過世後，不以司馬望嗣司馬遺，主要乃其為同輩，所以以司馬望當時之長子司馬洪嗣遺，遵循了中國繼承制度。

　　當司馬望出嗣司馬朗時，本來代表這一支已脫離司馬孚家族，另立門戶。但由史料來看似乎並非完全如此，《晉書》載，司馬望有四子，奕、洪、整、楙。奕、整早亡，司馬洪在司馬遺死後過嗣之。（照理而言，司馬朗的世系應為司馬朗－司馬遺、司馬望－）結果出現了司馬朗之下，分為兩支，一為司馬遺—司馬洪及以下；另一支為司馬望—司馬奕—司馬奇的怪異現象。其實司馬朗這一支，雖為大宗，在經兩代由外嗣入繼，在親疏之後，已不復存在，只是名義上仍存。清萬斯同所做〈晉諸王世表〉將

51　《三國志》卷十五〈司馬朗傳〉，頁468。司馬孚原長子為司馬邕，早卒。按《三國志》記載來看，司馬望出繼司馬朗時，司馬邕應還未過世，否則很難解釋如裴松之引《晉諸公贊》直接以司馬望為「孚之長子」的情況。在中國一般繼承制度下，罕有以自己長子出嗣他人的情況。參見《三國志》卷十五〈司馬朗傳〉註引《晉諸公贊》，頁468；《晉書》卷三十七〈宗室·司馬孚傳〉，頁1085-1086。

司馬朗之繼承者直接以司馬望為第二世，而完全將司馬遺這一支放置一旁，這樣的寫法，似乎是現實狀況，但也有其不合理之處。[52]

司馬望死於泰始七年（271），年六十七歲，西晉建國後，司馬望被封為義陽王，以長子司馬奕為世子，但司馬奕早死，二子司馬洪出繼司馬遺，又以三子司馬整為世子，而司馬整亦先司馬望而亡。[53]司馬望在兩子死後，再以長子奕之子司馬奇繼承。出繼司馬遺的司馬洪死於咸寧二年（276），由長子司馬威繼承。而繼承司馬望的司馬奇，在太康九年（288）以擅自經商被檢舉，詔貶為三縱亭侯。此時一個重大的改變為，是以嗣司馬洪的長子司馬威轉嗣司馬望，而以司馬洪二子司馬混為司馬洪嗣。永寧元年（301）四月，司馬威因加入司馬倫陣營，協助倫奪取惠帝皇位，在事敗被殺後，[54]再以被廢的司馬奇為司馬望嗣。[55]自司馬朗、司馬遺相繼死亡，由司馬望、司馬洪繼承，至此司馬奇、司馬混分別繼承司馬望與司馬洪，時間已近百年（217-301），在交互繼承中，雖然仍尊其為大宗，但其實與司馬朗的關係已遠。

由以上所述，可以發現其繼承關係是相當複雜的。其間雖在某部分遵循嫡長子繼承制，但在特定時空下，又將之破壞。如已入嗣司馬洪之司馬威，在其大宗司馬望一支繼承出現斷層時，可以輕易地調動入嗣者。其實這會產生很多的影響，以司馬氏掌握龐大政治權力，每一個繼承關係都將牽動背後的實質利益。但還好的是，司馬朗的整體繼承關係，發生在曹魏至西晉初年，司馬

---

52 萬斯同，〈晉諸王世表〉，收入《二十五史補編》，頁3303。

53 司馬整在死後，武帝以義陽國一縣追封司馬整為隨縣王。子司馬邁嗣。太康九年，武帝再以義陽之平林加封司馬邁為隨郡王。《晉書》卷三十七〈宗室‧司馬孚傳〉，頁1088。

54 《晉書》卷四〈惠帝紀〉，頁98。

55 《晉書》卷三十七〈宗室‧司馬孚傳〉，頁1087。

氏對政治權力掌握能力還未顯現，加上司馬望一支在沒有長輩的扶持下，[56]進入西晉後，在司馬氏均分利益過程中，已非顯要。

　　洛陽陷落以後，司馬混這一支在混亂中皆沒於胡。而司馬混有一子司馬滔，在早年曾出繼新蔡王司馬確，也在洛陽淪陷中，與兄弟們散失，最後輾轉流移到南方，也回到新蔡王司馬確家。但卻遭到新蔡太妃的排斥，司馬滔在無可忍之餘，於太興二年（319）上疏，以「兄弟並沒在遼東，章武國絕」為理由，欲回嗣本家，而新蔡太妃不同意，提出反面訴訟，整個事件被交付太常討論。

> 及洛陽陷，混諸子皆沒于胡。而小子滔初嗣新蔡王確，亦與其兄俱沒。後得南還，與新蔡太妃不協。太興二年上疏，以兄弟並沒在遼東，章武國絕，宜還所生。太妃訟之，事下太常。太常賀循議：「章武、新蔡俱承一國不絕之統，義不得替其本宗而先後傍親。按滔既已被命為人後矣，必須無復兄弟，本國永絕，然後得還所生。今兄弟在遠，不得言無，道里雖阻，復非絕域。且鮮卑恭命，信使不絕。自宜詔下遼東，依劉羣、盧諶等例，發遣令還，繼嗣本封。謂滔今未得便委離所後也。」[57]

盧循的意見說明幾點：（一）過繼之子，在一般的情況下，是不得還嗣本家。（二）除非本國永絕，已無兄弟存在，才可能討論還嗣本家。（三）在還未確定章武一支是否真正絕後之前，司馬滔不得輕易改嗣。盧循之議，應是當時處理宗室之間過繼的基本原則。這一場過繼之爭，最後由晉元帝司馬睿做成裁決：

> 元帝詔曰：「滔雖出養，自有所生母。新蔡太妃相待甚薄，

---

56 司馬朗早死，司馬望與父親司馬孚相繼死於西晉泰始七年與八年。當司馬孚與司馬望死亡後，司馬望一系與原司馬孚家族關係已遠。

57 同上註，頁1087-1088。

> 滔執意如此。如其不聽，終當紛紜，更為不可。今便順其
> 所執，還襲章武。」[58]

司馬睿以人性的考慮為依歸，打破繼承制度中的原則，也使得章武國得以有後。滔之後，歷司馬休、司馬珍兄弟。至司馬珍死後無嗣，河間王司馬欽以子司馬範之過繼之，死後子司馬秀嗣。司馬秀取桓振之妹，至義熙年間，桓振謀叛時，司馬秀以姻親不自安，也加入謀反，最後事敗，被殺。章武王國至此國絕。[59]

司馬望的第四子司馬楙，在家族交互過嗣中，似乎置身事外。武帝建國，司馬楙受封為東平王，邑三千九十七戶。自武帝迄懷帝間，司馬楙依違於各種政治勢力間，最後在洛陽傾覆時，為亂兵所殺，未立有繼承者。[60]由史書記載來看，司馬望這一整支在過繼給司馬朗以後，與本家司馬孚一系似已完全無關。

---

58 同上註，頁1088。
59 同上註。
60 同上註，頁1088-1090。

二、司馬孚

表 5-3-2　司馬孚世系表

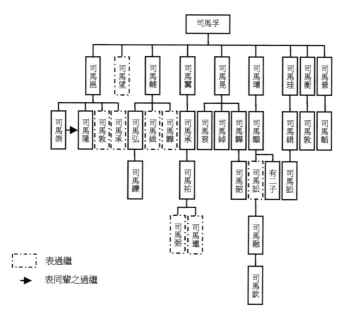

司馬孚為司馬防第三子，與司馬懿同發跡於建安中期以後，先後
受曹植與魏文帝曹丕之賞識。進入曹魏政權後，發展也稱順利。
與司馬懿不同的是，司馬懿在受曹爽集團壓迫後，採取激烈反擊，
透過政變將曹爽一干人等消滅，在此過程及以後司馬懿的發展
中，司馬孚採取保守態度，甚至在部分時候，態度上明顯支持曹
魏皇帝。[61]晉武帝建立晉朝後，以宗室封為安平王，邑四萬戶，
加上其輩份高，晉武帝對司馬孚敬禮有加：

　　（晉武）帝以（司馬）孚明德屬尊，當宣化樹教，為群后

61 同上註，頁 1081-1084。

作則，遂備置官屬焉。又以孚內有親戚，外有交游，惠下
之費，而經用不豐，奉絹二千匹。及元會，詔孚乘輿車上
殿，帝於阼階迎拜。既坐，帝親奉觴上壽，如家人禮。帝
每拜，孚跪而止之。又給以雲母輦、青蓋車。[62]

司馬孚生有九子，分別為邕、望、輔、翼、晃、瓌、珪、衡、景。
其中司馬望過繼給哥哥司馬朗。其他八支互有繼承關係，首先在
大宗司馬孚一系上，司馬孚在封為安平王後，立長子司馬邕為世
子。司馬邕早死，司馬孚再立邕子司馬崇為世孫，結果司馬崇又
早夭。司馬孚死於泰始八年（272），武帝於泰始九年（273）立
司馬崇之弟平陽亭侯司馬隆為安平王，以續司馬孚。司馬隆死於
咸寧二年（276），在《晉書·司馬孚傳》中載，安平王這一支因
「無子」而國絕。但《晉書·武帝紀》則載：「咸寧三年正月，
立安平穆王司馬隆之弟敦為安平王」。[63]

　　為何《晉書》在〈本紀〉與〈司馬孚傳〉中會有記載的差異，
今因無其他相關佐證資料不得而解。但吾人或可由晉武帝對司馬
孚的態度來窺探二者之間的相處互動。前有言，因司馬孚為晉武
帝從祖父輩，至西晉初年司馬懿這一代族人，大多凋零，司馬孚
為少數健在者，司馬炎對其表達禮敬，是延續司馬懿以來，強調
以孝治天下的觀念。但在內心裡，司馬炎對之可能不是如此。司
馬孚在曹魏中晚期，其在政治上的態度，並不是完全表態支持司
馬懿及其繼承者司馬師、司馬昭，[64]甚至在司馬炎受禪，陳留王

---

62 同上註，頁 1084-1085。
63 另外，《晉書》卷三十七〈宗室·司馬衡傳〉則載：「（司馬衡）泰始二年
　　薨，無子，以安平世子邕第四子敦為嗣」。周家祿所做校勘，以為這裡的司
　　馬敦，應為司馬殷。另外錢大昕《二十二史考異》，卷十八〈武帝紀〉條（台
　　北：樂天出版社，1971 年），頁 653-654，亦有相關之說明。
64 在司馬師以謀反殺害高貴鄉公，而百官沒有人敢表達態度時，司馬孚「枕屍

曹奐從洛陽宮移入金墉城時，司馬孚在場「拜辭，執王手，流涕
歔欷，不能自勝。曰：『臣死之日，固大魏之純臣也』。」[65]這
幾乎等於說明司馬炎禪魏的不正當性。加上司馬孚臨死之前所撰
遺書，還自謂「有魏貞士」。[66]司馬炎面對這位家族中前輩的態
度，雖忍讓，但有其不滿。這或也就可以說明，為什麼在司馬隆
死後，武帝放任安平王國絕的情況出現。而從武帝在司馬孚生前
所給予無論物質或地位上的尊崇與其死後任其國絕得態度來對
比，晉武帝心中對司馬孚的不以為然是可以看出的。[67]

　　除了司馬邕與司馬望之外，司馬孚尚有七子。三子司馬輔，
太康五年（284）死，由子司馬弘嗣位。元康三年（293）司馬弘
死，司馬鑠繼位。[68]四子司馬翼，西晉未建國前已卒，以司馬邕
旁支子司馬承繼立，司馬承死後由兒子司馬佑繼立。[69]五子司馬
晃，元康六年（296）卒，生有二子，長子司馬衮，早卒；二子司

於股，哭之慟，曰：『殺陛下者臣之罪。』」這對司馬師而言是極其難堪的，
但卻因其輩份高，使司馬師與司馬昭敢怒不敢言。同上註，頁 1084
65 同上註。
66 《晉書》載：「孚雖見尊寵，不以為榮，常有憂色。臨終，遺令曰：『有魏
貞士河內溫縣司馬孚，字叔達，不伊不周，不夷不惠，立身行道，終始若一。
當以素棺單 ，斂以時服。』」同上註，頁 1085。
67 盧弼《三國志集解》（古籍出版社鉛印本，台北縣：漢京文化事業有限公司，
1981 年）中對司馬孚的態度提出與《晉書》對司馬孚的敘述手法有所不同。
引王應麟之語：「司馬孚自謂貞士，孚上不如晉叔肸，下不如朱全昱，謂之
貞士，可乎？」又引《通鑑輯覽》曰：「孚雖未與廢立之謀，然身為上公，
曾不知大義滅親或極言規正，或為國討賊，事勢已去，乃以拜辭流涕，自號
純臣。遺令猶稱魏貞士，其誰欺乎？」又引王懋竑之言：「司馬孚位為上公，
歷事四世，於師、昭為尊屬，於齊王之廢、高貴鄉公之弒，無能有所匡正，
僅流涕痛哭而已。且父子尊官厚祿，榮寵終其身，未嘗有所辭讓，以云魏之
純臣，其無愧乎？梁之朱全昱亦然。全昱田野之人，不知書其不能辭爵宜也，
君子於孚不能無惜焉。」頁 442。這些想法應與晉武帝司馬炎心中所想一致。
68 《晉書》卷三十七〈宗室·司馬孚傳〉對司馬輔這一支記載至此，頁 1090。
69 同上註。

馬綽有篤疾，所以以司馬輔第三子司馬韡為嗣，又早死，以子司馬韶繼立。六子司馬璦，泰始十年（274）卒，以子司馬顯繼立。司馬顯以其人才，為武帝重用，之後於元康中，以賢舉為平西將軍，鎮關中，在八王之爭中，成為西方的一重要勢力，在光熙元年（306）十二月為司馬模遣將殺害，[70]司馬顯三個兒子也同時被害。懷帝以司馬懿之七弟，司馬馗之孫司馬植之子司馬融為司馬顯嗣。司馬融死後無子，至東晉元帝建興年間，以彭城康王司馬釋之子司馬欽為司馬融嗣。司馬釋為司馬植之子。

司馬孚第七個兒子為司馬珪，於泰始十年（274）過世。死後無子，武帝以司馬輔之子司馬緝襲爵。司馬緝入嗣五年，於咸寧四年（278）卒，又無子，晉武帝於太康二年（281）再下詔，以司馬顯之子司馬訟為司馬緝之後。[71]第八子為司馬衡，死於泰始二年（266），無子，晉武帝以司馬邕第四子司馬敦繼之。第九子為司馬景，死於咸寧元年（275），子司馬韜嗣立。[72]

司馬孚家族在繼承上的特色的是，本宗有子出繼他人，而當本宗未有繼承者時，不是出繼之人回嗣，而是別宗之人入嗣本宗。如司馬孚之子司馬邕有子出繼司馬翼與司馬衡，但自己一國卻面臨無繼承者而國除的地步。又如司馬顯一子司馬訟曾嗣司馬珪一系，但當司馬顯及三個兒子被殺後，也未見司馬訟回嗣司馬顯。司馬輔亦有二子出嗣，[73]當本支無人繼承時，卻引入司馬孚其他兄弟之子孫

---

70 《晉書》卷五〈懷帝紀〉載司馬顯被殺於光熙元年十二月；卷五十九〈司馬顯傳〉載顯死於永嘉初；今從本紀所載。

71 同上註，頁 1091-1092。

72 同上註，頁 1092。

73 出繼他人後，不得回嗣本宗或許是中國繼承制度的規範之一，但如前司馬朗項下，司馬滔上書欲回嗣本宗時，賀循以為不可的理由，其中提到除非「無復兄弟，本國永絕，然後得還所生。」而司馬邕、司馬顯在繼承本支的繼承者相繼死亡後，也未見本支之人回嗣，以延續國嗣。

來繼承。兩晉之交，兵燹連結，其中或中斷，或永遠斷了繼嗣。

三、司馬馗

表 5-3-3　司馬馗世系表

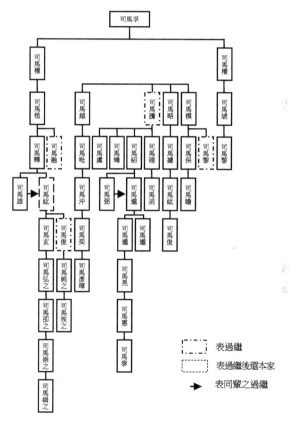

司馬馗為司馬防之第四子，史書對其記載不詳，死於西晉建國之前，有三子，權、泰、綏。司馬馗死後，由長子司馬權繼立；司馬權死於咸寧元年（275），由子司馬植嗣立。司馬植在八王之爭中，被指涉助司馬允攻打趙王司馬倫，最後以憂卒。由子司馬

釋繼位。司馬植有另一子過嗣給司馬顒。司馬釋之後由子司馬雄繼位,司馬雄在東晉咸和二年(327)蘇峻起兵反晉時,與章武王司馬休共奔投靠蘇峻,事平之後伏誅,[74]以原出嗣司馬釋之弟司馬據的兒子司馬竑入繼本宗。司馬竑死於咸康八年(342),有二子,玄與俊。司馬玄繼司馬竑,死後由子司馬弘之嗣立,此後父子相繼,歷司馬邵之、司馬崇之、司馬緝之,至劉裕篡晉而國除。司馬竑另一子司馬俊過繼給高密王司馬略。司馬俊死後,由子司馬純之嗣立,純之之後由子司馬恢之繼位,至劉宋建立而除國。[75]

司馬馗第二子為司馬泰,死於元康九年(299)生有四子,越、騰、略、模。司馬泰一家活躍在西晉政治舞台上,但也在西晉末年全家幾乎死亡殆盡。司馬泰在西晉建國時,封為高密王,長子司馬越為世子,[76]以討楊駿有功,一路升遷,別封東海王。別封之後,司馬越自成一國,原嗣司馬泰轉移至三弟司馬略身上。司馬略死於永嘉三年(309),子司馬據繼立。爾後,司馬據又死,無子,至東晉建興末,司馬睿承制,以司馬權之曾孫司馬竑繼司馬據,其後司馬竑因本宗嗣司馬權之司馬雄,坐奔蘇峻而伏誅,而回嗣本宗,再立司馬竑之子司馬俊以奉其祀。[77]

別封出去之司馬越,協助惠帝返回洛陽,結束宮中亂局,輔佐懷帝司馬熾即位,在西晉後期政治中,有其重要性。但後來卻因擅權而與懷帝產生摩擦。司馬越死於永嘉五年(311),在生前所立世子司馬毗也為石勒亂軍所殺。司馬睿感念司馬越之妻裴氏曾提出其應出鎮建鄴,最後司馬睿也因此得到東晉江山,於是以

---

74 《晉書》卷七〈成帝紀〉,頁171。
75 《晉書》卷三十七〈宗室‧司馬孚傳〉,頁1092-1094。
76 《晉書》卷三十七〈宗室‧司馬孚傳〉,以司馬越排行第一;卷五十九〈司馬越傳〉則載司馬越為泰之次子。應以前者為正確。頁1094、1622。
77 《晉書》卷三十七〈宗室‧司馬孚傳〉,頁1095-1096。

自己第三子司馬沖為司馬越嗣。司馬沖死後，成帝再以自己少子司馬奕繼嗣司馬越。司馬奕後徙琅邪王，至隆安初年，安帝再以會稽王次子司馬彥璋為東海王，最後為桓玄所害，國除。[78]司馬越算是西晉司馬宗室至東晉以後最受關愛的一支。

司馬泰第二子為司馬騰，於永嘉元年（307）鎮鄴城時為張泓故將李豐所殺。騰有四子，虞、矯、紹、確；前三子與司馬騰同時遇害，由庶子司馬確嗣立。司馬確以都督豫州諸軍事，鎮許昌，於永嘉末年為石勒所殺，無子，由章武王司馬混之子司馬滔奉其祀。在前文中敘及，西晉末年，司馬滔與其兄長在洛陽陷落時，四處流散，後司馬滔輾轉南下，但與司馬確夫人新蔡太妃不合，上書請求回本宗，後元帝作主，讓司馬滔回嗣本宗。元帝再以汝南威王司馬祐之子司馬弼為司馬確嗣。司馬弼死於太興元年（318），無子，以司馬弼之弟司馬邈為嗣。司馬邈死後由子司馬晃嗣，司馬晃在桓溫奪權過程中，被廢為庶人。[79]孝武帝再以晃弟司馬崇為邈後。司馬崇又為奴所害，由兒子司馬惠立，至宋受禪，國除。[80]

司馬模為司馬泰的四子，永嘉五年（311）八月，為劉粲所殺。子司馬保嗣位。在愍帝蒙塵後，司馬保於太興二年（319）十二月自稱晉王于祁山，三年（320）五月，司馬保為劉曜所殺。司馬模本有一子司馬黎，過繼給叔父司馬猇，與司馬模一起於長安罹難。[81]

司馬馗的第三兒子為司馬綏，死於咸寧五年（279），由二子

78 《晉書》卷五十九〈司馬越傳〉，頁1626。
79 西晉初期司馬孚一子亦名「晃」，兩晉對同名沒有特別在意？抑或對西晉時情況已不甚了了。《晉書》卷三十七〈宗室・司馬孚傳〉，頁1090。
80 同上註，頁1096-1097。東晉最大的特色是，無論如何每一支都要想盡辦法延續下去。
81 同上註，頁1101。

司馬猇嗣立。司馬猇在永興三年（306）以暴疾卒，無子，以司馬模之子司馬黎為嗣，或是因乏人照顧，司馬模仍將司馬黎帶在身邊，隨司馬模就國，最後在長安與司馬模同時受害，[82]如此一來司馬綏這一支算斷了嗣。

司馗家族繼承特色有，司馬越本為司馬泰世子，以功勳高，別封東海王，不為世子；而司馬騰一支，後期過度頻繁的過繼，可能已僅存名義上之制度維護而已。

四、司馬恂

表 5-3-4　司馬恂世系表

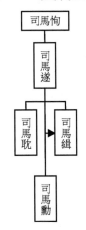

➤　表同輩之過繼

司馬恂為司馬防第五子，其生平不詳。僅知其死後，由子司馬遂嗣位。司馬遂在武帝初年封為濟南王，死於泰始二年（266）。有二子耽與緝，由司馬耽嗣立，耽死於咸寧三年（277），無子，由弟弟司馬緝繼之。司馬緝後來捲入八王之爭中，在率眾抵距王

---

82 同上註。

浚時，沒於陣，無子，國除，這一支系在西晉末年歷經三代而終。
至東晉咸和六年（331）有一男子名曰司馬勳，自關右來到南方，
自表云：「是大長秋恂之玄孫，冠軍將軍濟南惠王遂之曾孫，略
陽太守瓘之子」，成帝並沒有因司馬勳的出現而復中山國，僅以
司馬勳出任謁者僕射。後司馬勳謀叛於巴蜀，桓溫遣軍征討，司
馬勳兵敗被殺。[83]

五、司馬進

表 5-3-5　司馬進世系表

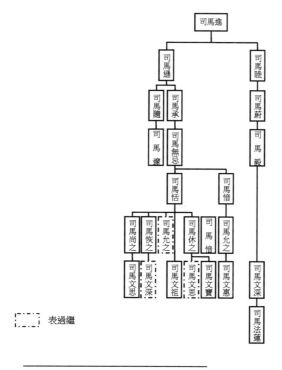

$\vdots$ 表過繼

---

83 同上註，頁 1101-1103。

　　司馬進為司馬防之第六子，生平也未留下資料，死後由子司馬遜嗣位。司馬遜在武帝受禪時，封為譙王，泰始二年（266）卒，有二子司馬隨及司馬承。由司馬隨嗣位；隨死後由子司馬邃繼承，西晉末沒於石勒，司馬睿為晉王時，以自北方來投奔之司馬承嗣遜。[84]這樣的繼承其實是不符中國傳統繼承制度，但在東晉初年，天下紛亂，便宜行事可能是最好的辦法。司馬承得到司馬睿的信任，用以對付日有不臣之心的王敦，後為王敦害死，由子無忌繼立。司馬無忌有子二人，司馬恬與司馬憕。在司馬無忌隨桓溫伐蜀勝利後，將所封功勳賜給少子司馬憕。穆帝永和六年（350）司馬無忌過世，由長子司馬恬嗣位。司馬恬為一有才幹之人，受到孝武帝重用，死於太元十五年（390）；有四子，尚之、恢之、允之、休之，由司馬尚之嗣位。司馬尚之在孝武帝在位時得到司馬道子賞識，但在討伐桓玄中被殺。恢之與允之因同案被桓玄遠徙廣州，於路途中派人殺害之。桓玄上書以為不應讓司馬尚之一系絕嗣，更封司馬尚之從弟司馬康之嗣立。至桓玄兵敗，安帝反正後，再以司馬休之長子司馬文思為尚之嗣。東晉末年，司馬文思與父司馬休之同舉兵反劉裕，司馬文思兵敗被殺，司馬休之在逃亡途中死去，譙王國除。司馬允之出嗣叔父司馬憕，在司馬允之被殺後，司馬康之以子司馬文惠為憕嗣，至宋禪，國除。[85]司馬進這一支族的一個轉折是司馬承得到元帝重用，司馬恬為孝武帝所用，因而能往下延續香火至東晉末期。

　　司馬進的另一兒子為司馬睦，武帝受禪，封為中山王，咸寧三年（277）以「遣使募徙國內八縣受逋逃、私占及變易姓名、詐冒復除者七百餘戶」，為刺史檢舉，詔貶為丹水縣侯。太康初年，

<hr>

84 同上註，頁1103。
85 同上註，頁1109-1112。

詔復爵，改封高陽王。司馬睦在封為中山王時，曾上表要求立廟，武帝將此事交付太常討論：

> （司馬睦）武帝受禪，封中山王，邑五千二百戶。睦自表乞依六蓼祀（皋）陶，鄶（杞）祀相立廟。事下太常，依禮典平議。博士祭酒劉（喜）等議：「禮記王制，諸侯五廟，二昭二穆，與太祖而五。是則立始祖之廟，謂嫡統承重，一人得立耳。假令支弟並為諸侯，始封之君不得立廟也。今睦非為正統，若立祖廟，中山不得並也。後世中山乃得為睦立廟，為後世子孫之始祖耳。」詔曰：「禮文不明，此制度大事，宜令詳審，可下禮官博議，乃處當之。」[86]

最後不了了之，但由整件事的發展，可以看出在武帝初期，對整個宗族而言，仍以宗法制度的原則實行之。

司馬睦死於惠帝末，司馬睦原長子為司馬彪，但因薄行好色，為司馬睦所責，不得為嗣，後出嗣司馬進弟弟司馬敏，「雖名出繼，實廢之也。」[87]司馬睦生前以另一子司馬蔚為世子，但蔚早卒，睦再以孫司馬毅嗣立，司馬毅永嘉中沒於石勒，至東晉隆安元年（397）安帝詔以司馬恢之子文深繼司馬毅之後。自永嘉年間至隆安元年，將近九十年間，司馬睦這一支似斷了嗣。《晉書》並未說明此時為司馬睦一支立嗣的原因。司馬文深嗣立五年後去世，無子；安帝再以高密王司馬純之子司馬法蓮為嗣，至劉裕篡晉，高陽國除。[88]

---

86 同上註，頁 112-1113。
87 《晉書》卷八十二〈司馬彪傳〉，頁 2141。這種以長子出繼的情況並不多見，大多是從本家利益考慮為主。另參見閻愛民，《漢晉家族研究》（上海：人民出版社，2005 年），第七章〈繼嗣制與血親的擬制〉，頁 382-383。
88 經過近九十年，高陽國仍有實封嗎？經過九十年如何祭祀？如何聯繫中間的情感？是仍有經濟上的繼承？抑只是為嗣而嗣？由於資料不全，待以後進一步研究。

六、司馬通

表 5-3-6 司馬通世系表

司馬通為司馬防第七子，生平也未留下資料。死後子司馬陵嗣位，咸寧五年（279）司馬陵過世，由兒子司馬濟嗣位，西晉末年，隨司馬越在項城，為石勒所害，司馬濟與二子皆沒。

七、司馬敏

表 5-3-7 司馬敏世系表

司馬敏為司馬防第八子，《晉書》對其記載僅「敏字幼達，（與兄）俱知名，故時號為『八達』焉」，其他無所載；但在卷八十二〈司馬彪傳〉中卻記載司馬睦長子司馬彪曾出繼司馬敏：

> 司馬彪字紹統，高陽王睦之長子也。出後宣帝弟敏。少篤學不

倦，然好色薄行，為睦所責，故不得為嗣，雖名出繼，實廢之也。彪由此不交人事，而專精學習，故得博覽群籍，終其綴集之務。初拜騎都尉。泰始中，為祕書郎，轉丞。注莊子，作九州春秋。……後拜散騎侍郎。惠帝末年卒，時年六十餘。[89]

由這段史料來分析，司馬彪為父親司馬睦逐出門牆，名義上出繼司馬敏，其實不甚相關，其中可能與司馬敏早死有關，其家族成員過少，無人注意，這是一種名存實亡的繼承關係，至司馬彪死後，司馬敏這一支自然凋亡。

由晉書所載資料來看，對於司馬懿這一代之人，除非是活躍於西晉時期，否則其資料嚴重缺乏，這也顯示司馬家族譜的保存是有問題的。司馬氏不重譜系的原因之一或與其為帝王世家有關，因其透過政權穩固其家族的發展，是以不需如其他家族要致力於在詭譎多變的時代中，保護家族血脈及聲譽於不墜。

對司馬宗室而言，西晉中期的八王之爭與末年的胡人入侵，是造成司馬宗室大量死亡的原因。進入東晉，雖各代皇帝努力重新建構宗室網絡，但不斷的過繼，出嗣之人與被嗣者之間，早已沒有感情或實際的接觸，僅維繫著名義，這是司馬家族在兩晉過後，無法綿延於南北朝的原因之一。

第四節　東晉司馬宗族繼承

建興四年（316）十一月，匈奴人劉曜攻破長安，晉愍帝出降，西晉王朝已名存實亡，僅賴散在各地的晉室皇族繼續推動著復興晉朝的工作，司馬睿也是其中之一。司馬睿在建興五年（317）三月

---

89 同上註。

在建康稱晉王，改元建武。建武二年（318）三月，晉愍帝被殺的消息傳來，司馬睿正式稱帝，另一個司馬王朝，正式於江東拉開序幕。

表 5-4-1　東晉皇帝世系

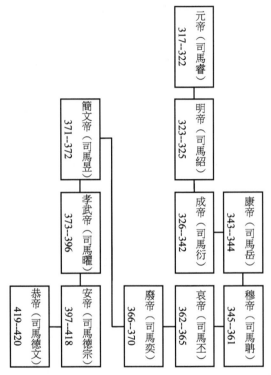

司馬睿以後的東晉皇帝，為宗室子嗣之安排，在制度上較西晉彈性許多。當時歷經八王至五胡南下，司馬宗室被殺戮殆盡，存留者也四散各處，為了要讓宗室香火不斷，為每一支司馬家族立嗣，是元帝責無旁貸之事。

司馬睿為司馬懿的曾孫，父親為司馬覲，是西晉皇族中較為疏遠的一支。司馬睿共生有六男；虞皇后在司馬睿未即帝位前，於永嘉三年（309）已過世，未生子。長子明帝司馬紹與司馬裒為

宮人荀氏所生。司馬紹在司馬睿為晉王時，立為晉王太子，司馬睿稱帝後，司馬紹立為皇太子。永昌元年（322）閏十一月，司馬睿逝世，司馬紹即位為皇帝，是為明帝。明帝在位僅三年，死後由長子司馬衍繼位，是為成帝。成帝在位十七年餘，死後庾冰等人立成帝同母弟司馬岳為帝，是為康帝。成帝二子，司馬丕為琅邪王，司馬奕為東海王。司馬岳在臨死之前，以皇子司馬聃為皇太子。

表 5-4-2　司馬睿世系表

| | | 表過繼 |
| 表過繼後還本家 |
| 表過繼二次 |

一、司馬裒

　　除了東晉帝系外，司馬睿尚有五子，司馬裒與長子司馬紹同為宮人荀氏所生，石婕妤生司馬沖，王才人生司馬晞，鄭夫人生司馬煥以及簡文帝司馬昱。司馬裒初出繼叔父司馬渾。司馬紹立為太子後，更封司馬裒為琅邪王以嗣恭王，並改食會稽、宣城，邑五萬二千戶。建武元年（317）逝世，子司馬安國嗣立，未及年而死。[90]

　　司馬睿本嗣琅邪，即位為帝後，琅邪當絕，但為永續父祚，

90 《晉書》卷六十四〈元四王・司馬裒傳〉，頁 1725-1726。

以司馬裒接繼之。而司馬裒本出繼司馬渾，司馬睿徙裒嗣恭王司馬覲，這不僅混亂了司馬渾一家的繼承關係，更為東晉以後宗室繼承的混亂做了示範。

二、司馬沖

司馬沖為元帝第三子，司馬睿對司馬越之裴妃有知遇之恩。是以東晉建立後，司馬睿以司馬沖嗣司馬越。

> 初，元帝鎮建鄴，裴妃之意也，帝深德之，數幸其第，以第三子沖奉越後。薨，無子，成帝以少子弈繼之。哀帝徙弈為琅邪王，而東海無嗣。隆安初，安帝更以會稽忠王次子彥璋為東海王，繼沖為曾孫。為桓玄所害，國除。[91]

司馬睿以司馬沖繼司馬越為東海王，在其死後，引發王敦欲以司馬沖代司馬紹。司馬紹和東海王沖雖然是同父異母兄弟，但在統胤上一出琅邪，一紹東海，王敦廢彼立此，即是使東晉由琅邪王國的統胤改變為東海王國的統胤，以便利自己在政治上的發展。還好王敦未及至建康已病篤，朝廷百官先發制人，立司馬紹為帝。[92]

---

91 《晉書》卷五十九〈司馬越傳〉，頁 1626。

92 田餘慶以為王敦在元帝時期欲以東海王沖繼元帝之後，沖為司馬睿三子，如前條所述。「沖之封可能已成為東晉政治上的麻煩問題。其封肇議於司馬睿為晉王的建武時，而實現於司馬睿稱帝的大興年間。干寶《搜神記》卷七：『晉元帝建武元年七月，晉陵東門有牛生犢，一體兩頭。京房《易傳》曰：牛生子，二首一身，天下將分之象也。』《晉書五行志》《宋書五行志》均同。《開元占經》卷一一七引《搜神記》則曰：『元帝大興中，割晉陵郡封少子，以嗣太傅東海王。俄而世子母石婕妤疾病，使郭璞筮之，……曰：世子不宜列土封國，以致患悔，母子華貴之咎也……。其七月，曲阿縣有牛生子，兩頭，……石氏見而有間。或問其故，曰：晉陵，主上所受命之邦也。凡物莫能兩大，使世子并封，方其氣焰以取之，故致兩頭之夭，以為警也。』」田氏以為：「五行志及郭璞之筮，多為政治預兆。頗疑時人觀察形勢，早有王敦將利用東海王沖以遂其謀的憂慮，故托物夭以為警誡，參見田氏，《東晉門閥政治》，頁 24-25。

三、司馬晞

司馬睿之另一子司馬晞，出繼武陵王司馬喆，活躍在康、穆帝之間，由於司馬晞「無學術而有武幹」，為桓溫忌而誣陷之，甚至進一步逼新蔡王司馬晃自言欲與司馬晞等人謀反，要一併殺之，結果賴簡文帝護守，桓溫之計才未得逞。

> （司馬）晞無學術而有武幹，為桓溫所忌。及簡文帝即位，溫乃表晞曰：「晞體自皇極，故寵靈光世，不能率由王度，修己慎行，而聚納輕剽，苞藏亡命。又息綜矜忍，虐加于人。袁真叛逆，事相連染。頃自猜懼，將成亂階。請免晞官，以王歸藩，免其世子綜官，解子　散騎常侍。」以梁王隨晞，晞既見黜，送馬八十五匹、三百人杖以歸溫。溫又逼新蔡王晃使自誣與晞、綜及著作郎殷涓、大宰長史庾倩、掾曹秀、舍人劉彊等謀逆，遂收付廷尉，請誅之。簡文帝不許，溫於是奏徙新安郡，家屬悉從之，而族誅殷涓等，廢晃徙衡陽郡。[93]

司馬晞被放逐新安，一直到死都未歸回建康，孝武帝即位後為其平反，以「故前武陵王體自皇極，克己思愆。仰惟先朝仁宥之旨，豈可情禮靡寄！」而追封司馬晞為新寧郡王，邑千戶。司馬晞有三子，司馬綜早死，司馬　出繼梁王司馬翹，由三子司馬遵嗣立。司馬遵死於義熙四年（408），由子司馬季度嗣，死後子司馬球之立，至劉裕篡晉，國除。另一過繼給梁王翹的司馬　，在孝武帝為司馬晞平反後，回繼梁王，死後由子司馬龢嗣立。司馬龢死後由子司馬珍之立，司馬珍之後為劉裕所殺。[94]

---

93 《晉書》卷六十四〈元四王・司馬晞傳〉，頁 1727。
94 同上註，頁 1727-1728。

四、司馬煥

司馬煥與簡文帝司馬昱同為司馬睿寵妃鄭夫人所生。司馬煥初出繼司馬睿之弟司馬渾，甚得司馬睿之寵愛，封琅邪王，但司馬煥二歲即死，在臨死前，司馬睿以司馬煥嗣其父司馬覲之後，以示突出司馬煥的位置成為大宗之繼承者，此有違宗法制度，史料中未見有大臣提出反對意見，但在司馬煥死後，司馬睿為其大起陵園耗費功役時，終於有大臣琅邪國右常侍會稽孫霄上書提出諫言，以「今琅邪之於天下，國之最大，若割損非禮之事，務遵古典，上以彰聖朝簡易之至化，下以表萬世無窮之規則」[95]來制止司馬睿的行動，但司馬睿並未採納。

五、簡文帝司馬昱

表 5-4-3　司馬昱世系表

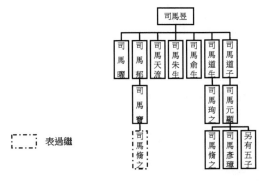

司馬煥死後，晉元帝永昌元年（322）以司馬煥同母弟司馬昱為琅邪王，司馬昱即後來的簡文帝。司馬昱共生七子，其中王皇

---

95 《晉書》卷六十四〈元四王‧司馬煥傳〉，頁 1729-1730。

后生司馬道生、司馬俞生；胡淑儀生司馬郁、司馬朱生；王淑儀生司馬天流；李夫人生司馬曜（後來的孝武帝）以及司馬道子；七子中俞生、朱生、天流早夭，史無傳。

司馬昱在徙封會稽王時，立長子司馬道生為世子，但因司馬道生「性疏躁，不修行業，多失禮度」而被廢了世子之位，二十四歲卒，無子；至孝武帝即位後，為自己的長兄立後，以西陽王司馬羕之玄孫司馬詢之為其後，司馬詢之後來為劉裕所殺。[96]

司馬郁幼小聰敏，甚得司馬昱的器重，但十七歲過世。孝武帝即位後，以武陵威王司馬晞之曾孫（孫）司馬寶為其嗣，[97]司馬寶在劉裕篡位後，出任金紫光祿大夫，降為西豐侯，食邑千戶。[98]

司馬昱李夫人所生之司馬曜，興寧三年（365）封會稽王，在司馬昱五十二歲過世時，司馬曜之前的長兄大致也都過世，最長者為司馬曜，在父親簡文帝過世後，司馬曜即位為孝武帝。孝武帝在位二十三年餘（373-396），子嗣不詳，僅知司馬德宗為長子，司馬德文為同母弟。孝武帝在位期間，寵信同母兄弟司馬道子，淝水戰後，將一切權力交付司馬道子，東晉國祚至此衰弱。司馬道子在元興二年（403）為桓玄所殺，長子司馬元顯以及元顯六子同時罹難。至安帝即位，以臨川王司馬寶之子司馬脩之為司馬道子嗣，司馬脩之死後無子，國除。[99]

96　《晉書》卷六十四〈簡文三子‧司馬道生傳〉，頁 1731。

97　《晉書》卷六十四〈簡文三子‧司馬郁傳〉，頁 1742，註十，周校以應為孫，而非曾孫。

98　同上註，頁 1732。

99　在義熙中曾有一人詐稱為司馬元顯失散的兒子司馬秀熙，《晉書》卷六十四〈簡文三子‧司馬道子傳〉載：「義熙中，有稱元顯子秀熙避難蠻中而至者，太妃請以為嗣，於是脩之歸于別第。劉裕意其詐而案驗之，果散騎郎滕羨奴勺藥也，竟坐棄市。太妃不悟，哭之甚慟。脩之復為嗣。」頁 1740。

第五節　司馬家族世系延續的困境

　　中國對於妻妾嫡庶身份十分重視，其問題的重要性不在嫡庶本身的分別，而在於子孫身份別的確定。這是封建家族的中心，宗法制度的骨幹，就是整個封建社會的政治關係──政權的把握，也基於此。[100]

　　在中國家族以嫡長子繼承為主體，司馬氏在家族繼承原則上奉行宗法制度。從三國時至西晉的發展經歷轉折，司馬懿的繼承者是長子司馬師，但司馬師死後，權力的轉移至弟弟司馬昭手中，司馬昭一直無法決定繼位者，而造成武帝即位前與司馬攸之間的權力爭奪。武帝即位以後也受到這樣的糾葛，但最後克服了，以長子司馬衷為繼承者。惠帝即位後，很快地以長子司馬遹為繼承者，但在遭逢賈后的誣陷與殺害；之後八王之亂相繼興起，惠帝之子相繼死亡，這之後，武帝之子，惠帝的兄弟們皆以為自己有機會成為繼承著，而造成彼此爭權的鬩牆殺戮，這也是懷帝以武帝之子，惠帝之弟，有機會即位為皇帝之因。

　　這樣的結果反映在宗廟制度上更為明顯。宗廟是中國古代宗法社會中，帝王、諸侯、大夫、士等祭祀祖先的禮制性建築。它除了具有祭祀先祖以表達孝思之外，還具有明昭穆、序長幼、別尊卑貴賤的社會作用。東漢以降，隨著政治局面的混亂，宗廟制度呈現世序雜亂之象。[101]司馬氏在三國亂世中承繼了曹魏，在宗

---

100 瞿同祖，《中國封建社會》，頁166。
101 東漢光武帝劉秀即位之初，對於宗廟中應祀何者，有許多討論。至明帝即位，以光武撥亂中興之功，單獨為光武帝立廟，尊之為「世祖廟」。此後

廟制度上採用王肅之議：

> （泰始）二年正月，有司奏置七廟。帝重其役，詔宜權立
> 一廟。於是群臣議奏：「上古清廟一宮，尊遠神祇。逮至
> 周室，制為七廟，以辯宗祧。聖旨深弘，遠跡上世，敦崇
> 唐虞，舍七廟之繁華，遵一宮之遠旨。昔舜承堯禪，受終
> 文祖，遂陟帝位，蓋三十載，月正元日，又格于文祖，遂
> 陟帝位，此則虞氏不改唐廟，因仍舊宮。可依有虞氏故事，
> 即用魏廟。」奏可。於是追祭征西將軍、豫章府君、穎川
> 府君、京兆府君，與宣皇帝、景皇帝、文皇帝為三昭三穆。
> 是時宣皇未升，太祖虛位，所以祠六世，與景帝為七廟，
> 其禮則據王肅說也。[102]

但西晉初年所建立的七廟制，在甫一開始施行，就遭遇到困難。
晉武帝依據王肅所提之制，七廟乃至景帝司馬師而止，但司馬師
與司馬昭為兄弟，如此一來是視司馬師與司馬昭為異世。若按宗
法制度的執行方式，應是拿掉司馬師保留司馬昭，但司馬師是奠
定晉朝開國的重要人物，司馬昭甚至多次公開地表示「晉之天下，
景王之天下」，甚至欲將皇位讓給過繼給司馬師的司馬攸。宗廟
中不祭祀司馬師，好像無以體現敬祖彰勛的精神，另外對於司馬
師集團亦不便交代。在折衷權衡之後，使兄弟為昭穆異世。由於
缺乏明確的規定與制度，武帝以後甚至東晉，屢屢出現兄終弟及
為帝的局面，而導致在宗廟神主問題上出現許多的爭議。[103]在司

東漢皇帝皆以循制為由，藏主於世祖廟而不改。但至靈帝後，隨政治局勢
日亂，宗廟祭祀制度也日漸雜亂。參見郭善兵，〈就宗廟制度的損益看魏
晉時代的特徵〉，《許昌師專學報》三期，2001年，頁39。

102 《晉書》卷十九〈禮志上〉，頁602-603。

103 參見陳戍國，《魏晉南北朝禮制研究》，頁113-118；郭善兵，〈就宗廟制
度的損益看魏晉時代的特徵〉，頁41-42。

馬大宗上出現這樣的宗廟神主問題紛擾不休,一般小宗的繼承上也有同樣的情形出現,兄終弟及的情況屢現。(參見附表十七〈司馬氏世系總表〉)

由上所述,司馬懿以及司馬師、司馬昭三世本支為西晉王朝建立者,其本身屬皇室集團,較之於其他司馬宗室,擁有較大的政治資源,故家族長對世系的繼承更加重視。但綜觀這三代皇室的繼承,能將世系繼承延續到東晉以後的並不多;其中以司馬懿一支來看,除了司馬師與司馬昭不論外,諸子中家系能承繼到東晉末的僅有司馬亮司馬伷與司馬彤。司馬亮這是一支自西晉初建國迄東晉末年猶存的少數幾支司馬氏,其能長久存在最重要的原因,應是本身有子嗣,大部分的繼承仍維持父子繼承,而非由外人入嗣。司馬彤較之於其他西晉時期司馬氏幸運,在進入東晉後,雖本支早已不存,但透過元帝這位家族長的權威,有幸使得家系在名義上始終維持至劉宋建國。而司馬伷一支,則因長子司馬覲為東晉政權建立者司馬睿之父,這一支自然在東晉發揚光大。除此外,即使在東晉後皇帝將斷續的支脈重新安排嗣立者,其與本家之間的關係早已不復存在了。這也是兩晉司馬氏難以維繫其家祚之原因。

而以建立西晉政權的晉武帝司馬炎皇族來看,司馬炎生有二十六子,但夭折率高。早死情形多的另一層含意,即是他子入繼的情形也多。早期司馬炎不斷將自己的兒子過繼給兄弟,但在武帝死後,活躍在西晉的武帝之子也僅剩六人,再經八王之亂,至西晉末,懷、愍帝相繼被殺,二十六子竟無一人能渡江,全部死亡殆盡。

在帝王之家,宗法制度推展與平民之家最大的不同,在於家族長的權威。平民家庭的家族長在宗法制度的制約下,無論立嗣過繼,都有一套原則遵循,家族長在非特別的情況下,並不被容許打破制度。但帝王之家家族長即皇帝,皇帝在國中的權力是超

乎一切之上的，於是在繼承人上，皇帝若要打破慣制，加之以個人的愛惡或其他考慮，則會讓帝王繼承出現大的危機。由於又以皇權背後所附帶的龐大政治利益，於是黨爭出現，給予權臣或其他外戚、宗室有爭奪的機會，西晉時期的賈后亂政與八王之亂，以及東晉初年王敦欲以司馬沖代司馬紹，都是這樣的後果。

　　瞿同祖先生早期在《中國封建社會》中有一段話：「立嗣是萬不得已的事，無嫡立庶，仍為己子，嫡庶俱無，便不得不於骨肉之外以求之。這樣一來，世世相繼的宗統，名義上雖仍存在，實際上是中斷了。」[104]其實這就是司馬氏在兩晉一百五十餘年欲延續其國祚中所遭遇的最大困難之一。如前所述，司馬宗族之間過繼的情況多，過繼後本家與出繼家庭之間的關係，在兩晉時期也因每個家族政治地位不同而有不同的情況。若本家政治發展情況好，過繼出去之子，往往依附於本家，吾人從八王之亂中司馬允與出繼之子共同罹難，以及東晉以後司馬晞之子司馬　與本家之父一同被貶等情況即可看出。但另外出繼新蔡王司馬確的司馬滔，在自己本家於西晉末死亡殆盡後，輾轉過江回到出繼者家族中，卻遭受出繼家族的欺負與冷淡對待，在不得已的情況下，上書請求回嗣本宗，甚至雙方對簿公堂；或是如司馬睿的長子司馬彪，因品行不佳為司馬睿所廢，但卻過繼給司馬敏，「雖名出繼，實廢也」，這種出繼在出繼者與被嗣者之間，大致上不會有好的繼承關係，尤其是前嗣主若非有政治或特殊地位，則不會受到真正關切，這一支也終將煙沒於歷史中。

　　我們再從史料中觀察，在司馬氏繼承中，越與政治權力關係相關的繼承，其中或愈可能有許多的隱諱。如東晉時期司馬昱原

---

104 瞿同祖，《中國封建社會》，頁176。

先在琅邪王司馬煥死後，於永昌元年（322）繼立琅邪王，此時司馬昱二歲。至成帝咸和元年（326）母親鄭夫人過世，按《晉書》之載：

> （鄭夫人）咸和元年薨，簡文帝時為琅邪王，制服重。有司以王出繼，宜降所生，國臣不能匡正，奏免國相諸葛頤。王上疏曰：「亡母生臨臣國，沒留國第，臣雖出後，亦無所厭，則私情得敘。昔敬后崩，孝王已出繼，亦還服重。此則明比，臣所憲章也。」明穆皇后不奪其志，乃徙琅邪王為會稽王，追號后曰會稽太妃。[105]

咸和元年司馬昱七歲，按常理而論，七歲之孩是否對自己的出嗣入繼有這麼清楚的意識。要司馬昱回嗣會稽究竟是司馬昱本人的想法，亦或是由旁人主導？這是很值得探究的。如前所述，由於司馬睿立基江東是以琅邪王起家，琅邪王代表的是這一支大宗的地位，由往後的歷史發展來看，東晉前期的帝王大多經歷過琅邪王的封號。司馬昱因受元帝喜愛而受封為琅邪王，對其政治地位而言，是一種鞏固作用。為什麼會以七歲之齡，提出欲還封會稽？

這個答案或可由當時的政治局勢中分析，上引文中最重要的一句話應是「明穆皇后不奪其志，乃徙琅邪王為會稽王」，明穆皇后即為成帝時主掌朝政庾氏家族成員，成帝之後的康帝，雖然「諒陰不言」，但為庾冰等人執意所立。從這裡觀察，吾人或可推論，當時司馬昱之遷會稽，並非出於本意，這與當時整個帝位爭奪有密切的關係。這也說明東晉與西晉宗室在立嗣時所受干擾的來源有所不同；西晉時，外戚、宗室常因政治利益而干擾皇室立嗣，而東晉則外戚與權臣成為主導皇室立嗣的主要人物。

東晉以後雖宗室分封依舊，但其重要性遠不及西晉時期，各

---

105 《晉書》卷三十二〈后妃・簡文宣鄭太后傳〉，頁979-980。

支脈之間的繼祀依舊，但多不存於史載。整個東晉較清楚的僅晉元帝司馬睿、簡文帝司馬昱二系支脈。其他如成帝、康帝、甚且孝武帝之子嗣，《晉書》都無法掌握完全的族譜脈絡，這就一個在魏晉時期如此重家族譜牒的時代中的皇家宗室而言，是令人意外的。[106]

　　這也可以說司馬宗室至東晉時的發展，除非是能依附於政治勢力，否則可能生活就如一般平民大眾。就像《世說新語‧仇隙》所載：

> 元帝用譙王承刺湘州以扼王敦，為王敦弟王（廙）所殺，多年以後，司馬承妻泣謂子無忌曰：「王敦昔肆酷汝父，假手世將。無所以積年不告汝者，王氏門強如此，汝兄弟尚幼，不欲使此聲著，以避禍耳！」[107]

司馬承在東晉之初，協助晉元帝對付不臣的王敦，但為王敦所殺。身為司馬承之妻，竟對王氏家族如此之懼怕，正可說明東晉時期這些掌握政權的士族世家在某種程度上的囂張，而司馬宗室根本無法與之相抗衡，這也是當桓溫有不臣之心時，司馬恬敢當面指責桓溫行事不當，讓桓溫非常詫異。

> 敬王恬字元愉，少拜散騎侍郎，累遷散騎常侍、黃門郎、御史中丞。值海西廢，簡文帝登阼，未解嚴，大司馬桓溫屯中堂，吹警角，恬奏劾溫大不敬，請科罪。溫視奏歎曰：「此兒乃敢彈我，真可畏也。」[108]

但在東晉擁有政治力量的司馬宗室幾乎都沒有好的結局。東晉初期的「五馬渡江」，除元帝一族外，其餘四馬，即彭城、汝南、

---

106 參見李卿，《秦漢魏晉南北朝時期家族、宗族關係研究》（上海：人民出版社，2005 年），頁 229-224。

107 余嘉錫，《世說新語箋疏》第三十六〈仇隙〉，頁 926-927。

108 《晉書》卷三十七〈宗室‧司馬遜附司馬承傳〉，頁 1107。

南頓、西陽諸王，都因不見容於士族權臣而喪生；中期的司馬晞也因有武幹而為桓溫所廢；晚期的司馬尚之與司馬休之因本身受東晉孝武帝的重用，在桓玄起反叛之意時，司馬尚之投入對桓玄的對抗中，結果兵敗被殺；而弟弟司馬休之則起兵對抗劉裕，結果在兵敗逃亡途中死去。至劉裕要篡位前，大舉以不同藉口殺害司馬宗室，這也是司馬氏在晉政權結束後極少存在於歷史舞台上的原因之一。

在劉裕誅殺司馬宗室的時候，有許多人相繼逃離，有者死於途中，有者向北投靠外來的鮮卑政權，從此回到北方定居，遠離其家族所建立於南方的政權中心。由於北魏自道武帝建立政權後，不斷向外發展，為了要安撫統轄下的漢人及誘取南北邊境的游民，對於南方來降的漢人，尤其有能力、有聲望、有號召力的東晉宗室王族積極籠絡；如前段所述之司馬休之，在桓玄起兵之時，司馬休之守歷陽，後不敵北逃時，北魏道武帝表示樂於收納的態度。[109]桓玄敗後復還，後為劉裕所猜疑興兵，再次北奔：

> （司馬休之）以平王恭、庾楷功，拜龍驤將軍、襄城太守，鎮歷陽。桓玄攻歷陽，休之嬰城固守。及尚之戰敗，休之以五百人出城力戰，不捷，乃還城，攜子姪奔于慕容超。聞義軍起，復還京師。[110]

> 劉裕誅玄後，還建鄴，裕復以休之為荊州刺史。休之頗得江漢人心，劉裕疑其有異志。而休之子文思繼休之兄尚之為譙王，謀圖裕，裕執送休之，令自為其所。休之表廢文

---

109 後因崔逞之被殺，休之亦懼至北方是否安全加上桓玄敗訓傳來，於是復還南方。蔡幸娟，《南北朝降人研究（西元三九八年～五三四年）》，台大歷史研究所碩士論文，頁62-63。

110 《晉書》卷三十七〈司馬遜附司馬休之傳〉，頁1109。

思，并與裕書陳謝。神瑞中，裕收休之子文寶、兄子文祖，
並殺之，乃率眾討休之。休之上表自陳於德宗，與德宗鎮
北將軍魯宗之、宗之子竟陵太守軌等起兵討裕。裕軍至江
陵，休之不能敵，遂與軌奔襄陽。裕復進軍討之。太宗遣
長孫嵩屯河東，將為之援。時姚興征虜將軍姚成王、冠軍
將軍司馬國璠亦將兵救之，不及而還．休之遂與子文思及
宗之等奔於姚興。[111]

後劉裕平姚泓，司馬休之再奔于魏，未至，道死。[112]司馬文思後
來在北魏的發展相當順利，由廷尉卿，賜爵鬱林公，再進爵為譙
王，後為懷荒鎮將，死於劉宋孝武帝初年（453 年左右）；子司
馬彌陀襲爵，以坐祝詛伏誅。[113]

另一人為司馬楚之，為司馬馗之八世孫，在《魏書》與《北
史》中皆有傳，當劉裕大力誅殺司馬宗族時，楚之十七歲：

（司馬楚之）父榮期，司馬德宗（東晉安帝）梁益二州刺
史，為其參軍楊承祖所殺。楚之時年十七，送父喪還丹楊。
值劉裕誅夷司馬戚屬，叔父宣期、兄貞之並為所殺。楚之
乃亡匿諸沙門中濟江。自歷陽西入義陽、竟陵蠻中。及從
祖荊州刺史休之為裕所敗，乃亡於汝潁之間。[114]

在劉裕建立劉宋後，司馬楚之仍活動於汝潁之間，時刻欲報復，
劉裕欲去之而不得。至北魏明元帝末年（423 年左右）奚斤攻打
河南，司馬楚之率眾請降，北魏明元帝以司馬楚之為使持節、征
南將軍、荊州刺史，並以司馬楚之所率戶民分置汝南、南陽、南

---

111 《魏書》卷三十七〈司馬休之傳〉，頁 854。
112 《晉書》卷三十七〈司馬遜附司馬休之傳〉，頁 1111。
113 《魏書》卷三十七〈司馬休之傳〉，頁 854。
114 《魏書》卷三十七〈司馬楚之傳〉，頁 854-855。

頓、新蔡四郡，以益豫州。

司馬楚之歸順北魏後，成為北魏對外征伐前鋒大將，戰功彪炳，官至「假節、侍中、鎮西大將軍、開府儀同三司、雲中鎮大將、朔州刺史，（琅邪）王如故」，以七十五歲高齡去世，死後贈「都督梁益秦寧四州諸軍事、征南大將軍、領護西戎校尉、揚州刺史」，並諡貞王，陪葬金陵，顯示司馬楚之在北魏受到相當之重視。

司馬楚之在入北魏前已婚，原妻與長子寶胤與司馬楚之一同至北魏，司馬寶胤官至中書博士、雁門太守。後司馬楚之又娶諸侯王之女河內公主，育有一子司馬金龍。司馬金龍的入仕路線與過去南方司馬皇室之入仕路線不同，走的是文官系統，司馬金龍從中書學生，入為中散，擢太子侍講，最後官至吏部尚書。司馬金龍前後娶兩位妻子，皆為外族之女，一為隴西王源賀之女，生三子，司馬延宗、司馬纂與司馬悅；另一妻為河西王沮渠牧犍女沮渠氏，生徽亮，因有寵於文明太后，故以徽亮襲金龍爵。長子司馬延宗早卒，有子司馬裔，至北魏宣武帝時，司馬悅等爭取嫡長之權，司馬裔還襲祖爵，位至後軍將軍（參見下表 5-5-1），死後由兒子司馬藏襲爵，至齊受禪，按例降爵。司馬金龍的第二子司馬纂，與父親一樣，走的是文官系統，從中書博士，歷司州治中、別駕，至河內邑中正，有子司馬澄與司馬仲粲。司馬金龍第三子為司馬悅，在擔任豫州刺史時，斷獄精準，甚得百姓信任，後為征南主帥，北魏永平元年（508）被殺，子司馬朏襲爵，司馬朏娶北魏宣武帝之妹華陽公主，拜駙馬都尉，特除員外散騎常侍，加鎮遠將軍；正光五年（524），司馬朏卒，子司馬鴻襲爵，位至都水使者，後坐與西賊交通，賜死。司馬鴻死後由子孝政襲爵，齊受禪，爵例降。

表 5-5-1　司馬楚之世系表

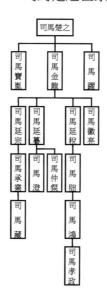

司馬金龍尚有一弟，司馬躍，字寶龍，娶趙郡公主，拜駙馬
都尉，司馬金龍死後，司馬躍代兄為雲中鎮將、朔州刺史，假安
北將軍、河內公，至魏北太和十九年（495）卒。司馬楚之、司馬
金龍這一支，在北魏發展不錯，與北魏外族權貴通婚不少，逐漸
雜染胡風，由所發現的司馬金龍墓葬出土陪葬物來看，胡漢交揉
的情況已很明顯。[115]

除了司馬休之、司馬楚之外，在晉宋之交，還有司馬景之與
司馬叔璠兩支司馬家族相繼北奔。司馬景之為司馬亮之後，死後
由子司馬師子襲爵；司馬景之的哥哥司馬準，在劉宋建國之初，
率三千餘家北奔，封新蔡公，至北魏興光元年（454）卒，子安國

---

115 參見山西省大同市博物館、山西省文物工作委員會，〈山西大同市石家寨
　　北魏司馬金龍墓〉，《文物》一九七二年三期，1972 年，頁 20-33。

襲爵。[116]

另一支為司馬叔璠，司馬叔璠為司馬孚之後，父親司馬曇之，在東晉安帝時封為河間王。司馬叔璠與哥哥司馬國璠，在桓玄與劉裕相繼大肆誅除司馬氏時，兄弟二人率族人北奔慕容超，後再西投姚興，劉裕滅姚泓，二人又投奔赫連屈丐，後在拓拔（掏）平統萬城時，兄弟二人入魏，司馬國璠賜爵淮南公，死後無子，國除。司馬叔璠封安遠將軍、丹陽侯。司馬叔璠這一支人丁較旺，有子二人，司馬靈壽與司馬道壽。司馬靈壽封冠軍將軍、溫縣侯，有戰功於北魏：

> （司馬）靈壽出除陳郡太守。劉義隆侵境，詔靈壽招引義士，得二千餘人，從西平公安頡破虎牢、滑臺、洛陽三城，徙五百餘家入河內。又從討蠕蠕，西征涼州，所在著功。出為遼西太守，治有清儉之稱。[117]

司馬靈壽死於北魏太和九年（485），子司馬惠安襲爵，再傳子司馬祖珍，祖珍年十八，先父卒，由弟弟司馬宗龐襲爵，宗龐死後由子司馬嵩亮繼立。司馬惠安尚有一弟，名曰司馬直安：

> （司馬直安）歷位尚書郎，濟北、濟南二郡太守，員外散騎常侍。蕭寶夤征鍾離，引為長史。坐軍退，免官加刑。以疾得免。尋除東平原太守。還京，為中散大夫，加征虜將軍、太中大夫，遷左將軍。正光四年卒。贈大將軍、濟州刺史。子龍泉，滄州開府長史。[118]

司馬叔璠的另一子司馬道壽，封寧朔將軍、宜陽子。死後由子司馬元興繼立，再傳子司馬景和。司馬元興有弟司馬仲明：

---

116 《魏書》卷三十七〈司馬景之傳〉，頁 860。
117 《魏書》卷三十七〈司馬叔璠傳〉，頁 861。
118 同上註。

（司馬）元興弟仲明，侍御史、中書舍人。以謹敏著稱。
稍遷衛尉少卿，仍領舍人。出為征虜將軍、涼州刺史。坐
貪殘，為御史所彈，遇赦免，積年不敘。後娶靈太后從姊
為繼室，除武衛將軍、征虜將軍。轉光祿大夫，武衛如故。
遷大司農卿，加安東將軍、散騎常侍。出為安北將軍、恒
州刺史，常侍如故。正光五年卒。[119]

由這一段史料記載，可看出至北魏的司馬氏透過婚姻關係，依附
於政權的過程。司馬仲明因坐貪殘為御史所彈劾，免官，娶了靈
太后從姐為繼室後，不但復官，而且一路升遷。

表 5-5-2　司馬叔璠世系表

司馬仲明傳子司馬彥邕，官至相州刺史、驃騎大將軍、左光
祿大夫，北魏天平四年（534）卒。另有司馬天助，自云為司馬元
顯之子。劉宋建國後北奔：

司馬天助，自云司馬德驃騎將軍元顯之子。劉裕自立，乃
來歸闕。除平東將軍、青徐二州刺史、東海公．天助招率

---

119 同上註，頁862。

> 義士，欲襲裕東平、濟北二郡及城戍，又破裕將閭萬齡軍，
> 前後多所虜獲。拜侍中、都督青徐兗三州諸軍事、征東將
> 軍、青兗二州刺史，公如故。真君三年，與司馬文思等南
> 討。還，又從駕北征。在陣歿。

子元伯，字歸都。襲爵，後降溫縣子。太和中，為建威將軍、泰
山太守。

　　由《魏書》所記載北奔的司馬氏族人，有司馬休之、楚之、
景之與叔璠等支，其中發展最好的應屬司馬楚之這一系，這些北
奔的司馬氏，最大的特徵是，北魏政權雖給其封爵，但其所有的
待遇與官職則必須靠其自己努力，與在南方時身為帝王之家，有
其天壤。或許也因其曾為帝王之家的特殊身份，或為北魏外族人
士欲連結之對象，至北魏後，常有與公主聯姻之情形，久之，也
逐漸揉融在北方多民族的環境中。

第六章　司馬氏宗族婚姻網絡的擴展與變遷

　　由上一章〈皇室宗族的延續與挫敗〉中，吾人可見，兩晉司馬政權由於早夭與宗室相互爭權殺戮，因此雖然處心積慮欲透過繼承方式來延繼家族世系，但終究還是造成司馬人口越來越少的結局。其世系繼替頻繁，也是至東晉末，司馬政權衰微的因素之一。司馬氏在奪得曹魏政權後，為能有效控制與運作政局，除了採取大封宗室與功臣的作法外，也透過婚姻，強化統治政權的結構。但當越多的家族與司馬氏結成親屬後，由於政治資源的誘惑，往往造成這些聯姻家族，逐漸坐大於當時的政治勢力中。[1]西晉初期，在晉武帝有能力控制政治局面時，外戚的問題尚不致嚴重，但隨武帝不問政事後，外戚干政的情形日漸惡化，而政爭的導因也由此產生。武帝末期楊駿亂政，惠帝時期賈氏干政，更是直接導致八王之亂的原因之一。進入東晉後，隨士族門閥政治的發展，司馬皇室亦走向非高門不婚。但與高門聯姻，司馬氏亦必須付出代價。東晉以後的士族，其家族能存留發展的最重要原因之一，

---

[1] 皇帝制度下，君主為了維護其統治的最高權力，往往在功臣、官僚等政治勢力外，培養外戚集團以制約前二者權力的膨脹，在愈複雜的政治環境中，外戚勢力往往能快速擴充。參見簡修煒等著，《六朝史稿》，頁 185-186 以及薛瑞澤，《嬗變中的婚姻－魏晉南北朝婚姻型態研究》（西安：三秦出版社），2001 年。

與其各家所保留之家風家學有關。也就是說，東晉以後的大家族，其本身所有的知識基礎，較司馬氏堅實許多，結果往往是這些士族掌握政權，皇帝僅為傀儡。

第一節　西晉建國前司馬氏的婚姻網絡

　　司馬氏家族婚姻關係有較清楚的記載開始在司馬懿。（參見附表十八〈西晉建國前司馬氏婚姻網路〉）司馬防為司馬懿娶同鄉河內平皋張汪之女張春華，張氏之母亦同為河內人山氏。這裡可見，司馬懿家族在司馬防時期，其婚姻連結網主要發展仍在家鄉。《晉書》〈后妃傳〉載：「后少有德行，智識過人」，張氏協助司馬懿渡過曹操最猜忌的時期。[2]再由司馬懿為其子女安排的婚嫁對象來看，情況有很大改變。如為長子司馬師娶了曹魏政治上當紅的夏侯氏家族夏侯尚之女夏侯徽，夏侯尚的夫人即魏宗室德陽公主。夏侯尚為魏文帝曹丕身邊相當受寵的臣子，[3]這時司馬懿著眼的是如何透過婚姻連結，加強司馬家族在政治上的發展與影響力。

　　但隨著司馬懿本身勢力快速的凝聚與發展，司馬師是司馬懿最信任的幫手，而夏侯徽以聰慧，讓司馬師對之相當信任，「每有所為，必豫籌畫」。由於夏侯徽身分的特殊，使得司馬懿如芒在背，欲去之而快。在夏侯尚死後，[4]司馬懿對此媳婦開始排擠，終於在魏青龍二年（234）毒死夏侯徽以絕後患。[5]夏侯徽死後，

---

2 《晉書》卷三十一〈后妃·宣穆張皇后傳〉，頁 948-949。
3 《三國志》卷九〈夏侯尚傳〉，頁 293-294。
4 《晉書》卷十三〈天文下〉，頁 362。
5 《晉書》卷三十一〈后妃·景懷夏侯皇后傳〉，頁 949。另見胡志佳，前引文，頁 225 註七。

司馬懿再為司馬師結姻於泰山南城羊氏之女羊徽瑜，以提昇家族門風聲望。[6]羊氏的父親為羊衜。羊衜先後娶二妻，前妻為孔融之女，繼妻為蔡邕之女，兩者之父皆為漢末三國名士，羊徽瑜為蔡氏所生。史載：

> 景獻羊皇后諱徽瑜，泰山南城人。父衜，上黨太守；后母陳留蔡氏，漢左中郎將邕之女也。后聰敏有才行。[7]

司馬氏與羊氏的聯姻所帶來的不只是透過羊氏加強門第清望而已，更由羊氏所延伸的人際網絡，加強司馬氏的發展。羊氏以其「七世二千石卿校」的顯赫政治家族背景，婚媾對象當然不會是等閒之輩，如孔融、蔡邕、王肅等人以及琅邪王氏、河內山氏家族皆為魏晉名士、名家。[8]而辛毗、夏侯霸、孫旂在政治上亦各有發展，[9]透過這些關係，司馬懿也逐步地將司馬氏的家族網絡，在

---

6 在娶羊徽瑜之前，司馬師先娶鎮北將軍吳質之女，後見黜。參見《晉書》卷三十一〈后妃‧景獻羊皇后傳〉，頁 949。

7 同上註。

8 魯國孔融為孔子二十一世孫，東漢末年官至北海相，逸才宏博，有名於當世。後用於曹操，但常狹侮曹操，最後曹操以藉口殺之。蔡邕為董卓所敬重，舉高第，補侍御史，又轉侍書御史，遷尚書。三日之間，周歷三臺。王肅為王朗之子，「善賈馬之學，采會同異，為尚書、詩、論語、三禮、左氏解，及撰定父朗所作易傳，皆列於學官。其所論駁朝廷典制、郊祀、宗廟、喪紀、輕重，凡百餘篇。」而山濤、山簡、山遐三代，皆有名於晉。參見《三國志》卷七十〈孔融傳〉，頁 2261-2278；卷十三〈王朗附王肅傳〉，頁 414-420；《後漢書》卷六十下〈蔡邕傳〉，頁 2005-2006；《晉書》卷四十〈山濤傳〉，頁 1223-1231。

9 辛毗為曹氏三代所重用。夏侯霸為夏侯淵之子，曹操本夏侯氏之後，夏侯淵與曹操之間關係非常密切。而孫旂，史載：「（孫）旂潔靜，少自修立。察孝廉，累遷黃門侍郎，出為荊州刺史，名位與二解相亞。永熙中，徵拜太子詹事，轉衛尉，（後）出為兗州刺史，遷平南將軍、假節。」《三國志》卷二十五〈辛毗傳〉，頁 695-700；卷九〈夏侯淵傳〉，頁 270-272；《晉書》卷六十〈孫旂傳〉，頁 1633。魏晉南北朝世家大族，透過這些聯姻，希冀讓各家族彼此之間在政治上的發展更加穩固，但有時未必一定會形成好的助

當時的政治結構中鋪展開來。

　　透過這些連結，司馬懿又為次子司馬昭結親於東海望族王肅之女王元姬。[10]東海王家自王朗開始即以儒學通達有名於當世，傳子王肅更將家學發揚光大。在政治上，王朗在魏明帝時官至司徒，這樣的儒學背景與政治顯赫權勢，也是司馬懿迫切要連結的對象，司馬昭的婚姻，更連結了司馬氏與王家的關係。曹魏後期，司馬氏對王肅在政治上的建議相當尊重，史載：

> 嘉平六年，持節兼太常，奉法駕，迎高貴鄉公于元城。是歲，白氣經天，大將軍司馬景王問肅其故，肅答曰：「此蚩尤之旗也，東南其有亂乎？君若脩己以安百姓，則天下樂安者歸德，唱亂者先亡矣。」明年春，鎮東將軍母丘儉、

力，以南城羊氏與各大家族婚姻關係來看，或可說明這一現象。孔融為曹操所殺、蔡邕為王允所殺，而夏侯霸唯恐遭司馬懿毒手而奔蜀，這些情況都不是羊氏在與之聯姻前所能預料的。孔融被殺時，連帶妻、子皆被罪；而夏侯霸奔蜀後，所有人與其家族劃清界限，稍有不慎，姻親亦可能成為族誅中的一環。對羊氏而言，儘管其在漢末本身政治發展地位已然穩固，以及在魏晉之間與司馬氏之間有政治默契與姻親關係，亦難免受到諸多連累。如羊祜與夏侯氏之間，羊祜在初成名時，受到夏侯威的賞識，而將哥哥夏侯淵的兒子夏侯霸的女兒嫁給羊祜，結果當夏侯霸奔蜀後，「姻親多告絕」，羊祜對其夫人夏侯氏仍「獨安其室，恩禮有加」。然因為曹氏之緣由，司馬氏對夏侯氏向來就有較深的猜忌，在夏侯霸奔蜀前，司馬懿即曾因猜忌，殺了司馬師的妻子夏侯徽。晉祚建立之初，夏侯徽本未列入追崇範圍，最後還是要靠羊祜的同胞姐－景獻羊皇后羊徽瑜，不斷提醒晉武帝，才在泰始二年（266）追諡為「景懷夏侯皇后」。由羊徽瑜為夏侯皇后所做的動作，可看出羊家與夏侯家之間深厚的情誼。而因為羊氏與司馬氏亦有緊密的聯姻關係，所以並不會因夏侯氏而影響到羊氏在司馬氏政權中的地位。司馬氏與夏侯氏之間的糾葛，另可參考鄭利安，〈魏晉門第勢力轉移與治亂之關係〉，收入《史學彙刊》八期（1977 年 8 月），頁 37-66；劉顯叔，〈論魏末政爭中的黨派分際〉，收入《史學彙刊》九期（1978 年 10 月），頁 17-46；盧建榮，〈魏晉之際的變法派及其敵對者〉，收入《食貨復刊》十卷九期（1980 年 10 月）一文，頁 7-28。

10 《晉書》卷三十一〈后妃·文明王皇后傳〉，頁 950-951。

揚州刺史文欽反，景王謂肅曰：「霍光感夏侯勝之言，始
重儒學之士，良有以也。安國寧主，其術焉在？」肅曰：
「昔關羽率荊州之眾，降于禁於漢濱，遂有北向爭天下之
志。後孫權襲取其將士家屬，羽士眾一旦瓦解。今淮南將
士父母妻子皆在內州，但急往禦衛，使不得前，必有關羽
土崩之勢矣。」景王從之，遂破儉、欽。[11]

除了司馬師與司馬昭的婚姻外，司馬懿為其他兒女的婚姻連結也
費心思，在《晉書》中載，司馬懿將兩位女兒分別嫁給京兆杜陵
人杜預，以及潁川荀霬。杜預為杜恕之子，父子二人皆有名於魏
世，杜恕在早期與司馬懿在理念上不合，以幽死，杜預也因此久
不得遷轉，至司馬昭掌權，娶司馬師妹妹後，開始在政治上發展，
西晉初期的典章制度杜預參與頗深。

> （杜預）父恕，幽州刺史。預博學多通，明於興廢之道，
> 常言：「德不可以企及，立功立言可庶幾也。」初，其父
> 與宣帝不相能，遂以幽死，故預久不得調。
>
> 文帝嗣立，預尚帝妹高陸公主，起家拜尚書郎，襲祖爵豐
> 樂亭侯。在職四年，轉參相府軍事。……與車騎將軍賈充
> 等定律令，既成，預為之注解……。[12]

而潁川荀氏，自東漢順帝、桓帝時的荀淑，已有名於當世，至荀彧，
在建安年間為南陽名士何顒譽為「王之佐才」，輔佐曹操統一北方。

> 荀彧字文若，潁川潁陰人也。祖父淑，字季和，朗陵令。
> 當漢順、桓之間，知名當世。有子八人，號曰八龍。彧父
> 緄，濟南相。叔父爽，司空。[13]

---

11 《三國志》卷十三〈王朗附王肅傳〉，頁418-419。
12 《晉書》卷三十四〈杜預傳〉，頁1025-1026。
13 《三國志》卷十〈荀彧傳〉，頁307。

連司馬懿亦稱荀彧為「逮百數十年間，賢才未有及荀令君者也」。荀顗為荀彧的孫子，官至中領軍，這樣的家世背景為司馬家族在發展過程中所欲連結的對象。

除此之外，隨司馬家族的擴張勢力，司馬師時代透過婚姻網加強對政治力的連結更為明顯。如本書第一章所述，司馬懿自開始與魏明郭太后之間的合作即相當密切，[14]有郭太后的助力，司馬懿順利發動政變，拔掉曹爽一派之勢力。司馬師執政後，透過婚姻關係，更緊密聯繫了郭氏與司馬氏之間的合作關係。司馬師與司馬昭為連結當時當權之郭太后，前後將自己的女兒嫁給郭皇后的從弟甄德。甄德即郭悳，[15]明帝女曹淑過世，以明帝郭皇后從弟郭悳為後，承甄姓。

> 太和六年，明帝愛女淑薨，追封諡淑為平原懿公主，為之立廟。取后亡從孫黃與合葬，追封黃列侯，以夫人郭氏從弟悳為之後，承甄氏姓，封悳為平原侯，襲公主爵。[16]
> 悳字彥孫。司馬景王輔政，以女妻悳。妻早亡，文王復以女繼室，即京兆長公主。景、文二王欲自結于郭后，是以頻繁為婚。悳雖無才學，而恭謹謙順。[17]

此外，在西晉建國前，司馬伷亦娶琅邪陽都諸葛氏。諸葛氏

---

14 參見王曉毅，〈司馬懿與曹魏政治〉，頁92；郭熹微，〈論魏晉禪代〉，頁60。

15 《三國志》卷五〈后妃‧明元郭皇后傳〉載：「明元郭皇后，西平人也，世河右大族。黃初中，本郡反叛，遂沒入宮。明帝即位，甚見愛幸，拜為夫人。叔父立為騎都尉，從父芝為虎賁中郎將。帝疾困，遂立為皇后。齊王即位，尊后為皇太后，稱永寧宮，追封諡太后父滿為西都定侯，以立子建紹其爵。封太后母杜為郃陽君。芝遷散騎常侍、長水校尉，立，宣德將軍，皆封列侯。建兄悳，出養甄氏。」頁168-169。李安彬，《司馬氏家族與曹魏政權關係之研究》，錯植明元郭皇后為文德郭皇后，頁41。

16 《三國志》卷五〈后妃‧文昭甄皇后傳〉，頁163。

17 同上註，頁164裴松之註引《晉諸公贊》。

為諸葛誕之女，先世為東漢司隸校尉諸葛豐之後，有名於魏文帝時：

> 諸葛誕字公休，琅邪陽都人，諸葛豐後也。初以尚書郎為
> 滎陽令，入為吏部郎人有所屬託，輒顯其言而承用之，後
> 有當否，則公議其得失以為褒貶，自是羣僚莫不慎其所舉。
> 累遷御史中丞尚書，與夏侯玄、鄧颺等相善，收名朝廷，
> 京都翕然。言事者以誕、颺等脩浮華，合虛譽，漸不可長。
> 明帝惡之，免誕官。會帝崩，正始初，玄等並在職。復以
> 誕為御史中丞尚書，出為揚州刺史，加昭武將軍。[18]

諸葛誕雖在魏明帝時一度以浮華遭到免官，但正始以後重新復
出。在正始以後司馬懿、司馬師對外征伐的過程中，諸葛誕一直
是最好的搭檔之一。[19]透過司馬伷與諸葛氏的婚姻，司馬懿不只
提升司馬家族的社會聲望，更得到諸葛誕的支持。

　　此外，司馬懿也為兒子司馬榦娶滿寵之女，滿寵在曹操興兵
過程中，為操所重，至正始三年（242）逝世之前，可說是曹魏歷
四代之重臣，這樣的結合，對司馬懿家族而言亦是有正面的助益。

　　但這樣以婚姻關係來強化司馬氏本身在政治的發展，其實並
非萬無一失。隨著司馬氏奪權意圖越見明顯，這些忠於曹魏的大
臣如司馬誕與滿寵家族，雖其有婚姻關係，但皆漸漸遠離、猜忌，
甚至最後是兵戎相見。如諸葛誕，前所述，其在司馬懿與司馬師
時代，二者之間有很好的合作關係，但當司馬氏一步步走向奪權
之路後，諸葛誕與之漸行漸遠，最後甚至在被逼迫之下，起兵反
司馬師，終至被殺，家族之人相繼逃至孫吳以避禍，原來友善的
兩個家族，也因政治立場的不同而無法共容。晉武帝司馬炎平吳
後，諸葛誕之子諸葛靚仍記得父親被殺，家破人亡的仇恨，終身

---

18 《三國志》卷二十八〈諸葛誕傳〉，頁769。
19 同上註，頁769-770。

不向朝廷而坐：

> （諸葛靚）祖誕，魏司空，為文帝所誅。父靚，奔吳，為
> 大司馬。吳平，逃竄不出。武帝與靚有舊，靚姊又為琅邪
> 王妃，帝知靚在姊間，因就見焉。靚逃於廁，帝又逼見之，
> 謂曰：「不謂今日復得相見。」靚流涕曰：「不能漆身皮
> 面，復睹（者見）聖顏！」詔以為侍中，固辭不拜，歸於
> 鄉里，終身不向朝廷而坐。[20]

滿寵家族與司馬氏之間關係的轉變也類似。滿寵死於正始三
年，其子滿偉亦以「格度知名」，官至衛尉。由滿偉長子滿長武
在高貴鄉公之役中的態度，可以看出其與司馬氏的政治立場是不
同的：

> （滿）偉子長武，有寵風，年二十四，為大將軍掾。高貴
> 鄉公之難，以掾守閻闔掖門，司馬文王弟安陽亭侯幹（榦）
> 欲入。幹（榦）妃，偉妹也。長武謂幹（榦）曰：「此門
> 近，公且來，無有入者，可從東掖門。」幹遂從之。文王
> 問幹入何遲，幹言其故。參軍王羨亦不得入，恨之。既而
> 羨因王左右啟王，滿掾斷門不內人，宜推劾。壽春之役，
> 偉從文王至許，以疾不進。子從，求還省疾，事定乃從歸，
> 由此內見恨。[21]

結果長武遭「考死杖下」，滿偉免為庶人。

至司馬昭掌權時期，在家族婚姻連結上，仍延續父兄的策略，
以擴展家族的聲望與力量為主。司馬昭原為長子司馬炎求婚於當
世名士阮籍，最後不成而作罷。

> 文帝（司馬昭）初欲為武帝求婚於籍，籍醉六十日，不得

20　《晉書》卷七十七〈諸葛恢傳〉，頁 2041。
21　《三國志》卷二十六〈滿寵傳〉，頁 725 裴松之注引《世語》。

言而止。[22]

在求婚於阮籍不成之後，司馬昭為司馬炎安排娶了弘農華陰楊文宗之女兒。楊文宗早卒，所以司馬昭所重視的並不是來自於楊文宗本身的資源，而是楊文宗之先世為漢四世三公的背景，加上楊氏本身的才華以及當時曾有人為楊氏看相，以為當極貴，而使司馬昭選了楊氏：

> （楊皇后）后少聰慧，善書，姿質美麗，閑於女工。有善
> 相者嘗相后，當極貴，文帝聞而為世子聘焉。[23]

在西晉建國前，司馬氏家族所連結的婚姻關係，多著重在提升司馬氏的政治或社會地位，也因為尚未建國，是以也沒有外戚的問題，反而是司馬氏藉由這些婚姻家族提升了自家的地位。但由於彼此關係密切，所以在司馬氏擴充勢力過程中，也多少產生作用。如司馬師羊皇后的弟弟羊琇，在武帝要立為太子的過程中即扮演了軍師的角色，讓司馬炎在與司馬攸的競爭中得勝。[24]這些原本為司馬氏所仰賴的姻親世家大族，到西晉政權建立，成為皇親國戚後，轉而仰賴司馬氏，而成為西晉初期重要的權貴家族。

22　《晉書》卷四十九〈阮籍傳〉，頁1360。

23　《晉書》卷三十一〈后妃·武元楊皇后傳〉，頁952。

24　《晉書》卷九十三〈外戚·羊琇傳〉：「初，（武）帝未立為太子，而聲論不及弟（司馬）攸，文帝（司馬昭）素意重攸，恒有代宗之議。琇密為武帝畫策，甚有匡救。又觀察文帝為政損益，揆度應所顧問之事，皆令武帝默而識之。其後文帝與武帝論當世之務及人間可否，武帝答無不允，由是儲位遂定。」頁2410。

第二節　西晉司馬氏婚姻網絡

一、帝室婚姻

　　進入西晉，外戚中最引人注目的當然是與司馬帝室聯姻的外戚，也就是皇后家族與政權之間的關係。

　　從兩晉皇后家族來分析，（參見附表十九〈兩晉皇后表〉）十九家中，士族佔十六家；平民一家，賤族兩家。[25]

表 6-2-1　兩晉皇后出身簡表

士族出身	庶族出身	寒素賤民出身
武元楊皇后、武悼楊皇后、惠賈皇后、惠羊皇后、元虞皇后、鄭氏（簡文宣鄭太后）、明庾皇后、成杜皇后、康褚皇后、穆何皇后、哀王皇后、廢庾皇后、簡文王皇后、安王皇后、恭褚皇后	武帝姬懷王太后（懷帝母）	簡文帝李氏、孝武帝陳氏

　　曹魏時期基於東漢末年外戚干政結果，對后妃之選擇以非大族為主。[26]進入西晉後，帝室的婚姻對象顯著地以士族為主，比例高達百分之八十以上。出身平民的僅一家，出身賤族的有兩家，一為簡文帝李氏，一為孝武帝陳氏；值得注意的是，這兩位之所以留名史籍，主要的是前者生孝武帝，後者生安帝，二人皆是母以子貴，在兒子當上皇帝之後，分別加封為「孝武文李太后」以及「安德陳太后」。

　　西晉皇帝的婚姻關係史料中僅見惠帝以前的情況，懷帝與愍

---

25 參見閻愛民，《漢晉家族研究》第一章〈婚姻方式的嬗變〉，頁 66。
26 郭熹微，〈論魏晉禪代〉，頁 55-57。

帝即位於動亂中，對其婚姻關係今不見記載。就僅存的資料來看，
武帝前後立兩位出自同族的楊皇后。第一位武元楊皇后，嫁與司
馬炎時，應在司馬炎即帝位之前。如前所述，司馬昭為司馬炎娶
楊氏女，看上的仍是弘農楊氏先輩的四世三公所形塑的社會聲
望，但在司馬炎建立西晉政權後，以帝王之尊，楊氏一轉成為政
權的依附者，這可由楊皇后過世之前，大力引薦家族楊氏女為武
帝后，以延續楊家在政治上的優勢看出。史載：

> 及后有疾，見帝素幸胡夫人，恐後立之，慮太子不安。臨
> 終，枕帝膝曰：「叔父駿女男胤有德色，願陛下以備六宮。」
> 因悲泣，帝流涕許之。[27]
>
> 武悼楊皇后諱芷，字季蘭，小字男胤，元后從妹。……以
> 咸寧二年立為皇后。[28]

武元楊皇后不只引入自己的家族女性；在此之前，武帝博選良家
以充後宮時，亦將自己舅舅趙虞的女兒趙粲納入武帝後宮為夫
人，並阻止武帝納有美色的卞藩之女：

> 泰始中，帝博選良家以充後宮，先下書禁天下嫁娶，使宦
> 者乘使車，給騶騎，馳傳州郡，召充選者使后揀擇。后性
> 妒，惟取潔白長大，其端正美麗者並不見留。時卞藩女有
> 美色，帝掩扇謂后曰：「卞氏女佳。」后曰：「藩三世后
> 族，其女不可枉以卑位。」帝乃止。[29]

《晉書》中以「后性妒」來解釋楊皇后的行徑，其實有所不足；
為確保由自己建構起來的外戚家族政治地位，絕對要避免武帝有
任何的機會寵愛其他的妃子。第二位楊氏於武帝咸寧二年（276）

---

27 《晉書》卷三十一〈后妃·武元楊皇后傳〉，頁953。
28 《晉書》卷三十一〈后妃·武悼楊皇后傳〉，頁955。
29 《晉書》卷三十一〈后妃·武元楊皇后傳〉，頁953。

立為皇后，面對泰始十年（274）武帝大量擴充後宮，「司徒李胤、鎮軍大將軍胡奮、廷尉諸葛沖、太僕臧權、侍中馮蓀、秘書郎左思及世族子女並充三夫人九嬪之列」的情景，[30]加上自己所生之子夭折，為穩固自己皇后的位子，楊皇后快速將自己家族人士引入政權中：

> （楊駿）以后父超居重位，自鎮軍將軍遷車騎將軍，封臨晉侯。識者議之曰：「夫封建諸侯，所以藩屏王室也。后妃，所以供粢盛，弘內教也。后父始封而以臨晉為侯，兆於亂矣。」尚書褚□、郭奕並表駿小器，不可以任社稷之重。武帝不從。帝自太康以後，天下無事，不復留心萬機，惟耽酒色，始寵后黨，請謁公行。而駿及珧、濟勢傾天下，時人有「三楊」之號。[31]

楊氏家族無所顧忌的擴充勢力，最後的結果是到武帝死前，已無其他力量可以約制。武帝雖希望引入司馬長輩中的司馬亮，一方面來與楊駿共同輔佐太子司馬衷，一方面也希望透過司馬宗室的力量對楊氏產生制衡，但此舉並未成功，司馬亮還差一點丟了性命。

武帝死後，惠帝即位，政治大權落入楊氏手中：

> 惠帝即位，進駿為太傅、大都督、假黃鉞，錄朝政，百官總己。慮左右間己，乃以其甥段廣、張劭為近侍之職。凡有詔命，帝省訖，入呈太后，然後乃出。……又多樹親黨，皆領禁兵。於是公室怨望，天下憤然矣。
>
> 駿自知素無美望，懼不能輯和遠近，乃依魏明帝即位故事，遂大開封賞，欲以悅眾。為政嚴碎，慢諫自用，不允眾心。[32]

---

30 同上註。
31 《晉書》卷四十〈楊駿傳〉，頁 1177。
32 同上註，頁 1178。

楊駿的作為終於激起同為外戚家族並具有開國功臣身份之賈充家族的不滿。賈充入晉後，雖以功臣穩居政治的高峰，並得到武帝的信任與重用，但賈充也很清楚，在政治中權力的掌握是要步步為營的，不進則退，多少人在一旁覬覦著政治的特權，如楊氏的擴充就是一例。對賈充來說，楊氏不過是外戚，但卻憑藉兩位楊皇后，幾乎將這些功臣協助晉武帝所建立的司馬政權全納入其手中，這絕非賈充家族所樂見的。賈充入晉後積極佈署，千方百計將自己的一個女兒賈南風嫁予太子司馬衷，另一女兒則嫁給當時最有聲望，也最具有接班機會的司馬攸，無論誰繼任皇位，賈充的外戚地位都不變。

當賈南風成為太子妃後，賈氏與楊氏之間，顯然已成為西晉初期最具力量的外戚，彼此展開長期的權力爭奪，但在武帝時期，楊氏為后，尊卑輕重之間不言而喻。當武帝死後，惠帝即位，對賈氏而言，楊家應讓出最尊之位。然從楊駿在武帝死後的作為來看，似乎更努力快速的鞏固其家族在政治上的地位，甚且以賄賂酬庸的方式拉攏許多人以支持之。面對楊氏的作為，賈氏開始反擊。賈后以長期為楊駿壓抑的殿中中郎孟觀、李肇以及黃門董猛為內應，並結合司馬氏中對楊氏不滿的如司馬亮、司馬瑋等人共同興難，以楊駿預謀反，廢太后並殘酷誅殺楊氏相關人士。

> 殿中中郎孟觀、李肇，素不為駿所禮，陰搆駿將圖社稷。賈后欲預政事，而憚駿未得逞其所欲，又不肯以婦道事皇太后。黃門董猛，始自帝之為太子即為寺人監，在東宮給事於賈后。后密通消息於猛，謀廢太后。猛乃與肇、觀潛相結託。賈后又令肇報大司馬、汝南王亮，使連兵討駿。亮曰：「駿之凶暴，死亡無日，不足憂也。」肇報楚王瑋，瑋然之，於是求入朝。駿素憚瑋，先欲召入，防其為變，

因遂聽之。

及瑋至，觀、肇乃啟帝，夜作詔，中外戒嚴，遣使奉詔廢駿，以侯就第。東安公繇率殿中四百人隨其後以討駿。

尋而殿中兵出，燒駿府，又令弩士於閣上臨駿府而射之，駿兵皆不得出。駿逃于馬廄，以戟殺之。觀等受賈后密旨，誅駿親黨，皆夷三族，死者數千人。[33]

楊氏勢力消除後，以賈后為中心的賈氏成為楊氏第二，賄賂、任意分封亂政情形較之於楊氏時期有過之而不及。本支持賈氏反楊氏的司馬宗室，為免其所建立政權，毀於這一家外戚手中，於是結合朝中不滿的大臣削減賈氏的權力，但當權者擁有更多的政治資源可抗衡，在賈后一步步策劃下，初期反對賈后的朝中大臣如衛瓘，司馬宗室如司馬亮、司馬瑋，一一為賈后消滅。

賈后專權後，為彌平反對聲浪，起用張華、裴頠等名士，政治上維持了幾年的穩定局面。但元康九年（299）賈后竟誣稱太子司馬遹預謀反叛，假借惠帝之名廢黜太子，第二年進一步將司馬遹殺掉。賈后專政已引起朝中大臣或司馬宗室之不滿，但當同時也是司馬家族一員的惠帝司馬衷未有表態時，大臣與司馬宗室也很難插手。至太子司馬遹被殺時，這已經是明顯危害大家政治利益的事實，此一事件為這些關心政局或覬覦皇位者提供了反對賈后的藉口。

永康元年（300）四月，趙王司馬倫結合司馬冏率先起兵入宮，捕殺賈后，族滅賈氏，大權落入司馬倫手中。司馬倫進一步在次年逼迫惠帝讓位，此舉激起其他司馬氏之不滿，自此而後，宮廷之中已無寧日，兄弟鬩牆幾無日無之，八王政爭於焉開始。

西晉建立前，司馬氏希冀透過這些婚姻關係能助益司馬家族，

---

33 《晉書》卷四十〈楊駿傳〉，頁1179。

由歷史的發展來看，這樣的目的達到了。西晉之初，外戚對武帝政權的推動也有正面的助益，如賈充為司馬氏排除繼位的阻力，武帝伐吳之計中支持武帝的羊祜與杜預皆是與司馬氏有著姻親關係。

二、宗室婚姻

兩晉司馬氏除了帝王的婚姻網外，宗室之間的婚姻也是一種會牽扯政治結構變動的人際網絡，許多家族藉由與司馬宗室的聯姻，而活躍於政治舞台。至東晉更大的特色為，與帝王聯姻的家族，在一般司馬宗室之間的婚姻關係也是非常頻繁，這更顯現這些士族對政治的依附性。

首先從司馬氏的角度來看，晉武帝司馬炎除了在許多有名家族中增填自己的後宮外，對自己的子女婚姻關係也有其安排，透過子女的婚姻，也強化政權的需求。爬梳史料，晉武帝有六位公主，分別嫁給太原王濟、弘農王粹、范陽盧諶、平原華恆、太原溫裕、北地傅宣以及琅邪王敦。

表 6-2-2　晉武帝公主婚姻網絡表

司　馬　氏	聯姻對象	籍　　貫	家　庭　背　景
常 山 公 主	王　濟	太原晉陽	王渾子。功臣
潁 川 公 主	王　粹	弘農湖縣	王濬子。平吳大將
繁 陽 公 主	盧　諶	范陽涿郡	盧欽孫，盧志子。功臣
繁 陽 長 公 主	華　恆	平原高唐	華表之孫。士族之家
安 長 公 主	溫　裕	太原祁縣	溫羨子。士族之家
弘 農 公 主	傅　宣	北地泥陽	傅祗子。士族之家
襄 城 公 主	王　敦	臨沂琅邪	士　族

這六位駙馬家族之被挑選,與其父祖輩的社會聲望仍有相當密切關係。這些家族是否完全願意接受,從史料的記載不一定看得出來,如王濟所娶的常山公主,本身不只兩眼失明,還非常善嫉,而以王濟「風姿英爽,氣蓋一時」,為什麼要娶這樣的一位公主,很值得推敲。

> 少有逸才,風姿英爽,氣蓋一時。好弓馬,勇力絕人,善易及莊老,文詞俊茂,伎藝過人,有名當世,與姊夫和嶠及裴楷齊名。

> 初,濟尚主,主兩目失明,而妒忌尤甚。

《晉書王濟傳》並未交代王濟尚公主之因,但由王濟與晉武帝的互動來看,晉武帝對這個女婿相當欣賞,也相對容忍其放肆之處,[34]這或許也與自己女兒的殘缺有關。

另一例為盧諶所娶的縈陽公主,未過門即卒。《晉書盧諶傳》同樣未記載盧諶尚公主之因,盧諶的父親盧志為晉武帝第十六子司馬穎在發展過程中最重要的謀士,司馬穎的妹妹嫁與自己最信任大臣的兒子,也是常情之理,但由武帝有諸子早夭的情形來看,這場婚約有可能是公主已病危,在傳統中國為女子死前找婆家以為沖喜的原由而出現。面對與司馬帝王之家聯姻的機會,盧氏似乎也難以拒絕。[35]

此外,琅邪王氏在西晉初期的發展尚在起步,王敦娶武帝襄陽公主,對其往後政治路途的發展有正面助益。王敦是在娶武帝公主後,才開始其政治上的發展。這可由《世說新語》所載,王敦在初起時,未嘗見過豪奢的場面,常做錯而遭恥笑看出:

> 王敦初尚主,如廁,見漆箱盛乾棗,本以塞鼻,王謂廁上

---

34 《晉書》卷四十二〈王渾附王濟傳〉,頁 1205-1207。
35 《晉書》卷四十四〈盧欽附盧諶傳〉,頁 1259。

亦下果，食遂至盡。既還，婢擎金澡盤盛水，琉璃盌盛澡豆，
因倒箸水中而飲之，謂是乾飯。羣婢莫不掩口而笑之。[36]

王敦藉由公主的這一層關係，一路攀爬，至永嘉初已當上中書監，
再隨北方的動亂，與從弟王導共同輔佐司馬睿於江東建立政權。
但王敦對這位公主的關懷似乎不如其對權勢的重視，史載，永嘉
之初，天下大亂，王敦「悉以公主時侍婢百餘人配給將士，金銀
寶物散之於眾，單車還洛」，《晉書王舒傳》記載更詳：

> 時敦被徵為祕書監，以寇難路險，輕騎歸洛陽，委棄公主。
> 時輜重金寶甚多，親賓無不競取，惟舒一無所眄，益為敦
> 所賞。[37]

除了公主之外，其他司馬宗室的婚姻對象也大致維繫在高門名士
之間。在西晉時司馬宗室的婚姻對象，多以當時代有名之士為主。
如愍懷太子司馬遹娶太原王衍女王惠風，所看重的即為王衍名士
之風。另一位司馬穎取樂廣女，樂廣也是與王衍齊名之名士。《晉
書樂廣傳》載：

> （樂）廣與王衍俱宅心事外，名重於時。故天下言風流者，
> 謂王、樂為稱首焉。[38]

除王、樂之外，司馬氏尚與當時名家如裴氏、荀氏都有婚姻關係，
在西晉建國之初，在功臣集團的圍攏下，透過與名士家族的結合，
司馬氏在政治與社會聲望上更加凝固。[39]

---

36 《世說新語箋疏》卷三十四〈紕漏〉，頁910。

37 《晉書》卷七十六〈王舒傳〉，頁1999。

38 《晉書》卷四十三〈樂廣傳〉，頁1244。

39 裴氏荀氏都是當世之大族，其於社會皆有相當之聲望，是司馬氏在建國之初
所欲連結的。如裴氏，《晉書》卷三十五〈裴秀附裴憲傳〉載：「初，裴、
王二族盛於魏晉之世，時人以為八裴方八王、徽比王祥，楷比王衍，康比王
綏，綽比王澄，瓚比王敦，遐比王導，頠比王戎，邈比王玄云。」頁1052。

這樣的婚姻網，司馬氏最初衷，當然是希望透過婚姻網絡，將有利於己的關係建立起來，公主即是其中一種媒介。但有時這樣的目的並不一定能達到。就世家大族而言，與司馬氏結成姻家的理由，一為因本身社會地位，為皇家所選，如王衍、樂廣等；一為連結帝王宗室之家，以增加自己的政治力量，如賈充、太原王氏；以前者而言，因為是被挑選的，其地位並不需依靠司馬氏而來，所以其對司馬氏的態度也有所保留，如前所提及之西晉初期當世名士王衍，女兒許配給惠帝太子司馬遹，但當司馬遹為賈后陷害被廢時，王衍非但沒有仗義執言，反而在第一時間請絕婚，反而是太子妃不願離異：

> 愍懷太子妃王氏，太尉衍女也，字惠風。貞婉有志節。太子既廢居於金墉，衍請絕婚，惠風號哭而歸，行路為之流涕。[40]

王衍的行為，在當時被嚴厲的批評：

> 太子為賈后所誣，衍懼禍，自表離婚。賈后既廢，有司奏衍，曰：「衍與司徒梁王肜書，寫呈皇太子手與妃及衍書，陳見誣之狀。肜等伏讀，辭旨懇惻。衍備位大臣，應以義責也。太子被誣得罪，衍不能守死善道，即求離婚。得太子手書，隱蔽不出。志在苟免，無忠蹇之操。宜加顯責，以屬臣節。可禁錮終身。」從之。[41]

另如胡奮，當女兒被選入武帝後宮為貴人時，胡奮以嚎哭來表達心中的不願；當楊駿藉由外戚身份大肆擴張楊氏勢力時，胡奮完全以諷刺的態度直指楊氏不會有好下場：

> 泰始末，武帝怠政事而耽於色，大採擇公卿女以充六宮，奮女選入為貴人。奮唯有一子，為南陽王友，早亡。及聞

---

40 《晉書》卷九十六〈列女·愍懷太子妃王氏傳〉，頁 2509。
41 《晉書》卷四十三〈王戎附王衍傳〉，頁 1237。

女為貴人，哭曰：「老奴不死，唯有二兒，男入九地之下，女上九天之上。」奮既舊臣，兼有椒房之助，甚見寵待。遷左僕射，加鎮軍大將軍、開府儀同三司。時楊駿以后父驕傲自得，奮謂駿曰：「卿恃女更益豪邪？歷觀前代，與天家婚，未有不滅門者，但早晚事耳。觀卿舉措，適所以速禍。」駿曰：「卿女不在天家乎？」奮曰：「我女與卿女作婢耳，何能損益！」時人皆為之懼。駿雖銜之，而不能害。[42]

胡奮的憂懼是有理由的，權力高峰者的婚姻本來就存在著風險，當政治風向改變時，有人從高位跌落，相連的親屬關係也勢必受到影響，如何自保則端視個人想法。如王衍即選擇與受害的太子劃清界限。另如樂廣，女兒嫁給司馬穎，當宗室亂起，司馬乂當權，主力對付司馬穎之際，有小人進言，以樂廣為司馬穎岳父，在朝廷終將為禍。雖然樂廣以「豈以五男易一女」，說明自己效忠的朝廷，但司馬乂終究不能信任，樂廣最後在恐懼中而死。[43]此外如與司馬亮有姻親關係的裴楷，在司馬亮為司馬瑋所殺時，亮子司馬羕才八歲，靠著裴楷援救，「一夜八遷」才得以保命。[44]

　　綜上所述，司馬宗室所形構出的婚姻網，最初的目的是要藉婚姻關係來加強司馬氏的政治實力以及社會聲望。但就其婚媾對象，或自願或無奈，對司馬政權或多或少皆產生影響。有政治野心之外戚，藉由這一層連結，不斷擴張家族的勢力，在無限擴張中，終於引發朝臣或其他司馬宗室的不滿，起而對抗之，因此在惠帝以後的政治發展中，主要就是外戚與宗室的鬥爭。

---

42 《晉書》卷五十七〈胡奮傳〉，頁1557。
43 《晉書》卷四十三〈樂廣傳〉，頁1245。
44 《晉書》卷五十九〈司馬亮附司馬羕傳〉，頁1594。

第三節　東晉司馬氏婚姻網絡

一、帝室婚姻

　　東晉時期皇帝與士族聯姻的情形更見明顯。其中最大的特色是同一家族與帝室數次通婚，縮小外戚的數量與範圍，如下表：

表 6-3-1　東晉帝室婚姻家族關係表[45]

家族	穎川庾氏	太原王氏	河南褚氏	琅邪王氏	京兆杜氏	盧江何氏
立后次數	二次	三次	二次	一次	一次	一次

　　由上表來看，東晉皇后產生的家族，太原王氏三次，分別為哀王皇后、簡文王皇后、安王皇后；穎川庾氏二次，為明庾皇后與廢帝庾皇后；河南褚氏二次，為康褚皇后與恭褚皇后。明成穆孝武以及安帝之皇后為直接立后或以太子妃而為后，其餘各皇帝皆由宗王而入繼為帝後，由王妃升為皇后。

　　此種家族重疊形成的世親婚姻結構，為東晉政權的另一特色；也因如此，其家族中輩份錯亂的情況相當嚴重。如明帝與皇后之兄長庾亮與廢帝庾皇后之父庾冰為兄弟，二皇后為姑姪，但

---

45 本表引自李瓊英，〈論東晉外戚〉，頁 90。

實際上明帝為廢帝祖父；同樣，哀帝王皇后之父王濛與孝武帝王皇后之父王蘊為父子關係，二皇后仍為姑侄；但是哀帝是元帝的曾孫，孝武帝卻是元帝的孫子，如此一來，二位王皇后由姑侄而變為子父輩，侄女比姑母輩分還高一等。此外，兩位褚皇后也是同出一支血脈，康帝褚皇后之父褚裒是恭帝褚皇后的曾祖父，二皇后為祖孫輩；但康帝是元帝之孫，恭帝則是元帝的曾孫，因之，二褚皇后又由祖孫輩升為姑侄輩。何充為明帝庾皇后的妹夫，何充侄女為穆帝皇后，而穆帝為明帝之孫，其中輩分錯亂情況亦嚴重。簡文帝娶太原王述的堂妹為妃，即位後立為皇后，卻又為其子會稽王司馬道子娶王述之孫王國寶的堂妹為妃。[46]

在李瓊英，〈論東晉外戚〉一文中，對東晉皇帝婚姻中倫輩失常的情況提出幾點看法，其一是由於古代風俗使然，漢代這種婚姻關係相當普遍；[47]其二由於東晉的門閥政治，士族享有各種特權，包括與皇室通婚的特權，而皇室為了保持天下第一門閥的尊貴地位，只能與士族通婚，從而縮小了婚姻網的範圍；再者，東晉皇室子嗣不昌，元帝長子明帝一支，傳至廢帝及海西公時就絕了後，皇位只好從元帝其他子嗣中找人繼承，結果由元帝少子、當時的會稽王司馬昱登上帝位，是為簡文帝，這一支傳至東晉滅亡為止，正是由於皇位繼承的不連續，為異輩通婚提供了可能。[48]

東晉透過帝王婚姻形成的外戚，也有幾個特色，其一，東晉外戚在政治上有著自己的獨特姓，他們大多數都程度不等的參與了政治甚至輔政，並對當時政治產生了影響，重者甚至左右皇帝

---

46 李瓊英，〈前引文〉，頁 90-91。
47 有關於漢代世親婚之情況，可參考閻愛民，《漢晉家族研究》第一章〈婚姻方式的嬗變〉，頁 33-41。
48 同上註 45。

的選立（參見本書第四章）；其二，各朝外戚之間，往往互相制
衡，這也是東晉政權得以繼續的原因；其三，這些外戚本身皆為
士族，東晉時期士族家族最大的特色為皆有其家學，也可以說是
當時代的最重要知識分子的代表。這些人本人受儒家文化影響仍
相當深刻，在政局中得以發揮的時候，並不會有取司馬政權代之
的心態，[49]當然，他們也不容許有權臣興波做浪，擾亂其所能掌
控的政權，這也是東晉時期當有權臣欲奪司馬氏政權時，這些士
族往往站在司馬政權一方共同對付興亂者，如王敦、蘇峻、桓溫
與桓玄等叛亂都是。其四，由於東晉皇后們大多無子，失去可以
仰仗的支柱，外戚之勢因之無法太盛。其五，東晉的皇室婚姻對
象之士族皆為過江的中原大族，這些僑姓士族與司馬氏南渡政權
禍福相倚，更透過婚姻關係加強彼此的聯繫。[50]

　　東晉帝王婚姻關係中另一特別的地方，為琅邪王氏與司馬帝
室的婚姻關係反而不明顯，僅存一次，而且是在帝國末期，王獻
之之女王神愛嫁給身有殘疾的安帝。是什麼樣的原因在東晉初期
王家政治勢力最高之時，未有與司馬氏聯姻情況，是因為其政治
力量已夠大，不需要藉由外戚關係以提升自家地位？抑或因王敦
為亂的關係，使司馬氏本身也意識到王家之力量，僅在宗室之間
與王家通婚，捨掉皇后部分？這些疑問有待他日進一步探討。但
從王獻之將女兒嫁給司馬德宗的情形來看，或者可以推測琅邪王
氏至王獻之這一代，在政治上的疏離已很明顯，過去其父祖輩在

---

49 李瓊英則以為東晉外戚之所以未形成漢代外戚專政的局面，應與東晉思想界
　　秉承西晉玄學餘風，崇尚清淡，主張清靜無為，不少世族名家追求氣質風度，
　　造就了如褚裒、何准、王濛、王蘊等類型的大多數東晉外戚。他們並不熱衷
　　鑽營，居位守政而已有關。同上註，頁 92。
50 參見唐長孺，〈士族的形成和升降〉，收入氏著，《魏晉南北朝史論拾遺》，
　　頁 53-64、金仁義，〈東晉南朝國婚之流變〉，頁 47-48。

政壇中的威風早已不見，羲之、獻之父子的社會聲望大過於實質政治上的權力。是否是為了想挽回王氏家族政治地位，而使王獻之將女兒嫁給安帝，提供吾人進一步的探討空間。

　　從東晉皇后家族來分析，晉元帝司馬睿之元配為虞豫之女，在永嘉六年（312）已過世。從《晉書·后妃傳》來看，司馬睿即帝位後，並未再封皇后，僅先後有兩位寵愛的妃子，一為宮人荀氏，生明帝司馬紹與司馬裒；另一為出自河南冠族的鄭阿春，生子司馬昱，即後來的簡文帝，這幾個外戚家族在東晉初期政治上並未有重要發展，僅虞皇后之弟虞胤為司馬睿父子所重用。

　　明帝皇后為庾氏，司馬睿之所以為長子司馬紹納庾氏女，[51]除了庾氏的社會地位外，[52]庾亮本身也展現其在禮制方面的知識，在渡江以後禮制殘缺，庾亮參與修制各項禮法。[53]此外，最重要的應是司馬睿欲結合庾氏的力量對付日漸不羈的王敦，並制衡在朝中握有大權的王導，這樣的作用在明帝即位後逐漸發酵成形。

　　　王敦既有異志，內深忌亮，而外崇重之。亮憂懼，以疾去官。
　　　復代王導為中書監。及敦舉兵，加亮左衛將軍，與諸將距
　　　錢鳳。及沈充之走吳興也，又假亮節、都督東征諸軍事，

---

51 《晉書》卷七十三〈庾亮傳〉載：「元帝為鎮東時，聞其名，辟西曹掾。及引見，風情都雅，過於所望，甚器重之。由是聘亮妹為皇太子妃，亮固讓，不許。」頁1915。

52 《晉書》卷四十九〈羊曼傳〉載：「曼任達穨縱，好飲酒。溫嶠、庾亮、阮放、桓彝同志友善，並為中興名士。」頁1382。庾氏在東漢末年仍屬卑微之士；後庾乘為郭太識拔成為名士，為庾氏家族開闢通往士族之路，歷魏晉，庾氏出任尚書、侍中、河南尹，社會在門第官品中提升。參見唐長孺，〈士族的形成和升降〉，收入氏著，《魏晉南北朝史論拾遺》，頁58-60。

53 參見《晉書》卷十九〈禮志〉，頁584、642-643；卷二十三〈樂志〉，頁697；卷三十〈刑法志〉，頁940。

追充。事平，以功封永昌縣開國公，賜絹五千四百匹。[54]
隨著明帝以後庾亮地位日漸重要，加之以王敦叛亂的影響，與司
馬睿共建天下的王導至此也不得不對庾亮退讓。

> 于時庾亮以望重地逼，出鎮於外。南蠻校尉陶稱間說亮當
> 舉兵內向，或勸導密為之防。導曰：「吾與元規休戚是同，
> 悠悠之談，宜絕智者之口。則如君言，元規若來，吾便角
> 巾還第，復何懼哉！」又與稱書，以為庾公帝之元舅，宜
> 善事之。於是讒間遂息。時亮雖居外鎮，而執朝廷之權，
> 既據上流，擁強兵，趣向者多歸之。導內不能平，常遇西
> 風塵起，舉扇自蔽，徐曰：「元規塵污人。」[55]

早在明帝即位時，以庾氏為外戚家族，欲加庾亮為中書監，當時
庾亮對其來自於外戚關係的加級，相當不以為然，甚且上書表達
外戚應有分寸，否則將以致禍：

> 陛下踐阼，聖政惟新，宰輔賢明，庶僚咸允，康哉之歌實
> 存于至公。而國恩不已，復以臣領中書。臣領中書，則示
> 天下以私矣。何者？臣於陛下，后之兄也。姻婭之嫌，與
> 骨肉中表不同。雖太上至公，聖德無私，然世之喪道，有
> 自來矣。悠悠六合，皆私其姻，人皆有私，則天下無公矣。
> 是以前後二漢，咸以抑后黨安，進婚族危。向使西京七族、
> 東京六姓皆非姻族，各以平進，縱不悉全，決不盡敗。今
> 之盡敗，更由姻昵。
>
> 臣歷觀庶姓在世，無黨於朝，無援於時，植根之本輕也薄
> 也。苟無大瑕，猶或見容。至於外戚，憑託天地，連勢四
> 時，根援扶疏，重矣大矣。而或居權寵，四海側目，事有

54　《晉書》卷七十三〈庾亮傳〉，頁1917。
55　《晉書》卷六十五〈王導傳〉，頁1753。

不允，罪不容誅。身既招殃，國為之弊。其故何邪？由姻媾之私羣情之所不能免，是以疏附則信，姻進則疑。疑積於百姓之心，則禍成於重闈之內矣。此皆往代成鑒，可為寒心者也。夫萬物之所不通，聖賢因而不奪。冒親以求一寸之用，未若防嫌以明至公。今以臣之才，兼如此之嫌，而使內處心膂，外總兵權，以此求治，未之聞也；以此招禍，可立待也。雖陛下二相明其愚款，朝士百僚頗識其情，天下之人安可門到戶說使皆坦然邪！[56]

但隨時日推移，明帝死後庾亮參與輔政，加之以明帝庾皇后升格為皇太后以聽政，政權完全由庾亮控制，此時的庾亮，已不再思考外戚該與不該控握政權的問題，而是如何擴大庾氏的力量，以對付其他的士族朝臣與司馬宗室。如握有重兵且參與平定王敦之亂有功的陶侃與祖約等人，都不在明帝遺詔輔政的顧命大臣之列，當時大家都懷疑是庾亮竄改了遺詔內容，排除了兩人，流言四起；庾亮聽到後，派溫嶠出任江州刺史，與京師相互聲援，同時又修繕京師的前衛站石頭城以備可能出現的突發狀況。接著庾亮先發制人，殺了欲罷廢自己的司馬宗室元老南頓王司馬宗與西陽王司馬羕兄弟，此舉引發朝中上下的不滿，成帝哭著對庾亮說：「舅言人作賊，便殺之，人言舅作賊，復若何？」[57]庾氏外戚的專權不只庾亮，弟弟庾懌、庾冰、庾翼等人，自明帝迄穆帝在政壇上內外呼應。[58]

　　庾氏家族如庾亮等人，在成為外戚之前已有名於當世，但有

56　《晉書》卷七十三〈庾亮傳〉，頁 1916-1917。

57　《晉書》卷七〈成帝紀〉，頁 184。

58　參見《晉書》卷七十三庾氏家族傳。有關於庾氏家族的發展，另參見田餘慶，《東晉南朝門閥政治》頁 105-138。

名並不一定有能力擔任宰輔，庾亮的困境，阮孚很早就已預見：

> 咸和初……時太后臨朝，政出舅族。孚謂所親曰：「今江
> 東雖累世，而年數實淺。主幼時艱，運終百六，而庾亮年
> 少，德信未孚，以吾觀之，將兆亂矣。」[59]

但由於外戚的權力主要是來自於皇后與皇帝之間的關係，所以當皇帝更換或皇后死亡，都將影響外戚發展。庾氏亦面臨這樣的窘境，當庾太后於咸和三年（328）過世後，就常理講，在朝臣的心中，庾氏家族應退出政治影響圈；加上咸和初年的這場蘇峻之亂的導因，也是因庾亮不聽諸臣的勸阻，堅持徵召蘇峻入朝而逼使蘇峻起兵反叛。在蘇峻之亂平定後，庾亮回首，也發現政治局面對他並不有利，於是想藉著北方後趙內部動亂，以北伐來轉移內部對他的不滿，但遭到郗鑒、蔡謨等大臣的反對而未能實現，這裡顯示了制衡庾氏的力量已凝結成形。咸康五年（339）七月，丞相王導逝世，朝中人事重整，庾冰出任中書監、揚州刺史、錄尚書事，執掌朝廷大權，但成帝一方面也引入何充擔任錄尚書事，以作為制衡庾氏的力量。

庾亮死於咸康六年（340）正月，庾冰、庾翼分在朝廷與武昌，為了有效控制局面，咸康八年（342）在成帝臨終前，庾冰直接介入新皇帝的選任，慫恿成帝立同母弟司馬岳為帝，庾氏再以母舅外戚身份，活躍於政權中。兩年後，康帝病危，庾冰兄弟想故技重施，勸康帝以司馬昱為帝，此時經兩年的佈局，朝中以何充為首的大臣建議立皇子司馬聃，最後康帝採納了何充的建議。這也顯示前朝外戚與新任皇帝之間已有距離。司馬聃即位為穆帝，雖然庾冰仍擔任輔政大臣，從輔政大臣的安排，「引武陵王晞、會

---

59 《晉書》卷四十九〈阮籍附阮孚傳〉，頁1365。

稽王昱、中書監庾冰、中書令何充、尚書令諸葛恢並受顧命」的
安排，[60]也可看出庾冰不再能單獨掌控權力。加以穆帝僅兩歲，
由褚皇太后臨朝稱制，庾氏家族漸漸遠離朝政中心。[61]其後，雖
庾冰之女以東海王妃隨司馬奕入繼大統而升格為皇后，但此時庾
氏已無法像東晉初期在政治上的強勢作為。[62]庾亮可以說是東晉
政權建立後第一個在政壇上呼風喚雨的外戚，在取得絕對的權力
後，庾氏也透過與其他司馬宗室聯姻，緊密結合與政權之間的關
係。

　　穆帝即位後，庾冰、庾翼及何充相繼過世，此後在穆帝至孝
武帝即位初期，由褚皇太后臨朝聽政，褚皇太后以及其外戚家族，
謹守本分，朝政由司馬宗室與當世名士共同執政，各種勢力大致
維持一平衡局面。

　　東晉後期另一個對政權影響較大的外戚家族為太原晉陽王
氏。如前所言，太原王氏在東晉中期後，前後有三位家族女性成
為東晉皇后，分別為哀王皇后、簡文王皇后、安王皇后，雖其為
家族中不同支屬，但對整個太原王氏在東晉政治上的影響力有明
顯的拉抬。第一位王皇后為哀帝之后，是司馬丕在琅邪王位上所
納之妃，即帝位後，改封皇后。由於王皇后在位三年即過世，加
上其家族自父親王濛以下皆以清玄著名，對政治有明顯距離。[63]最
後因廢帝被廢為海西公，連同已死的王皇后亦被追貶為海西公夫
人。[64]

　　第二位王皇后為簡文帝之后。這一位王皇后也是由皇子妃升

60　《晉書》卷七〈成帝紀〉，頁183。
61　有關於東晉外戚捲入帝位繼承之爭，請參見本書第四章。
62　《晉書》卷三十二〈后妃·廢帝孝庾皇后傳〉，頁978-979。
63　《晉書》卷九十三〈王濛傳〉，頁2418-2420。
64　《晉書》卷三十二〈后妃·廢帝孝庾皇后傳〉，頁979。

格為皇后。生司馬道生與司馬俞生,司馬道子初為世子,但因「不修行業,多失禮度」,於永和四年,母子並失寵,俱被幽廢,王皇后遂以幽死。[65]

第三位王皇后為孝武帝之后。為王蘊之女,王法慧會成為皇后,來自於謝安的推薦,謝安對王氏的兄弟王恭印象很深,於是推薦王氏為后:

> 初,帝將納后,訪于公卿。于時蘊子恭以弱冠見僕射謝安,安深敬重之。既而謂人曰:「昔毛嘉恥于魏朝,楊駿幾傾晉室。若帝納后,有父者,唯廬望如王蘊乃可。」既而訪蘊女,容德淑令,乃舉以應選。[66]

結果「容德淑令」在完婚後,變成「嗜酒驕妒」,引發孝武帝之不滿,「乃召蘊於東堂,具說后過狀,令加訓誡。」

然不論這三位王皇后是早死抑或被廢,太原王氏在這之中已透過外戚的裙帶便利,深入政權核心。其中有兩支在政治上發展迅速。一為王述以下的王國寶兄弟;另一支為王蘊之子王恭,這兩支太原王氏在東晉孝武帝以後政局中影響大,甚至是站在對立的兩方。前者的婚姻來自與司馬道子的結合,這部分將於本章下節交代。至於王恭,「少有美譽,清操過人,自負才地高華,恆有宰輔之望」,由於對自己的期望高,當朝廷以佐著作郎起辟他時,「因以疾辭」;至孝武帝太元中期,官至中書令,領太子詹事。因王恭為王皇后的兄長,在孝武帝在位的時期,受到重用,孝武帝對王恭所提革除俗世之弊者,大多採納,甚至對於朝中佞臣也多加以撻伐:

---

65 《晉書》卷三十二〈后妃‧簡文順王皇后傳〉,頁 980;卷六十四〈簡文三子‧司馬道生傳〉,頁 1731。
66 《晉書》卷三十二〈后妃‧孝武定王皇后傳〉,頁 982。

孝武帝以恭后兄，深相欽重。時陳郡袁悅之以傾巧事會稽
王道子，恭言之於帝，遂誅之。道子嘗集朝士，置酒於東
府，尚書令謝石因醉為委巷之歌，恭正色曰：「居端右之
重，集藩王之第，而肆淫聲，欲令羣下何所取則！」石深
銜之。淮陵內史虞珧子妻裴氏有服食之術，常衣黃衣，狀
如天師，道子甚悅之，令與賓客談論，時人皆為降節。恭
抗言曰：「未聞宰相之坐有失行婦人。」坐賓莫不反側，
道子甚愧之。[67]

王恭的外戚權威來自於孝武帝所給予，所以在孝武帝一朝可讓其
肆情發揮，但當孝武帝死後，安帝即位，以司馬道子為太傅攝政，
並以尚書左僕射王珣為尚書令，領軍將軍王國寶為尚書左僕射，
這三者都是王恭在孝武帝時撻伐亂政的主要對象，王恭仍維持其
諫議本色，二方之仇怨日深，史載：

及帝崩，會稽王道子執政，寵昵王國寶，委以機權。恭每
正色直言，道子深憚而忿之。……時國寶從弟緒說國寶，
因恭入覲相王，伏兵殺之，國寶不許。而道子亦欲輯和內
外，深布腹心於恭，冀除舊惡。恭多不順，每言及時政，
輒屬聲色。道子知恭不可和協，王緒之說遂行，於是國難
始結。或勸恭因入朝以兵誅國寶，而庾楷黨於國寶，士馬
甚盛，恭憚之，不敢發，遂還鎮。臨別，謂道子曰：「主
上諒闇，冢宰之任，伊周所難，願大王親萬機，納直言，
遠鄭聲，放佞人。」辭色甚屬，故國寶等愈懼。以恭為安
北將軍，不拜。乃謀誅國寶，遣使與殷仲堪、桓玄相結，

---

67 《晉書》卷八十四〈王恭傳〉，頁2183-2184。

仲堪偽許之。[68]

最後王恭以兵諫方式，欲誅君側之惡。起兵之初，得到殷仲堪與桓玄等人的支持，但王恭因本身個性上的限制，使得最後支持者——遁離，王恭最後死在桓玄手中，並五子及弟王爽、爽兄子王和及其黨孟璞、張恪等皆被殺。

王恭身為外戚，在孝武帝時期擁有較大的權勢，透過王恭個人對士大夫之自覺的堅持，在孝武帝時期或可發揮振興時務之功；但剛愎的個性，與庾亮一樣，行政事務有時最重折衝妥協，但王恭與庾亮似乎都少了這一層的能力，最後的結果，是其所有的努力皆化為烏有。《晉書》中對王恭最後臨刑時的景象描述相當深刻：

> 恭性抗直，深存節義，讀左傳至「奉王命討不庭」，每輟卷而歎。為性不弘，以闇於機會，自在北府，雖以簡惠為政，然自矜貴，與下殊隔。不閑用兵，尤信佛道，調役百姓，修營佛寺，務在壯麗，士庶怨嗟。臨刑，猶誦佛經，自理鬚鬢，神無懼容，謂監刑者曰：「我闇於信人，所以致此，原其本心，豈不忠於社稷！但令百代之下知有王恭耳。」家無財帛，唯書籍而已，為識者所傷。[69]

東晉政治中最大的特色之一，即外戚與當朝重要執政者往往是合一的，執政者兼具外戚身份，讓原本外戚的勢力更見坐大，這些重要的士族除與司馬氏的聯姻外，彼此之間也透過婚姻關係緊密結合。[70]但此時與西晉不同的是，這些掌權之士家大族，多將自己與東晉政權休戚一體來看待，不論其能力高下，但多盡心於朝

---

68 同上註，頁2184。
69 同上註，頁2186。
70 參見蘇紹興，《兩晉南朝的士族》，頁139-190。

政，這與西晉時期外戚亂政的情況有所不同，這也是東晉政權在
先天不良的情況下，還得以維持百年的原因。[71]

二、宗室婚姻

　　東晉時期公主多嫁高門，從琅邪王氏、陳郡謝氏、太原王氏
等皆相繼娶司馬公主。從附表十九〈兩晉皇后表〉來看，東晉時
期有一公主二嫁的情形，這應與當時代再嫁風氣有關。如尋陽公
主先嫁給太原王氏家族的王禕之，王禕之亡後，再嫁給潁川荀羨。
潁川荀氏自其父祖以來有家學之名於當世，就以荀羨來看，在穆
帝年間其名望與琅邪王導兒子中最有名的王洽齊名，對於一已婚
的公主，荀羨的態度很有意思，史載：

　　（荀羨）年十五，將尚尋陽公主，羨不欲連婚帝室，仍遠
　　遁去。監司追，不獲已，乃出尚公主，拜駙馬都尉。[72]

荀羨將尚公主，卻遁走，待官府之人離去，又回頭仍完成婚禮，
《晉書》中並未交代荀羨何以如此，或許與其內心自視高，不願
連結這門婚姻關係，但迫於現實考量最後還是妥協。荀羨父親荀
崧死於蘇峻之亂中，當時荀羨才七歲，與公主的婚約在其十五歲
時，是否是家中力量的強迫，可以進一步探究。

---

71 許倬雲先生在〈中古早期的中國知識分子〉一文中曾提及，兩晉時期在內戰
　　與外來入侵者造成的混亂狀態下，原先一般是受國家支持的高等教育，則由
　　此而在獨立的知識分子在他們自己的家族中延續。許多家族或是某一大家族
　　中的某個支系，認真地踐履著教育功能而成了世族。（收入余英時主編，《中
　　國歷史轉型時期的知識分子》（台北：聯經出版公司，1992年），頁29。
　　東晉時期儒家禮教規範仍是這些大家族標榜的信條，他們多具有才行器識，
　　政治參與感與對王朝安危的關心，亦較其他階層強烈。參見張程宗等主編，
　　《六朝史》（江蘇：古籍出版社，1991年），頁20-21。
72 《晉書》卷七十五〈荀崧附荀羨傳〉，頁1980。

　　一家兩人欲取東晉代之的桓氏家族也有兩人娶司馬公主。桓溫少已有名，「豪爽有風概，姿貌甚偉，面有七星。少與沛國劉惔善」，在選尚明帝南康長公主後，開始在仕途上發展。[73]在桓溫發展以及廢帝欲自立過程中，沒有公主相關的記載，是以吾人也無法看出當時的情況如何。同樣的情形，發生在桓溫族人桓脩身上，桓脩為桓溫之弟桓沖之子，娶簡文帝女武昌公主，桓脩在東晉末，協助朝廷對付王恭之兵諫，甚得重用，但隨桓玄執政後，倒向桓玄，協助桓玄篡位，在《晉書本傳》中也未載相關於公主的資料。[74]雖無法由史料得知其結果，但由司馬皇帝欲透過公主婚姻達到與士族合作，由此看來並非一本萬利。

　　此外，由東晉公主婚姻來看，太原王氏除了在帝王婚姻中佔最多數外，在公主的婚姻中也是相當普遍。如前所言，王湛曾孫王褘之娶尋陽公主，以及司馬道子娶王國寶之妹。王褘之早卒，未見其發展，但王國寶卻藉著妹妹嫁給孝武帝時的當權者司馬道子，與司馬道子二人狼狽為奸，呼風喚雨於太元十年以後。[75]王國寶透過這一層關係在政治上表現惡形惡狀：

> 及道子輔政，以為祕書丞。俄遷琅邪內史，領堂邑太守，加輔國將軍。入補侍中，遷中書令、中領軍，與道子持威權，扇動內外。……後驃騎參軍王徽請國寶同讌，國寶素驕貴使酒，怒尚書左丞祖台之，攘袂大呼，以盤酸樂器擲台之，台之不敢言，復為（褚）粲所彈詔以國寶縱肆情性，

---

73 《晉書》卷九十八〈桓溫傳〉，頁 2568。
74 《晉書》卷七十四〈桓彝附桓脩傳〉，頁 1955。另《世說新語箋疏》卷一〈德行〉中載桓脩娶的是新安公主，按新安公主後來嫁的是王獻之，而非桓脩。頁 40。
75 孝武帝太元初期，因褚皇太后與謝安仍在，孝武帝不敢妄為，但隨太后及謝安相繼過世，政權遂入司馬道子之手。

甚不可長，台之懦弱，非監司體，並坐免官。頃之，復職，
愈驕寒不遵法度。起齋侔清暑殿，帝惡其僭侈。國寶懼，
遂詔媚於帝，而頗疏道子。道子大怒，嘗於內省面責國寶，
以劍擲之，舊好盡矣。

時王恭與殷仲堪並以才器，各居名藩。恭惡道子、國寶亂
政，屢有憂國之言。道子等亦深忌憚之，將謀去其兵。未
及行，而恭檄至，以討國寶為名……。

道子既不能距諸侯，欲委罪國寶，乃遣譙王尚之收國寶，
付廷尉，賜死，并斬緒於市，以謝王恭。國寶貪縱聚斂，
不知紀極，後房伎妾以百數，天下珍玩充滿其室。[76]

除太原王氏外，琅邪王氏雖未有帝王之婚，但在公主婚姻中則前
後有兩人。一為王導之孫王嘏，娶鄱陽公主；[77]另一為王獻之，
王獻之先娶郗曇女兒，後離異，再尚新安公主。[78]王獻之在仕途
中一直以率直的個性周旋於官場，無視於他人眼光，後來得到謝
安的賞識才一路升遷至中書令。以其個性為什麼會將女兒嫁給一
個「自少及長，口不能言，雖寒暑之變，無以辯也。凡所動止，
皆非己出」的司馬德宗，[79]只因為其為皇太子嗎？以王獻之的個
性來看，這個理由似乎過於牽強？但由於無其他資料可以佐證，
只能暫時存疑。

綜兩晉，陳郡謝氏未與司馬帝王有婚媾關係，[80]至東晉中葉，
謝混娶孝武帝晉陵公主：

---

76 《晉書》卷七十五〈王湛附王坦之傳〉，頁 1970-1971。
77 《晉書》卷六十三〈王導附王悅傳〉，頁 1755。
78 《晉書》卷八十〈王羲之附王獻之傳〉，頁 2105-2106。
79 《晉書》卷十〈安帝紀〉，頁 267。
80 王連儒，〈東晉陳郡謝氏婚姻考略〉，《中國史研究》一九九五年四期，（1995
年）。

> 初，孝武帝為晉陵公主求壻，謂王珣曰：「主壻但如劉真
> 長、王子敬便足。如王處仲、桓元子誠可，才小富貴，便
> 豫人家事。」珣對曰：「謝混雖不及真長，不減子敬。」
> 帝曰：「如此便足。」[81]

王家與謝家在王珣與謝萬時代曾因婚姻不善而兩家積怨頗深，此
時王珣是一時戲言，抑或真誠推薦，不得而知，但當時正當孝武
帝有意思將晉陵公主嫁與謝混時，不久，孝武帝為宮人所殺，這
場婚約暫告停止，其後袁山松欲以女嫁謝混：

> 未幾，帝崩，袁山松欲以女妻之，珣曰：「卿莫近禁臠。」
> 初，元帝始鎮建業，公私窘罄，每得一（屯），以為珍膳，
> 項上一臠尤美，輒以薦帝，羣下未嘗敢食，于時呼為「禁
> 臠」，故珣因以為戲。混竟尚主。[82]

謝混在東晉末年時支持劉毅反劉裕，最後一起被殺。謝混被殺後，
劉裕透過安帝下詔，晉陵公主與謝氏離絕，至劉裕建宋後才聽還
謝氏：

> 義熙八年，混以劉毅黨見誅，妻晉陵公主改適琅邪王練，
> 公主雖執意不行，而詔其與謝氏離絕，公主以混家事委之
> 弘微。混仍世宰輔，一門兩封，田業十餘處，僮僕千人，
> 唯有二女，年數歲。……高祖受命，晉陵公主降為東鄉君，
> 以混得罪前代，東鄉君節義可嘉，聽還謝氏。[83]

但東晉與西晉時期一樣亂政的外戚亦有之，這出現在權力回
到司馬氏手上的孝武帝在位時期。如前文所述，孝武帝在位時期
東晉政權短暫回到司馬氏皇帝手中，孝武帝即位之初，褚皇太后

---

81 《晉書》卷七十九〈謝安附謝混傳〉，頁 2079。
82 同上註。
83 《宋書》卷五十八〈謝弘微傳〉，頁 1592-1593。

與謝安的輔政，孝武帝提拔自己同母弟司馬道子，司馬道子娶王國寶之從妹，王國寶原娶謝安女，但因人品太差，謝安每每抑止其為惡，在司馬道子得權後，王國寶利用從妹這層裙帶關係，打擊謝安，並排抑反對自己的朝臣：

> 時謝安女壻王國寶專利無檢行，安惡其為人，每抑制之。及孝武末年，嗜酒好內，而會稽王道子昏營尤甚，惟狎昵諂邪，於是國寶讒諛之計稍行於主相之間。而好利險詖之徒，以安功名盛極，而構會之，嫌隙遂成。[84]

> 初，范甯與（徐）邈皆為帝所任使，共補朝廷之闕。甯才素高而措心正直，遂為王國寶所讒，出守遠郡。[85]

孝武帝也知王國寶的囂張行徑，已造成許多朝臣之不滿，但其所做的處理方式，竟是將其他人調離中央，最後終讓王國寶激起王恭的兵諫：

> 時（孝武）帝雅好典籍，（王）珣與殷仲堪、徐邈、王恭、郗恢等並以才學文章見昵於帝。及王國寶自媚於會稽王道子，而與珣等不協，帝慮晏駕後怨隙必生，故出恭、恢為方伯，而委珣端右。[86]

　　由歷史的發展來看，東晉時期來自於帝室的外戚，本身具有較高的知識水準，在政治上對東晉政權所產生的助力較之於西晉前期之外戚來得好，東晉的外戚與政權之間休戚與共，其中或有因個人人格特質，造成政局上的紊亂，但基本上對東晉政局的維持，很多也具有正面的功效。

---

84 《晉書》卷八十一〈桓宣附桓伊傳〉，頁2119。
85 《晉書》卷九十一〈儒林·徐邈傳〉，頁2357。
86 《晉書》卷六十五〈王導附王珣傳〉，頁1756。

第四節　外戚對兩晉政權的破壞與影響

　　司馬氏既然從外戚親屬網絡中得到在政治及社會聲望上的助力，對外戚當然也必須有所回饋。最常表現的是保其在官位向上升遷，如前節所述，不論皇后之父及兄弟，或尚公主者，其官位皆逐漸遷轉而上。但隨著官位的升遷，很多外戚因此而變為驕縱，如《晉書・外戚傳》所舉之例不勝枚舉：

> 琇性豪侈，費用無復齊限，而屑炭和作獸形以溫酒，洛下豪貴咸競效之。又喜遊讌，以夜續晝，中外五親無男女之別，時人譏之。……然放恣犯法，每為有司所貸。其後司隸校尉劉毅劾之，應至重刑，武帝以舊恩，直免官而已。尋以侯白衣領護軍。頃之，復職。[87]

> （王愷）少有才力，歷位清顯，雖無細行，有在公之稱。以討楊駿勳，封山都縣公，邑千八百戶。遷龍驤將軍，領驍騎將軍，加散騎常侍，尋坐事免官。起為射聲校尉，久之，轉後將軍。愷既世族國戚，性復豪侈，用赤石脂泥壁。石崇與愷將為鴆毒之事，司隸校尉傅祗劾之，有司皆論正重罪，詔特原之。由是眾人愈畏愷，故敢肆其意，所欲之事無所顧憚焉。[88]

> （虞胤）敬后弟也。……與南頓王宗俱為明帝所昵，並典禁兵。及帝不豫，宗以陰謀發覺，事連胤，帝隱忍不問，徙胤為宗正卿，加散騎常侍。[89]

---

87 《晉書》卷九十三〈外戚・羊琇傳〉，頁2411。
88 《晉書》卷九十三〈外戚・王恂附王愷傳〉，頁2412。
89 《晉書》卷九十三〈外戚・虞豫附虞胤傳〉，頁2143。

羊鑒……時徐龕反叛，司徒王導以鑒是龕州里冠族，必能
制之，請遣北討。鑒深辭才非將帥。太尉郗鑒亦表謂鑒非
才，不宜妄使。導不納，強啟授以征討都督，果敗績。……
有司正鑒斬刑，元帝詔以鑒太妃外屬，特免死，除名。[90]

時南中郎將謝尚領宣城內史，收涇令陳幹殺之，有司以尚
違法糾黜，詔原之。和重奏曰：「尚先劾姦贓罪，入甲戌
赦，聽自首減死。而尚近表云幹包藏姦猾，輒收行刑。幹
事狀自郡，非犯軍戎，不由都督。案尚蒙親賢之舉，荷文
武之任，不能為國惜體，平心聽斷，內挾小憾，肆其威虐，
遠近怪愕，莫不解體。尚忝外屬，宥之有典，至於下吏，
宜正刑辟。」尚，皇太后舅，故寢其奏。[91]

當外戚犯法，皇帝卻因姻親之故特赦免之，如此久之，將激
起其他人對國家法治的不尊重；此外，也助長外戚更恃寵而驕，
成為一種惡性循環。兩晉時期由於外戚備受禮遇，造成外戚常挾
皇帝的支持而對反對者報復，如：

（武）茂以德素稱，名亞于陔，……穎川荀愷年少于茂，
即武帝姑子，自負貴戚，欲與茂交，距而不答，由是致怨。
及楊駿誅，愷時為僕射，以茂駿之姨弟，陷為逆黨，遂見
害。茂清正方直，聞於朝野，一旦枉酷，天下傷焉。[92]

另外，外戚之間也有因門第不同不願曲交，最後遭致當權外
戚報復的例子。如賈后曾受韓壽之託，求婚於華廙，但華廙拒絕
讓自己的兒子娶韓壽之女，賈后為此怨恨，華廙在賈后當政時期，

90 《晉書》卷八十一〈羊鑒傳〉，頁2112。
91 《晉書》卷八十三〈顧和傳〉，頁2165。
92 《晉書》卷四十五〈武陔傳〉，頁1285。

一直沒辦法得到升遷。[93]司馬穎也只因為不滿賈謐對太子無禮，出言制止，結果被賈后外放至鄴。[94]

外戚的跋扈違法讓許多朝臣相當痛恨，對照於東漢末年，外戚是被等同於宦者類，其靠裙帶關係而獲得權勢，為大家所不齒。部分大臣採取不與爭鋒避讓的態度，但卻造成外戚益發囂張，終於有人無可忍而與之對抗，如王愷藉由權勢對付一直看不起他的牽秀，牽秀氣不過，「即表訴被誣，論愷穢行，文辭冗厲，以譏抵外戚」，雖然最後證明牽秀為被誣告，但由於作法激烈，牽秀反而見笑於當時，賠上自己的名聲。[95]

當然外戚也並不是永遠可以得寵受愛，當遇到關鍵議題各方勢力角力時，外戚雖有其優勢，但也非萬無一失；如武帝在立嗣問題上一直受到各方壓力，想立自己不才的兒子司馬衷，但支持兄弟司馬攸的朝臣力量又大，這些勢力中連結了許多外戚，希望藉由這層關係說服武帝讓齊王攸繼位，這些動作終於惹惱了武帝：

> 齊王攸當之藩，濟既陳請，又累使公主與甄德妻長廣公主俱入，稽顙泣請帝留攸。帝怒謂侍中王戎曰：「兄弟至親，今出齊王，自是朕家事。而甄德、王濟連遣婦來生哭人！」以忤旨，左遷國子祭酒，常侍如故。[96]

不僅王濟，連大力幫助司馬炎取得太子位子，深受武帝重用的的羊琇，也在這場西晉政權第二代帝位的爭奪中，被武帝放逐了，在幽憤中，羊琇竟因此而死。[97]太子之立，關係著晉武帝這一脈是否能繼承帝位，對此，即使再親信的外戚，當與自身的政治利

---

93 《晉書》卷四十四〈華表附華恆傳〉，頁1262。
94 《晉書》卷五十九〈司馬穎傳〉，頁1615。
95 《晉書》卷六十〈牽秀傳〉，頁1635。
96 《晉書》卷四十二〈王渾附王濟傳〉，頁1205。
97 《晉書》卷九十三〈外戚‧羊琇傳〉，頁2411。

益相背馳時,武帝是不可能退讓的。

西晉初年,外戚與功臣集團中間的界線不清,兩者相生相長,隨西晉政權的建立擴大家族之勢力,久之,或為理念或為各自勢力,結黨成派,在西晉初期,隨太子的人選以及太子妃的選立,都成為這些外戚兼功臣角色的朝臣互鬥的工具,武帝對此情景也無法有效處理,如羊琇與王濟支持庾純對付賈充,而賈充也連結荀勖等人相抗衡。[98]

而東晉外戚之對於政局,就像《晉書·外戚傳》的結束語所言:

> 庾亮世族羽儀,王恭高門領袖,既而職兼出納,任切股肱。孝伯竟以亡身,元規幾於敗國,豈不哀哉!若褚季野之畏避朝權,王叔仁之固求出鎮,用能全身遠害,有可稱焉。[99]

由上述可知,兩晉皇帝婚姻其連結對象背景或有不同,在西晉建國之前,司馬懿等人透過婚姻以提升家族之政治力量與社會聲望。進入西晉後,初期功臣集團進入帝室婚姻中,但從此也開始激化不同背景之外戚之間的衝突與爭權,如武帝死後的楊氏與賈氏。東晉以後的帝室婚姻完全以僑姓高門為對象,這其中有來自於司馬氏的主動,但更多的是來自於因政治權力爭奪需要而進行的婚配關係,我們可由此時世親婚大量的出現,以為明證。

---

98 《晉書》卷五十〈庾純傳〉,頁1397。
99 《晉書》卷九十三〈外戚傳〉,頁2409-2410。

結　　論

　　從兩晉整體歷史來看，東漢末年讀書的士人在政治秩序的傾頹與社會混亂後，逐漸地經反省而有其獨立知識學養的堅持；到曹魏時期，由於九品官人法的推行，使得士人在紛擾的政治局勢中開始掌握優勢。並且由於長期的分裂戰亂，使得這些人身上出現了保家重於衛國的觀念，因此也才使得司馬氏在曹魏末期能得到一批出自於儒家，有知識涵養世族的支持。司馬氏透過了這些人的協助，由計畫性的禪讓以建立西晉，繼而修訂或新制定漢末三國以來逐漸消失的典章律令，這些具豐富儒學背景的功臣集團，在晉初政權的取得與穩固上扮演了重要的角色。

　　但這些具儒學背景功臣集團最大的問題是，在西晉政權建立後，隨著政治權力的擴大，原本可共同努力齊心一致對掌權者效忠的情況，在其為了各自家族或個人的利益考量下，使得其彼此間在政壇中漸行漸遠。尤其晉初的幾次政爭，幾乎皇帝與這些儒學功臣全都捲入其中，各自分派，互相攻訐。面對這樣的危機，晉武帝司馬炎開始為自己未來權力的鞏固做準備，他透過了分封、出鎮與安置司馬宗室擔任重要官職，來取代原先所依賴的世族功臣集團。但當這些司馬宗室成員被擺置在重要地方方鎮時，往往又會和當地世族結合，對政權產生威脅。這些地方人士或為未能發展的投機政客或為擁有地方武力的鄉勇主帥，在其搭配下，經常讓這些出鎮的司馬氏有機會以地方力量反撲中央，甚至

當上執政者。

但值得注意的是，這些因出鎮所結合的地方勢力，雖然可能讓司馬氏成就於一方，但隨著司馬宗王掌控的權力範圍越大，這些人能力的侷促性即明顯可見。雖說自漢代以來的儒學士大夫，其透過知識以及家風家學並不一定直接等同行政能力，但這些地方小吏其知識涵養與格局氣度本即不足，加之以一下子從小吏變成居高為者，少有能成為政權運作與秩序風氣維持的重要輔佐者。再加上其所侍奉之司馬氏有的也驕奢狂妄，故政局更難有朝良性發展的機會。相對之下，東晉以後實質掌握政權的士族，當皇帝不符大家期望或淫逸失德時，可以透過本身具有的學養或結合其他士族來制衡皇帝勢力；雖然這些士族不一定具有長期穩固政權的成就，但較之於西晉時之諸王，仍有其明顯之差別。

從本書的研究結果可知，司馬炎為穩固司馬江山的努力，在分封、出鎮與安排擔任重要官職上都出了問題。其中最重要的問題出自司馬宗室本身人才的不足。本書從幾個方面相繼探討司馬氏人才不足的原因，在曹魏時期，司馬懿在發展的過程中，對家族子弟的教育相當注意，這可由西晉初期至司馬炎這一代還有許多位司馬宗室能在官場上有所表現看出。但司馬炎以後，一代不如一代。這其中最大的困境來自於，晉武帝在平吳之後的怠惰享樂，二十六子中夭折率相當高，其他宗室的情況亦類似，早夭率高或與縱慾與近親通婚有關。加上武帝之後隨即開始長期的宗室鬥爭，司馬家族的後代，在這樣的爭奪政權環境中，學會的只有享樂和鬥爭。司馬懿以來所強調以孝治家的家風早已蕩然無存。

除了死亡率高之外，西晉時期宗室的互相操戈，也是司馬氏死亡率居高不下的原因之一。八王之亂中宗室之間的互相殘害，甚至導致了西晉政權的衰亡。家族之人相殘的結果，嚴重破壞了

彼此的信任與情誼，自己家人都可以如此相互殘殺，如何可能讓當時的旁支旁姓或其他無親族關係之人誠心以待，因此權力的爭奪也漸演變成赤裸裸的殺戮。內亂經常會招引來外侮，西晉隨八王之亂而來的是西北少數民族的侵入，劉曜、石勒等外族，大肆地殘殺西晉權貴與司馬宗王，這又使得原本在八王之亂後以大量減少的司馬家族，再次受到更大的殘害。

　　從本書的分析，除了早夭率高、宗室相殘以及外族入侵之外，司馬氏人才的養成在其成為皇室後，因為鞏固政權而大封司馬宗室成員為王，前途發展已受到保障，有封土有食邑，在安逸環境下，能奮發向上者就少了，時間一久，人才自然越來越少。

　　相較於司馬家族的發展，西晉以來的士族，受到玄學浮華風氣的影響，在初期放蕩不羈，不問世事，追逐山林之樂，是他們主要的表現。但隨著政局日壞，玄學並不能為其保命，在憂患意識中，其家風家學逐漸成為得以穩固當時動盪不安政權的一股力量。

　　至東晉，司馬氏的家風家學已與一般具豐厚知識涵養的士族有明顯差距。當司馬氏政權已飄搖與擺盪時，這些擁有知識涵養的士族人才，越來越成為司馬政權所必須要依賴的對象。從王導為司馬睿建構立足江東的藍圖，到庾氏家族在明、成時期的掌政，以及其後的桓氏、王氏相繼控握政權，多少都顯示了司馬家族的後代，已無法獨力支撐東晉王朝。這也就是說，東晉時期皇權之所以落入士家大族手中，與其說是這些士族主動奪取權力，不如說是因司馬氏本身已無力獨撐大局而出現的狀況，所以士族之所以能掌控東晉政權，可以說是司馬皇室本身人才不足與家學家風頹廢的結果。

　　從兩晉帝位繼承的頻繁與不確定性，我們可以進一步看到一個國君的養成和國祚的久遠，關係深遠，兩晉共計十五位皇帝，

其中皇帝年幼即位的情形固不罕見，但從本書所爬梳的歷史資料來看，導致政權不守的主要原因，在於就位較長者本身的無能。如兩晉有四位在位超過二十年的皇帝，其中惠帝、安帝兩人智力有問題；這些智力低下的皇帝，一旦即位過久，引發的不只是外戚、權臣的互鬥，也會引發朝中真正關心國祚的大臣與宗室的不安與不滿，最後形成各種合縱連橫的局面，造成政局的紊亂。其他兩位在位較久，而且較有成就的是武帝與孝武帝。但二者皆面臨於在位後期為德不卒，無法善終的困境。武帝在平吳後開始享樂；孝武帝則在褚皇太后及謝安過世後縱情放恣，結果政局如江河日下。另外，兩晉十五位皇帝中，有十位的繼承，不是經過長遠規劃與有秩序的安排，新皇帝在未能做好佈局的情況下即位，難免受制權臣，造成更大的權力鬥爭。此外，如本書所分析，要成為好皇帝是要有學習的榜樣。兩晉最大的問題在於自武帝開始，沒有可做為未來皇帝好榜樣的前任皇帝，甚且一代不如一代。在此情況下宗室、權臣與外戚，自武帝以後隨著皇帝的昏庸與怠惰，而獲得了許多爭權奪力的機會。東晉時期權力鬥爭所以愈演愈烈，應與皇權繼承的無能與權臣、外戚等的乘勢崛起有關。在此種混亂局面下，也使得寒門武人也有機會竄上政治舞台。

兩晉司馬政權透過分封的方式欲鞏固政權，但由於皇帝的縱慾、近親結合與皇子早夭及宗室相互爭權等因素，終造成司馬氏家族人口越來越少，至東晉末，司馬政權已無足以憑恃以挽局勢傾頹之人才。司馬氏在奪得政權後，為能有效控制與運作政局，採取了大封宗室與功臣的作法，並且也透過聯姻，強化與士族網絡的關係。但當越多的家族與司馬氏構成親屬關係後，由於無法抗拒政治資源的誘惑，往往造成這些聯姻家族，藉與司馬氏的關係，營私弄權於當時的政權結構中。從本書的分析可見，在西晉

初期，晉武帝有能力控制政治局面時，外戚的問題尚不致嚴重，但隨武帝不問政事後，外戚干政的情形日漸明顯，政爭也由此而愈趨激烈。武帝末期楊駿亂政，惠帝時期賈氏干政，更直接導致八王之亂。進入東晉後，隨士族門閥政治的發展，司馬皇室漸走向與高門聯姻。但與高門聯姻，司馬氏也顯示了東晉政權的侷限性。東晉以後的士族，家族能存留發展的，大都具有豐厚的家風家學。相對之下，東晉以後的大家族，其本身所有的知識基礎皆遠較司馬氏堅實，在這樣的結構下，造成的結果往往是這些士族實質掌握了政治權力，皇帝僅為傀儡。

　　東晉雖皇室不強，但能延續百年之久，在本書前面章節的討論中，可發現實與這些爭權相鬥的權臣與外戚有密切關係。這些人由於其身份的重疊性，權臣本身往往也具有外戚以及當世社會中重要世家大族的身份。這些人原本即是社會中的菁英份子，加上其家族擁有雄厚的社會資源，往往成為東晉政權危急時可以支撐的重要力量。從王導家族以致庾氏、桓氏、謝氏，都扮演著此種角色。但這些世家大族長期面對衰弱的皇權，在輔政中自我意識相對也會不斷升漲，加上魏晉以來家族意識的高漲，終究使得這些家族在不斷擴展自我勢力中，與晉政權漸行漸遠。在習慣於控握政權後，這些權臣也不希望司馬氏中再有人才出現，東晉以後常可見到的狀況是，當有能力或受到皇帝重用的司馬氏家族成員出現時，往往成為權臣傷害的對象；從司馬承、司馬宗與司馬晞等人被殺或被誣以謀反，都是在這樣結構環境的犧牲者。司馬氏政權延續到桓玄、劉裕之輩崛起之時，在其欲直接取晉而代之時，也同時大量地誅殺司馬氏，過程中部分的司馬宗室倉促北逃，依歸於北方政權，重新開始，留在南方的司馬宗室則逐漸消融在歷史的洪流中。

附表一

晉將相大臣年表 —— 尚書令

西 晉

紀 元	年 號	姓 名	官 職	備 註
265	泰始元年	裴 秀	尚書令	加左光祿大夫給事中開府
266	泰始二年	裴 秀	尚書令	
267	泰始三年	裴 秀	尚書令	
268	泰始四年	裴 秀	尚書令	正月遷司空
		賈 充	尚書令	正月命加侍中
269	泰始五年	賈 充	尚書令	
270	泰始六年	賈 充	尚書令	
271	泰始七年	賈 充	尚書令	
272	泰始八年	賈 充	尚書令	七月拜司空令如故
273	泰始九年	賈 充	尚書令	
274	泰始十年	賈 充	尚書令	
275	咸寧元年	賈 充	尚書令	
276	咸寧二年	賈 充	尚書令	八月拜太尉錄尚書事
		李 胤	尚書令	八月命兼侍中
277	咸寧三年	李 胤	尚書令	
278	咸寧四年	李 胤	尚書令	九月遷司徒
		衛 瓘	尚書令	十月命加侍中
279	咸寧五年	衛 瓘	尚書令	
280	咸寧六年	衛 瓘	尚書令	
	太康元年	衛 瓘	尚書令	
281	太康二年	衛 瓘	尚書令	
282	太康三年	衛 瓘	尚書令	十二月遷司空，令如故
283	太康四年	衛 瓘	尚書令	
284	太康五年	衛 瓘	尚書令	
285	太康六年	衛 瓘	尚書令	
286	太康七年	衛 瓘	尚書令	
287	太康八年	荀 勖	尚書令	
288	太康九年	荀 勖	尚書令	
289	太康十年	荀 勖	尚書令	十一月卒
		楊 珧	尚書令	
290	永熙元年	楊 珧	尚書令	復為衛將軍
		華 廙	尚書令	

291	永平元年	華 廙	尚書令	三月罷
	元康元年	司馬晃	尚書令	三月車騎將軍守
292	元康二年	司馬晃	尚書令	
293	元康三年	司馬晃	尚書令	
294	元康四年	司馬晃	尚書令	正月遷司空仍領尚書令
295	元康五年	司馬晃	尚書令	
296	元康六年	司馬晃	尚書令	正月卒
		司馬泰	尚書令	正月太尉領
297	元康七年	司馬泰	尚書令	
298	元康八年	司馬泰	尚書令	
299	元康九年	司馬泰	尚書令	十一月卒
		王 衍	尚書令	
300	永康元年	王 衍	尚書令	四月免
		司馬肜	尚書令	四月太宰領尋解
		滿 奮	尚書令	
301	永寧元年	滿 奮	尚書令	四月免
		王 戎	尚書令	四月命
302	太安元年	王 戎	尚書令	五月遷司徒
		樂 廣	尚書令	
303	太安二年	樂 廣	尚書令	
304	永安元年	樂 廣	尚書令	正月卒
	永興元年	司馬越	尚書令	正月司空領
305	永興二年	王 湛	尚書令	
		王 衍	尚書令	
306	永興三年	王 衍	尚書令	
	光熙元年	王 衍	尚書令	十二月遷司空
		高 光	尚書令	
307	永嘉元年	高 光	尚書令	
308	永嘉二年	高 光	尚書令	十一月卒
		荀 藩	尚書令	十一月命
309	永嘉三年	荀 藩	尚書令	
310	永嘉四年	荀 藩	尚書令	
311	永嘉五年	荀 藩	尚書令	五月遷司空

東　晉				
紀　元	時　間	姓　名	官　職	備　註
318	建武二年	刁　協	尚書令	六月命
	大興元年			
319	大興二年	刁　協	尚書令	
320	大興三年	刁　協	尚書令	
321	大興四年	刁　協	尚書令	
322	永昌元年	刁　協	尚書令	三月出奔為人所殺
323	太寧元年	王　導	尚書令	
		郗　鑒	尚書令	八月命
324	太寧二年	郗　鑒	尚書令	六月行衛將軍都督從駕諸軍事
325	太寧三年	郗　鑒	尚書令	七月遷車騎
		卞　壼	尚書令	受顧命
326	咸和元年	卞　壼	尚書令	
327	咸和二年	卞　壼	尚書令	十二月復命兼領軍
328	咸和三年	卞　壼	尚書令	二月戰死
331	咸和六年	陸　玩	尚書令	八月命
332	咸和七年	陸　玩	尚書令	
333	咸和八年	陸　玩	尚書令	
334	咸和九年	陸　玩	尚書令	
335	咸康元年	陸　玩	尚書令	
336	咸康二年	陸　玩	尚書令	
337	咸康三年	陸　玩	尚書令	
338	咸康四年	陸　玩	尚書令	
339	咸康五年	陸　玩	尚書令	
340	咸康六年	陸　玩	尚書令	正月拜司空
		諸葛恢	尚書令	
341	咸康七年	諸葛恢	尚書令	
342	咸康八年	諸葛恢	尚書令	六月受顧命加侍中金紫光祿大夫
343	建元元年	諸葛恢	尚書令	
344	建元二年	諸葛恢	尚書令	
345	永和元年	諸葛恢	尚書令	五月卒
346	永和二年	顧　和	尚書令	三月命居喪不就
347	永和三年	顧　和	尚書令	喪除就職
348	永和四年	顧　和	尚書令	
349	永和五年	顧　和	尚書令	
350	永和六年	顧　和	尚書令	

351	永和七年	顧　和	尚書令	加左光祿大夫開府儀同三司七月卒
364	興寧二年	王　述	尚書令	五月命
365	興寧三年	王　述	尚書令	
366	太和元年	王　述	尚書令	
367	太和二年	王　述	尚書令	
368	太和三年	王　述	尚書令	八月卒
373	寧康元年	王彪之	尚書令	九月命兼護軍
374	寧康二年	王彪之	尚書令	
375	寧康三年	王彪之	尚書令	
376	太元元年	王彪之	尚書令	
377	太元二年	王彪之	尚書令	加散騎常侍左光祿大夫十一月卒
383	太元八年	謝　石	尚書令	十二月命
384	太元九年	謝　石	尚書令	
385	太元十年	謝　石	尚書令	八月拜衛將軍
386	太元十一年	謝　石	尚書令	
387	太元十二年	謝　石	尚書令	
388	太元十三年	謝　石	尚書令	十二月卒
389	太元十四年	陸　納	尚書令	九月命
390	太元十五年	陸　納	尚書令	
391	太元十六年	陸　納	尚書令	
392	太元十七年	陸　納	尚書令	
393	太元十八年	陸　納	尚書令	
394	太元十九年	陸　納	尚書令	
395	太元二十年	陸　納	尚書令	二月卒
397	隆安元年	王　珣	尚書令	正月命
398	隆安二年	王　珣	尚書令	
399	隆安三年	王　珣	尚書令	四月加衛將軍
400	隆安四年	王　珣	尚書令	五月卒
401	隆安五年	司馬元顯	尚書令	
402	元興元年	司馬元顯	尚書令	三月被殺
		桓　謙	尚書令	三月命
403	元興二年	桓　謙	尚書令	九月加衛將軍侍中錄尚書事
415	義熙十一年	劉　柳	尚書令	
416	義熙十二年	劉　柳	尚書令	六月卒

附表二

晉將相大臣年表 ── 僕射

西　晉

紀　元	年　號	姓　名	官職	備　註
266	泰始二年	武　陔	僕射	加光祿大夫開府儀同三司尋卒
		賈　充	僕射	
267	泰始三年	賈　充	僕射	
268	泰始四年	賈　充	僕射	正月遷令
269	泰始五年	李　熹	僕射	
270	泰始六年	李　熹	僕射	
271	泰始七年	李　熹	僕射	
274	泰始十年	李　胤	僕射	正月命尋遷太子少傅
		盧　欽	僕射	
275	咸寧元年	盧　欽	僕射	領吏部
276	咸寧二年	盧　欽	僕射	
277	咸寧三年	盧　欽	僕射	
278	咸寧四年	盧　欽	僕射	三月卒
		山　濤	僕射	三月命加侍中領吏部
279	咸寧五年	山　濤	僕射	
280	咸寧六年	山　濤	僕射	
	太康元年	山　濤	僕射	七月改左加光祿大夫侍中領選加故
291	永平元年	司馬繇	僕射	三月命未幾罷
	元康元年	王　戎	僕射	
292	元康二年	王　戎	僕射	
293	元康三年	王　戎	僕射	
294	元康四年	王　戎	僕射	
295	元康五年	王　戎	僕射	
296	元康六年	王　戎	僕射	
297	元康七年	王　戎	僕射	九月遷司徒
		何　邵	僕射	九月命

298	元康八年	何 邵	僕射	
299	元康九年	何 邵	僕射	
		裴 頠	僕射	八月命，尚任門下事
300	永康元年	何 邵	僕射	四月遷司徒
		裴頠	僕射	四月被殺
		崔隨	僕射	
301	永寧元年	崔隨	僕射	四月免
309	永嘉三年	和郁	僕射	
310	永嘉四年	和郁	僕射	
		曹馥	僕射	
311	永嘉五年	和郁	僕射	
		曹馥	僕射	京師陷被殺

東　晉

紀元	時間	姓名	官職	備註
327	咸和二年	陸玩	僕射	
328	咸和三年	陸玩	僕射	
329	咸和四年	陸玩	僕射	
330	咸和五年	陸玩	僕射	二月遷左
335	咸康元年	王彬	僕射	
336	咸康二年	王彬	僕射	二月卒
		褚翜	僕射	
337	咸康三年	褚翜	僕射	遷左
342	咸康八年	顧和	僕射	
343	建元元年	顧和	僕射	
344	建元二年	顧和	僕射	
345	永和元年	顧和	僕射	遷光祿尋丁憂
		顧眾	僕射	正月命
346	永和二年	顧眾	僕射	卒
353	永和九年	謝尚	僕射	四月命，十二月出鎮歷陽
354	永和十年	謝尚	僕射	入朝署僕射尋還鎮
357	升平元年	王彪之	僕射	十二月命
358	升平二年	王彪之	僕射	出為會稽內史
		江霦	僕射	

359	升平三年	江霦	僕射	
360	升平四年	江霦	僕射	
361	升平五年	江霦	僕射	
362	隆和元年	江霦	僕射	
363	興寧元年	江霦	僕射	
364	興寧二年	江霦	僕射	
365	興寧三年	江霦	僕射	遷護軍
		王彪之	僕射	十二月命
366	太和元年	王彪之	僕射	
367	太和二年	王彪之	僕射	
368	太和三年	王彪之	僕射	
369	太和四年	王彪之	僕射	
370	太和五年	王彪之	僕射	
371	咸安元年	王彪之	僕射	
372	咸安二年	王彪之	僕射	
373	寧康元年	王彪之	僕射	九月遷令
		謝安	僕射	仍領吏部九月命
374	寧康二年	謝安	僕射	
375	寧康三年	謝安	僕射	七月加侍中領揚州刺史
376	太元元年	謝安	僕射	正月加中書監錄尚書事
377	太元二年	王邵	僕射	十二月命兼領軍
378	太元三年	王邵	僕射	
379	太元四年	王邵	僕射	出為吳國內史
		王蘊	僕射	八月命
380	太元五年	王蘊	僕射	
381	太元六年	謝石	僕射	正月命
382	太元七年	謝石	僕射	
383	太元八年	謝石	僕射	九月出禦秦師，十二月遷令
384	太元九年	陸納	僕射	
385	太元十年	陸納	僕射	
386	太元十一年	陸納	僕射	四月遷左
389	太元十四年	王珣	僕射	九月命
390	太元十五年	王珣	僕射	

391	太元十六年	王珣	僕射	九月遷左
397	隆安元年	王國寶	僕射	正月命四月誅
398	隆安二年	王雅	僕射	十一月命
399	隆安三年	王雅	僕射	
400	隆安四年	王雅	僕射	八月卒
403	元興二年	王愉	僕射	十二月命
404	元興三年	王愉	僕射	三月謀殺劉裕，與子綏族誅
412	義熙八年	孔靖	僕射	二月命不就
415	義熙十一年	袁湛	僕射	
416	義熙十二年	袁湛	僕射	
417	義熙十三年	袁湛	僕射	
418	義熙十四年	袁湛	僕射	十二月卒
		徐羨之	僕射	
419	元熙元年	徐羨之	僕射	
420	元熙二年	徐羨之	僕射	

附表三

晉將相大臣年表 ── 右僕射

西　晉

紀元	年　號	姓　名	官職	備　　註
268	泰始四年	司馬伷	右僕射	俱二月命
269	泰始五年	司馬伷	右僕射	二月出為徐州都督
271	泰始七年	司馬珪	右僕射	俱二月命
272	泰始八年	司馬珪	右僕射	
273	泰始九年	司馬珪	右僕射	
274	泰始十年	司馬珪	右僕射	正月卒
	太康元年	魏　舒	右僕射	七月命
281	太康二年	魏　舒	右僕射	
282	太康三年	魏　舒	右僕射	
283	太康四年	魏　舒	右僕射	正月遷左十一月拜司徒
		司馬晃	右僕射	正月命七月出鎮青州
		司馬泰	右僕射	八月命
284	太康五年	司馬泰	右僕射	
285	太康六年	司馬泰	右僕射	
286	太康七年	司馬泰	右僕射	十一月出鎮關中
		胡　奮	右僕射	十一月命加鎮軍大將軍開府儀同三司
287	太康八年	胡　奮	右僕射	
288	太康九年	胡　奮	右僕射	二月卒
		朱　整	右僕射	二月命領吏部
289	太康十年	朱　整	右僕射	四月卒
292	元康二年	司馬越	右僕射	
293	元康三年	司馬越	右僕射	
294	元康四年	司馬越	右僕射	
295	元康五年	司馬越	右僕射	
302	太安元年	樂　廣	右僕射	遷令
		羊玄之	右僕射	

303	太安二年	羊玄之	右僕射	九月卒
		荀 藩	右僕射	
304	永安元年 永興元年	荀 藩	右僕射	十一月建行臺于洛
305	永興二年	荀 藩	右僕射	
306	光熙元年	荀 藩	右僕射	
		和 郁	右僕射	
307	永嘉元年	和 郁	右僕射	十一月出鎮鄴城
		鄭 球	右僕射	十一月命兼吏部
308	永嘉二年	鄭 球	右僕射	卒
313	建興元年	索 綝	右僕射	四月命遷太尉
314	建興二年	索 綝	右僕射	六月驃騎領左僕射錄尚書事承制 行事

東 晉

紀 元	時 間	姓 名	官 職	備 註
320	大興三年	周 顗	右僕射	
321	大興四年	周 顗	右僕射	七月兼護軍
322	永昌元年	周 顗	右僕射	三月遷左為王敦所殺
		王 邃	右僕射	三月命尋遷下邳內史
		紀 瞻	右僕射	
323	太寧元年	紀 瞻	右僕射	兼領軍
324	太寧二年	紀 瞻	右僕射	遷驃騎卒
		陸 曄	右僕射	
325	太寧三年	陸 曄	右僕射	七月遷領軍
		戴 邈	右僕射	七月命
326	咸和元年	戴 邈	右僕射	
327	咸和二年	戴 邈	右僕射	
330	咸和五年	孔 愉	右僕射	二月命
331	咸和六年	孔 愉	右僕射	
332	咸和七年	孔 愉	右僕射	
333	咸和八年	孔 愉	右僕射	
334	咸和九年	孔 愉	右僕射	
335	咸康元年	孔 愉	右僕射	遷護軍

337	咸康三年	諸葛恢	右僕射	
338	咸康四年	諸葛恢	右僕射	
339	咸康五年	諸葛恢	右僕射	
340	咸康六年	諸葛恢	右僕射	正月遷令
355	永和十一年	王彪之	右僕射	七月命尋以疾改太常
386	太元十一年	司馬恬	右僕射	四月命
391	太元十六年	謝琰	右僕射	九月命
392	太元十七年	謝琰	右僕射	
393	太元十八年	謝琰	右僕射	
409	義熙五年	劉柳	右僕射	
410	義熙六年	劉柳	右僕射	
411	義熙七年	劉柳	右僕射	
412	義熙八年	劉柳	右僕射	
413	義熙九年	劉柳	右僕射	
414	義熙十年	劉柳	右僕射	
		劉穆之	右僕射	
415	義熙十一年	劉柳	右僕射	遷令
		劉穆之	右僕射	八月遷左

附表四

晉將相大臣年表 —— 左僕射

西　晉

紀元	年號	姓名	官職	備　註
268	泰始四年	羊　祜	左僕射	
269	泰始五年	羊　祜	左僕射	二月出為荊州都督
271	泰始七年	王　業	左僕射	
272	泰始八年	王　業	左僕射	
273	泰始九年	王　業	左僕射	
281	太康二年	山　濤	左僕射	
282	太康三年	山　濤	左僕射	十二月遷司徒
283	太康四年	劉　毅	左僕射	十一月命
284	太康五年	劉　毅	左僕射	
285	太康六年	劉　毅	左僕射	正月致仕
		王　渾	左僕射	正月命
286	太康七年	王　渾	左僕射	
287	太康八年	王　渾	左僕射	
288	太康九年	王　渾	左僕射	
289	太康十年	王　渾	左僕射	
290	太熙元年	王　渾	左僕射	正月遷司徒
		荀　愷	左僕射	
	永熙元年	荀　愷	左僕射	
291	永平元年	荀　愷	左僕射	三月罷
	元康元年			
300	永康元年	樂　廣	左僕射	
301	永寧元年	樂　廣	左僕射	九月改右
		司馬繇	左僕射	九月命
302	太安元年	司馬繇	左僕射	
303	太安二年	司馬繇	左僕射	母喪解
304	永安元年	王　衍	左僕射	十二月命兼吏部
	永興元年			
305	永興二年	王　衍	左僕射	遷令
		高　光	左僕射	
306	永興三年	高　光	左僕射	

紀元	時間	姓名	官職	備註
	光熙元年	高　光	左僕射	十二月遷令
		傅　祗	左僕射	十二月命加侍中
307	永嘉元年	傅　祗	左僕射	
308	永嘉二年	傅　祗	左僕射	遷左光祿大夫侍中開府行太子太傅
		山　簡	左僕射	兼吏部
309	永嘉三年	山　簡	左僕射	三月出為荊州都督
		劉　暾	左僕射	三月命尋遷右光祿大夫
315	建興三年	索　綝	左僕射	
316	建興四年	索　綝	左僕射	十一月降

東　晉

紀元	時間	姓名	官職	備註
317	建武元年	刁　協	左僕射	四月命
318	建武二年	刁　協	左僕射	
	大興元年	刁　協	左僕射	六月遷令
		荀　崧	左僕射	六月命
319	大興二年	荀　崧	左僕射	七月遷太常
322	永昌元年	荀　崧	左僕射	
323	太寧元年	荀　崧	左僕射	
324	太寧二年	荀　崧	左僕射	
325	太寧三年	荀　崧	左僕射	閏七月遷光祿大夫錄尚書事
		鄧　攸	左僕射	七月命
326	咸和元年	鄧　攸	左僕射	
		王　舒	左僕射	四月命八月出守會稽
331	咸和六年	陸　玩	左僕射	八月遷令
338	咸康四年	褚　翜	左僕射	
339	咸康五年	褚　翜	左僕射	
340	咸康六年	褚　翜	左僕射	正月遷護軍
355	永和十一年	周　閔	左僕射	七月命
356	永和十二年	周　閔	左僕射	
357	升平元年	周　閔	左僕射	遷護軍
387	太元十二年	陸　納	左僕射	
		司馬恬	左僕射	

388	太元十三年	陸　納	左僕射	
		司馬恬	左僕射	
389	太元十四年	陸　納	左僕射	九月遷令
		司馬恬	左僕射	四月初督兗冀諸州
392	太元十七年	王　珣	左僕射	
393	太元十八年	王　珣	左僕射	
394	太元十九年	王　珣	左僕射	
395	太元二十年	王　珣	左僕射	
396	太元二一年	王　珣	左僕射	
397	隆安元年	王　珣	左僕射	正月遷令
400	隆安四年	何　澄	左僕射	六月命
401	隆安五年	何　澄	左僕射	
402	元興元年	何　澄	左僕射	三月免尋卒
406	義熙二年	孔安國	左僕射	十月命
407	義熙三年	孔安國	左僕射	
408	義熙四年	孔安國	左僕射	四月卒
		孟　昶	左僕射	四月命
409	義熙五年	孟　昶	左僕射	
410	義熙六年	孟　昶	左僕射	
		謝　混	左僕射	
411	義熙七年	謝　混	左僕射	
412	義熙八年	謝　混	左僕射	九月為劉裕所殺
415	義熙十一年	謝　裕	左僕射	正月命八月卒
416	義熙十二年	王穆之	左僕射	
417	義熙十三年	王穆之	左僕射	十一月卒

附表五

晉將相大臣年表 —— 中書令

西　晉

紀　元	年　號	姓　名	官職	備　　註
270	泰始六年	庾　純	中書令	
271	泰始七年	庾　純	中書令	遷河南尹
		張　華	中書令	
272	泰始八年	張　華	中書令	
273	泰始九年	張　華	中書令	
274	泰始十年	張　華	中書令	
275	咸寧元年	張　華	中書令	
276	咸寧二年	張　華	中書令	
277	咸寧三年	張　華	中書令	
278	咸寧四年	張　華	中書令	
279	咸寧五年	張　華	中書令	四月遷度支尚書
		和　嶠	中書令	
280	咸寧六年	和　嶠	中書令	
	太康元年	和　嶠	中書令	
281	太康二年	和　嶠	中書令	遷侍中
289	太康十年	何　邵	中書令	
290	太熙元年	何　邵	中書令	
	永熙元年	何　邵	中書令	八月遷監尋遷太子太傅
		蔣　俊	中書令	
291	永平元年	蔣　俊	中書令	
	元康元年	蔣　俊	中書令	三月被殺
		王　戎	中書令	三月命六月遷僕射
		裴　楷	中書令	六月命加侍中
292	元康二年	裴　楷	中書令	加光祿大夫開府儀同三司
293	元康三年	裴　楷	中書令	
295	元康五年	陳　準	中書令	
296	元康六年	陳　準	中書令	

297	元康七年	陳　準	中書令	
298	元康八年	陳　準	中書令	
299	元康九年	陳　準	中書令	
300	永康元年	陳　準	中書令	八月遷太尉
		司馬越	中書令	
301	永寧元年	司馬越	中書令	
		司馬威	中書令	正月命五月伏誅
		王　衍	中書令	
302	太安元年	王　衍	中書令	病免
		卞　粹	中書令	
303	太安二年	卞　粹	中書令	七月為長沙王所殺
		王　衍	中書令	
304	永安元年	王　衍	中書令	
	永興元年	王　衍	中書令	十二月遷僕射
305	永興二年	潘　尼	中書令	
306	永興三年	潘　尼	中書令	
	光熙元年	潘　尼	中書令	
307	永嘉元年	潘　尼	中書令	
		繆　播	中書令	
308	永嘉二年	繆　播	中書令	
309	永嘉三年	繆　播	中書令	三月為東海王所殺
		李　絙	中書令	
310	永嘉四年	李　絙	中書令	
311	永嘉五年	李　絙	中書令	十一月被殺

東　晉

紀　元	時　間	姓　名	官　職	備　註
317	建武元年	賀　循	中書令	固辭不受改太常
321	大興四年	諸葛恢	中書令	
322	永昌元年	諸葛恢	中書令	遷丹陽尹
	太寧元年	溫　嶠	中書令	遷王敦司馬
325	太寧三年	庾　亮	中書令	七月命兼護軍
326	太寧四年	庾　亮	中書令	
	咸和元年	庾　亮	中書令	

327	咸和二年	庾　亮	中書令	
328	咸和三年	庾　亮	中書令	二月初奔尋陽
340	咸康六年	何　充	中書令	正月命兼領軍
341	咸康七年	何　充	中書令	
342	咸康八年	何　充	中書令	六月受顧命，七月遷驃騎
343	建元元年	褚　裒	中書令	
344	建元二年	褚　裒	中書令	八月出鎮
373	寧康元年	王坦之	中書令	兼丹陽尹
374	寧康二年	王坦之	中書令	二月出鎮廣陵
		謝　安	中書令	二月僕射總中書事
375	寧康三年	謝　安	中書令	
376	太元元年	謝　安	中書令	改中書監
384	太元九年	王獻之	中書令	
385	太元十年	王獻之	中書令	
386	太元十一年	王獻之	中書令	卒
		王　珉	中書令	侍中兼
387	太元十二年	王　珉	中書令	
388	太元十三年	王　珉	中書令	卒
		王　恭	中書令	
389	太元十四年	王　恭	中書令	
390	太元十五年	王　恭	中書令	二月出鎮南徐
		王國寶	中書令	九月命兼領軍
391	太元十六年	王國寶	中書令	
392	太元十七年	王國寶	中書令	
393	太元十八年	王國寶	中書令	
394	太元十九年	王國寶	中書令	
395	太元二十年	王國寶	中書令	
396	太元二一年	王國寶	中書令	
397	隆安元年	王國寶	中書令	正月遷僕射
399	隆安三年	司馬元顯	中書令	四月命
400	隆安四年	司馬元顯	中書令	
401	隆安五年	司馬元顯	中書令	

402	元興元年	司馬元顯	中書令	
		王　謐	中書令	三月命兼吏部領軍
403	元興二年	王　謐	中書令	九月改監領司徒
		桓　胤	中書令	九月命，十一月遷吏部
		王　綏	中書令	十二月命
404	元興三年	王　綏	中書令	三月伏誅
		謝　混	中書令	
405	義熙元年	謝　混	中書令	
406	義熙二年	謝　混	中書令	遷領軍
414	義熙十年	袁　湛	中書令	
415	義熙十一年	袁　湛	中書令	遷僕射

附表六

晉將相大臣年表 —— 中書監

西　晉

紀　元	年　號	姓　名	官　職	備　　註
265	泰始元年	荀　勗	中書監	加侍中
266	泰始二年	荀　勗	中書監	
267	泰始三年	荀　勗	中書監	
268	泰始四年	荀　勗	中書監	
269	泰始五年	荀　勗	中書監	
270	泰始六年	荀　勗	中書監	
271	泰始七年	荀　勗	中書監	
272	泰始八年	荀　勗	中書監	
273	泰始九年	荀　勗	中書監	
274	泰始十年	荀　勗	中書監	
275	咸寧元年	荀　勗	中書監	
276	咸寧二年	荀　勗	中書監	
277	咸寧三年	荀　勗	中書監	
278	咸寧四年	荀　勗	中書監	
279	咸寧五年	荀　勗	中書監	
280	咸寧六年	荀　勗	中書監	
	太康元年	荀　勗	中書監	
281	太康二年	荀　勗	中書監	
282	太康三年	荀　勗	中書監	
283	太康四年	荀　勗	中書監	
284	太康五年	荀　勗	中書監	
285	太康六年	荀　勗	中書監	
286	太康七年	荀　勗	中書監	
287	太康八年	荀　勗	中書監	遷尚書令
		華　廙	中書監	
288	太康九年	華　廙	中書監	
289	太康十年	華　廙	中書監	
290	太熙元年	華　廙	中書監	
	永熙元年	華　廙	中書監	加侍中光祿大夫遷尚書令
		和　嶠	中書監	

291	永平元年	和　嶠	中書監	
	元康元年	和　嶠	中書監	三月卒
		張　華	中書監	六月命加侍中右光祿大夫
292	元康二年	張　華	中書監	
293	元康三年	張　華	中書監	
294	元康四年	張　華	中書監	
295	元康五年	張　華	中書監	
296	元康六年	張　華	中書監	正月遷司空
300	永康元年	傅　祗	中書監	
301	永寧元年	傅　祗	中書監	正月遷右光祿大夫侍中開府
		孫　秀	中書監	正月驃騎領四月誅
302	太安元年	司馬越	中書監	五月司空領
303	太安二年	司馬越	中書監	
304	永安元年	司馬越	中書監	
	永興元年	司馬越	中書監	正月改守尚書令
		盧　志	中書監	十一月從關中
305	永興二年	盧　志	中書監	罷
306	永興三年	溫　羨	中書監	六月召未上，拜司徒
	光熙元年	傅　祗	中書監	十二月僕射兼
307	永嘉元年	傅　祗	中書監	
308	永嘉二年	傅　祗	中書監	
		荀　組	中書監	
		王　敦	中書監	
309	永嘉三年	王　敦	中書監	三月出為揚州刺史

東　晉

紀元	時　間	姓　名	官　職	備　註
317	建武元年	王　導	中書監	
318	建武二年	王　導	中書監	
	大興元年	王　導	中書監	
319	大興二年	王　導	中書監	
320	大興三年	王　導	中書監	
321	大興四年	王　導	中書監	
322	永昌元年	王　導	中書監	

	永昌二年	王　導	中書監	
323	太寧元年	王　導	中書監	解
		庾　亮	中書監	六月命
324	太寧二年	庾　亮	中書監	六月領左衛將軍尋改護軍
328	咸和三年	王　導	中書監	
329	咸和四年	王　導	中書監	
330	咸和五年	王　導	中書監	
331	咸和六年	王　導	中書監	
332	咸和七年	王　導	中書監	
333	咸和八年	王　導	中書監	
334	咸和九年	王　導	中書監	
335	咸康元年	王　導	中書監	
336	咸康二年	王　導	中書監	
337	咸康三年	王　導	中書監	
338	咸康四年	王　導	中書監	
339	咸康五年	王　導	中書監	
		庾　冰	中書監	中書監錄尚書事七月命
340	咸康六年	庾　冰	中書監	
341	咸康七年	庾　冰	中書監	
342	咸康八年	庾　冰	中書監	七月加車騎
343	建元元年	何　充	中書監	十月驃騎領
344	建元二年	何　充	中書監	
345	永和元年	何　充	中書監	
346	永和二年	何　充	中書監	正月卒
		司馬昱	中書監	
347	永和三年	司馬昱	中書監	
348	永和四年	司馬昱	中書監	
349	永和五年	司馬昱	中書監	
350	永和六年	司馬昱	中書監	
351	永和七年	司馬昱	中書監	
352	永和八年	司馬昱	中書監	
353	永和九年	司馬昱	中書監	
354	永和十年	司馬昱	中書監	
355	永和十一年	司馬昱	中書監	
356	永和十二年	司馬昱	中書監	
357	升平元年	司馬昱	中書監	
358	升平二年	司馬昱	中書監	

359	升平三年	司馬昱	中書監	
360	升平四年	司馬昱	中書監	
361	升平五年	司馬昱	中書監	
362	隆和元年	司馬昱	中書監	
363	隆和二年	司馬昱	中書監	
	興寧元年	司馬昱	中書監	
364	興寧二年	司馬昱	中書監	
365	興寧三年	司馬昱	中書監	
366	太和元年	司馬昱	中書監	
367	太和二年	司馬昱	中書監	
368	太和三年	司馬昱	中書監	
369	太和四年	司馬昱	中書監	
370	太和五年	司馬昱	中書監	
371	太和七年	司馬昱	中書監	
	咸安元年	司馬昱	中書監	
377	太元二年	謝　安	中書監	
378	太元三年	謝　安	中書監	
379	太元四年	謝　安	中書監	
380	太元五年	謝　安	中書監	
381	太元六年	謝　安	中書監	
382	太元七年	謝　安	中書監	
383	太元八年	謝　安	中書監	
384	太元九年	謝　安	中書監	
385	太元十年	謝　安	中書監	八月卒
404	元興三年	王　謐	中書監	
411	義熙七年	劉　裕	中書監	太尉領
412	義熙八年	劉　裕	中書監	
413	義熙九年	劉　裕	中書監	
414	義熙十年	劉　裕	中書監	
415	義熙十一年	劉　裕	中書監	
416	義熙十二年	劉　裕	中書監	
417	義熙十三年	劉　裕	中書監	
418	義熙十四年	劉　裕	中書監	
419	元熙元年	劉　裕	中書監	

附表七

晉將相大臣年表 —— 侍中

西　晉

紀 元	年 號	姓 名	官 職	備 註
265	泰始元年	任 愷	侍中	
266	泰始二年	任 愷	侍中	
		郭 綏	侍中	
267	泰始三年	任 愷	侍中	
		傅 玄	侍中	
268	泰始四年	任 愷	侍中	
		盧 珽	侍中	
269	泰始五年	任 愷	侍中	
		盧 珽	侍中	
270	泰始六年	任 愷	侍中	
271	泰始七年	任 愷	侍中	領太子少傅
		裴 楷	侍中	
		山 濤	侍中	
272	泰始八年	任 愷	侍中	
		裴 楷	侍中	
		山 濤	侍中	遷吏部
		庾 峻	侍中	
		華 廙	侍中	
		王 濟	侍中	
273	泰始九年	任 愷	侍中	遷吏部
		裴 楷	侍中	
		庾 峻	侍中	卒
		魏 舒	侍中	
274	泰始十年	任 愷	侍中	
		魏 舒	侍中	
		王 恂	侍中	

		裴　楷	侍中	
275	咸寧元年	王　恂	侍中	
		李　胤	侍中	加特進
		王　濟	侍中	
276	咸寧二年	李　胤	侍中	八月遷尚書令
		王　恂	侍中	
		王　濟	侍中	
		孔　恂	侍中	
		楊　濟	侍中	
277	咸寧三年	王　恂	侍中	遷河南尹
		王　濟	侍中	
		孔　恂	侍中	
		楊　濟	侍中	
278	咸寧四年	王　濟	侍中	
		孔　恂	侍中	
		楊　濟	侍中	
		甄　悳	侍中	
		向　雄	侍中	
279	咸寧五年	王　濟	侍中	
		甄　悳	侍中	
		程　咸	侍中	
280	太康元年	王　濟	侍中	
		甄　悳	侍中	
		程　咸	侍中	
		張　惲	侍中	
281	太康二年	王　濟	侍中	
		甄　悳	侍中	
		程　咸	侍中	
282	太康三年	王　濟	侍中	十二月左遷祭酒
		甄　悳	侍中	十二月左遷鴻臚
		馮　紞	侍中	
		和　嶠	侍中	
		王　戎	侍中	

283	太康四年	和　嶠	侍中	
		馮　紞	侍中	
		王　戎	侍中	
		何　邵	侍中	
284	太康五年	和　嶠	侍中	
		馮　紞	侍中	
		何　邵	侍中	
		王　濟	侍中	
285	太康六年	和　嶠	侍中	遷尚書
		馮　紞	侍中	
		何　邵	侍中	
		王　濟	侍中	
		成　粲	侍中	
286	太康七年	馮　紞	侍中	改常侍卒
		何　邵	侍中	
		王　濟	侍中	
		成　粲	侍中	
287	太康八年	何　邵	侍中	
		王　濟	侍中	
		成　粲	侍中	
288	太康九年	王　濟	侍中	
		成　粲	侍中	
		武　茂	侍中	
289	太康十年	武　茂	侍中	
		華　嶠	侍中	
290	永熙元年	華　嶠	侍中	
		石　崇	侍中	
		鄒　湛	侍中	
291	元康元年	華　嶠	侍中	遷尚書
		石　崇	侍中	出為荊州刺史
		鄒　湛	侍中	免
		賈　模	侍中	六月命常任門下事
		裴　頠	侍中	
		司馬遹	侍中	
		傅　祗	侍中	

292	元康二年	賈　模	侍中	
		裴　頠	侍中	
293	元康三年	賈　模	侍中	
		裴　頠	侍中	
294	元康四年	賈　模	侍中	
		裴　頠	侍中	
295	元康五年	賈　模	侍中	
		裴　頠	侍中	二月遷尚書仍兼侍中
296	元康六年	賈　模	侍中	
		裴　頠	侍中	
		司馬越	侍中	
297	元康七年	賈　模	侍中	
		裴　頠	侍中	
		司馬越	侍中	
		樂　廣	侍中	
		荀　藩	侍中	
298	元康八年	賈　模	侍中	
		裴　頠	侍中	
		司馬越	侍中	
		樂　廣	侍中	遷河南尹
		荀　藩	侍中	
		賈　謐	侍中	
299	元康九年	賈　模	侍中	卒
		裴　頠	侍中	
		司馬越	侍中	
		賈　謐	侍中	
300	永康元年	裴　頠	侍中	四月被殺
		司馬越	侍中	遷中書令
		賈　謐	侍中	四月伏誅
		司馬翊	侍中	倫子
		孫　秀	侍中	
301	永寧元年	司馬翊	侍中	正月加撫軍大將軍四月伏誅
		荀　組	侍中	正月命
		劉　逵	侍中	
		嵇　紹	侍中	
		劉　沈	侍中	
		司馬越	侍中	

		荀　組	侍中	
302	太安元年	嵇　邵	侍中	十一月罷
		劉　沈	侍中	
		司馬越	侍中	五月遷司空
		周　馥	侍中	
		馮　蓀	侍中	
303	太安二年	荀　組	侍中	
		嵇　紹	侍中	復任，十一月免為庶人
		馮　蓀	侍中	七月被殺
304	永興元年	荀　組	侍中	遷河南尹
		嵇　紹	侍中	復任，七月從征死難
		傅　祗	侍中	
		秦　準	侍中	
		潘　尼	侍中	
		司馬羕	侍中	
305	永興二年	傅　祗	侍中	
306	光熙元年	傅　祗	侍中	十二月遷僕射
		華　混	侍中	
		鄭　球	侍中	
307	永嘉元年	華　混	侍中	
		繆　播	侍中	遷中書令
		裴　憲	侍中	
		顧　榮	侍中	辭不至
308	永嘉二年	袁　瑜	侍中	
		何　綏	侍中	
309	永嘉三年	荀　崧	侍中	
310	永嘉四年	庾　珉	侍中	
		程　延	侍中	
		辛　勉	侍中	
311	永嘉五年	程　延	侍中	三月為苟晞所殺
		庾　珉	侍中	從帝北狩
		辛　勉	侍中	從帝北狩
		王　儁	侍中	從帝北狩
		許　遐	侍中	六月出奔并州
314	建興二年	宋　哲	侍中	
315	建興三年	宋　哲	侍中	正月拜平東將軍屯華陰
316	建興四年	宗　敞	侍中	
		梁　濬	侍中	十一月長安陷，被殺

東 晉				
紀 元	時 間	姓 名	官 職	備 註
317	建武元年	劉 隗	侍中	
		紀 瞻	侍中	
		戴 邈	侍中	
318	大興元年	劉 隗	侍中	遷丹陽尹
		紀 瞻	侍中	遷尚書
		戴 邈	侍中	
		荀 邃	侍中	
319	大興二年	荀 邃	侍中	
		陸 曄	侍中	
320	大興三年	荀 邃	侍中	
		陸 曄	侍中	
		鄧 攸	侍中	
321	大興四年	荀 邃	侍中	
		陸 曄	侍中	
		祖 約	侍中	出為豫州刺史
		熊 遠	侍中	出守會稽
		王 彬	侍中	
322	永昌元年	荀 邃	侍中	遷太常
		陸 曄	侍中	
		王 彬	侍中	出守豫章
		溫 嶠	侍中	
		王 侃	侍中	
323	太寧元年	溫 嶠	侍中	遷丹陽尹
		荀 闓	侍中	
		阮 孚	侍中	
324	太寧二年	荀 闓	侍中	遷尚書卒
		荀 邃	侍中	
325	太寧三年	陸 玩	侍中	
326	咸和元年	陸 玩	侍中	遷吏部
		李 式	侍中	

327	咸和二年	褚　翜	侍中	
		蔡　謨	侍中	
		丁　潭	侍中	
328	咸和三年	褚　翜	侍中	
		蔡　謨	侍中	
		丁　潭	侍中	
		鍾　雅	侍中	
329	咸和四年	褚　翜	侍中	遷丹陽尹
		蔡　謨	侍中	遷五兵尚書
		荀　奕	侍中	
330	咸和五年	荀　奕	侍中	
		諸葛恢	侍中	
		顏　含	侍中	
331	咸和六年	荀　奕	侍中	
		諸葛恢	侍中	
		顏　含	侍中	
		馮　懷	侍中	
332	咸和七年	荀　奕	侍中	卒
		顏　含	侍中	
333	咸和八年	顏　含	侍中	
		桓　景	侍中	
334	咸和九年	桓　景	侍中	遷丹陽尹
		孔　坦	侍中	
		司馬昱	侍中	右將軍加
335	咸康元年	孔　坦	侍中	
		司馬昱	侍中	
		顧　和	侍中	
336	咸康二年	顧　和	侍中	遷吏部
		司馬昱	侍中	
		顧　眾	侍中	
337	咸康三年	司馬昱	侍中	
		顧　眾	侍中	

		司馬昱	侍中	
338	咸康四年	顧 眾	侍中	遷尚書
		劉 邵	侍中	
339	咸康五年	司馬昱	侍中	
		劉 邵	侍中	
340	咸康六年	司馬昱	侍中	進撫軍將軍侍中如故
		劉 邵	侍中	遷尚書
341	咸康七年	司馬昱	侍中	
		張 澄	侍中	
342	咸康八年	司馬昱	侍中	受顧命
		司馬晞	侍中	鎮軍加受顧命
		張 澄	侍中	
343	建元元年	司馬昱	侍中	
		司馬晞	侍中	
344	建元二年	司馬昱	侍中	
		司馬晞	侍中	
345	永和元年	司馬昱	侍中	進撫軍大將軍
		司馬晞	侍中	進鎮軍大將軍
		王彪之	侍中	
346	永和二年	王彪之	侍中	
347	永和三年	王彪之	侍中	
		江 霦	侍中	
348	永和四年	江 霦	侍中	
349	永和五年	周 閔	侍中	
		王胡之	侍中	
350	永和六年	王胡之	侍中	
		紀 璩	侍中	
351	永和七年	王胡之	侍中	
353	永和九年	司馬統	侍中	
354	永和十年	司馬統	侍中	
355	永和十一年	司馬統	侍中	正月卒
359	升平三年	高 崧	侍中	
		庾 希	侍中	
		江 逌	侍中	

360	升平四年	高 嵩	侍中	
		庾 希	侍中	
		江 逌	侍中	
361	升平五年	高 嵩	侍中	
		江 逌	侍中	遷太常
362	隆和元年	高 嵩	侍中	
363	興寧元年	高 嵩	侍中	
371	咸安元年	謝 安	侍中	
		王坦之	侍中	
372	咸安二年	謝 安	侍中	
		王坦之	侍中	
		王 邵	侍中	
373	寧康元年	王坦之	侍中	十一月遷中書令
		王 邵	侍中	遷領軍
374	寧康二年	王 薈	侍中	
		王 混	侍中	遷丹陽尹
		卞耽之	侍中	
375	寧康三年	王 薈	侍中	
		卞耽之	侍中	
376	太元元年	王 薈	侍中	
		卞耽之	侍中	
		韓 伯	侍中	
377	太元二年	卞耽之	侍中	
		韓 伯	侍中	
378	太元三年	司馬恬	侍中	
379	太元四年	司馬恬	侍中	
		王欣之	侍中	
380	太元五年	司馬恬	侍中	
		王欣之	侍中	
382	太元七年	謝 琰	侍中	
383	太元八年	謝 琰	侍中	
384	太元九年	車 胤	侍中	
		王國寶	侍中	

		車 胤	侍中	
385	太元十年	王國寶	侍中	
		張 玄	侍中	
		車 胤	侍中	
386	太元十一年	王國寶	侍中	
		張 玄	侍中	遷吏部
		王 珉	侍中	遷中書令
		車 胤	侍中	
387	太元十二年	王國寶	侍中	
		王 恂	侍中	
		庾 準	侍中	
		車 胤	侍中	
388	太元十三年	王國寶	侍中	
		庾 準	侍中	出為豫州刺史
		孔安國	侍中	
		車 胤	侍中	
389	太元十四年	王國寶	侍中	
		孔安國	侍中	
		庾 楷	侍中	
		王國寶	侍中	遷中書令
390	太元十五年	孔安國	侍中	
		庾 楷	侍中	出為豫州刺史
391	太元十六年	孔安國	侍中	
392	太元十七年	孔安國	侍中	
393	太元十八年	孔安國	侍中	
394	太元十九年	虞嘯父	侍中	
395	太元二十年	虞嘯父	侍中	
		王 愷	侍中	
396	太元二一年	王 愷	侍中	
		王 爽	侍中	
		王 愷	侍中	四月免
397	隆安元年	王 爽	侍中	
		司馬元顯	侍中	
398	隆安二年	王 爽	侍中	
		司馬元顯	侍中	

399	隆安三年	桓石生	侍中	
401	隆安五年	王謐	侍中	
		王楨之	侍中	
402	元興元年	王謐	侍中	三月遷中書令
403	元興二年	殷仲文	侍中	領左衛將軍
404	元興三年	殷仲文	侍中	隨玄出奔尋反正除尚書
405	義熙元年	孔靖	侍中	
		袁恪之	侍中	
406	義熙二年	孔靖	侍中	
409	義熙五年	袁湛	侍中	
410	義熙六年	袁湛	侍中	
411	義熙七年	袁湛	侍中	遷太尉長史
412	義熙八年		侍中	
		褚秀枝	侍中	
415	義熙十一年	王敬弘	侍中	
416	義熙十二年	王敬弘	侍中	
417	義熙十三年	王敬弘	侍中	遷度支尚書
		孔琳之	侍中	
418	義熙十四年	孔琳之	侍中	改宋國侍中
		臧燾	侍中	
419	元熙元年	臧燾	侍中	謝病歸
420	元熙二年	劉叡	侍中	

附表八

晉將相大臣年表 —— 太尉

西　晉

紀元	年　號	姓　名	官職	備　　註
265	泰始元年	何　曾	太尉	加侍中
266	泰始二年	何　曾	太尉	
267	泰始三年	何　曾	太尉	九月遷太保
268	泰始四年	司馬望	太尉	十一月遷大司馬
269	泰始五年	司馬顗	太尉	
270	泰始六年	司馬顗	太尉	
271	泰始七年	司馬顗	太尉	
272	泰始八年	司馬顗	太尉	
273	泰始九年	司馬顗	太尉	
274	泰始十年	司馬顗	太尉	四月卒
		陳　騫	太尉	九月命
275	咸寧元年	陳　騫	太尉	
276	咸寧二年	陳　騫	太尉	八月遷大司馬
277	咸寧三年	賈　充	太尉	
278	咸寧四年	賈　充	太尉	
279	咸寧五年	賈　充	太尉	十一月加大都督伐吳
280	咸寧六年	賈　充	太尉	
	太康元年	賈　充	太尉	
281	太康二年	賈　充	太尉	
282	太康三年	賈　充	太宰	四月卒
		司馬亮	太尉	錄尚書事十二月命
283	太康四年	司馬亮	太尉	
284	太康五年	司馬亮	太尉	
285	太康六年	司馬亮	太尉	
286	太康七年	司馬亮	太尉	
287	太康八年	司馬亮	太尉	
288	太康九年	司馬亮	太尉	
289	太康十年	司馬亮	太尉	十一月遷大司馬
	永熙元年	楊　駿	太尉	四月命加侍中都督中外諸軍五月遷太傅

291	元康元年	石　鑒	太尉	
292	元康二年	石　鑒	太尉	
293	元康三年	石　鑒	太尉	
294	元康四年	石　鑒	太尉	正月卒
295	元康五年	司馬泰	太尉	
296	元康六年	司馬泰	太尉	
297	元康七年	司馬泰	太尉	
298	元康八年	司馬泰	太尉	
299	元康九年	司馬泰	太尉	十一月卒
300	永康元年	司馬允	太尉	八月命討趙王不克被殺
		陳　準	太尉	八月命未幾卒
301	永寧元年	司馬顒	太尉	四月命出鎮關中
302	太安元年	司馬顒	太尉	
303	太安二年	司馬顒	太尉	
304	永安元年	司馬顒	太尉	
	永興元年	司馬顒	太尉	三月遷太宰
		劉　寔	太尉	五月拜不就
307	永嘉元年	司馬宴	太尉	遷大將軍
		劉　寔	太尉	十二月拜
308	永嘉二年	劉　寔	太尉	
309	永嘉三年	劉　寔	太尉	三月詔許告老
310	永嘉四年	司馬衍	太尉	十月為越軍司從赴許昌
311	永嘉五年	司馬衍	太尉	四月為石勒所殺
		司馬模	太尉	五月雍州都督加八月降賊
313	建興元年	索　綝	太尉	四月拜衛將軍，領太尉總軍國大政，九月改征東大將軍
314	建興二年	張　軌	太尉	二月涼州牧加五月卒
316	建興四年	荀組	太尉	

東　晉

紀元	時間	姓　名	官職	備註
317	建武元年	荀組	太尉	領豫州七月改司徒
318	建武二年	劉琨	太尉	五月為匹磾所殺
	大興元年			

324	太寧二年	司馬羕	太尉	十月太宰領
325	太寧三年	司馬羕	太尉	
326	咸和元年	司馬羕	太尉	十月免
328	咸和三年	祖約	太尉	二月拜太尉侍中尚書令留壽春
329	咸和四年	祖約	太尉	正月兵敗奔石勒
		陶侃	太尉	三月拜太尉侍中還鎮江陵
330	咸和五年	陶侃	太尉	
331	咸和六年	陶侃	太尉	
332	咸和七年	陶侃	太尉	十二月進大將軍劍履上殿入朝不趨贊拜不名辭
333	咸和八年	陶侃	太尉	
334	咸和九年	陶侃	太尉	二月卒
339	咸康五年	郗鑒	太尉	八月卒
352	永和八年	桓溫	太尉	七月荊州都督加
353	永和九年	桓溫	太尉	
354	永和十年	桓溫	太尉	
355	永和十一年	桓溫	太尉	
356	永和十二年	桓溫	太尉	
357	升平元年	桓溫	太尉	
358	升平二年	桓溫	太尉	
359	升平三年	桓溫	太尉	
360	升平四年	桓溫	太尉	
361	升平五年	桓溫	太尉	
362	隆和元年	桓溫	太尉	
363	興寧元年	桓溫	太尉	五月遷大司馬
402	元興元年	桓玄	太尉	三月辭丞相，改太尉，總百揆
403	元興二年	桓玄	太尉	正月改大將軍，八月自號相國，封楚王，十一月篡位
411	義熙七年	劉裕	太尉	三月命
412	義熙八年	劉裕	太尉	
413	義熙九年	劉裕	太尉	
414	義熙十年	劉裕	太尉	
415	義熙十一年	劉裕	太尉	
416	義熙十二年	劉裕	太尉	正月加都督二十二州軍事八月伐秦
417	義熙十三年	劉裕	太尉	
418	義熙十四年	劉裕	太尉	六月遷京拜相國

附表九

晉將相大臣年表 ── 司空

西　晉

紀　元	年　號	姓　名	官職	備　　　　　　　　註
265	泰始元年	荀　顗	司空	加侍中俱十二月命
266	泰始二年	荀　顗	司空	
267	泰始三年	荀　顗	司空	侍中，九月遷司徒
268	泰始四年	裴　秀	司空	正月命
269	泰始五年	裴　秀	司空	
270	泰始六年	裴　秀	司空	
271	泰始七年	裴　秀	司空	三月卒
		鄭　袤	司空	十二月命
272	泰始八年	鄭　袤	司空	辭疾不就次年卒
		賈　充	司空	七月命侍中尚書令如故
273	泰始九年	賈　充	司空	
274	泰始十年	賈　充	司空	
275	咸寧元年	賈　充	司空	
276	咸寧二年	賈　充	司空	八月遷太尉，錄尚書事
		司馬攸	司空	八月命仍兼侍中
277	咸寧三年	司馬攸	司空	
278	咸寧四年	司馬攸	司空	
279	咸寧五年	司馬攸	司空	
280	咸寧六年	司馬攸	司空	
	太康元年	司馬攸	司空	
281	太康二年	司馬攸	司空	
282	太康三年	司馬攸	司空	十二月遷大司馬
		衛　瓘	司空	十二月命
283	太康四年	衛　瓘	司空	
284	太康五年	衛　瓘	司空	
285	太康六年	衛　瓘	司空	
286	太康七年	衛　瓘	司空	
287	太康八年	衛　瓘	司空	

288	太康九年	衛　瓘	司空	
289	太康十年	衛　瓘	司空	
290	太熙元年	衛　瓘	司空	
	永熙元年	衛　瓘	司空	正月遷太保
		司馬泰	司空	
291	永平元年	司馬泰	司空	
	元康元年	司馬泰	司空	六月錄尚書事
292	元康二年	司馬泰	司空	
293	元康三年	司馬泰	司空	
294	元康四年	司馬泰	司空	正月遷太尉
		司馬晃	司空	正月命
295	元康五年	司馬晃	司空	
296	元康六年	司馬晃	司空	正月卒
		張　華	司空	正月命
297	元康七年	張　華	司空	
298	元康八年	張　華	司空	
299	元康九年	張　華	司空	
300	永康元年	張　華	司空	四月被殺
		劉　寔	司空	四月命
301	永寧元年	劉　寔	司空	正月改太常
302	太安元年	司馬越	司空	五月命
303	太安二年	司馬越	司空	
304	永安元年	司馬越	司空	
	永興元年	司馬越	司空	七月與穎戰敗，奔下邳
305	永興二年	司馬越	司空	七月起兵迎駕
306	永興三年	司馬越	司空	八月遷太傅
		司馬虓	司空	八月冀州刺史加十月卒
	光熙元年	王　衍	司空	十二月命
307	永嘉元年	王　衍	司空	十一月遷司徒
310	永嘉四年	王　浚	司空	十月幽州都督加
311	永嘉五年	荀　藩	司空	五月命，六月出奔
312	永嘉六年	荀　藩	司空	
313	永嘉七年	荀　藩	司空	
	建興元年	荀　藩	司空	九月卒于滎陽

314	建興二年	荀　組	司空	二月命領僕射兼司隸建留臺於開封
315	建興三年	荀　組	司空	二月遷太尉領豫州牧
		劉　琨	司空	二月命仍鎮并州
316	建興四年	劉　琨	司空	十二月晉陽陷出奔薊

東　晉

紀　元	時　間	姓　名	官職	備　註
317	建武元年	劉　琨	司空	依段匹磾于薊十一月遷太尉
321	大興四年	王　導	司空	七月命加侍中餘官如故
322	永昌元年	王　導	司空	五月加尚書令
323	太寧元年	王　導	司空	四月遷司徒
329	咸和四年	郗　鑒	司空	三月拜司空侍中還鎮廣陵
330	咸和五年	郗　鑒	司空	
331	咸和六年	郗　鑒	司空	
332	咸和七年	郗　鑒	司空	
333	咸和八年	郗　鑒	司空	
334	咸和九年	郗　鑒	司空	
335	咸康元年	郗　鑒	司空	
336	咸康二年	郗　鑒	司空	
337	咸康三年	郗　鑒	司空	
338	咸康四年	郗　鑒	司空	五月遷太尉仍鎮廣陵
340	咸康六年	陸　玩	司空	正月命加侍中
341	咸康七年	陸　玩	司空	十一月卒
381	太元六年	郗　愔	司空	十一月命不拜
419	元熙元年	劉道憐	司空	正月命鎮南徐
420	元熙二年	劉道憐	司空	

附表十

晉將相大臣年表 —— 司徒				
西　晉				
紀　元	年　號	姓　名	官　職	備　　註
265	泰始元年	司馬望	司徒	領軍
266	泰始二年	司馬望	司徒	
267	泰始三年	司馬望	司徒	九月遷太尉
268	泰始四年	司馬顒	司徒	十一月遷太尉
		石　苞	司徒	十一月命
269	泰始五年	石　苞	司徒	
270	泰始六年	石　苞	司徒	
271	泰始七年	石　苞	司徒	
272	泰始八年	石　苞	司徒	
273	泰始九年	石　苞	司徒	二月卒
		何　曾	司徒	五月太保領
274	泰始十年	何　曾	司徒	
275	咸寧元年	何　曾	司徒	
276	咸寧二年	何　曾	司徒	
277	咸寧三年	何　曾	司徒	
278	咸寧四年	何　曾	司徒	九月解
		李　胤	司徒	九月命
279	咸寧五年	李　胤	司徒	
280	咸寧六年	李　胤	司徒	
281	太康元年	李　胤	司徒	
	太康二年	李　胤	司徒	
282	太康三年	李　胤	司徒	四月卒
		山　濤	司徒	十二月命
283	太康四年	山　濤	司徒	十一月卒
		魏　舒	司徒	十一月命
284	太康五年	魏　舒	司徒	
285	太康六年	魏　舒	司徒	
286	太康七年	魏　舒	司徒	正月致仕
		石　鑒	司徒	右光祿大夫開府領
287	太康八年	石　鑒	司徒	

288	太康九年	石　鑒	司徒	
289	太康十年	石　鑒	司徒	
290	太熙元年	石　鑒	司徒	正月改司空，十一月遷太尉
		王　渾	司徒	加侍中正月命
290	永熙元年	王　渾	司徒	
291	永平元年	王　渾	司徒	
291	元康元年	王　渾	司徒	六月錄尚書事
292	元康二年	王　渾	司徒	
293	元康三年	王　渾	司徒	
294	元康四年	王　渾	司徒	
295	元康五年	王　渾	司徒	
296	元康六年	王　渾	司徒	
297	元康七年	王　渾	司徒	七月卒
		王　戎	司徒	九月命
298	元康八年	王　戎	司徒	
299	元康九年	王　戎	司徒	
300	永康元年	王　戎	司徒	四月免
		何　劭	司徒	四月命
301	永寧元年	何　劭	司徒	正月遷太宰
		司馬肜	司徒	四月太宰領
302	太安元年	司馬肜	司徒	五月卒
		王　戎	司徒	五月免
303	太安二年	王　戎	司徒	
304	永安元年	王　戎	司徒	
	永興元年	王　戎	司徒	七月出奔鄴
305	永興二年	王　戎	司徒	六月卒
	光熙元年	溫　羨	司徒	
307	永嘉元年	溫　羨	司徒	十一月卒
308	永嘉二年	王　衍	司徒	
309	永嘉三年	王　衍	司徒	遷太尉
		司馬越	司徒	丞相三月領
310	永嘉四年	司馬越	司徒	
311	永嘉五年	司馬越	司徒	二月卒
		傅　祗	司徒	五月命，六月建行臺予河陰

312	永嘉六年	傅　祗	司徒	
313	永嘉七年	傅　祗	司徒	
	建興元年	梁　芬	司徒	四月命
314	建興二年	梁　芬	司徒	
315	建興三年	梁　芬	司徒	
316	建興四年	梁　芬	司徒	

東　晉

紀　元	時　間	姓　名	官　職	備　註
318	大興元年	荀　組	司徒	四月至建康詔錄尚書事
319	大興二年	荀　組	司徒	
320	大興三年	荀　組	司徒	
321	大興四年	荀　組	司徒	
322	永昌元年	荀　組	司徒	十一月遷太尉罷司徒官併于丞相是月組卒
324	太寧二年	王　導	司徒	六月加大都督領揚州刺史
325	太寧三年	王　導	司徒	受顧命錄尚書事
326	咸和元年	王　導	司徒	
327	咸和二年	王　導	司徒	
328	咸和三年	王　導	司徒	
329	咸和四年	王　導	司徒	
330	咸和五年	王　導	司徒	
331	咸和六年	王　導	司徒	
332	咸和七年	王　導	司徒	
333	咸和八年	王　導	司徒	
334	咸和九年	王　導	司徒	
335	咸康元年	王　導	司徒	
336	咸康二年	王　導	司徒	
337	咸康三年	王　導	司徒	
338	咸康四年	王　導	司徒	五月遷太傅
339	咸康五年	司馬岳	司徒	司徒侍中十二月命
340	咸康六年	司馬岳	司徒	
341	咸康七年	司馬岳	司徒	
342	咸康八年	司馬岳	司徒	六月即帝位
		蔡　謨	司徒	左光祿大夫開府儀同三司領司徒

343	建元元年	蔡　謨	司徒	
344	建元二年	蔡　謨	司徒	
345	永和元年	蔡　謨	司徒	
346	永和二年	蔡　謨	司徒	二月錄尚書六條事與會稽王同輔政
347	永和三年	蔡　謨	司徒	領揚州刺史
348	永和四年	蔡　謨	司徒	十二月加侍中實授司徒不拜
349	永和五年	蔡　謨	司徒	
350	永和六年	蔡　謨	司徒	十二月辭司徒不拜免為庶人
352	永和八年	司馬昱	司徒	七月命
353	永和九年	司馬昱	司徒	
354	永和十年	司馬昱	司徒	
355	永和十一年	司馬昱	司徒	
356	永和十二年	司馬昱	司徒	
357	升平元年	司馬昱	司徒	
358	升平二年	司馬昱	司徒	
359	升平三年	司馬昱	司徒	
360	升平四年	司馬昱	司徒	
361	升平五年	司馬昱	司徒	
362	隆和元年	司馬昱	司徒	
363	興寧元年	司馬昱	司徒	
364	興寧二年	司馬昱	司徒	
365	興寧三年	司馬昱	司徒	
366	太和元年	司馬昱	司徒	十月拜丞相
377	太元二年	謝　安	司徒	二月命
380	太元五年	謝　安	司徒	固辭不拜，改衛將軍
		司馬道子	司徒	六月命，不拜
383	太元八年	司馬道子	司徒	九月，驃騎將軍，開府儀同三司，領司徒錄尚書六條事
384	太元九年	司馬道子	司徒	
385	太元十年	司馬道子	司徒	八月，領揚州刺史都督、中外諸軍，錄尚書事
386	太元十一年	司馬道子	司徒	
387	太元十二年	司馬道子	司徒	
388	太元十三年	司馬道子	司徒	

389	太元十四年	司馬道子	司徒	
390	太元十五年	司馬道子	司徒	
391	太元十六年	司馬道子	司徒	
392	太元十七年	司馬道子	司徒	
393	太元十八年	司馬道子	司徒	
394	太元十九年	司馬道子	司徒	
395	太元二十年	司馬道子	司徒	
396	太元二一年	司馬道子	司徒	
397	隆安元年	司馬道子	司徒	
398	隆安二年	司馬道子	司徒	
399	隆安三年	司馬道子	司徒	四月解
		司馬德文	司徒	四月命
400	隆安四年	司馬德文	司徒	
401	隆安五年	司馬德文	司徒	
402	元興元年	司馬德文	司徒	三月拜太宰
403	元興二年	王　謐	司徒	九月中書監領
404	元興三年	王　謐	司徒	三月，加侍中，領揚州刺史，錄尚書事，領司徒如故
405	義熙元年	王　謐	司徒	
406	義熙二年	王　謐	司徒	
407	義熙三年	王　謐	司徒	十二月死
408	義熙四年	司馬德文	司徒	正月大司馬領
409	義熙五年	司馬德文	司徒	
410	義熙六年	司馬德文	司徒	
411	義熙七年	司馬德文	司徒	
412	義熙八年	司馬德文	司徒	
413	義熙九年	司馬德文	司徒	
414	義熙十年	司馬德文	司徒	
415	義熙十一年	司馬德文	司徒	
416	義熙十二年	司馬德文	司徒	
417	義熙十三年	司馬德文	司徒	
418	義熙十四年	司馬德文	司徒	

附表十一　司馬氏出任中央官職表・西晉

時間	姓名	太宰	太傅	太保	錄尚書事	大司馬	大將軍	太尉	司徒	司空	驃騎	車騎	衛	鎮軍大將軍	都護大將軍	尚書令	左僕射	右僕射	吏部	司隸	中書監	中書令	侍中	領軍將軍	護軍將軍	北軍中候	撫軍大將軍	上軍大將軍	中護軍	丞相	左丞相	右丞相
泰始元年(265年)	司馬孚	●																														
	司馬望								●															●								
	司馬攸												●																			
泰始二年(266年)	司馬孚	●																														
	司馬望								●															●								
	司馬攸									●			●																			
泰始三年(267年)	司馬孚	●																														
	司馬望										●	●												●								
	司馬攸												●																			
泰始四年(268年)	司馬孚	●																														
	司馬望					●			●															●								
	司馬攸												●																			
	司馬伷																	●														
泰始五年(269年)	司馬孚	●																														
	司馬望					●																										
	司馬攸												●																			
	司馬伷																	●														
泰始六年(270年)	司馬孚	●																														
	司馬望					●																		●								
	司馬攸												●												●	●						
泰始七年(271年)	司馬孚	●																														
	司馬望					●																		●								
	司馬攸												●																			
	司馬珪																	●														
泰始八年(272年)	司馬孚	●																														
	司馬攸												●																			
	司馬珪																	●														
泰始九年(273年)	司馬攸												●																			
	司馬珪																	●														
泰始十年(274年)	司馬亮												●										●									
	司馬攸												●																			
	司馬珪																	●														
咸寧元年(275年)	司馬亮												●																			
	司馬攸												●																			
咸寧二年(276年)	司馬攸								●														●									
咸寧三年(277年)	司馬亮								●																							
咸寧四年(278年)	司馬亮												●																			
太康元年(280年)	司馬攸								●																			●				
	司馬亮												●																			
太康二年(281年)	司馬攸								●																							
	司馬駿																												●			
	司馬亮												●																●			
太康三年(282年)	司馬伷			●																												
	司馬亮			●									●																			
	司馬攸		●								●																	●				
	司馬駿									●																						
太康四年(283年)	司馬攸		●																													
	司馬伷			●																												
	司馬亮												●																			
	司馬晃																	●														
	司馬泰																	●														
太康五年(284年)	司馬亮												●																			
	司馬駿									●																						
	司馬泰																	●														
太康六年(285年)	司馬亮			●									●																			
	司馬駿									●																						
太康七年(286年)	司馬亮												●																			
	司馬駿									●																						
太康八年(287年)	司馬亮												●																			
太康九年(288年)	司馬亮												●																			
太康十年(289年)	司馬亮			●									●																			

附表十一　司馬氏出任中央官職表・西晉

年代	人名
惠帝永熙元年 (290年)	司馬亮
	司馬泰
	司馬晃
元康元年 (291年)	司馬亮
	司馬柬
	司馬泰
	司馬晃
	司馬瑋
	司馬彤
	司馬繇
	司馬瑰
	司馬瑜
元康二年 (292年)	司馬泰
	司馬晃
	司馬彤
	司馬繇
	司馬越
元康三年 (293年)	司馬泰
	司馬晃
	司馬彤
	司馬繇
	司馬越
元康四年 (294年)	司馬泰
	司馬晃
	司馬彤
	司馬繇
	司馬越
元康五年 (295年)	司馬泰
	司馬晃
	司馬彤
	司馬繇
	司馬越
元康六年 (296年)	司馬泰
	司馬晃
	司馬倫
	司馬彤
	司馬繇
	司馬越
元康七年 (297年)	司馬泰
	司馬倫
	司馬繇
	司馬越
元康八年 (298年)	司馬泰
	司馬倫
	司馬越
元康九年 (299年)	司馬彤
	司馬泰
	司馬倫
	司馬越
永康元年 (300年)	司馬倫
	司馬彤
	司馬允
	司馬繇
	司馬越
	司馬羽
	司馬虨
	司馬允
	司馬騰
永寧元年 (301年)	司馬彤
	司馬冏
	司馬囧
	司馬顒
	司馬穎
	司馬乂
	司馬寔
	司馬睿
	司馬略
	司馬虓
	司馬騰
	司馬晏
	司馬楙
太安元年 (302年)	司馬彤
	司馬冏
	司馬囧

附表十一　司馬氏出任中央官職表・西晉

年																											
	司馬顒				●																						
	司馬顯					●																					
	司馬越							●									●		●							
	司馬乂								●																		
	司馬宴																						●				
	司馬繇												●														
太安二年 (303年)	司馬餘		●																								
	司馬顒				●																						
	司馬顯					●																					
	司馬越							●										●									
	司馬乂								●																		
	司馬宴																						●				
	司馬繇												●														
永興元年 (304年)	司馬顯	●																						●			
	司馬顒	●																									
	司馬越							●									●		●								
	司馬虓								●																		
	司馬楙									●																	
	司馬宴																						●				
	司馬蒙																		●								
永興二年 (305年)	司馬顒	●																									
	司馬幹		●																								
	司馬越							●																			
	司馬虓								●																		
	司馬楙									●																	
	司馬宴																						●				
光熙元年 (306年)	司馬越	●						●																			
	司馬幹		●																								
	司馬虓							●	●																		
	司馬宴																						●				
懷帝永嘉元年 (307年)	司馬越	●																						●			
	司馬幹		●																								
	司馬宴				●	●																	●				
	司馬黱							●																			
永嘉二年 (308年)	司馬越																							●			
	司馬幹		●																								
	司馬宴				●	●																					
永嘉三年 (309年)	司馬越						●																	●			
	司馬幹		●																								
	司馬宴				●																						
永嘉四年 (310年)	司馬越						●																	●			
	司馬幹		●																								
	司馬宴			●																							
永嘉五年 (311年)	司馬越						●																	●			
	司馬幹		●																								
	司馬宴				●																						
	司馬棋				●																						
永嘉六年 (312年)	司馬保			●																							
愍帝建興元年 (313年)	司馬睿																								●		
	司馬保																									●	
建興二年 (314年)	司馬睿																								●		
	司馬保																									●	
建興三年 (315年)	司馬睿																								●		
	司馬保																									●	
建興四年 (316年)	司馬睿																								●		
	司馬保																									●	

附表十一　司馬氏出任中央官職表‧東晉

時間	姓名	太宰	太傅	太保	錄尚書事	大司馬	大將軍	太尉	司徒	司空	驃騎	車騎	衛	鎮軍大將軍	都護大將軍	尚書令	左僕射	右僕射	吏部	司錄	中書監	中書令	侍中	領軍將軍	護軍將軍	中軍將軍	北中郎將	鎮北大將軍	上軍大將軍	中軍將	丞相
元帝建武元年(317年)	司馬保																														
	司馬羕			•																											
	司馬裒						•																								
大興元年(318年)	司馬保																														
	司馬羕			•	•																										
大興二年(319年)	司馬保																														
	司馬羕			•	•																										
大興三年(320年)	司馬羕			•	•																										
永昌元年(322年)	司馬羕	•		•	•																										
明帝太寧元年(323年)	司馬羕	•																													
太寧二年(324年)	司馬羕	•							•																						
太寧三年(325年)	司馬羕	•							•																						
	司馬宗										•																				
	司馬祐											•																			
成帝咸和元年(326年)	司馬羕	•							•																						
	司馬宗										•																				
	司馬祐											•																			
咸和四年(329年)	司馬羕	•																													
咸和九年(334年)	司馬岳										•																				
	司馬冲											•																			
	司馬昱																						•								
咸康元年(335年)	司馬岳										•																				
	司馬冲											•																			
	司馬昱																						•								
咸康二年(336年)	司馬岳										•																				
	司馬冲											•																			
	司馬昱																						•								
咸康三年(337年)	司馬岳										•																				
	司馬冲											•																			
	司馬昱																						•								
咸康四年(338年)	司馬岳										•																				
	司馬冲											•																				
	司馬昱																						•								
咸康五年(339年)	司馬岳								•																						
	司馬冲										•																				
	司馬昱																						•								
咸康六年(340年)	司馬岳								•																						
	司馬冲										•																				
	司馬昱																						•								
咸康七年(341年)	司馬岳								•																						
	司馬冲										•																				
	司馬昱																						•								
咸康八年(342年)	司馬岳								•																						
	司馬昱																						•								
康帝建元元年(343年)	司馬昱																						•								
	司馬晞																														
建元二年	司馬昱																						•								
穆帝永和元年(345年)	司馬昱			•																											•
	司馬晞																						•			•					
永和二年(346年)	司馬昱			•																		•									•
	司馬晞																									•					
永和三年(347年)	司馬昱			•																		•									•
	司馬晞																									•					
永和四年(348年)	司馬昱			•																		•									•
	司馬晞																									•					
永和五年(349年)	司馬昱			•																		•									•
	司馬晞																									•					
永和六年(350年)	司馬昱			•																		•									•
	司馬晞																									•					
永和七年(351年)	司馬昱			•																		•									•
	司馬晞																									•					
永和八年(352年)	司馬昱		•																			•									•
	司馬晞								•																	•					
永和九年(353年)	司馬昱		•																			•									•
	司馬統								•																						

附表十一　司馬氏出任中央官職表‧東晉

年	人名	1	2	3	4	5	6	7	8	9	10	11	12	13	14	15	16	17	18	19	20
永和十年 (354年)	司馬晞	•																			
	司馬昱			•			•					•									
	司馬統													•							
300	司馬晞	•																			
	司馬昱			•			•					•									
	司馬統													•							
永和十二年 (356年)	司馬晞	•																			
	司馬昱			•			•					•									
升平元年 (357年)	司馬晞	•																			
	司馬昱			•			•					•									
升平二年 (358年)	司馬晞	•																			
	司馬昱			•			•					•									
升平三年 (359年)	司馬晞	•																			
	司馬昱			•			•					•									
	司馬丕						•														
	司馬奕							•													
升平四年 (360年)	司馬晞	•																			
	司馬昱			•			•					•									
	司馬丕						•														
	司馬奕							•													
升平五年 (361年)	司馬晞	•																			
	司馬昱			•			•					•									
	司馬丕						•														
	司馬奕							•													
哀帝隆和 元年 (362年)	司馬晞	•																			
	司馬昱			•			•					•									
	司馬奕							•													
興寧元年 (363年)	司馬晞	•																			
	司馬昱			•			•					•									
	司馬奕						•	•													
興寧二年 (364年)	司馬晞	•																			
	司馬昱			•			•					•									
	司馬奕						•														
興寧三年 (365年)	司馬晞	•																			
	司馬昱			•			•					•									
	司馬奕						•														
廢帝太和 元年 (366年)	司馬晞	•																			
	司馬昱			•			•					•									•
太和二年 (367年)	司馬昱			•			•					•									•
太和三年 (368年)	司馬昱		•				•					•									•
	司馬晞	•																			
太和四年 (369年)	司馬昱		•				•					•									•
	司馬晞	•																			
太和五年 (370年)	司馬昱		•				•					•									•
	司馬晞	•																			
簡文帝咸安元 年 (371年)	司馬昱		•				•					•									
	司馬晞	•																			
太元二年 (377年)	司馬道子						•														
太元三年 (378年)	司馬道子						•														
	司馬恬															•					
太元八年 (383年)	司馬道子			•			•			•											
太元九年 (384年)	司馬道子			•			•			•											
太元十年 (385年)	司馬道子		•				•														
太元十一年 (386年)	司馬道子			•			•								•						
	司馬恬																				
太元十二年 (387年)	司馬道子		•				•														
	司馬恬													•							
太元十三年 (388年)	司馬道子		•				•														
	司馬恬													•							
太元十四年 (389年)	司馬道子		•				•														
	司馬恬													•							
太元十五年 (390年)	司馬道子		•				•														
太元十六年 (391年)	司馬道子		•				•														
太元十七年 (392年)	司馬道子		•				•														

附表十一　司馬氏出任中央官職表・東晉

年代	人物	1	2	3	4	5	6	7	8	9	10	11	12	13	14	15	16	17	18	19	20	21
太元十八年(393年)	司馬道子		●					●														
太元十九年(394年)	司馬道子		●					●														
太元二十年(395年)	司馬道子		●					●														
太元二十一年(396年)	司馬道子	●						●														
	司馬括		●																			
安帝隆安元年(397年)	司馬道子			●				●														
	司馬元顯																		●			
隆安二年(398年)	司馬道子			●				●														
	司馬徽文											●										
	司馬元顯																			●		
隆安三年(399年)	司馬徽文											●										
	司馬元顯			●														●	●			
隆安四年(400年)	司馬徽文							●														
	司馬元顯			●											●			●				
隆安五年(401年)	司馬道子	●						●														
	司馬徽文							●														
	司馬元顯														●			●				
	司馬遵																					●
元興元年(402年)	司馬徽文	●						●														
	司馬道子	●																				
	司馬元顯									●					●			●				
	司馬遵																		●			
元興二年(403年)	司馬徽文	●																				
元興三年(404年)	司馬遵					●												●				
義熙元年(405年)	司馬遵		●																			
義熙二年(406年)	司馬遵		●																			
	司馬徽文				●																	
義熙三年(407年)	司馬遵		●																			
	司馬徽文				●																	
義熙四年(408年)	司馬遵		●																			
	司馬徽文					●		●														
義熙五年(409年)	司馬徽文					●		●														
義熙六年(410年)	司馬徽文					●		●														
義熙七年(411年)	司馬徽文					●		●														
義熙八年(412年)	司馬徽文					●		●														
義熙九年(413年)	司馬徽文					●		●														
義熙十年(414年)	司馬徽文					●		●														
義熙十一年(415年)	司馬徽文					●		●														
義熙十二年(416年)	司馬徽文					●		●														
義熙十三年(417年)	司馬徽文					●		●														
義熙十四年(418年)	司馬徽文							●														

附表十二　武帝時期宗王就國與出鎮表

姓　名	封　國	分封時間	就國時間	出　鎮	備　註
司馬孚	安平王	泰始元年	未		以位尊而留在中央
司馬望	義陽王	泰始元年	＊	淮北	
司馬洪	河間王		＊		
司馬楙	東平王		武帝死後		
司馬輔	渤海王	泰始元年	泰始二年		
司馬晃	下邳王	泰始元年	泰始二年		
司馬瓌	太原王	泰始元年	泰始二年		四年入朝
司馬珪	高陽王	泰始元年	泰始二年		泰始六年入朝以父司馬孚年高,乞留供養。
司馬權	彭城王	泰始元年		出為北中郎將,都督鄴城守諸軍事。	泰始中入朝
司馬泰	隴西王	泰始元年		出為兗州刺史,加鷹揚將軍。	
司馬綏	范陽王	泰始元年			為諫議大夫,任十五年。
司馬陵	北海王	泰始元年	泰始三年轉封任城王,就國。		
司馬機	燕　王	泰始元年	泰始二年		
司馬駿	汝陰王	泰始元年		都督豫州軍事	
司馬肜	梁　王	泰始元年		及之國,遷北中郎將,都督鄴城守事。	
司馬亮	扶風郡王	泰始元年		持節、都督關中雍涼諸軍事。	
司馬顒	太原王	襲父爵（泰始十年）	咸寧二年		咸寧三年改封河間王
司馬允	淮南王	太康十年		不但之國,都督揚江二州諸軍事、鎮東大將軍、假節。	咸寧三年原封濮陽王。元康九年入朝。
司馬瑋	楚　王	太康末	太康末	就國,並兼都督荊州諸軍事、平南將軍。	泰始初封始平王。武帝死後入為衛將軍。
司馬乂	常山王	楚王瑋被殺時被貶			太康十年封長沙王,以與司馬瑋同母,貶為常山王,之國。

附表十三

西晉司馬氏方鎮年表

西元	年　號	豫州	冀　州	擁涼州	青徐州	荊州	河北	揚州
265	泰始元年	司馬駿	司馬遂	司馬亮				
266	泰始二年	司馬駿	司馬遂 司馬彤	司馬亮				
267	泰始三年	司馬駿	司馬彤	司馬亮				
268	泰始四年	司馬駿	司馬珪	司馬亮				司馬駿
269	泰始五年	司馬駿 司馬輔	司馬珪	司馬亮	司馬伷			司馬駿
270	泰始六年	司馬駿	司馬珪 司馬權	司馬亮 司馬駿	司馬伷		司馬整	
271	泰始七年		司馬權	司馬駿	司馬伷		司馬晃	
272	泰始八年	司馬瓌	司馬權	司馬駿	司馬伷		司馬晃	
273	泰始九年	司馬瓌	司馬權	司馬駿	司馬伷		司馬晃	
274	泰始十年	司馬瓌	司馬權	司馬駿	司馬伷			
275	咸寧元年		司馬權	司馬駿	司馬伷			
276	咸寧二年		司馬權 司馬泰	司馬駿 司馬駿	司馬伷		司馬輔	
277	咸寧三年	司馬亮	司馬泰	司馬駿	司馬伷		司馬輔	
278	咸寧四年	司馬亮	司馬泰 司馬倫	司馬駿	司馬伷			
279	咸寧五年	司馬亮	司馬倫	司馬駿	司馬伷			
280	咸寧六年 太康元年	司馬亮	司馬倫	司馬駿	司馬伷			
281	太康二年		司馬倫	司馬駿	司馬伷			
282	太康三年		司馬倫	司馬駿	司馬伷			
283	太康四年		司馬倫	司馬駿	司馬伷 司馬晃			
284	太康五年		司馬倫	司馬駿	司馬晃			
285	太康六年		司馬倫	司馬駿	司馬晃			
286	太康七年		司馬倫	司馬駿 司馬泰	司馬晃			
287	太康八年	司馬彤	司馬倫	司馬泰	司馬晃			

288	太康九年	司馬彤	司馬倫	司馬泰	司馬晃			
289	太康十年	司馬彤	司馬倫	司馬泰 / 司馬柬	司馬晃	司馬瑋		司馬允
290	太熙元年 / 永熙元年	司馬彤 / 司馬亮	司馬倫	司馬柬	司馬晃 / 司馬彤	司馬瑋		司馬允
291	永平元年 / 元康元年	司馬亮	司馬倫 / 司馬顒	司馬彤 / 司馬倫	司馬彤	司馬瑋		司馬允
292	元康二年		司馬顒	司馬倫				司馬允
293	元康三年		司馬顒	司馬倫	司馬機			司馬允
294	元康四年		司馬顒	司馬倫	司馬機			司馬允
295	元康五年	司馬遐	司馬顒	司馬倫	司馬機			司馬允
296	元康六年		司馬顒	司馬倫				司馬允
297	元康七年		司馬顒	司馬彤				司馬允
298	元康八年		司馬顒	司馬彤			司馬略	司馬允
299	元康九年		司馬顒	司馬彤 / 司馬顒			司馬略	司馬允
300	永康元年	司馬囧	司馬穎	司馬顒			司馬略	司馬允 / 司馬隨
301	永寧元年	司馬囧 / 司馬虓	司馬穎	司馬顒	司馬楙	司馬歆		司馬隨
302	太安元年	司馬虓	司馬穎	司馬顒	司馬楙	司馬歆		司馬隨
303	太安二年	司馬虓	司馬穎	司馬顒	司馬楙	司馬歆	司馬釋	
304	永安元年 / 永興元年	司馬虓	司馬穎 / 司馬熾	司馬顒	司馬楙		司馬釋	
305	永興二年	司馬模	司馬模	司馬顒	司馬楙 / 司馬越 / 司馬睿		司馬釋	
306	永興三年 / 光熙元年	司馬模	司馬模 司馬虓	司馬顒	司馬睿			
307	永嘉元年	司馬模	司馬騰	司馬模	司馬睿	司馬略		
308	永嘉二年	司馬越		司馬模		司馬略		
309	永嘉三年	司馬越		司馬模		司馬略		
310	永嘉四年	司馬確		司馬模				司馬睿

311	永嘉五年	司馬確		司馬模				司馬睿
312	永嘉六年							司馬睿
313	永嘉七年							司馬睿
	建興元年							
314	建興二年							司馬睿
315	建興三年							司馬睿

附表十四

		東晉司馬氏方鎮刺史年表（一）					
西元	時　間	秦　州	梁　州	湘　州	兗　州	青　州	備　註
317	建武元年	司馬保					保，相國鎮
318	建武二年	司馬保					
319	大興二年	司馬保					
320	大興三年	司馬保					
320	大興三年	司馬承					
321	大興四年			司馬承			
322	永昌元年			司馬承			
344	建元二年		司馬勳				
345	永和元年		司馬勳				
346	永和二年		司馬勳				
347	永和三年		司馬勳				
348	永和四年		司馬勳				
349	永和五年		司馬勳				
350	永和六年		司馬勳				
351	永和七年		司馬勳				
352	永和八年		司馬勳				
353	永和九年		司馬勳				
354	永和十年		司馬勳				
355	永和十一年		司馬勳				
356	永和十二年		司馬勳				
357	升平元年		司馬勳				
358	升平二年		司馬勳				
359	升平三年		司馬勳				
360	升平四年		司馬勳				
361	升平五年		司馬勳				
362	隆和元年		司馬勳				
363	興寧元年		司馬勳				
364	興寧二年		司馬勳				
365	興寧三年		司馬勳				

388	太元十三年				司馬恬	司馬恬	恬，鎮北將軍都督兗冀幽并四州軍事，青兗二州刺史
389	太元十四年				司馬恬	司馬恬	
390	太元十五年				司馬恬	司馬恬	※太元十五年以後，此五州未有司馬氏出任

附表十四

東晉司馬氏方鎮刺史年表（二）						
西元	時　間	豫州	荊州	徐州	益州	揚　州	備　註
386	太元十一年					司馬道子	※太元十一年之前，此五州未有司馬氏出任
386	太元十一年					司馬道子	
387	太元十二年					司馬道子	
388	太元十三年					司馬道子	
389	太元十四年					司馬道子	
390	太元十五年					司馬道子	
391	太元十六年					司馬道子	
392	太元十七年					司馬道子	道子，十一月庚寅徙封琅邪王道子為會稽王
393	太元十八年					司馬道子	
394	太元十九年					司馬道子	
395	太元二十年					司馬道子	
396	太元二一年					司馬道子	道子，本紀九月辛酉太子即位癸亥以司徒會稽王道子為太傅攝政
397	隆安元年					司馬道子	
398	隆安二年					司馬道子	
399	隆安三年					司馬元顯	
400	隆安四年					司馬元顯	本紀八月丁亥以揚洲刺史元顯微後將軍開府儀同三司都督揚豫徐兗青幽冀并荊江司雍梁益交廣十六州諸軍事
401	隆安五年					司馬元顯	

402	元興元年					司馬元顯	本紀正月庚午以後將軍元顯微驃騎大將軍征討大都督以討桓玄
398	隆安二年	司馬尚之					
399	隆安三年	司馬尚之					
400	隆安四年	司馬尚之		司馬元顯			
401	隆安五年	司馬尚之		司馬元顯			
402	元興元年	司馬尚之		司馬元顯			
404	元興三年		司馬休之				
405	義熙元年		司馬休之		司馬軌之		
406	義熙二年				司馬榮期		
413	義熙九年		司馬休之				
414	義熙十年		司馬休之				
415	義熙十一年		司馬休之				

附表十五　司馬氏人才表

姓　名	個人特色	發展結果
司馬孚	溫厚廉讓，博涉經史，性通恕，以貞白自立，未嘗有怨於人。	善終
司馬望	寬厚有父風	望性儉吝而好聚斂，身亡之後，金帛盈溢，以此獲譏。
司馬奇	好畜聚，不知紀極。	遣部使到交廣商貨，為有司所奏，詔貶為三縱亭侯。
司馬威	凶暴無操行	詔附趙王倫，使威與黃門郎騶休逼帝奪璽綬，惠帝反正，誅威。
司馬楙	善諂諛	依違於各宗王之間，後為亂兵所殺。
司馬晃	孝友貞廉，謙虛下士，甚得宗室之稱。	善終
司馬珪	有美譽於世	善終
司馬紘	有風疾，性理不恒	後疾甚，馳騁無度，或攻劫軍寺，或扞傷官屬，醜言悖罵，誹謗上下。
司馬泰	性廉靜，不近聲色。雖為宰輔，食大國之租，服飾肴膳如布衣寒士。	善終
司馬略	孝敬慈順，小心下士，少有父風。	善終
司馬騰	性儉嗇，無所振惠	人不為所用，鄴城破，被殺。
司馬模	少好學，但能力不行	為劉粲所殺
司馬虓	少好學馳譽，研考經記，清辯能言論。	得暴疾而死
司馬勳	便弓馬，能左右射	據益州而反，被殺。
司馬承	少篤厚有志行，居官儉約，家無別室。	為元帝對抗王敦，被殺。
司馬恬	忠正有幹局，在朝憚之。	為孝武帝所杖，善終。
司馬尚之	當世人物	在朝正直為司馬元顯不滿，派其為西征前鋒，為桓玄所害，
司馬文思	性凶暴，每違軌度，多殺弗辜。好田獵，燒人墳墓。	與父司馬休之同怨望稱兵，為劉裕所敗而死。
司馬榦	有篤疾，性理不恒，而頗清虛靜退，簡於情欲。	善終
司馬伷	既戚屬尊重，加有平吳之功，克己恭儉，無矜滿之色。	僚吏盡力，百姓懷化，善終。
司馬澹	性忌害，無孝友之行。	以不孝罪被放徙遼東，後為石勒所殺。
司馬繇	美鬚髯，性剛毅，有威望，博學多才，事親孝，居喪盡禮。	捲入八王之亂，為司馬穎所殺。

司馬駿	幼聰惠，年五六歲能書疏，諷誦經籍，見者奇之。及長，清貞守道，宗室之中最為（）望。	及齊王攸出鎮，駿表諫懇切，以帝不從，遂發病薨。
司馬歆	歆雖少貴，而謹身履道。母臧太妃薨，居喪過禮，以孝聞。	為政嚴刻，蠻夷並怨，張昌亂起，為昌所害。
司馬肜	清修恭慎，無他才能。	於關中釀成大禍，但以善終。
司馬攸	少而岐嶷，及長，清和平允，親賢好施，愛經籍，能屬文，善尺牘，為世所楷。才望出武帝之右。	過於優秀，終成武帝心腹大患，被遣之國，嘔血而死。
司馬蕤	性殘暴	密疾弟囧專權，與左衛將軍王輿謀共廢囧。事覺，免為庶人，後為囧所殺。
司馬亮	少清警有才用	出鎮在外作戰連連失利。後為賈后與楚王瑋聯合所害。
司馬羕	放縱兵士劫鈔	以宗室大老為東晉士族所排，至蘇峻作亂，投靠蘇峻，亂平，賜死。
司馬宗	與王導、庾亮志趣不同，連結輕俠，以為腹心。	後為王導庾亮所排，起兵反，被殺。
司馬瑋	少年果銳，多立威刑，朝廷忌之。汝南王亮、太保衛瓘以瑋性很戾，不可大任。	與賈后聯合殺掉司馬亮與衛瓘，後為賈后所害。
司馬倫	素庸下，無智策，無學，不知書。	受制於孫秀，秀亦以狡黠小才，貪淫昧利。所共立事者，皆邪佞之徒，惟競榮利，無深謀遠略，後為三王起兵所殺。
司馬囧	少稱仁惠，好振施，有父風。	得權之後大築第館，沈于酒色，不入朝見。坐拜百官，符敕三臺，選舉不均，惟寵親昵。後為長沙王乂所殺。
司馬乂	身長七尺五寸，開朗果斷，才力絕人，虛心下士，甚有名譽。	殺齊王囧得權後為司馬顒派張方所殺。
司馬穎	形美而神昏，不知書，然器性敦厚。	委事於盧志，但得權之後，既恃功驕奢，百度弛廢，甚於囧時，為司馬顒所廢，後為司馬虓手下劉輿所殺。
司馬顒	少有清名，輕財愛士。與諸王俱來朝，武帝歎顒可以為諸國儀表。	得權後坐大，為司馬越遣將所殺。
司馬越	少有令名，謙虛持布衣之操，為中外所宗。	專擅威權，圖為霸業。而公私罄乏，所在寇亂，州郡攜貳，上下崩離，禍結釁深，遂憂懼成疾去世。
司馬東	沈敏有識量性仁訥，無機辯之譽。	元康元年薨，時年三十，朝野痛惜之。
司馬允	性沈毅，宿衛將士皆敬服之。	為司馬倫所害。
司馬演	少有廢疾。	不之國，常止于宮中。
司馬遐	美容儀，有精彩；長而懦弱，無所是非。性好內，不能接士大夫。	及楚王瑋之舉兵也，使遐收衛瓘，而瓘故吏榮晦遂盡殺瓘子孫，遐不能禁，為世所尤。

司馬晏	為人恭愿，才不及中人，於武帝諸子中最劣。又少有風疾，視瞻不端，後轉增劇，不堪朝覲。	洛京傾覆，遇害。
司馬裒	有成人之量，過於明帝。	十八歲即亡。
司馬晞	無學術而有武幹	為桓溫所忌，三番兩次欲誣陷之，賴簡文帝保護，後被流徙於新安郡。
司馬道生	性疏躁，不修行業，多失禮度。	以幽廢而卒，時年二十四。
司馬郁	幼而敏慧，簡文帝深器異之。	十七歲而死。
司馬道子	少以清澹為謝安所稱	掌權後與孝武帝酣歌為務，姆尼僧，尤為親暱，並竊弄其權。既為揚州總錄，勢傾天下，由是朝野奔湊。官以賄遷，政刑謬亂。太元以後，為長夜之宴，蓬首昏目，政事多闕。後為桓玄所殺。

附表十六　兩晉帝王關係表

皇帝	出身	與上任皇帝關係	即位年齡	在位時間	享年	下位原因	即位之因
宣帝司馬懿					73	自然死亡	
景帝司馬師	懿長子	父長子			48	作戰途中眼疾復發而亡	
文帝司馬昭	師弟	兄弟			55	自然死亡	
武帝司馬炎	文帝昭長子	父長子	30	25	55	自然死亡	昭本屬意攸，將議立太子，何曾等人為炎爭取，咸熙二年立炎為晉王太子。
惠帝司馬衷	武帝二子	父子	23	25	48	傳為食毒餅而亡	最長子繼承
懷帝司馬熾	武第二十五子	二十五弟	23	7	30	為劉聰所擄，遇弒。	惠帝無子，本立清河王覃，在政爭中被廢，永興元年立為皇太弟。即位前引發羊皇后與大臣之間的皇位爭奪戰。
愍帝司馬鄴	武帝孫、吳孝王晏子	叔姪	13	5	18	為劉聰所擄，遇弒於平陽	出繼後伯父秦獻王柬，襲封秦王。及洛陽傾覆，先避難於縈陽密縣，後為豫州刺史閻鼎等挾持至藍田，又為雍州刺史賈疋迎至長安。永嘉六年九月奉為皇太子。建興元年四月，懷帝崩，即位。
元帝司馬睿	宣帝曾孫、琅邪恭王覲子	遠房	42	5	47	自然死亡	十五歲嗣琅邪王，八王之亂後南下，永嘉初，用王導計，始鎮建鄴。愍帝即位，加左丞相。年餘，進位丞相、大都督中外諸軍事，建武元年三月，為晉王。太興元年三月，即帝位。
明帝	元帝長子	父長子	24	3	27	自然死亡	嫡長子繼承。幼而聰穎。
成帝司馬衍	明帝長子	父長子	5	17	22	自然死亡	嫡長子繼承
康帝司馬岳	成帝同母弟	兄弟	21	2	23	自然死亡	咸和二年徙封琅邪王。咸康八年六月，成帝不瘉，詔為嗣。（為舅氏庾冰強力主導 p187）
穆帝司馬聃	康帝子	父子	2	17/5	19	自然死亡	建元二年九月丙申，立為皇太子，戊戌康帝崩。

哀帝司馬丕	成帝長子	伯姪	22	3	25	自然死亡	咸康八年封為琅邪王。穆帝崩,皇太后令以丕嗣位。
海西公	哀帝異母弟	兄弟	39	5	45	自然死亡	哀帝無嗣,皇太后立奕。
簡文帝司馬昱	元帝少子,康帝叔父	從祖叔	51	2	53	自然死亡	咸安元年,海西公被廢,皇太后下詔以司馬昱入繼大統。
孝武帝司馬曜	簡文帝三子	父子	10	25	35	傳為張貴人所酖。	咸安二年七月立為皇太子。是日簡文帝崩。
安帝司馬德宗	孝武帝長子	父長子	16	21	37	自然死亡	太元十二年立為皇太子。二十一年即帝位。
恭帝司馬德文	安帝母弟	兄弟		3	36	第二年禪位於劉裕。宋永初二年九月,劉裕派人刺殺。	初封琅邪王。桓玄篡位時,出面保護安帝。曾與劉裕共同北伐,應有情誼。所以當安帝駕崩時,劉裕矯稱遺詔,以司馬文德為帝。

附表十七　西晉建國前司馬氏婚姻網絡

司馬氏	聯姻對象	籍　貫	家庭背景	備　註
司馬懿	張　氏	河內	父張汪，魏粟邑令，母河內山氏。	《晉書》卷三十一〈后妃·宣穆張皇后傳〉，頁948。
司馬師	夏侯氏	沛國	父夏侯尚，魏征南大將軍，母魏宗室德陽公主。	《晉書》卷三十一〈后妃·景懷夏侯皇后傳〉，頁949。
司馬師	羊　氏	泰山	世吏二千石，母陳留蔡邕女。	《晉書》卷三十一〈后妃·景獻羊皇后傳〉，頁949
司馬昭	王　氏	東海郯縣	父王肅，母羊氏	《晉書》卷三十一〈后妃·文明王皇后傳〉，頁950。
司馬炎	楊　氏	弘農華陰	父楊文宗，四世為三公。	《晉書》卷三十一〈后妃·武元楊皇后傳〉，頁952。
司馬氏（司馬師妹）	荀　翼	潁川臨潁	荀彧孫	《三國志》卷十〈荀彧附荀翼傳〉，頁319。
司馬氏（司馬師妹）	杜　預	京兆杜陵	父杜恕	《晉書》卷三十四〈杜預傳〉，頁1025。
司馬伷	諸葛氏	琅邪陽都	父諸葛誕	《三國志》卷二十八〈諸葛誕傳〉，頁774。
司馬榦	滿　氏	山陽昌邑	父滿寵	《三國志》卷二十六〈滿寵傳〉，頁725。
常山公主	王　濟	太原晉陽	父王渾	《晉書》卷四十二〈王渾附王濟傳〉，頁1205。
司馬氏（司馬師女）	甄　德	安平廣宗	魏文德郭皇后從弟	《三國志》卷五〈后妃·文昭甄皇后傳〉，頁163。
司馬氏（司馬昭女）	甄　德	安平廣宗	魏文德郭皇后從弟	《三國志》卷五〈后妃·文昭甄皇后傳〉，頁163。

附表十八　兩晉皇后表

皇　帝	皇　后	籍　貫	死亡時間	外戚（相關人際絡網）
宣帝司馬懿	張春華	河內平皋	魏正始八年	父：張汪 母：河內山氏
景帝司馬師	夏侯徽	沛國譙縣	青龍三年	父：夏侯尚 母：曹氏，魏德陽公主
景帝司馬師	羊徽瑜	泰山南城	咸寧四年	父：羊衜 母：陳留蔡氏（邕女） 從父弟：羊琇少與武帝通門，為武帝立為太子盡力。 兄：羊瑾
文帝司馬昭	王元姬	東海郯縣	泰始四年	父：王肅 母：蘭陵羊氏 弟：王恂。（爲令袁毅賄賂） 弟：王虔、王愷，所欲之事無所顧憚。 祖：王朗 祖母：楊氏
武帝楊皇后	楊　艷	弘農華陰	泰始十年	父：楊元宗，其先事權，四世為三公。 母：天水趙氏 舅：趙俊，納俊兄趙虞女粲於後宮為夫人。
武帝楊皇后	楊　芷	弘農華陰	永平二年	父：楊駿　艷從妹 母：龐氏
武帝楊皇后	左芬(貴嬪)	安定臨涇		兄：左思
武帝楊皇后	胡芳(貴嬪)			父：胡奮
武帝楊皇后	諸葛婉(夫人)	琅邪陽都		父：諸葛沖；兄　銓、玫， 玫婦弟周穆為清河王覃之舅。
惠帝	賈南風	平陽	永康元年	父：賈充 荀顗、荀勖、楊珧、賈模(族兄)、郭彰(從舅) 母：廣城君 賈謐(廣城君養孫)賈模。 韓壽(妹夫) 趙粲、賈午 韓壽(妹夫) 趙粲、賈午
惠帝	羊獻容	泰山南城	不詳，約在東晉太寧之前。	祖：羊瑾，羊琇兄 父：羊玄之，以后父，初為尚書郎，拜光祿大夫，特進，散騎常侍，遷尚書右僕射，加侍中進爵為公。 外祖：孫旂(與孫秀合族)
惠帝	謝玖(夫人)	家本貧賤，父以屠羊為業。	西晉末	

元帝	虞孟母	齊陽外黃	永嘉六年	父：虞豫，少有美稱，州郡禮辟，不就。 母：王氏 從母為新野王罕妻 弟：虞胤
	荀氏(宮人)	豫章	成康元年	
明帝	庾文君	穎川鄢陵	成康元年	父：庾琛 兄：庾亮(中書令管詔命) 母：毋丘氏 從母荀氏、何氏
成帝	杜陵陽	京兆	成康七年三月	曾祖：杜遇 祖：杜錫 父：杜乂，性純和，美姿容，有盛名於江左。 母：裴氏穆(諡) 曾祖：裴綽 祖：裴遐 曾外祖：王衍
	(章太妃)周氏		興寧元年	
康帝	褚蒜子	河南陽翟	太元九年	母：謝氏 前母：荀、卞氏 父：褚裒，與京兆杜乂具有盛名。 曾祖：誓 祖：洽 弟：褚歆
穆帝	何法倪	廬江灊縣	元興三年	父：何準一，拜佛而已。 伯：何王奇 伯：何充，居宰輔，權傾一時。 兄弟：何惔、何放、何澄。何澄為後來孝武帝喜愛。
哀帝	王穆之	太原晉陽	興寧二年	父：王濛，善隸書，美姿容，與劉惔同名。 母：爰氏 曾曾祖：王黯 曾祖：王佑 祖：王訥
廢帝	庾道憐	穎川鄢陵	太和元年	父：庾冰

元帝	鄭阿春(建平國夫人)簡文帝鄭太后	河南滎陽	咸和元年	祖：鄭合 父：鄭愷 舅：濮陽吳氏 二妹：適長沙王襃 元帝以劉胤從子劉儁娶三妹。 小妹適灄中李氏皆得日門 帝以王襃為尚書郎。
簡文帝	王簡姬	太原晉陽	永和四年	父：王遐
	李陵容(孝武帝李太后)	出身微賤	隆安四年	
孝武帝	王法慧	太元晉陽	太元五年	父：王蘊　、子 王恭 京靖皇后姪 桓沖加一力 母：劉氏
	陳歸女(安帝陳太后)	松滋潯陽	太元十五年	父：陳廣
安帝	王神愛	琅邪臨沂	義熙八年	父：王獻之 母：新安愍公主
恭帝	褚靈媛	河南陽翟	宋元嘉十三年	父：褚爽

附表十九　西晉時期司馬氏婚姻網絡

司馬氏	聯姻對象	籍貫	家庭背景	備註
司馬攸	賈　氏	平陽襄陵	賈充女。功臣	《世說新語箋疏》卷十九〈賢媛〉，頁685。
常山公主（武帝女）	王　濟	太原晉陽	王渾子。功臣	《世說新語箋疏》卷三十〈汰侈〉，頁878。
潁川公主（武帝女）	王　粹	弘農湖縣	王濬子。平吳大將	《晉書》卷四十二〈王濬傳〉，頁1207。
繁陽公主(武帝女)	盧　諶	范陽涿郡	盧欽孫，盧志子。功臣	《晉書》卷四十四〈盧欽附盧諶傳〉，頁1259
繁陽長公主（武帝女）	華　恆	平原高唐	華表之孫。士族之家	《晉書》卷四十四〈華表傳〉，頁1262。
安長公主（武帝女）	溫　裕	太原祁縣	溫羨子。士族之家	《晉書》卷四十四〈溫羨傳〉，頁1267。
弘農公主（武帝女）	傅　宣	北地泥陽	傅祗子。士族之家	《晉書》卷四十七〈傅玄附傅祗傳〉，頁1332。
襄城公主（武帝女）	王　敦	臨沂琅邪	士　族	《世說新語箋疏》卷三十四〈紕漏〉，頁910。
司馬遹	王惠風	太原晉陽	王衍女。當世名士	《晉書》卷九十六〈列女・愍懷太子妃王氏傳〉，頁2509。
司馬穎	樂　氏	南陽淯陽	樂廣女。當世名士	《晉書》卷四十三〈樂廣傳〉，頁1245。
司馬氏	荀　愷	潁　川	荀愷為武帝姑子	《晉書》卷四十五〈武陔傳〉，頁1285。
司馬亮	裴　氏	河東聞喜	士　族	《晉書》卷五十九〈司馬亮傳〉，頁1594。
司馬氏	王　愷	東海郯縣	王愷為惠帝的舅舅	《晉書》卷六十〈牽秀傳〉，頁1635。
司馬苓	劉　氏	中山魏昌	劉琨妹	《晉書》卷六十二〈劉琨傳〉，頁1691。

附表二十　東晉時期司馬氏婚姻網絡

司馬氏	聯姻對象	籍　貫	家庭背景	備　　　註
南郡悼公主 (明帝女)	羊　賁	泰山	羊曼子	《晉書》卷四十九〈羊曼傳〉，頁1383。
廬陵公主 (明帝女)	劉　惔	沛國相	名　士	《世說新語箋疏》卷八〈賞譽〉，頁463。
南康公主 (明帝女)	桓　溫	譙國龍亢	桓彝子	《世說新語箋疏》卷十九〈賢媛〉，頁693。
鄱陽公主	王　胡	臨沂琅邪	王導孫	《晉書》卷六十三〈王導傳〉，頁1755。
武昌公主 (簡文帝女)	桓　脩	譙國龍亢	桓彝孫	《晉書》卷七十四〈桓彝附桓脩傳〉，頁1955。
新安公主	王獻之	臨沂琅邪	士　族	《晉書》卷八十〈王羲之附王獻之傳〉，頁2105-2106。
尋陽公主	王禕之	太原晉陽	王湛曾孫	《晉書》卷七十五〈王湛附王禕之傳〉，頁1970。
司馬道子	王　氏	太原晉陽	王國寶從妹	《晉書》卷七十五〈王湛附王坦之傳〉，頁1970-1971。
尋陽公主	荀　羨	潁川臨潁	荀崧子	《晉書》卷七十五〈荀崧附荀羨傳〉，頁1980。
晉陵公主 (孝武帝)	謝　混	陳國陽夏	士　族	《晉書》卷七十九〈謝尚附謝混傳〉，頁2079。

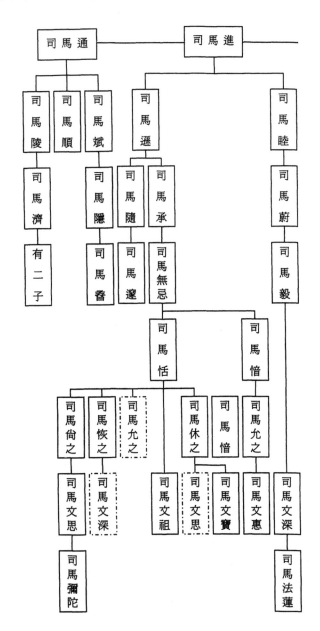

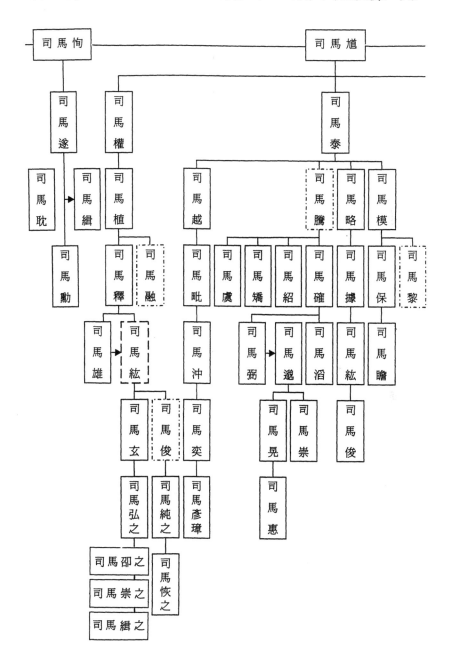

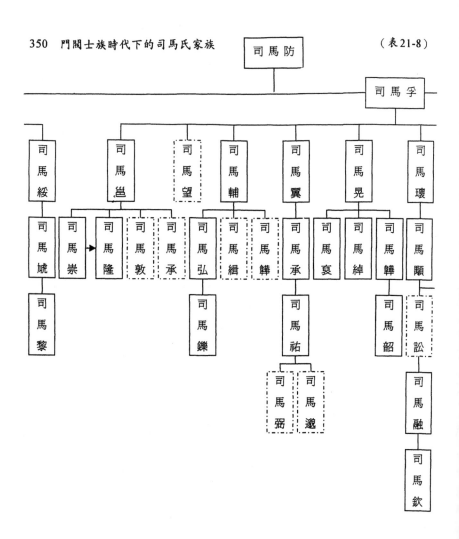

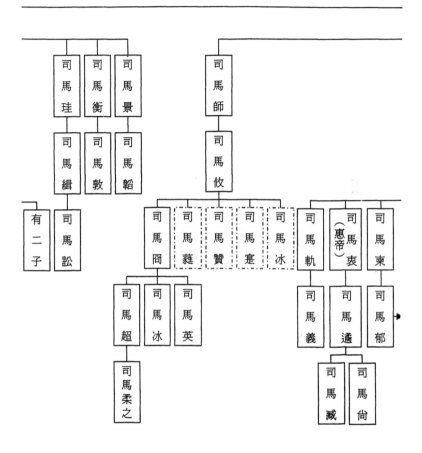

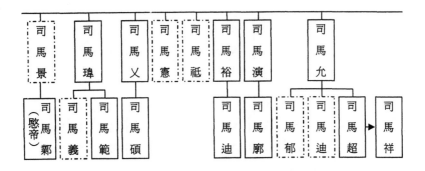

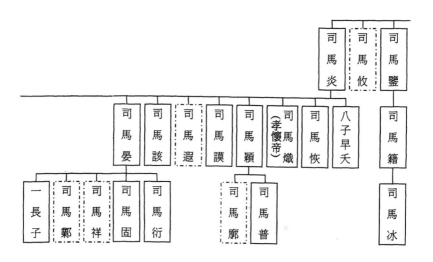

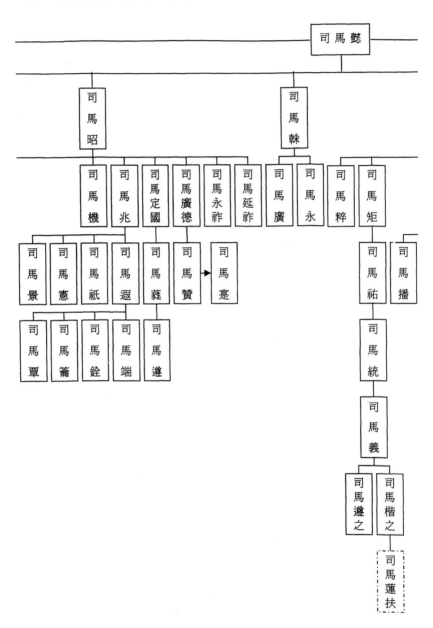

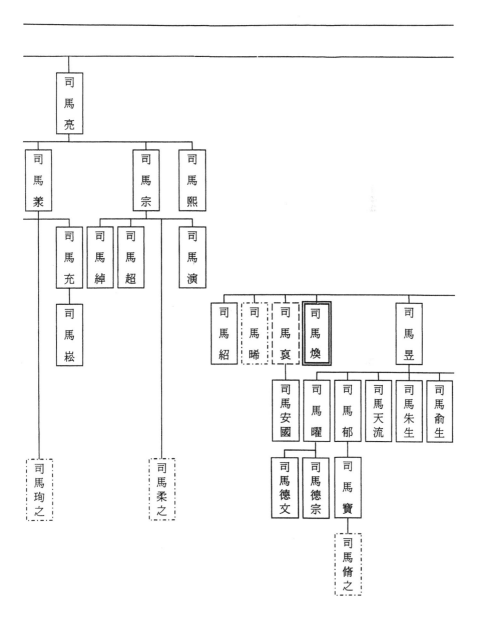

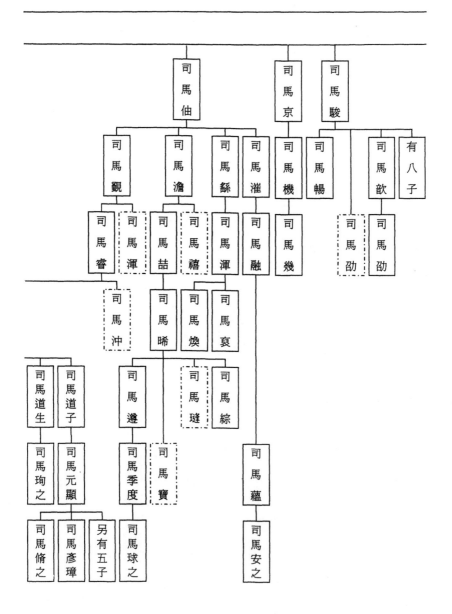

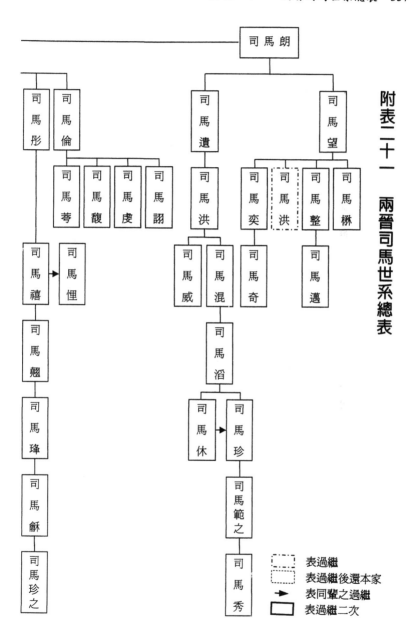

附表二十一　兩晉司馬世系總表

參考書目

史　料

《三國志》，台北：鼎文書局新校標點本，1974 年。

《北史》，台北：鼎文書局新校標點本，1979 年。

《宋書》，台北：鼎文書局新校標點本，1987 年。

《南史》，台北：鼎文書局新校標點本，1985 年。

《南齊書》，台北：鼎文書局新校標點本，1978 年。

《後漢書》，台北：鼎文書局新校標點本，1974 年。

《後漢書》，台北：鼎文書局新校標點本，1979 年。

《晉書》，台北：鼎文書局新校標點本，1979 年二版。

《晉書》，台北：鼎文書局新校標點本，1987 年。

《陳書》，台北：鼎文書局新校標點本，1986 年。

《魏書》，台北：鼎文書局新校標點本，1987 年。

二十五史刊行委員會編，《二十五史補編》，北京：中華書局，1995 年。

王夫之，《讀通鑒論》，台北：河洛圖書出版社，1976 年，

王明，《抱朴子內篇校釋》，北京：中華書局，1988 年。

王狀弘，馬成名編纂，《六朝墓志檢要》，上海：上海書畫出版社，1985 年。

王欽若等編，《冊府元龜》，北京：中華書局，1972 年，據明崇禎 15 年李嗣京刊本影印。

王鳴盛，《十七史商榷》，上海：古籍出版社，1995 年。

丘悅（唐）撰，杜德橋，趙超輯 校，《三國略輯校》，台北：東大出版社，1998 年。

司馬光（宋），《資治通鑑》，台北：世界書局新校本，1972 年。

余嘉錫，《世說新語箋疏》，台北：華正書局，1989 年。

吳士鑑，劉幹注，《晉書斠駐》，上海：古籍出版社，1995 年。

李昉等纂，《太平御覽》，台北：台灣商務印書館，1960 年，影印文淵閣四庫全書。

李昉等纂，《太平廣記》，新興書局影印本，1958 年。

杜佑（唐），《通典》，北京：中華書局，1988 年。

趙翼（清），《陔餘叢考》，台北：新文豐出版公司，1975 年。

趙翼（清）撰，杜維運考證，《二十二史箚記》，台北：華世出版社，1977 年。

盧弼，《三國志集解》，古籍出版社鉛印本，台北：漢京文化事業有限公司，1981 年。

蕭統，《昭明文選》，台北：藝文印書館，1959 年。

錢大昕（清），《廿十史考異》，上海：古籍出版社，2004 年。

顏之推撰，王利器集解，《顏氏家訓集解》，上海：古籍出版社，1980 年。

嚴可均，《全上古三代秦漢三國六朝文》，北京：中華書局，1991 年。

中文書籍

中國魏晉南北朝史學會，《魏晉南北朝史論文集》，山東：齊魯書社，1991 年。

方北辰，《魏晉南朝江東世家大族述論》，台北：文津出版社，1991 年。

毛漢光，《中國中古社會史論》，台北：聯經出版公司，1988 年。

毛漢光，《中國中古政治史論》，台北：聯經出版公司，1990 年。

毛漢光，《兩晉南北朝士族政治之研究》，台北：中國學術著作獎助委員會，1966 年。

王永平，《六朝江東世族之家風家學研究》，江蘇：古籍出版社，2003 年。

王永興編，《紀念陳寅恪先生百年誕辰學術論文集》，南昌：江西教育出版社，1994 年。

王伊同，《五朝門第》，香港：中文大學出版社，1978 年重刊第一版。

王仲犖，《魏晉南北朝史》，上海：人民出版社，1980 年。

王志高、羅宗真，《六朝文物》，南京：南京出版社，2004 年 2 刷。

王能憲，《世說新語研究》，南京：江蘇古籍出版社，1992 年。

王國良，《六朝志怪小說考論》，台北：文史哲出版社，1988 年。

王國良，《魏晉南北朝志怪小說研究》，台北：文史哲出版社，1984 年。

王瑤，《中古文學史論》，台北：長安出版社，1986 年。

王曉波，《放達不羈的士族》，陝西：陝西人民出版社，1989 年。

田永勝、許抗生、趙建功著，《六朝宗教》，南京：南京出版社，

2004 年 2 刷。

田餘慶,《東晉門閥政治》,北京:北京大學出版社,1989 年。

田澤賓等主編,《六朝史》,南京:江蘇古籍出版社,1991 年。

任繼愈主編,《中國道教史》,上海:人民出版社,1990 年。

朱大渭、張澤咸主編,《中國歷代經濟史・魏晉南北朝隋唐五代卷》,台北:文津出版社,1998 年。

朱大渭等著,《魏晉南北朝社會生活史》,北京:中國社會科學出版社,1998 年。

朱紹侯,《魏晉南北朝土地制度與階級關係》,河南:中州古籍出版社,1988 年。

牟宗三,《才性與玄理》,台北:學生書局,1985 年。

何茲全,《讀史集》,上海:人民出版社,1982 年。

何啟民,《中古門第論集》,台北:學生書局,1982 年再版。

何啟民,《中古門第論集》,台北:學生書局,1982 再版。

何啟民,《魏晉思想與談風》,台北:學生書局,1990 年。

余英時,《士與中國文化》,上海:人民出版社,1987 年。

余英時,《中國知識階層史論》,台北:聯經出版公司,1980 年。

余英時,《歷史與思想》,台北:聯經出版公司,1978 年。

余嘉錫,《世說新語箋疏》,台北:仁愛書局,1984 年。

吳功正,《六朝文學》,南京:南京出版社,2004 年 2 刷。

吳慧蓮,《東晉劉宋時期之北府》,台北:台灣大學出版委員會,1985 年。

呂思勉,《兩晉南北朝史》,台北:開明書局,1983 年。

岑仲勉,《府兵制度研究》,上海:人民出版社,1957 年。

李安彬,《司馬氏家族與曹魏政權關係之研究》,台北:中國文

化大學史學研究所碩士論文未刊稿，1997 年 6 月。

李貞德，《公主之死－你所不知道的中國法律史》，台北：三民書局，2001 年。

李豐楙，《六朝隋唐仙道小說研究》，台北：學生書局，1986 年。

卓遵宏，《唐代進士與政治》，台北：台灣國立編譯館，1987 年 3 月。

周一良，《魏晉南北朝史札記和研究》，北京：中華書局，1985 年。

周一良，《魏晉南北朝史論集續編》，北京：北京大學出版社，1991 年 11 月。

周次吉，《六朝志怪小說研究》，台北：文津出版社，1986 年。

周翰光、戴洪才，《六朝科技》，南京：南京出版社，2004 年 2 刷。

周紹賢，《魏晉清談述論》，台北：台灣商務印書館，1987 年。

林登順，《魏晉南北朝儒學流變之省察》，台北：文津出版社，1996 年。

邱敏，《六朝史學》，南京：南京出版社，2004 年 2 刷。

金發根，《永嘉亂後北方的豪族》，台北：中國學術著作獎助委員會，1964 年。

柳春藩，《秦漢封國食邑賜爵制》，瀋陽：遼寧人民出版社，1984 年。

洪修平，《禪玄與玄學》，浙江：人民出版社，1992 年。

胡孚琛，《魏晉神仙道教》，北京：人民出版社，1990 年。

卿希泰主編，《中國道教史》，四川：人民出版社，1992 年。

唐長孺，《三至六世紀江南大土地所有制的發展》，上海：人民

出版社，1957 年。

唐長孺，《門閥的形成及其衰落》，上海：人民出版社，1957 年。

唐長孺，《魏晉南北朝史論拾遺》，北京：中華書局，1983 年。

唐長孺，《魏晉南北朝史論叢》，北平，三聯書店，1955 年。

唐長孺，《魏晉南北朝史論叢續編》，北平：三聯書店，1959 年。

唐長孺，《魏晉南北朝社會文化史論叢》，武昌：武漢大學出版社，2001 年。

唐長孺，《魏晉南北朝隋唐史三論》，武漢：武漢大學出版社，1993 年。

孫述圻，《六朝思想史》，南京：南京出版社，1992 年。

容肇祖，《魏晉的自然主義》，台北：台灣商務印書館，1980 年。

容肇祖，《魏晉思想論》，台北：台灣中華書局，1983 年。

徐復觀，《兩漢思想史》，台北：學生書局，1980 年。

祝總斌，《兩漢魏晉南北朝宰相制度研究》，北京：中國社會科學出版，1990 年。

馬良懷，《崩潰與重建中的困惑》，北京：中國社會科學出版社，1993 年。

高明士主編，《中國史研究指南》二，台北：聯經出版公司，1990 年。

高敏，《魏晉南北朝兵制研究》，鄭州：大象出版社，1998 年。

高敏，《魏晉南北朝社會經濟史探討》，北京：人民出版社，1987 年。

張兆凱，《漢—唐門蔭制度研究》，長沙：岳麓書社，1995 年。

張承宗，《六朝民俗》，南京：南京出版社，2004 年 2 刷。

張晉藩主編，《中國法制史研究綜述》，北京：中國人民公安大

學出版社，1990 年。

張晉藩主編，《中國法制通史》三卷《魏晉南北朝》，北京：法律出版社，1999 年。

許抗生，《三國兩晉玄佛道簡論》，山東：齊魯書社，1991 年。

許抗生，《魏晉南北朝哲學思想研究概論》，天津：教育出版社，1991 年。

許抗生等，《魏晉玄學史》，陝西：陝西師範大學出版社，1989 年。

許倬雲，《求古編》，台北：聯經出版公司，1982 年。

許輝、李天石《六朝文化概述》，南京：南京出版社，2004 年 2 刷。

許輝、蔣福亞主編，《六朝經濟史》，江蘇：古籍出版社，1993 年。

郭湛波，《中國中古思想史》，香港：龍門書店，1967 年。

陳戌國，《魏晉南北朝禮制研究》，湖南：湖南教育出版社，1995 年。

陳明，《中古士族現象研究—儒學的歷史文化功能初探》，台北：文津出版社，1994 年。

陳明，《儒學的歷史文化功能－士族：特殊型態的知識份子研究》，上海：學林出版社，1997 年。

陳明光，《六朝財政史》，北京：中國財政經濟出版社，1997 年。

陳長琦，《兩晉南朝政治史稿》，開封：河南大學出版社，1992 年。

陳俊強，《魏晉南朝恩赦制度的探討》，台北：文史哲出版社，1998 年。

陳寅恪，《金明館叢稿初編》，北京：三聯書店，2001 年第一刷。

陳寅恪，《唐代政治史述論稿》，台北：台灣商務印書館，1994 年。

陳寅恪，《陳寅恪先生文集》，台北：里仁書局，1981 年。

陳寅恪主講、萬繩楠整理，《陳寅恪魏晉南北朝史講演錄》，台北：雲龍出版社，1995 年。

陳啟雲，《漢晉六朝文化・社會・制度》，台北：新文豐出版公司，1997 年。

陳琳國，《魏晉南北朝政治制度研究》，台北：文津出版社，1994 年。

陳傳席，《六朝畫論研究》，台北：學生書局，1991 年。

陶希聖，武仙卿，《南北朝經濟史》，台北：食貨出版社，1994 年。

陶新華，《魏晉南朝中央對地方軍政官的管理制度研究》，成都：巴蜀書社，2003 年。

傅樂成，《時代追憶論文集》，時報文化出版公司，1984 年。

傅樂成，《漢唐史論集》，台北：聯經出版公司，1977 年。

傅樂成、鄒紀萬，《中國通史・魏晉南北朝》，台北：大中國圖書公司，1983 年。

喬治忠校注，《眾家編年體晉史》，天津：古籍出版社，1988 年。

湯一介，《魏晉南北朝時期的道教》，台北：東大圖書公司，1988 年。

湯用彤，《魏晉玄學論稿》，北京：人民出版社，1957 年。

湯其領，《漢魏兩晉南北朝道教史研究》，河南大學出版社，1994 年。

湯錫予，《漢魏兩晉南北朝佛教史》，台北：鼎文書局，1985年。

湯錫予，《魏晉玄學論稿》，台北：里仁書局，1984年。

賀昌群，《魏晉清談思想初論》，台北：里仁書局，1984年。

賀昌群，《漢唐間封建土地所有制形式研究》，上海，人民出版社，1964年。

楊吉仁，《三國兩晉學校教育與選士制度》，台北：正中書局，1970年。

楊承彬，《秦漢魏晉南北朝教育制度》，台北：台灣商務印書館，1978年。

楊筠如，《九品中正與六朝門閥》，上海：商務印書館，1930年。

楊耀坤、伍野春，《陳壽、裴松之評傳》，南京：南京大學出版社，1998年。

萬繩楠，《魏晉南北朝文化史》，台北：雲龍出版社，1995年。

萬繩楠，《魏晉南北朝文化史》，安徽：黃山書社，1989年。

萬繩楠，《魏晉南北朝史論稿》，合肥：安徽教育出版社，1999年。

葛承雍，《儒生，儒臣，儒君》，陝西：陝西人民教育出版社，1993年。

蜀景慧，《魏晉詩人與政治》，台北：文津出版社，1983年。

雷家驥，《中古史學觀念史》，台北：學生書局，1990年。

廖蔚卿，《六朝文論》，台北：聯經出版公司，1978年。

趙立新，〈西晉末年至東晉時期的「分陝」政治 —— 分權化現象下的朝廷與州鎮〉，台北：台灣大學歷史學研究所碩士論文未刊稿，2000年。

趙沛，《兩漢宗族研究》，濟南：山東大學出版社，2002年。

趙書廉，《魏晉玄學微探》，河南：河南出版社，1992 年。

趙超，《漢魏晉南北朝墓誌彙編》，天津：古籍出版社，1992 年。

趙輝，《六朝社會文化心態》，台北：文津出版社，1996 年。

劉大杰，《魏晉思想論》，台北：里仁書局，1984 年。

劉師培，《中古文學史》，台北：世界書局，1979 年。

劉淑芬，《六朝的城市與社會》，台北：學生書局，1992 年。

劉澤華主編，《士人與社會—秦漢魏晉北朝卷》，天津：人民出版社，1992 年。

蔣述卓，《佛經傳譯與中古文學思潮》，江西：人民出版社，1990 年。

衛廣來，《漢魏晉皇權嬗代》，太原：書海出版社，2002 年。

鄭欣，《魏晉南北朝史探索》，濟南：山東大學出版社，1989 年。

鄭欽仁等編著，《魏晉南北朝史》，台北：國立空中大學，1998 年。

盧海鳴，《六朝都城》，南京：南京出版社，2004 年 2 刷。

蕭登福，《漢魏六朝佛道兩教之天堂地獄說》，台北：學生書局，1989 年。

錢穆，《國史大綱》，台北：台灣商務印書館，1990 年修訂 17 版。

閻步克，《品位與職位—秦漢魏晉南北朝官階制度研究》，北京：中華書局，2002 年。

閻愛民，《漢晉家族研究》，上海：人民出版社，2005 年。

韓國磐，《魏晉南北朝史綱》，北京：人民出版社，1985 年三刷。

瞿同祖，《中國法律與中國社會》，台北：里仁書局，1982 年。

簡修煒等著，《六朝史稿》，上海：華東師範大學出版社，1994

年。

羅宏曾，《魏晉南北朝文化史》，四川：人民出版社，1989年。

羅宗強，《玄學與魏晉士人心態》，台北：文史哲出版社，1992年。

蘇紹興，《兩晉南朝士族》，台北：聯經出版公司，1987年。

中文期刊論文

山口正晃，〈曹魏西晉時期的都督與將軍〉，收入武漢大學中國三至九世紀研究所編，《魏晉南北朝隋唐史資料（二十輯）》，武昌：武漢大學文科學報編輯部，2003年。

王大良，〈六朝世族社會特徵的微觀考察 —— 以琅邪王氏為例〉，《北京化工大學學報（社會科學版）》總三十期（2000年一期），2000年6月。

王大建，〈谷川道雄先生與魏晉南北朝史研究〉，《文史哲》一期，2003年。

王大建，〈論曹魏的宗室政策〉，《東岳論叢》二十三卷六期，2002年。

王永平，〈世族勢力之復興與曹睿顧命大臣之變易〉，《揚州大學學報（人文社會科學版）》二期，1998年。

王永平，〈曹爽、司馬懿之爭真相考論〉，《揚州大學學報（人文社會科學版）》一九九九年三期，1999年。

王永平，〈論中古時期世族家風、家學之特質 —— 以江東世族為中心的歷史考察〉，《河南科技大學學報（社會科學版）》，二〇〇三年二十一卷三期，2003年9月。

王炎平，〈關於王導與東晉政治的幾個問題〉，收入中國魏晉南

北朝史學會編，《魏晉南北朝史研究》，成都：四川省社會科學院出版社，1986 年。

王連儒，〈東晉陳郡謝氏婚姻考略〉，《中國史研究》一九九五年四期，1995 年。

王德權，〈兩岸中古社會史研究的回顧（1949-1996）〉，收入《中華民國史專題論文集》第四屆討論會第一冊，台北：國史館，1998 年。

王曉毅，〈司馬懿與曹魏政治〉，《文史哲》一九九八年六期，1998 年。

王曉毅，〈正始改制與高平陵政變〉，《中國史研究》一九九〇年四期，1990 年 10 月。

王曉毅，〈論曹魏太和「浮華案」〉，《史學月刊》一九九六年二期，1996 年。

王謹，〈魏晉軍權分配与管理成效芻議〉，《南開學報（哲學社會科學版）》二〇〇二年三期，2002 年。

正嵐，〈論孫吳士風的變遷對陸機出處之影響〉，《蘇州大學學報（哲學社會科學版》二〇〇一年四期，2001 年 10 月。

甘懷貞，〈政治制度史研究的省思 —— 以六朝隋唐為例〉，《中華民國史專題第四屆討論會 —— 民國以來的史料與史學發表論文》，台北：國史館，1997 年。

甘懷真，〈中國中古時期君臣關係初探〉，《台大歷史學報》二十一期，1997 年 12 月。

甘懷真，〈中國中古期「國家」的型態〉，《東吳歷史學報》一期，1995 年 4 月。

甘懷真，〈政治制度史研究的省思 —— 以六朝隋唐為例〉，收入

《中華民國史專題論文集》第四屆討論會第一冊，台北：國史
　館，1998 年。

伍仙卿，〈魏晉時期社會經濟的轉變〉，《食貨半月刊》一卷二
　期，1934 年。

旭東，〈魏晉南北朝史論〉，《中國史研究動態》二〇〇〇年二
　期，2000 年。

庄華峰，〈兩晉南北朝等級婚姻初探〉，《史學月刊》二〇〇〇
　年五期，2000 年。

何茲全，〈魏晉的中軍〉，《中央研究院歷史語言研究所集刊十
　七本》，1948 年。

余世明，〈論桓溫〉，《貴州大學學報》一九八七年四期，1987
　年 10 月。

吳慧蓮，〈曹魏的考課法與魏晉革命〉，《台大歷史學報》二十
　一期，1997 年 12 月。

宋德喜，〈中古門第觀念探微〉，《興大歷史學報》五期，1995
　年 6 月。

宋德喜，〈中國中古門第社會史研究在台灣 ── 以研究課題取向
　為例（一九四九至一九九五）〉，《興大歷史學報》六期，1996
　年 6 月。

宋德熹，〈安史之亂前後唐代門第家族勢力的推移〉，《興大歷
　史學報》八期，1998 年 6 月。

李軍，〈略論魏晉南北時期私學的特點〉，《中國史研究》一九
　九三年一期，1993 年。

李書言，〈西晉政治與玄學〉，《山西大學學報》一九九〇年三
　期，1990 年。

李智文，〈乞活長期存在原因淺析〉，《邢台師範高專學報（綜合版）》一九九七年一期，1997 年。

李學銘，〈從東漢政權實質論其時帝室婚姻嗣續與外戚升降之關係〉，《新亞學報》九卷二期，1970 年 9 月。

李瓊英，〈論東晉外戚〉，《西南師範大學學報（哲社版）》一九九七年二期，1997 年。

周玫，〈六朝青瓷中的喪葬禮俗〉，《東南文化》二〇〇三年十一期，2003 年。

周國林，〈西晉分封制度的演變〉，《華中師範大學學報（哲社版）》三十二卷三期，1993 年。

周燕儿，〈浙江紹興縣出土西晉青瓷器〉，《考古與文物》一九九五年四期，1995 年。

周雙林，〈二十世紀利用碑銘資料研究魏晉南北朝史綜述〉，《中國史研究動態》二〇〇二年四期，2002 年。

孟繁冶，〈論潁川鄢陵庾氏之崛起〉，《許昌師專學報（社科版）》一九九三年三期，1993 年 7 月。

易圖強，〈兩晉南朝士族門第婚姻的量化分析〉，《湖南教育學院學報》一九九六年十四卷三期，1996 年。

林瑞翰，〈南朝世族寒門政權之轉移〉，《台大歷史學報》十四期，1998 年。

金仁義，〈東晉南朝國婚之流變〉，《安慶師範學院學報（社科版）》二十二卷四期，2003 年 7 月。

金發根，〈塢堡溯源與兩漢的塢堡〉，《中央研究院歷史語言研究所集刊》三十七本上冊，1967 年。

金霞，〈魏晉時期的尚巫之風〉，《許昌學院學報》二〇〇三年

二十二卷六期，2003 年。

芮逸夫，〈遞變的中國家族結構〉，《台大考古人類學刊》十七、十八期合刊，1961 年。

侯永惠，〈魏晉南北朝婦女的服飾風貌與個性解放〉，《中國史研究》一九九五年三期，1995 年。

姚念慈，〈兩晉都督制演變述略〉，《北京師範大學學報》一九八八年二期，1988 年。

封海清，〈曹魏與世族關係考察〉，《魏晉南北朝隋唐史》十一期，1991 年。

胡志佳，〈西晉王浚家族的興衰及其人際關係－由華芳墓誌銘觀察〉，《逢甲人文社會學報》七期，2003 年 11 月。

胡志佳，〈惠帝羊皇后與西晉政局－兼論羊氏家族的發展〉，《逢甲人文社會學報》八期，2004 年 5 月。

胡寶國，〈魏西晉時代的九品中正制〉，《北京大學學報》一九八七年一期，1987 年。

要瑞芬，〈都督制在東晉南朝荊揚之爭中的作用〉，《蘇州大學學報（哲社版）》一九九三年一期，1993 年。

韋正，〈簡論西晉時期的南北士族墓葬〉，《東南文化》一九九四年四期，1994 年 4 月。

徐高阮，〈山濤論〉，《中央研究院歷史語言研究所集刊》四十一本一分，1969 年 3 月。

祝總斌，〈八王之亂原因新探〉，《北京大學學報（哲社版）》一九八〇年六期，1980 年 11 月。

祝總斌，〈晉恭帝之死和劉裕的顧命大臣〉，《北京大學學報》哲學社會科學版一九八六年二期，1986 年。

祝總斌，〈試論東晉後期高級士族之沒落及桓玄代晉之性質〉，
　　《北京大學學報（哲社版）》一九八五年三期，1985 年 5 月。

馬玉山，〈家訓家誡的盛行與儒學的普及傳播〉，《中國哲學史》
　　一九九四年一期，1994 年 4 月。

馬植杰，〈論司馬懿殺曹爽事件〉，《蘭州大學學報》一九九〇
　　年一期，1990 年 2 月。

張白茹、李必友，〈魏晉南北朝家誡論略〉，《安徽史學》二〇
　　〇二年三期，2002 年。

張宇，〈東晉南朝士大夫與佛教的關係〉，《魏晉南北朝隋唐史
　　資料》十二，1993 年 4 月。

張承宗、魏向東，〈魏晉南北朝時期的宗族〉，《蘇州大學學報
　　（哲學社會科學版）》二〇〇〇年三期，2000 年 7 月。

張承宗、魏向東，〈魏晉南北朝時期的家庭教育〉，《晉陽學刊》
　　二〇〇〇年五期，2000 年。

張國安，〈晉明帝末年統治集團內部的一次鬥爭〉，《北京大學
　　學報（哲社版）》一九八六年四期，1986 年 7 月。

張國安，〈庾亮專權與東晉統治集團的內部鬥爭〉，《河南師範
　　大學學報》一九八八年二期，1988 年。

張學鋒，〈南京司家山出土謝氏墓志研究 —— 東晉流寓政府的挽
　　歌〉，《商丘職業技術學院學報》二十卷三期，2004 年 7 月。

張興成，〈西晉王國職官制度考述〉，《中國史研究》二〇〇一
　　年四期，2001 年。

曹文柱，〈西晉前期的黨爭與武帝的對策〉，《北京師範大學學
　　報》一九八九年五期，1989 年。

曹文柱、李傳軍，〈二十世紀魏晉南北朝史研究〉，《歷史研究》

二○○二年五期，2002 年。

郭善兵，〈二十世紀八十年代以來魏晉南北朝時期婚喪禮俗研究概述〉，《貴州文史叢刊》二○○○年四期，2000 年。

郭熹微，〈論魏晉禪代〉，《新史學》八卷四期，1997 年 12 月。

陳恩虎，〈簡論中國古代歷史上的后妃參政〉，《淮南工業學院學報》三卷四期，2001 年 12 月。

陳恩虎、劉建芳，〈外戚社會心態散論〉，《南通師專學報》十三卷二期，1997 年 6 月。

陳琳國，〈魏晉南朝時期都督制〉，《北京師範大學學報》一九八六年四期，1986 年。

陳蘇鎮，〈司馬越與永嘉之亂〉，《北京大學學報（哲學社會科學報）》一九八九年一期，1989 年 1 月。

陶賢都，〈魏晉禪代與司馬氏霸府〉，《遼寧大學學報（哲學社會科學版）》二○○四年三十二卷四期，2004 年。

曾文樑，〈從世說新語看魏晉當時之婚姻現象〉，《輔仁學誌－文學院之部》十八期，1989 年 6 月。

湯承業，〈魏晉南北朝帝王之師 —— 皇帝與太子之輔導制度〉，《孔孟月刊》十八卷九期，1980 年 05 月。

楊聯陞，〈東漢的豪族〉，《清華學報》十一卷四期，1936 年。

楊耀坤，〈有關司馬氏政變的幾個問題〉，《四川大學學報（哲學社會科學版）》一九八五年三期，1985 年。

廖幼華，〈晉末太原劉琨敗亡之基本形勢分析〉，收錄於《中正大學學報（人文分冊）》五卷一期，1994 年 10 月。

廖蔚卿，〈張華與西晉政治之關係〉，《文史哲學報》二十二期，1973 年 6 月。

熊德基，〈曹操政權的階級性質及其入魏後之變質與滅亡〉，收入氏著《六朝史考實》，北京：中華書局，2000 年。

趙克堯，〈論魏晉南北朝的塢壁〉，《歷史研究》一九八○年六期，1980 年。

趙昆生，〈西晉皇族政治與"八王之亂"〉，《安徽師大學報》一九九三年二十一卷三期，1993 年。

劉淑芬，〈六朝會稽士族〉，《中央研究院歷史語言研究所集刊》五十六本二分，1985 年 6 月。

劉雪楓，〈吳姓士族與東晉早期政治〉，《遼寧大學學報》一九九○年六期，1990 年 11 月。

劉顯叔，〈東漢魏晉的清流士大夫與儒學大族〉，收入《勞貞一先生七秩榮慶論文集》，台北：簡牘學會，1977 年。

劉顯叔，〈論魏末政爭中的黨派分際〉，《史學彙刊》九期，1978 年 10 月。

蔡幸娟，〈分裂時代人民的婚姻與家庭 —— 以魏晉南北朝為考察中心〉，《成大歷史學報》二十一期，1995 年 12 月。

魯迅，〈魏晉風度及文章與藥及酒的關係〉，收入《魯迅全集（三）》，台北：谷風出版社，1980 年 10 月。

盧建榮，〈欠缺對話的學術社群文化 —— 二十世紀石刻史料與中國中古史的建構（1935~1997）〉，收入中華民國史專題第四屆討論會－民國以來的史料與史學發表論文，台北：國史館，1997 年。

盧建榮，〈從造像銘記論五至六世紀北朝鄉民社會意識〉，《歷史學報（師大）》二十三期，1995 年 6 月。

盧建榮，〈墓誌史料與日常生活史〉，《古今論衡》三期，1999

年12月，。

盧建榮，〈魏晉之際的變法派及其敵對者〉，《食貨復刊》十卷
　七期，1980年10月。

錢穆，〈略論魏晉南北朝學術文化與當時門第之關係〉，《新亞
　學報》五卷二期，1963年。

薛軍力，〈魏晉時期都督制的建立與職能轉變〉，《天津師範大
　學學報》一九九二年四期，1992年。

日文書籍

川勝義雄，《中國の歷史3·魏晉南北朝》，東京：講談社，1974
　年。

川勝義雄，《六朝貴族制社會の研究》，東京：岩波書店，1982
　年。

中村圭爾，《六朝貴族制研究》，東京：風間書房，1987年。

仁井田陞，《中國法制史》，東京：岩波書屋，1974年。

尾形勇，《中國古代の「家」と國家 ── 皇帝支配下の秩序構造
　── 》，東京：岩波書店，1979年

谷川道雄，《中國中世社會の共同體》，東京：國書刊行會，1976
　年初版、1989年再版。

谷川道雄，《隋唐帝國形成史論》，東京：筑摩書房，1971年。

宮川尚志，〈中正制度の研究〉，《六朝史研究 ── 政治·社會
　篇》，京都，平樂氏書店，1977年複製第一刷。

宮川尚志，《六朝史研究·政治社會篇》，京都：平樂寺書店，
　1964年。

宮崎市定，《九品官人法の研究》，收入《宮崎市定全集》六，

東京：岩波書店，1992 年。

森正夫編，《舊中國にぉける地域社會の特質》，名古屋：名古屋大學，1994 年。

越智重明，《魏晉南朝の人と社會》，東京：研文出版社，1985 年。

越智重明，《魏晉南朝の政治と社會》，東京吉川弘文館，1963 年。

濱口重國，《秦漢隋唐史の研究》，東京：東京大學出版會，1966 年。

藤川正數，《魏晉時代にぉける喪服禮の研究》，京都：敬文社，1960 年。

日文期刊論文

三石善吉，〈東晉の政治過程のいくつかの特質〉，《史境》二十六期，1993 年 3 月。

小尾孟夫，〈六朝時代にぉける都督制的展開〉，《史學研究》一百九十二，1991 年 6 月。

小尾孟夫，〈西晉にぉける「大都督」〉，中國中世史研究會編集，《中國中世史研究・續編》，京都：京都大學學術出版會，1995 年 12 月。

小尾孟夫，〈東晉にぉける「征討都督」と「前鋒都督」〉，《史學研究》兩百，1993 年 3 月。

小尾孟夫，〈晉代にぉける將軍號と都督〉，《東洋史研究》三十七卷三期，1978 年 12 月。

小尾孟夫，〈劉宋にぉける都督と軍事〉，川勝義雄、礪波護《中

國貴族制社會の研究》，京都：京都大學人文科學研究所，1987
年。

山中浩，〈東晉政權と南北人問題に關する研究動向〉，刊於《廣
島大學東洋史研究室報告》十五，廣島：1993 年 10 月。

川合安，〈沈約の地方政治改革論*魏晉期の封建論と關連して〉，
《中國中世史研究・續編》，京都：京都大學學術出版會，1995
年 12 月。

川合安，〈桓溫の「省官併職」政策とその背景〉，《集刊東洋
學》五十二，仙台，1984 年 11 月。

川勝義雄，〈シナ中世貴族の成立について〉，《史林》三十三
卷四期，1950 年。

川勝義雄，〈東晉貴族制の確立過程 ── 軍事力との關連のもと
に ── 〉，刊於《東方學報》五十二，京都，1980 年 3 月。後
收入氏著，《六朝貴族制社會の研究》，東京：岩波書店，1982
年。

川勝義雄，〈初期東晉政權の軍事的基礎 ── 北來亡命貴族と江
南土著勢力 ── 〉，收於《加賀（榮治）博士退官記念中國文
史哲學論集》，東京：講談社，1979 年。

川勝義雄，〈孫吳政權の崩壞から江南貴族制へ〉，《東方學報》
四十四期，1973 年。

五井直弘，〈曹操政權の性格について〉，《歷史學研究》一百
九十五期，1956 年。

矢野主稅，〈土斷と白籍〉，《史學雜誌》七十九卷八期，東京，
1970 年 8 月。

矢野主稅，〈東晉にぉける南北人對立問題 ── その政治的考察

── 〉，《東洋史研究》二十六卷三期。

矢野主税，〈門閥貴族の系譜試論〉，《古代學》一卷七期，1952年。

矢野主税，〈魏晉中正制についての一考察〉，《史學研究》八十二期，1961年。

矢野主税，〈魏晉中正制の性格について一考察 ── 鄉品と起家官品の對應を手掛りとして〉，《史學雜誌》七十二卷二期，1963年。

石井仁，〈都督考〉，《東洋史研究》五十一卷三期，1992年12月。

吉川忠夫，〈顏之推小論〉，《東洋史研究》二十卷四期，1962年3月。

多田狷介，〈劉劭とその考課法について〉，《中山鳥敏先生古稀紀念論集（上卷）》，東京中山鳥敏先生古稀紀念事業會，1980年12月。

好並隆司，〈曹操の時代〉，《歷史學研究》二百零七期，1964年。

守屋美都雄，〈六朝門閥の ── 研究 ── 太原王氏系譜考〉，《法制史研究》四期，1951年。

村上嘉實，〈魏晉にぉける德の多樣性について〉，《鈴木博士古稀記念東洋學論叢》，東京：明德出版社，1972年。

谷口やすよ，〈漢代の皇后權〉，《史學雜誌》八十七編十一號，1978年11月。

谷川道雄，〈六朝時代の名望家支配について〉，《龍谷大學論集》四百三十六，京都，1990年7月。

岡安勇,〈皇太后號成立以前の王母について〉,《史觀》一百一十二冊,1985 年 3 月。

岡安勇,〈漢魏時代の皇太后〉,《法政史學》三十五號,1983年 3 月。

金民壽,〈東晉政權の成立過程 ── 司馬睿（元帝）の府僚を中心として〉,《東洋史研究》四十八卷二期,1989 年 9 月。

金民壽,〈桓溫から謝安し：る至東晉中期の政治 ── 桓溫の府僚を中心として〉,《史林》七十五卷一期,1992 年 1 月。

宮川尚志,〈永嘉の亂について〉,《六朝史研究・政治社會篇》,京都：平樂寺書店,1985 年。

高須國臣,〈王敦の叛亂について〉,《愛知大學文學論叢》三十六輯,1968 年 3 月。

野中敬,〈西晉戶調式の「夷人輸賣布」條をめぐって〉,《東方學》九十五期,東京,1998 年 1 月。

野間文史,〈五經正義所引定本考〉,《日本中國學會報》三十七期,1985 年 10 月。

勝村哲也,〈中國中世共同體試論〉,《東方學報》五十二期,京都,1980 年 3 月。

越智重明,〈州大中正の制に關する諸問題〉,《史淵》九四輯,1965 年 3 月。

越智重明,〈東晉の豪族〉,《史淵》,七十六期,1958 年。

越智重明,〈東晉朝中原恢復の一考察〉,《東洋學報》三十八卷一期,1955 年 6 月。

越智重明,〈晉代の都督〉,《東方學》十五輯,1957 年。

越智重明,〈領軍將軍と護軍將軍〉,《東洋學報》一期,1961

年。

越智重明，〈魏晉南北朝の最下級官僚層について〉，《史學雜誌》七十四卷七期，1965 年。

越智重明，〈魏晉時代の四征將軍と都督〉，《史淵》一一七輯，1980 年。

葭森健介，〈六朝貴族制形成期の吏部官僚－漢魏革命から魏晉革命に至る政治動向と吏部人事〉，《中國中世史研究》續篇，京都大學學術出版會，1995 年 12 月。

葭森健介，〈晉宋革命と江南社會〉，《史林》六十三卷二期，1980 年 3 月。

葭森健介，〈魏晉革命前夜の政界 — 曹爽政權と州大中正設置問題〉，《史學雜誌》九五篇一號，1986 年 1 月。

福原啟郎，〈八王の亂の本質〉，《東洋史研究》四十一卷三期，1982 年 12 月。

福原啟郎，〈西晉代宗室諸王の特質－八王の亂を手掛りとして〉，《史林》六十八卷二期，1985 年 3 月。

濱口重國，〈兩晉南朝に於ける兵戶と其の身分〉，《史學雜誌》五十二卷三期，東京，1941 年 3 月。後收入氏著，《秦漢隋唐史の研究》，（上），東京：東京大學出版會，1966 年。

西文書籍

Aron Raymond, "Social Structure and the Ruling Class", *British Journal of Sociology*, *I*, 1950.

Bendix Reinhard and Lipset Seymour Martin, *Class, Status, and Power－Social Stratification in Comparative Perspective*, Free

Press,1966.

Block Marc, *Feudal Society*, Translation by L.A. Manyon, Londen: Routledge & Kegan Paul, 1964.

Bottomore T.B., *Elites ans Society*, Penguin Books, 1964.

Ch'ü T'ung-tsu, *Han Social Structure*（Han Dynasty China, Volume I）, University of Washington Press, 1972.

Ch'ü T'ung-tsu, *Law and Society in Traditional China*, Paris and The Hague., 1961.

Ch'en Ch'i-yün, "The Rise and Decline of the Hsun Family (ca 100-300 A.D.) A Case Study of One of the Aristocratic Families in the Six Dynasties", *International Conference on Asian History*, University of Hongkong, 1964.

Eberhard Wolfram, *Conquerors and Rulers: Social Forces in Medieval China*, Leiden, Second Edition, 1965.

Eberhard Wolfram, *Social Mobility in Traditional China*, Leiden, 1962.

Liu Hui-Chen(Wang),*The Traditional Chinese Clan Ruler*, N.Y., 1959.

Mills C. Wright, *The Power Elite*, Oxford University Press, 1959.

Schumpeter Joseph, *Imperialism-Social Classes*, World Publishing Company, 1971.

Sorokin, Pitirin A., *Social and Cultural Mobility*, Glencoe: Free Press, 1964.

Wang Gungwu, *The Structure of Power in North China During the Five Dynasties*, Kuala Vumpur: University of Malaya Press, 1963.

西文期刊論文

Eberhard Wolfram, "Research on the Chinese Family, "*Sociologus*, Vol.9, 1959.

Hsu Cho-yun, "The Changing Relationship between Local Society and the Central Political Power in former Han," *Comparative Studies in Society and History* Ⅶ., 1965.

Pulleyblank Edwin G., "Gentry Society: Some remarks in recent work by W. Eberhard," *Bulletin of the School of Oriental and African Studies*, Vol. 5, 1953.

Shils Edward, "The Intellectuals and the Powers: Some Perspectives for Comparative Analysis," *Comparative Studies in Society and History*, Vol. 1, 1958.

Twitchett D.C., "The Monasteries and China's Economic in Medieval Times," *Bulletin of School of Oriental African Studies*, Vol. ⅩⅨ, Part 3, 1957.